dtv

Das Reisen, die Erfahrung fremder Welten zum Vergnügen, zur Erholung oder zur persönlichen Bildung ist zu einem Grundbestandteil des Lebensstils in der Wohlstandsgesellschaft geworden. Die Geschichte dieses Phänomens beginnt in Deutschland in den zwanziger Jahren. Das Reisen entwickelte sich zu einem auch für breitere Kreise erschwinglichen Konsumgut, der Fremdenverkehr wurde in manchen Regionen zu einem wichtigen Wirtschaftsfaktor, Urlaubsregelungen sorgten für die nötige Freizeit. Die Wirtschaftswunderjahre bewirkten einen weiteren Aufschwung, der bis heute anhält. Das Buch zeichnet die bisher wenig erforschte Entwicklung des modernen Massentourismus in Deutschland von den zwanziger bis in die sechziger Jahre nach und gibt einen Ausblick bis in die heutige Zeit. Es ist zugleich die Geschichte sozialer und wirtschaftlicher Wandlungen, die unseren Lebensstil entscheidend beeinflußt haben.

Christine Keitz ist Historikerin und arbeitet als Verlagslektorin in Berlin. Das vorliegende Buch entstand aus ihrer Dissertation ›Organisierte Arbeiterreisen und Tourismus in der Weimarer Republik‹.

Christine Keitz

Reisen als Leitbild

Die Entstehung des modernen Massentourismus in Deutschland

Deutscher Taschenbuch Verlag

Für Petra Keitz

Originalausgabe
Juni 1997

Umschlagkonzept: Balk & Brumshagen
Umschlagbild: © MAURITIUS
Satz: KCS GmbH, Buchholz/Hamburg
Druck und Bindung: C. H. Beck'sche Buchdruckerei,
Nördlingen
Gedruckt auf säurefreiem, chlorfrei gebleichtem Papier
Printed in Germany · ISBN 3-423-30626-2

Inhalt

Einleitung

Reisen als Leitbild – Tourismusgeschichte als Geschichte sozialer Strukturen und sozialen Wandels

Im Dezember 1929 kam ein kleiner Kreis von Vertretern der freien Gewerkschaften und der Sozialdemokratischen Partei Deutschlands (SPD) in Leipzig zu einer Tagung zusammen. Gesprochen wurde allerdings nicht über die großen Themen der Zeit, über Arbeitslosigkeit und Sozialversicherung, Achtstundentag, Lohnentwicklung oder Aussperrungen. Der SPD-Jugend- und Bildungspolitiker Richard Weimann hatte vielmehr zu einem Thema geladen, das mit politischer Interessenvertretung, politischer Bildung oder kollektiver Verbesserung der materiellen Grundbedürfnisse, den traditionellen Betätigungsfeldern der Arbeiterorganisationen, wenig zu tun hatte. Es ging um die Entwicklung und Zukunft touristischer Einrichtungen für Arbeiter.

Die Konferenz war keineswegs eine Kopfgeburt bildungsbeflissener »Arbeiterbewegter«. Nachdem der 1895 in Österreich gegründete Touristenverein »Die Naturfreunde« 1905 in Deutschland seine erste Ortsgruppe gegründet hatte, veranstalteten nach dem Ersten Weltkrieg bereits mehrere Arbeiterorganisationen Ferienreisen und Ferienaufenthalte. Kommerziellen Pauschalangeboten vergleichbare Ferien- und Studienreisen gehörten ebenso in dieses Programm wie Bau und Bewirtschaftung von Ferienheimen, die Unterkunft für einen längeren Urlaubsaufenthalt boten. Gewerkschafts- und Volkshäuser wurden zu teilweise komfortablen Hotels aus- und umgebaut, und man richtete gemeinnützige Reise- und Verkehrsbüros ein, die sich an Arbeiter, Angestellte und Beamte wandten. Regionalen und autonomen Initiativen entsprungen, zeigten sich gegen Ende der zwanziger Jahre Ansätze einer kommunikativen und organisatorischen Vernetzung. In Leipzig beschlossen die Arbeiterorganisationen

1929, die Schaffung einer »einheitlichen großen Arbeiter-Reiseorganisation« in die Wege zu leiten.[1] Der angekündigte Ausbau wurde zwar durch die Weltwirtschaftskrise gebremst, aber er kam nicht völlig zum Erliegen. In den letzten Monaten des Jahres 1932 mehrten sich die Anzeichen für eine Wiederaufnahme der Aktivitäten.

Der Umfang des Angebots und die Teilnehmerzahl, zumal der Arbeiter, waren gering. Das lose Organisationsnetz beschränkte sich auf Berlin, Leipzig, Hamburg, Jena, Nürnberg und einige andere deutsche Städte. Von »Massen« konnte wahrlich keine Rede sein, so daß man die Veränderungen relativ einfach mit dem Hinweis auf die Blütezeit der Arbeiterkulturbewegung erklären könnte. Demnach hätten die aus der Gesellschaft der Kaiserzeit ausgegrenzten Arbeiterorganisationen in den zwanziger Jahren nur die kulturelle Ausgestaltung des sozialistischen Milieus fortgesetzt, um ungeachtet der veränderten politischen Rahmenbedingungen auch den letzten aller möglichen Lebensbereiche auf proletarische Weise auszugestalten.

Nicht übersehen werden darf jedoch, daß Arbeiter zur gleichen Zeit in den Sozialstatistiken der Fremdenverkehrsorte auftauchten. Die zeitgenössische Tagespresse und touristische Fachblätter erwähnten sie als neue soziale Gruppe unter den Reisenden. Und während milieugebundene Interessenorganisationen Reisen für Arbeiter organisierten, entdeckte die kommerzielle »Fremdenindustrie« die »Masse« als Käufergruppe und begann sie gezielt zu umwerben. Die Herausbildung von Reiseorganisationen für Arbeiter und ihr Auftauchen unter den Urlaubsreisenden gehören daher in den Kontext einer Sozialgeschichte des Tourismus, da nur sie die Entwicklung von Reiseorganisationen und Reiseverhalten auch systematisch erfassen kann.

Wer allerdings die Geschichte des Tourismus untersuchen will, zumal des modernen Massentourismus, betritt steinigen Boden. Historisch-methodische Überlegungen fehlen, und im Streit zwischen Ökonomen, Soziologen und Historikern

[1] Reiseblätter des Reichsausschusses für sozialistische Bildungsarbeit 4, 1930, Nr. 1, S. 1f.

ist man sich nicht einmal über den Gegenstand einig. In neueren Überblicksdarstellungen wird das Reisen teils so breit gefaßt – »jede Form einer (auch nur symbolischen) Grenzüberschreitung«[2] –, daß man kaum mehr eine Antwort auf die Frage findet, seit wann und wie sich der Tourismus unserer Tage, der moderne Massentourismus, herausgebildet hat. Anthropologischen Untersuchungen mangelt es in der Regel an einer Einbettung in wirtschaftliche, soziale und politische Rahmenbedingungen.[3] Und ob das Bedürfnis zu reisen überhaupt eine anthropologische Konstante, ein Grundbedürfnis des Menschen ist[4], diese Frage ist im Augenblick noch offen. Die wenigen sozialhistorischen Untersuchungen zum 20. Jahrhundert (Naturfreundebewegung, »Kraft-durch-Freude«-Reisen) stehen hingegen unter politikgeschichtlichen Fragestellungen, und ihre erkenntnisleitenden Begriffe, wie »touristische Emanzipation« oder »Demokratisierung des Reisens«, belegen lediglich die Tendenz, die Geschichte des Reisens mit der politischen Elle zu messen – vor allem, wenn es um den modernen Massentourismus geht.[5]

Die bis heute weit verbreiteten Vorstellungen von der Geschichte des Tourismus als Politikum speisen sich vor allem aus einem kurzen Aufsatz des Schriftstellers und Literaturwissenschaftlers Hans Magnus Enzensberger aus dem Jahr 1958.[6] Der bislang einzige Versuch, auf dem Fundament einer Tourismus*geschichte* eine *Theorie* des Tourismus zu

[2] Eric J. Leed, Die Erfahrung der Ferne. Reisen von Gilgamesch bis zum Tourismus unserer Tage, Frankfurt am Main u. a. 1993, S. 16.

[3] Vgl. Eric J. M. Villepontoux, Tourism and Social Change in a French Alpine Community, Massachusetts 1981 (Ms), S. 50f.

[4] Vgl. Wolfgang Günther, Geschichte der Bildungsreise, in: Ders. (Hg.), Handbuch für Studienreiseleiter, Starnberg 1982, S. 7–27, und Christoph Hennig, Die Lust der Lemminge, in: Die Zeit Nr. 26 vom 23. Juni 1995.

[5] Vgl. Hugh De Santis, The Democratization of Travel: The Travel Agent in American History, in: Journal of American Culture 1, 1978, S. 1–17; James Walvin, Beside the Seaside: A social history of the popular seaside holiday, London 1978, S. 113; Hasso Spode, »Der deutsche Arbeiter reist«. Massentourismus im Dritten Reich, in: Gerhard Huck (Hg.), Sozialgeschichte der Freizeit, Wuppertal 1980, S. 281–306, hier S. 281; Hermann Weiß, Ideologie der Freizeit im Dritten Reich. Die NS-Gemeinschaft »Kraft durch Freude«, in: AfS 33, 1993, S. 289–303, hier S. 302; Roger E. Bilstein, Travel by air: The american context, in: Ebd., S. 275–288, hier S. 287.

[6] Hans Magnus Enzensberger, Vergebliche Brandung der Ferne. Eine Theorie des Tourismus, in: Merkur 12, 1958, S. 701–720.

entwickeln, sieht im modernen Reisen eine vergebliche Flucht aus den selbstgeschaffenen Zwängen der industriekapitalistischen Gesellschaft. Ziel der Flucht sei das vermeintliche »Glück der Freiheit« – die »vergebliche Brandung der Ferne« –, mit dem sich der moderne Reisende einem immerwährenden Selbstbetrug hingebe. In letzter Konsequenz führt die Theorie zu ihrem von Enzensberger intendierten, aber nicht mehr vollzogenen Umkehrschluß: Das Bedürfnis zu reisen werde in dem Augenblick nachlassen, in dem die gesellschaftlichen Verhältnisse jenes »Glück der Freiheit« böten, das man sich, vergeblich, vom Reisen erhoffe. Überspitzt formuliert: Die wahrhaft freie Gesellschaft reist nicht.

Die betont kritische Theorie vom modernen Reisen als verdecktes, politisches Phänomen hat seither den wissenschaftlichen und außerwissenschaftlichen Zugang zur Tourismusgeschichte geprägt, obwohl die der Theorie zugrunde liegenden historischen Daten und Fakten brüchig sind.

Vergeblich hatte Enzensberger jedoch gehofft, seine zeitkritischen, dem politischen Klima der fünfziger Jahre verhafteten Ausführungen würden wenigstens der historischen Erforschung des Tourismus auf die Sprünge helfen. Bis heute fehlt ein geeigneter Fundus an Basisinformationen in Form umfassender Bibliographien, solider Handbücher oder kritischer Quellensammlungen, und die ungeklärte Stellung des Tourismus zwischen Wirtschaft, Gesellschaft, Politik und Kultur erschwert das Auffinden von Druckschriften und Archivalien. Bei der Suche nach Quellen und Darstellungen muß man daher verschlungene Wege gehen. »Erste Hilfe« bietet allerdings seit Mitte der achtziger Jahre das Archiv für Tourismus des Instituts für Tourismus der Freien Universität Berlin, das vor allem Materialien zum 20. Jahrhundert sammelt und erschließt. Für die historische Forschung ist dieser Fundus in dreierlei Hinsicht von besonderem Interesse: Er erfaßt erstens einen Teil der sogenannten »grauen Literatur« aus dem Bereich der tourismuswirtschaftlichen Fachpresse, die mit den 1920er Jahren einsetzte. Zweitens weist er Wege zu Daten und Zahlenreihen aus amtlichen Statistiken, die in gedruckter Form bereits vorliegen, die aber bislang nicht ausgewertet worden sind, wobei fehlende oder mangelhafte amtliche Statistiken teilweise ersetzt werden können. Und er gibt drittens Anstöße, bereits bekannte Quellen erneut zu sichten und gegen den Strich zu lesen, so zum Beispiel die Masse der gedruckten und ungedruckten Archivalien zur Geschichte der Arbeiterinnen und Arbeiter. Dieser Band verdankt sein Entstehen nicht zuletzt den Hilfestellungen des Berliner Archivs.

Wenn es im folgenden um die Entstehung des modernen Massentourismus geht, steht die Reise als Selbstzweck im Mittelpunkt. Im Gegensatz zum umfassenderen Begriff der geographischen Mobilität bezeichnet die touristische Mobilität das Reisen um seiner selbst willen. Dem Reisen als Selbstzweck, für das sich in modernen Industriegesellschaften der Begriff »Urlaubsreise« eingebürgert hat, lagen, nach dem derzeitigen Forschungsstand, stets die Motive Vergnügen, Erholung, persönliche Bildung und Sehnsucht nach der Ferne zugrunde. Daraus läßt sich eine kurze und analytisch brauchbare Definition des Gegenstandes ableiten, der im Zentrum einer Sozialgeschichte des Tourismus steht: die Reise zum Vergnügen, zur Erholung und zur persönlichen Bildung samt ihren Voraussetzungen und Funktionen. Der Begriff »Reise« betrachtet den Tourismus in erster Linie von seiner sozialen Seite, also aus der Perspektive derjenigen, die verreisen. Der Begriff »Tourismus« (Synonym für den älteren Begriff »Fremdenverkehr«) ist umfassender und schließt die wirtschaftliche Seite mit ein. Denn der Tourismus ist ein soziales *und* wirtschaftliches Phänomen.[7]

Die Anwendung des Begriffs »moderner Massentourismus« auf eine Epoche basiert auf mehreren Voraussetzungen. Zunächst muß das Reisen als Verhaltensweise *schichtübergreifend* praktiziert werden. Ein aussagekräftiger Indikator ist das Auftauchen von Arbeitern, also einer signifikanten Teilgruppe aus der untersten und gleichzeitig größten sozialen Schicht unter den Übernachtungsgästen der Fremdenverkehrsorte. Die Gruppe ist – nach soziologischen

[7] Zu den Definitionen des Begriffs Tourismus, die für die historische Analyse jedoch allesamt untauglich sind, vgl. den kurzen Überblick bei Erentraud Hömberg, Reisen – zwischen Kritik und Analyse, in: Zeitschrift für Kulturaustausch 28, 1978, Nr. 3, S. 36–41.

Maßstäben – signifikant, wenn sie etwa zehn Prozent ausmacht.

Modern ist der Tourismus schließlich nur dann, wenn er dem Kriterium der *Planbarkeit* entspricht. In einer von Zeit, Geld und Arbeit bestimmten modernen Industriegesellschaft muß das Reisen planbar sein, und zwar individuell. Erst wenn jeder einzelne das Reisen zeitlich und finanziell genau kalkulieren kann, wird es breiteren Schichten zugänglich. Als Nachweis gilt das Auftauchen von Reiseveranstaltern, die sich mit preiswerten einwöchigen Pauschalangeboten an alle sozialen Schichten, insbesondere an Arbeiter wenden. Obwohl Historiker diesen methodischen Ansatz aufgriffen, konzentrierten sie sich dabei bislang ausschließlich auf den Arbeitertourismus, den sie unter Hinweis auf die »Kraft-durch-Freude«-Reisen fälschlicherweise in die NS-Zeit datierten.

Drittens ist ein sozioökonomischer Faktor zu beachten: die Gewährung einer *Jahresfreizeit unter Fortzahlung des Einkommens* – der Arbeitnehmerurlaub im allgemeinen und der Arbeiterurlaub im besonderen.

Darüber hinaus setzt der moderne Massentourismus das Vorhandensein einer auf Massenreiseverkehr eingestellten und die Masse als Nachfragegruppe auch umwerbenden Reisevermittler- und Veranstalterbranche voraus, ebenso entsprechende Transport- und Beherbergungsangebote sowie aufnahmebereite und aufnahmewillige Zielorte, kurz: eine *massentouristische Infrastruktur.*

Der sozioökonomische Faktor *Einkommen* spielt in diesem Zusammenhang nur eine untergeordnete Rolle. Damit ist nicht gesagt, daß das Einkommen des einzelnen, die Arbeiterlöhne ebenso wie das allgemein verfügbare private Einkommen, für die Entwicklung des Massentourismus belanglos gewesen wären – im Gegenteil. Aber man darf niemals vergessen, daß Ausgaben für Urlaub und Reisen immer eine Existenz jenseits der »Sphäre des Notwendigen«[8] voraussetzen. Zudem ist der Verlauf der Grenzlinie empirisch nicht

[8] Pierre Bourdieu, Die feinen Unterschiede, 4. Aufl., Frankfurt am Main 1991, S. 103.

auszumachen, da Ausgaben im tertiären Sektor weniger von der Höhe des Einkommens beeinflußt werden, sondern von persönlichen und gesellschaftlichen Wertmustern oder auch infrastrukturellen Voraussetzungen.

Weiterhin ist die quantitative Entwicklung des Reisens, gemessen an der Zahl der *Übernachtungsgäste*[9], wichtig, wenngleich sie in ihrer Bedeutung als Indikator für die Herausbildung des modernen Massentourismus immer relativ zum Nachweis des *gleichzeitigen Auftretens* und *wechselseitigen Durchdringens* aller Faktoren bleibt. Gleichzeitigkeit und Wechselseitigkeit sind jene Funktionen, die den modernen Massentourismus kennzeichnen. Ein schillernder, gleichwohl in der Wissenschaft wie in der Alltagssprache weit verbreiteter Begriff kann daher weiterhin Anwendung finden.

Neben sozioökonomischen Ressourcen und einer auf Massenreisen auch tatsächlich eingestellten touristischen Infrastruktur sind schließlich auch immaterielle Faktoren zu berücksichtigen, allen voran ein gesellschaftlich vorherrschendes Werte- und Normensystem, das Autonomieräume bereithält, die eine individuelle Lebensgestaltung zulassen. Damit verbunden ist die Annahme, daß sich in Gesellschaften Bedürfnisstrukturen herausbilden, und daß zwischen Bedürfnissen und Chancen ihrer Realisierung eine Lücke klaffen kann. Dies gilt vor allem für Gesellschaften unter dem Einfluß moderner Massenmedien.

Die zuletzt genannte Bedingung legt es nahe, Reisen als Ausdruck von Lebensstilen zu betrachten[10] und so mit der bewußten Gestaltung des Wohnens, der Ernährung, der Kleidung und der Freizeit in Verbindung zu bringen, die in mo-

[9] Gegenüber den Übernachtungen ist die Zahl der Gäste der sozialhistorisch aussagekräftigere Indikator, da sich hinter stagnierenden Übernachtungszahlen durch Verkürzung der Aufenthaltsdauer Steigerungen der Gästezahlen verbergen können. – Die Begriffe Gäste, Fremde, Besucher beziehen sich, soweit nicht anders angemerkt, immer auf Übernachtungsgäste.

[10] Vgl. Hans-Peter Müller, Sozialstruktur und Lebensstile. Der neuere theoretische Diskurs über soziale Ungleichheit, Frankfurt am Main 1992, bes. S. 353ff.; Bourdieu, Unterschiede, 1991; Daniel Lerner, Die Modernisierung des Lebensstils: eine Theorie, in: Wolfgang Zapf (Hg.), Theorien des sozialen Wandels, 2. Aufl., Köln u. a. 1970, S. 362–381; Max Weber, Wirtschaft und Gesellschaft, 5. Aufl., hg. von Johannes Winkelmann, Tübingen 1976, S. 537.

dernen Gesellschaften die vielfältigen Anforderungen des Alltagslebens ausbalanciert.[11] Für die Entwicklung des modernen Lebensstils und die Beeinflussung sozialer Ungleichheitsprozesse durch Lebensstile stellt das Reisen einen besonders aussagekräftigen Indikator dar, ist es doch das *Leitbild des modernen Lebensstils.* Verglichen mit anderen Ausdrucksformen moderner Lebensführung, besitzt das Reisen bezeichnenderweise den höchsten Prestigewert. Nötigen die wirtschaftlichen Verhältnisse zum Sparen, wird auf die Urlaubsreise zuletzt verzichtet.[12] Und schließlich eröffnen Urlaub und Reisen Erfahrungswelten, die mit starken Rückwirkungen auf die Dominanz des Arbeitslebens verbunden sind. Daß damit in den zwanziger Jahren auch die politische Strategie der Arbeiterorganisationen mit der Arbeit als zentralem Ort in Frage gestellt werden konnte, wurde seinerzeit nur selten reflektiert. Aber tatsächlich kann sich der einzelne durch Reisen Autonomieräume erobern, die die Arbeit in ihrer Funktion als einzige »Quelle von Identität, Sinn und Macht«[13] in Frage stellen. Zwar scheint heutzutage in Industrieländern, die von struktureller Arbeitslosigkeit betroffen sind, die Teilhabe am Arbeitsmarkt, das heißt ein klassischer ökonomischer Faktor, in den Mittelpunkt der Gesellschaftsbildung zu rücken, gleichwohl steht dabei nicht die Arbeit an sich im Zentrum, sondern der feste Arbeitsplatz als Voraussetzung für eine moderne Lebensführung, von der ausgeschlossen zu werden man Gefahr läuft, sobald der Arbeitsplatz verlorengeht.

Soziologen betonen zunehmend, daß Lebensstile in modernen Industriestaaten, also in wohlfahrtsstaatlich organisierten, auf Elementarbildung beruhenden und von Em-

[11] Werner Kudera, Lebensführung als individuelle Aufgabe, in: Gegenwartskunde 44, 1995, S. 155–166, hier S. 160.

[12] Vgl. Dieter Hanhart, Das Freizeitverhalten von Arbeitern, in: Erwin K. Scheuch/Rolf Meyersohn (Hg.), Soziologie der Freizeit, Köln 1972, S. 230–242, hier S. 231; Axel Schildt, »Mach mal Pause!« Freie Zeit, Freizeitverhalten und Freizeit-Diskurse in der westdeutschen Wiederaufbau-Gesellschaft der 1950er Jahre, in: AfS 33, 1993, S. 357–406, hier S. 367; Veränderung der privaten Verbrauchsausgaben in Westdeutschland 1994 gegenüber 1993 nach Globus-Kartendienst vom 5. Juni 1995, Rb-2710.

[13] André Gorz, Der Abschied vom Proletariat, Hamburg 1983, S. 66.

pathie, Zeit, Geld und Arbeit geprägten Gesellschaften, das Verhalten und die Formierung sozialer Ungleichheiten beeinflussen.[14] Die Untersuchung der schichtübergreifenden Verfügbarmachung des Reisens und seiner Übernahme in die Lebensführung aller sozialen Schichten kann daher bei der historischen Erforschung von Sozialstrukturen, sozialen Ungleichheiten und sozialem Wandel als Indikator dafür dienen, in welchem quantifizierbaren Ausmaß Sozialstrukturen und das Verhalten sozialer Gruppen in Industriegesellschaften von Lebensstilen beeinflußt werden.

Wenn im folgenden von moderner Lebensführung bzw. modernem Lebensstil gesprochen wird, bezeichnet der Zusatz »modern« die historische Dimension von Lebensstilen. Dies impliziert die Hypothese eines modellhaften Lebensstils, der sich in einem historischen Prozeß herausgebildet hat und trotz aller Wandlungen im einzelnen und einer Vielfalt von Lebensstilen als entschlüsselbare Konfiguration weiterexistiert. Der moderne Lebensstil, der an einer bewußten Ausgestaltung des Wohnens, des Essens, der Kleidung und der Freizeit festgemacht werden kann, entstand aus der urbanen Lebensweise, entwickelte sich in Auseinandersetzung mit städtischen und industriell bestimmten Lebensbedingungen und steht in enger Verbindung mit individuellen Entfaltungs- und Erlebnisbedürfnissen. An den Kapitalismus als Wirtschaftssystem war er nicht gebunden; die Reiseintensität in der ehemaligen DDR beispielsweise entwickelte sich im großen und ganzen parallel zur alten Bundesrepublik.[15] In bezug auf den modernen Lebensstil darf Dominanz jedoch nicht mit einer Teilhabe der Bevölkerungsmehrheit gleichgesetzt werden. Vielmehr wird er zunächst von einer Vorreitergruppe aufgegriffen, wobei ältere

[14] Peter Gluchowski, Lebensstil und Wandel der Wählerschaft in der Bundesrepublik Deutschland, in: Aus Politik und Zeitgeschichte 37, 1987, Nr. 12, S. 18–32; Robert Inglehart, Kultureller Umbruch. Wertwandel in der westlichen Welt, Frankfurt am Main u. a. 1989; Ursula A. J. Becher, Geschichte des modernen Lebensstils, München 1990; Müller, Sozialstruktur, 1992.

[15] So das Ergebnis von Ottmar Braun in einem unveröffentlichten Vortrag ›Reiseerfahrungen und -ziele der DDR-Bevölkerung‹, gehalten auf dem 7. Symposium der Arbeitsgruppe »Tourismusgeschichte« des Instituts für Tourismus der FU Berlin am 11. Dez. 1993.

Formen der Lebensführung neben ihm bestehen bleiben können.[16]

Die eigentliche Generierungsinstanz von Lebensstilen ist der »Habitus«, der als Gelenk zwischen sozialen Strukturen und tatsächlichem Verhalten funktioniert. Der Begriff geht auf Pierre Bourdieu zurück und bezeichnet ein verhaltenssteuerndes Dispositionssystem, das vornehmlich durch Bildung und soziale Herkunft geprägt ist. Es wird über die Sozialisation vermittelt und kann das Verhalten auch unbewußt anleiten, das heißt, die spezifischen Muster der Lebensführung müssen nicht unbedingt in das Bewußtsein derer eingedrungen sein, die den jeweiligen Lebensstil praktizieren. Der Habitus bleibt nach seiner Herausbildung relativ stabil, so daß Altersunterschiede auf unterschiedliche Muster der Lebensführung hinweisen. Der Habitus gilt als Instanz, die die Entscheidung, zu reisen, hervorbringt.[17]

Der Klassenbegriff als Angelpunkt einer Sozialgeschichte des 20. Jahrhunderts verliert zusehends an interpretatorischer Kraft, obwohl unübersehbar ist, daß sich auch in modernen Gesellschaften weiterhin Gruppen ausbilden.[18] Antworten auf die Frage nach den neuen gesellschaftsbildenden Faktoren sind unterdessen ausgeblieben, und Lebensstile wurden, soweit man sie überhaupt untersuchte, ausschließlich als Ausfluß sozioökonomischer Bedingungen (Einkommen, berufliche Position, Bildung) betrachtet, nicht jedoch als *unabhängige* Variablen. Als solche eröffnen sie aber Lebenschancen, erzeugen Gruppenidentitäten und werden in modernen Industriegesellschaften zu Abgrenzungs- und Unterscheidungszwecken eingesetzt. Das von soziologischer Seite theoretisch erst in Ansätzen ausformulierte Lebensstilkonzept verbindet sich jedoch keinesfalls mit dem Ziel, Lebensstile an die Stelle von Lebenschancen zu setzen bzw. Kultur- und Konsummuster an die Stelle von materiellen Ressourcen. Sozioökonomi-

[16] Vgl. Becher, Lebensstil, 1990, S. 15ff.

[17] Bourdieu, Unterschiede, 1991, S. 25, 33f. Bourdieu postuliert in seiner Untersuchung die starke Verbindung zwischen Habitus und Marktlage (ebd., S. 167), während ich dem Habitus ein stärkeres Eigengewicht beimesse.

[18] Vgl. Gerhard Schulze, Die Erlebnisgesellschaft. Kultursoziologie der Gegenwart, 5. Aufl., Frankfurt am Main u. a. 1995, S. 17 und 23f.

sche Voraussetzungen beeinflussen zweifelsohne das Verhalten von Individuen und damit auch die Entscheidung, zu reisen. Der Lebensstilansatz stellt diese Tatsache nicht in Abrede. Vielmehr geht es darum, einen methodischen Mittelweg zu eröffnen. Auf der einen Seite findet sich die überholte Vorstellung vom »Markt« (Max Weber) als Raum, der Sozialstrukturen und soziale Ungleichheit begründet und das Private lediglich als Restgröße der Arbeitswelt bestimmt[19]; auf der anderen Seite stehen die ebenso unzutreffenden Annahmen, es gäbe nur noch »individualisierte« Existenzweisen in einer hochdifferenzierten »Risikogesellschaft« (Ulrich Beck) bzw. – im Gegenteil – mit der Herausbildung einer »nivellierten Mittelstandsgesellschaft« (Helmut Schelsky) hätte eine Einebnung der Stile und des Geschmacks zwischen den verschiedenen Schichten stattgefunden.[20] Der Mittelweg hingegen verbindet Lebenschancen und Lebensstile als Muster von Lebensführung.

Die folgende Untersuchung ist chronologisch gegliedert und bezieht sich auf Deutschland. Drei große Kapitel führen von der Weimarer Republik über die Zeit des Nationalsozialismus bis in die Gegenwart. In den zwanziger Jahren unseres Jahrhunderts wurden die Weichen für die Formierung des modernen Massentourismus gestellt; das erste Kapitel bildet daher den Schwerpunkt der Studie. Das letzte Kapitel beschränkt sich auf die touristische Entwicklung in der Bundesrepublik. Im Zentrum der Darstellung steht – immer im Vergleich mit Angestellten und Beamten – die Entwicklung des Arbeiterreisens als *conditio sine qua non* des modernen Massentourismus. Damit die persönlich erlebte Reise in dieser Untersuchung nicht zu kurz kommt, wurden ungekürzte Reiseberichte aufgenommen. In diesen »Innenansichten« spiegeln, brechen und erweitern sich die großen Entwicklungslinien um das Zufällige und Individuelle.

[19] Weber, Wirtschaft, 1976, S. 532.

[20] Ulrich Beck, Jenseits von Stand und Klasse? Soziale Ungleichheiten, gesellschaftliche Individualisierungsprozesse und die Entstehung neuer sozialer Formationen und Identitäten, in: Reinhard Kreckel (Hg.), Soziale Ungleichheiten, Göttingen 1983, S. 35–74, hier S. 54; Helmut Schelsky, Gesellschaftlicher Wandel, in: Ders., Auf der Suche nach der Wirklichkeit. Gesammelte Aufsätze, Düsseldorf u. a. 1965, S. 337–351, hier S. 340.

Zum Schluß noch einige Anmerkungen zu den erkenntnisleitenden Interessen. Die Geschichte des modernen Massentourismus ist bislang von Schriftstellern, Wissenschaftlern und Journalisten immer als Geschichte seiner Kritik konzipiert worden. Das hängt einerseits damit zusammen, daß der Tourismus als Massenerscheinung an der Schädigung der Umwelt mitwirkt und der Reisende zu zerstören droht, was er sucht. Andererseits spielt hier der negative Beigeschmack eine Rolle, den der Begriff »Masse« bei Kulturkritikern seit der Jahrhundertwende hat und den er bis heute nicht abzulegen vermochte; die neutralere Verwendung des Begriffs »Masse« im Sinne von »schichtübergreifend« und »allen zugänglich« blieb dagegen im Hintergrund. Außerdem wurde der Massentourismus als den Interessen eines »wahren«, individuellen Reisens zuwiderlaufend eingeschätzt, insbesondere von jenen, für die die letztgenannte Art des Reisens unabdingbarer Bestandteil ihres Lebensstils ist – zum Beispiel von Schriftstellern, Wissenschaftlern und Journalisten.

Als Ansatz für eine historische Analyse haben sich diese kritischen Konzepte nicht bewährt. Sie verneinen vorab, was bislang eine noch offene Frage ist: ob neben dem Streben nach Erkenntnis fremder Welten nicht auch das zeitweise subjektive Erleben anderer Räume zu den menschlichen Grundbedürfnissen zählt.

Die Weimarer Republik: Aufbruch in den modernen Massentourismus

1. Gesellschaftliche und sozioökonomische Voraussetzungen

Neue Erfahrungswelten

Die freigewerkschaftliche Textilarbeiterzeitschrift publizierte im Sommer 1930 einen Bericht, der von einer Tagesreise thüringischer Arbeiterinnen nach Leipzig erzählte:

> »Regen, Wind, wir lachen drüber ..., so dachten wohl am Sonntag, dem 25. Mai, die Kolleginnen der Frauengruppen von Greiz und Elsterberg, die sich trotz strömenden Regens um 7 Uhr am Bahnhof einfanden. Es gab deshalb auch kein Zögern, die Fahrt nach Leipzig wurde angetreten. Die Stimmung war die denkbar beste, auch wenn das Stahlroß ab und zu unter schweren Regenwolken dahinschnaubte und der Regen nur so an die Fenster plätscherte. Da fast alle Teilnehmer in einem Wagen untergebracht waren, gab es eine recht rege Unterhaltung. Über die Angsthasen wurde gescherzt, die wegen dem etwas reichlich fließenden Naß sich hatten ins Bockshorn jagen lassen. Interessant war auch die Feststellung, daß einige ältere Kolleginnen zum erstenmal eine Reise machten. Nach 20-, ja 30jähriger Textilarbeit hatten sie sich endlich einmal aufgerafft, das Geld zusammengespart und machten nun ihre erste Reise in die Welt.«[1]

Die Pädagogin und sozialdemokratische Reichstagsabgeordnete Anna Siemsen setzte sich im Laufe der zwanziger Jahre in zahlreichen Publikationen mit Veränderungen und Proble-

[1] Der Textil-Arbeiter 42, 1930, S. 197.

men der Nachkriegsgesellschaft auseinander. In ihrer im Jahr 1921 veröffentlichten Schrift ›Erziehung im Gemeinschaftsgeist‹ stand zunächst die Wirtschaft im Zentrum ihres Interesses, das heißt die durch die Rationalisierung hervorgerufenen Umstrukturierungsprozesse und deren Folgen. Dabei bemerkte sie, daß der herausragende Stellenwert, den die marxistische Gesellschaftsanalyse der Kapitalfrage beigemessen habe, nicht mehr den Kern der tatsächlichen wirtschaftlichen und sozialen Veränderungen treffe. Ihrer Meinung nach sei an die Stelle der Kapitalverhältnisse inzwischen ein viel wichtigerer, weil übergeordneter Faktor getreten: die Umstrukturierung der Arbeitswelt durch die Mechanisierung der Arbeitsabläufe, vor allem der Fließbandarbeit. Die Aufhebung der eigenen Verantwortung, der Verzicht auf eigenes Erkennen und eigenes Wollen, was Siemsen als das Wesentliche des sogenannten Taylorismus beschrieb, würden zu einem »äußeren Zwangssystem«, das den Menschen vergewaltige. Der ganz außermenschlichen »Ehre des wachsenden Kapitals« hätte sich inzwischen die ebenso unmenschliche »Ehre der gesteigerten Produktion« an die Seite gestellt.[2] Während Siemsen zu Anfang der zwanziger Jahre noch die veränderten Voraussetzungen der Gesellschaftsbildung analysierte, setzte sie acht Jahre später in einem von Zeitgenossen und Historikern wenig beachteten Aufsatz auf einer ganz anderen Ebene an: bei den Veränderungen der alltäglichen Bedürfnisse und der Lebensführung. Die gesellschaftliche Entwicklung der Gegenwart, so ihre Ausgangsthese in dem Aufsatz ›Proletarische Lebensführung‹ aus dem Jahre 1929, gleiche einem »Schmelztiegel«. Eine Angleichung der Lebensformen und -bedürfnisse vollziehe sich nicht nur im »Proletariat«, zu dem sie Arbeiter, Angestellte und Beamte zählte. Auch innerhalb der »Bourgeoisie« seien die alten, klar geschiedenen Lebensformen von Adel, hohen Beamten und Großbürgern verschwunden. Der gemeinsame Lebensstil einer »neuen Bourgeoisie« sei im Entstehen begriffen. Obwohl Siemsen darauf bestand, daß der »Proletarier« seine Bedürfnisse nicht als Individuum, sondern nur über die

2 Anna Siemsen, Erziehung im Gemeinschaftsgeist, Stuttgart 1921, S. 18ff.

Gemeinschaft befriedigen könne, da sein »Arbeitslohn« nicht dem »arbeitslosen Einkommen« der »neuen Bourgeoisie« entspreche, also Ursachen und Ziel »proletarischer« und »bürgerlicher« Lebensführung grundverschieden seien. In der tatsächlichen Lebens*praxis* der einen und in den Lebens*bedürfnissen* der anderen sah sie eine zumindest »äußerlich gleichförmige« Entwicklung:

> »Der Sport, das Reisefieber, die neue Sachlichkeit in Bauen und Haushaltsführung, die neue Mode, die neue rein individualistische Moral ...: das alles scheint den Bedürfnissen des einseitig und hart schuftenden ... Proletariers zu entsprechen. So finden wir nicht nur tausend Parallelen, sondern auch ein Zusammengehen und nicht selten die Tatsache, daß der Proletarier neue Kunst und neue Psychologie und neue Geschlechtsmoral vom neuen Bürgertum übernimmt.«[3]

Was Anna Siemsen 1929 als weitgereiste Sozialdemokratin – ein Jahr zuvor war ihr Reisebericht ›Daheim in Europa‹ erschienen – am Rande großer Debatten um Politik und sozialistische Kulturtheorie soziologisch unter die Lupe nahm und was man im Spiegel der Alltagswelt thüringischer Textilarbeiterinnen als erstmaliges, entschlossenes Sparen für eine Tagesreise »in die Welt« nachlesen konnte, waren Ausdrucksformen eines tiefgreifenden gesellschaftlichen Strukturwandels. Als Ergebnis langfristiger sozialhistorischer Prozesse und kurzfristiger Ereignisse, die zusammenfielen und sich gegenseitig in ihrer Wirkung verstärkten, veränderte dieser Wandel die Erfahrungen, Bedürfnisse und Lebensweisen der Menschen nach dem Ersten Weltkrieg.[4]

Der »Große Krieg« hatte allen Teilen der Bevölkerung Lei-

[3] Dies., Proletarische Lebensführung, in: Urania 6, 1929/30, S. 5–8 (Teil 1) und S. 46–52 (Teil 2), hier S. 5 und 48f.

[4] Vgl. Detlev J. K. Peukert, Die Weimarer Republik, Frankfurt am Main 1987; Eberhard Kolb, Die Weimarer Republik, 3. Aufl., München 1993; Horst Möller, Weimar. Die unvollendete Demokratie, 5. Aufl., München 1994.

[5] Volker Ullrich, Kriegsalltag. Zur inneren Revolutionierung der Wilhelminischen Gesellschaft, in: Wolfgang Michalka (Hg.), Der Erste Weltkrieg, München u. a. 1994, S. 603–621.

den und Entbehrungen abverlangt, und er wurde von den Menschen als kaum mehr gekannte, extreme Krisensituation erfahren.[5] Auch wenn die Zusammenhänge von Kriegserfahrungen und Bedürfniswandel noch nicht genau erforscht sind, das Erholungs- und Freizeitbedürfnis dürfte nach dem Ersten Weltkrieg schichtübergreifend gestiegen sein. Ein Mitglied des Touristenvereins »Die Naturfreunde« schrieb rückblickend im Jahr 1923:

> »Im reichen Wortschatz unserer deutschen Sprache, dünkt es mich, hat kein Wort einen so poetischen Klang für den Arbeitsmenschen wie das Wort ›Urlaub!‹ Das Glück, der Seelenfriede, der in diesem Worte liegt, ward mir mit 46 Jahren zum erstenmal zuteil. – Draußen auf der blutigen Walstatt, wo die armen Völker Gut und Blut den Machtgelüsten entarteter Herrschergeschlechter zum Opfer bringen mußten, lag ich mehr denn drei Jahre in der vordersten Linie. Da gab es unendlich viele Stunden, wo ich von Heimat und Liebe träumte, wo meine früheren frohen Wanderfahrten, vom Golde der Erinnerung übersponnen, vor meinem geistigen Auge dahinglitten. Da war es, wo all meine tiefe Sehnsucht zu dem Gelöbnis sich verdichtete: Wenn ich vom ›Heldentod‹ verschont bleibe und das Glück habe, die Heimat wiederzusehen, dann verbringe ich meinen ersten Urlaub auf unserem Naturfreundehaus.«[6]

Nach dem Ersten Weltkrieg kam es im Deutschen Reich unter dem Druck der Reparationszahlungen zu einem wirtschaftlichen Modernisierungsschub, der die Rationalisierung und die Übernahme amerikanischer Massenproduktionstechniken entscheidend vorantrieb. Die Einführung der Fließbandarbeit organisierte den Arbeitsplatz neu und intensivierte die Arbeitsvorgänge. Der »Blaue Montag« oder die im 19. Jahrhundert noch zahlreicheren Feiertage fielen der Rationalisierung zum Opfer, und eine neue, ebenfalls rationale Organisation der Freizeit wurde zunehmend als notwendig erachtet.

[6] Fritz Ripp, Urlaubstage auf dem Mannheimer Naturfreundehaus, in: Der Naturfreund (Wien), 27, 1923, S. 101.

Die Wirtschaft konnte sich in der zweiten Hälfte der zwanziger Jahre erholen und trotz struktureller Defizite in der Finanzierung 1928/29 wieder an die Produktionszahlen der Vorkriegszeit anknüpfen. Wirtschaft und Gesellschaft der Weimarer Republik durchliefen zwischen 1924 und 1929 eine Phase »relativer Stabilisierung«.[7]

Der Verstädterungsprozeß, Kennzeichen der Industrialisierung im 19. Jahrhundert, mündete Mitte der zwanziger Jahre in eine Phase der Stagnation. Nach dem Ausbau der Städte begann nun deren Umbau.[8] Der Dienstleistungssektor trat an die Seite der Industrie, die vormals als alleiniger Maßstab für Raumnutzung und regionale Planung gegolten hatte. Wie immer die Mehrheitsverhältnisse in den Stadtparlamenten auch aussahen, Schwimmbäder und Sportarenen, Ausstellungshallen und Grünflächen gehörten nach 1924 in allen deutschen Großstädten zum Leitbild kommunaler Stadtplanung. Das Berliner Freibad Wannsee, in den Vorkriegsjahren noch ein »Proletenbad« mit »ungepflegten Anlagen«, avancierte mit Besucherterrasse, Liegestühlen und Strandkörben zum »märkischen Lido«[9]. Besucht wurde das moderne Volksbad 1930 von 1,3 Millionen Badehungrigen – fast viermal so viele wie 1924.[10]

Nach den verkehrs*technischen* Neuerungen der Kaiserzeit begünstigte die verkehrs*organisatorische* Anbindung der Naherholungsgebiete, zum Beispiel durch den regelmäßigen und flächendeckenden Einsatz von Sonntagssonderzügen und Omnibusausflugslinien, eine mobile Freizeitgestaltung. Hatte die Zahl der auf Sonntagsrückfahrkarten der Deutschen Reichsbahn beförderten Personen in den Vorkriegsjahren rein statistisch noch bei 0,4 Fahrten pro Einwohner gelegen, waren es 1925 1,5 und 1929 bereits 2,6 Fahrten jährlich. »Jedermann« und »jedefrau« fuhren nun also tatsächlich einmal oder mehrmals pro Jahr für einen Sonntag, ein Wochenende oder über

7 Vgl. Gilbert Ziebura, Weltwirtschaft und Weltpolitik 1922/24–1931, Frankfurt am Main 1984, bes. S. 83ff.; Kolb, Weimarer Republik, 1993, S. 193ff.

8 Vgl. Jürgen Reulecke, Geschichte der Urbanisierung in Deutschland, Frankfurt am Main 1985, S. 148ff.

9 Vorwärts Nr. 296 vom 25. Juni 1928.

10 Die Gewerkschaft 35, 1931, Sp. 477f.

die Feiertage »ins Grüne«.[11] Fahrräder und Kleinkrafträder erhöhten zusätzlich die individuelle Freizeitmobilität, und der Kauf von Kleinkrafträdern erlebte sogar in der 1929 einsetzenden Weltwirtschaftskrise einen Aufschwung.[12]

Verändernd auf die alltäglichen Lebensformen und -bedürfnisse wirkte sich auch der langfristige Anstieg der Lebenserwartung aus. Gemessen am Trend der vergangenen Jahrhunderte war sie in Deutschland in einem historisch einmaligen Sprung zwischen den 1870er und den 1920er Jahren von 36 auf 57 Jahre gestiegen.[13] Das in modernen Gesellschaften verbreitete Phänomen des individuellen Lebensentwurfs, durch den Kindheit, Jugend, Erwachsensein und Alter zu distinktiven Lebensphasen werden, stand erst jetzt auf einem tragfähigen demographischen Fundament.

Die Wandlungen im Urbanisierungsprozeß und die wirtschaftlichen Umstrukturierungen veränderten die berufliche Zusammensetzung der Erwerbstätigen. Vor allem der private Dienstleistungssektor und die rasch wachsenden kommunalen Verwaltungsapparate benötigten immer mehr Personal. Der Anteil der Angestellten und Beamten an der Gesamtheit der Erwerbspersonen stieg zwischen 1907 und 1925 von 11,7 auf 17,3 Prozent. Demgegenüber sank im gleichen Zeitraum der Anteil der Arbeiter von 54,9 auf 50,1 Prozent, und auch der Prozentsatz der Selbständigen war rückläufig (19,6 bzw. 15,6 Prozent).[14] Die relativ stärkste Zunahme verzeichneten die Angestellten.[15] Sie entpuppten sich zudem als Träger einer neuen Form urbanisierten Lebens, deren Kennzeichen eine deutliche Abnahme der durchschnittlichen Kinderzahl pro Ehe und relativ hohe Ausgaben für Ausflüge, Reisen, Sport, Theater-, Konzert- und Kinobesuche waren.[16]

[11] Eigene Berechnungen nach Hans Warnecke, Der Fremdenverkehr, seine volkswirtschaftliche Bedeutung und Regelung, Halle 1921, S. 52; Oskar Knebel, Die Reichsbahn-Personentarife und ihre wirtschaftliche Bedeutung, 2. Aufl., Berlin 1931, S. 142.

[12] Franz Schuhwerk, Kraftwagen und Fremdenverkehr, in: AfdF 5, 1934/35, S. 75–87, hier S. 76f.

[13] Heinrich August Winkler, Der Schein der Normalität. Arbeiter und Arbeiterbewegung in der Weimarer Republik 1924 bis 1930, Berlin 1985, S. 91.

[14] Stat. Jb. Dt. Reich 59, 1941/42, S. 33f.

[15] Vgl. Stat. Dt. Reich Bd. 402/2, S. 208.

[16] Vgl. Sandra J. Coyner, Class Consciousness and Consumption: The New Middle Class During the Weimar Republic, in: Social History 10, 1976/77, S. 310–331;

Die Kämpfe des 19. Jahrhunderts um politische Partizipation fanden 1918/19 einen vorläufigen Abschluß. Das Frauenwahlrecht hatte erstmals alle Bürgerinnen und Bürger in das Staatswesen integriert und damit neue Denk- und Handlungsspielräume eröffnet. Oftmals waren es Frauen, weibliche Angestellte vor allem, ledig und ohne Kinder, die über »ihre« Urlaubsreise berichteten. Die Betonung des persönlichen organisatorischen Geschicks und der Überwindung finanzieller Schwierigkeiten durch eifriges Sparen zeigten, daß »frau« die Reise auch als ein Stück praktischer Emanzipation verstand. Gleichwohl war der Raum für eine individuelle Lebensgestaltung bei Frauen in starkem Maße von Ehe und Familie abhängig. Die vom deutschen Textilarbeiterverband 1930 publizierten Berichte über das Arbeits- und Wochenendleben von 150 Textilarbeiterinnen[17] verdichten sich zwar auf den ersten Blick zu einem Bild allgemeinen Elends. Bei genauerem Hinsehen zeigt sich jedoch, daß der Mangel an freier Zeit nicht nur ungerechten ökonomischen Strukturen, sondern auch der geschlechtertypischen Arbeitsteilung innerhalb der Familie zuzuschreiben war. In der Regel drückte die Frauen eine dreifache Belastung: Berufstätigkeit, Versorgung der Kinder und häusliche Versorgung des Mannes. Fiel die Versorgung von Kindern und/oder des Mannes weg, stiegen zumindest die Chancen auf einen Sonntagsausflug.

Nach Jahrzehnten der Ausgrenzung und Repression im Kaiserreich erreichte die SPD in der Revolution 1918/19 die Teilhabe an der Staatsmacht, und die freien Gewerkschaften wurden über die Zentralarbeitsgemeinschaft (ZAG) in das staatlich abgesicherte Tarifvertragssystem eingebunden.[18] Zwar führte die Regierungsbeteiligung der SPD auf Reichs- und Länderebene zur endgültigen Spaltung der vormals ge-

Reinhard Spree, Angestellte als Modernisierungsagenten, in: Jürgen Kocka (Hg.), Angestellte im europäischen Vergleich, Göttingen 1981, S. 279–308; aus zeitgenössischer Sicht Siegfried Kracauer, Die Angestellten (1930), Frankfurt am Main 1971.

17 Mein Arbeitstag – mein Wochenende. 150 Berichte von Textilarbeiterinnen, hg. vom Deutschen Textilarbeiterverband, Hauptvorstand, Arbeiterinnensekretariat, Berlin 1930.

18 Vgl. das dreibändige Standardwerk von Heinrich August Winkler, Arbeiter und Arbeiterbewegung in der Weimarer Republik, Berlin u. a. 1984, 1985 und 1987; Klaus Schönhoven, Reformismus und Radikalismus. Gespaltene Arbeiterbewegung im Weimarer Sozialstaat, München 1989.

schlossenen Arbeiterbewegung in eine kommunistische und eine sozialdemokratische Partei. Aber im sozialdemokratischen Milieu schwächte sich der Gegensatz zur bestehenden Gesellschaft zunehmend ab. Programmatisch immer noch auf dem Boden des Klassenkampfes, hatten große Teile der SPD in der politischen Alltagsarbeit auf Kommunal-, Länder- und Reichsebene den Weg von der Klassen- zur Volkspartei eingeschlagen. Parallel zur veränderten Position auf Regierungsebene begann sich auch die Sozialstruktur der SPD-Mitglieder und -Wähler zu wandeln. Die Partei blieb zwar vorrangig eine Arbeiterpartei, hatte aber gegenüber der Vorkriegszeit bei den »Kopfarbeitern« einen leichten Zuwachs zu verzeichnen.[19] Die ansatzweise »Entproletarisierung« erlebte die Partei nicht ohne innere Widersprüche. Die »Führung«, so der Vorwurf einer vertraulichen Denkschrift vom Oktober 1927, hätte »fast nichts getan, das Mißverhältnis zu beseitigen, der historisch und soziologisch notwendigen Praxis eine entsprechende Theorie zu schaffen«.[20]

Neu war in den zwanziger Jahren das Wechselwählerverhalten. In der Weimarer Republik wählte der einzelne offenbar nicht mehr starr nach Milieutraditionen. In den Vordergrund rückten Programme oder Sachaussagen, Versprechungen, die konjunkturelle Lage oder einfach nur »Stärke und Dynamik«, die eine Partei verkörperte.[21] Die Wahlentscheidung wurde nicht mehr von grundsätzlichen, sondern von kurzfristigen Überlegungen geprägt. Neuere Untersuchungen über die soziale Herkunft der Wähler der Nationalsozialistischen Deutschen Arbeiter-Partei (NSDAP) können das Aufbrechen der Wahltraditionen bestätigen: Demnach war die NSDAP nicht nur in den Mittelstand, sondern in *alle* Berufsgruppen eingedrungen.[22]

[19] Vgl. Peter Lösche/Franz Walter, Auf dem Weg zur Volkspartei? Die Weimarer Sozialdemokratie, in: AfS 29, 1989, S. 75–136.

[20] August Rathmann, Die Krise im deutschen Sozialismus und ihre Überwindung. Vertrauliche Denkschrift vom Oktober 1927, in: Martin Martiny, Die Entstehung und politische Bedeutung der ›Neuen Blätter für den Sozialismus‹ und ihres Freundeskreises, in: Vierteljahrshefte für Zeitgeschichte 25, 1977, S. 396–402.

[21] Ulrich Herbert, Arbeiterschaft im ›Dritten Reich‹, in: GG 15, 1989, S. 320–360, hier S. 327.

[22] Jürgen W. Falter, War die NSDAP die erste deutsche Volkspartei?, in: Michael

Der mit der Revolution eingeführte Achtstundentag brachte gegenüber der Vorkriegszeit einen Zugewinn an täglicher Freizeit, selbst wenn die tatsächlichen wöchentlichen Arbeitszeiten im Laufe der zwanziger Jahre noch lange nicht dem in der Revolution geforderten Ideal entsprachen. Immerhin verringerte sich auch nach dem Bruch der Zentralarbeitsgemeinschaft 1923/24 der Anteil der Arbeiterinnen und Arbeiter, die wöchentlich mehr als 48 Stunden arbeiten mußten, bis 1928 von rund 55 auf 27 Prozent.[23]

Während der Weimarer Republik kam es zu deutlichen Verbesserungen im System der sozialen Sicherheit, u. a. in Form von Leistungsverbesserungen in der Sozialversicherung, der Einführung der Arbeitslosenversicherung (1927), einer verbesserten betrieblichen Sozialpolitik, Kündigungsschutzgesetzen und Ansätzen einer Mietpreiskontrolle. Wenngleich der staatlichen Sozialpolitik in den zwanziger Jahren noch kein einheitliches Konzept zugrunde lag, traten doch »erste Konturen« einer umfassenden sozialstaatlichen Absicherung hervor.[24] Sie konnten zum Beispiel die Auswirkungen der erstmals konstant hohen Sockelarbeitslosigkeit abmildern. Gleichzeitig entstand mit dem Ausbau des Interventions- und Sozialstaates aber auch ein anderes Phänomen: das Anwachsen der sozialpolitischen *Ansprüche und Erwartungen*, die die abhängig Beschäftigten zu Recht an den modernen Industrie- und Interventionsstaat stellten. Die Zeit nach dem Ersten Weltkrieg ist durch eine extrem hohe Spannung zwischen sozialstaatlichen Erwartungen und tatsächlichen Chancen ihrer Realisierung gekennzeichnet.[25]

Schließlich veränderten Kino und Rundfunk die Wahrnehmungs- und Erfahrungsweisen der Menschen grundlegend. Gab es 1924 in Deutschland nur 10 000 Rundfunkteilnehmer, so wurde schon 1932 die 4-Millionen-Marke überschritten,

Prinz/Rainer Zitelmann (Hg.), Nationalsozialismus und Modernisierung, Darmstadt 1991, S. 21–47, hier S. 46f.

[23] Winkler, Schein, 1985, S. 59.

[24] Peukert, Weimarer Republik, 1987, S. 132.

[25] Vgl. Reinhard Spree, Modernisierung des Konsumverhaltens deutscher Mittel- und Unterschichten während der Zwischenkriegszeit, in: Zeitschrift für Soziologie 14, 1985, S. 400–410.

das heißt, jeder vierte Haushalt konnte Radiosendungen empfangen.[26] Die Zahl der Kinos verdoppelte sich zwischen 1919 und 1929. Ende der zwanziger Jahre gab es etwa 5300 Lichtspieltheater in Deutschland.[27] Die massenhafte Verbreitung und Akzeptanz der neuen Medien ebnete Milieu- und Schichtunterschiede ein. Vor der Leinwand, im Dunkel des Zuschauerraums, gab es eben nur noch Zuschauer.

Auch das Aufbrechen des traditionellen Familienverbandes trug dazu bei, die alltägliche Lebensführung und die Erfahrungen des Alltags zu wandeln. Außerfamiliäre Bindungen zu Gleichaltrigen wurden für die Kinder- und Jugendsozialisation immer wichtiger. Besonders beim Wandern zeigte sich, wie die Jugend schichtübergreifenden und informellen kulturellen Lebensweisen neue Wege ebnete. Seit Gründung des Wandervogels im Jahre 1901 hatte sich die Jugendbewegung als Wanderbewegung konstituiert.[28] Und auch nach dem Ersten Weltkrieg trat die Jugendbewegung, ob im bürgerlich-nationalen Jugendverband oder in der sozialistischen Arbeiterjugend, mit Wanderungen und mehrtägigen Ferienfahrten in der Öffentlichkeit in Erscheinung. »Jugend« wurde zum Synonym für »Jugend auf Fahrt«.[29] Zudem waren Wanderfahrten nicht mehr das Privileg politischer oder gewerkschaftlicher Jugendverbände. Auch die mitgliederstarken Sportvereine standen hier nicht zurück. Die Zahl der Übernachtungen in deutschen Jugendherbergen, nach Gründung des Deutschen Jugendherbergsverbandes im Jahr 1909 zunächst sehr niedrig, stieg zwischen 1919 und 1932 in rasantem Tempo von 60 000 auf knapp 4,3 Millionen.[30] Die Grenzen zwischen Wandern und Reisen, zwischen Ferienwanderung und Ferienreise verflüchtigten sich. »Durch die wachsende Bewegung des Jugendwanderns und die Zunahme der Zahl der Jugendher-

[26] Kolb, Weimarer Republik, 1993, S. 105.

[27] Paul M. Monaco, Cinema and Society in France and Germany 1919–1929, Ann Arbor/Michigan 1974, S. 53ff.

[28] Vgl. Hermann Giesecke, Vom Wandervogel zur Hitlerjugend. Jugendarbeit zwischen Politik und Pädagogik, München 1981; Detlef Prinz/Manfred Rexin (Hg.), Gewerkschaftsjugend im Weimarer Staat, Köln 1983, bes. S. 177.

[29] Dietz Arbeiter-Reise- und Wanderführer, Berlin 1932, S. 37.

[30] Reichsverband für Deutsche Jugendherbergen (Hg.), Reichsherbergsverzeichnis 1937, 25. Ausg., Bethel 1937, S. XIX (ARÖK).

bergen«, hieß es in einer Naturfreundezeitschrift über die Folgen dieser Entwicklung, »ist die Aufmerksamkeit auch der älteren Arbeiterschaft im Hinblick auf zweckmäßige Verwendung der Freizeit, insonderheit der Ferien, größer geworden.«[31] Der freigewerkschaftliche Holzarbeiterverband berichtete in seinem ersten, 1928 produzierten Werbefilm »Der Kampf um die Arbeitszeit«, daß sich inzwischen auch der Arbeiter zu einer Urlaubsreise »aufschwingen« könne.[32] In der Arbeiterpresse der zwanziger Jahre häuften sich Forderungen nach einem »Recht auf Freizeit«.[33] So pries der ›Vorwärts‹ sprachlich und bildlich die »Lebensgestaltung durch Freizeit« in all ihrer »schönen und zweckmäßigen Ausgestaltung«. Was die sozialdemokratische Tageszeitung allerdings unter »aktiver Teilnahme am Kulturgut« verstand, ob Freizeitgestaltung im allgemeinen oder Freizeitgestaltung innerhalb der Arbeiterkultureinrichtungen, blieb der Interpretation von Leserinnen und Lesern überlassen. Die Photos vom »Strandleben« und »Singsang im Freien«, von der »Erholungspause während der Eisenbahnfahrt« und dem »Kinderfest im Grünen« ließen Bezüge zu kulturellen Einrichtungen der Arbeiterbewegung weitgehend offen.[34]

Tatsächlich wollte sich trotz des Aufschwungs der Arbeitersportbewegung ein Großteil der Arbeiter nicht von den bürgerlichen Sportvereinen trennen. Zahlreich zogen sie eine Mitgliedschaft in der ihrem Selbstverständnis nach »bürgerlichen« Deutschen Turnerschaft einem Beitritt zur proletarischen Arbeiter-Turn- und Sportbewegung vor.[35]

[31] W. Bulan, Die Notwendigkeit der Naturfreundeferienheime, in: Der Wanderer Zeitschrift des Touristenvereins »Die Naturfreunde«, Reichsgruppe Deutschland 1, 1930, Nr. 1, S. 5–7, hier S. 5.

[32] Zit. nach Dieter Langewiesche, Politik – Gesellschaft – Kultur. Zur Problematik von Arbeiterkultur und kulturellen Arbeiterorganisationen in Deutschland nach dem 1. Weltkrieg, in: AfS 22, 1982, S. 359–402, hier S. 399f.

[33] Hans W. Fischer, Das Recht auf Freizeit, in: Frauenwelt 6, 1929, S. 267.

[34] Vorwärts Nr. 584 vom 13. Dez. 1930, Beilage Volk und Zeit Nr. 50 vom 14. Dez. 1930. Vgl. zur Arbeiterkulturbewegung Langewiesche, Arbeiterkultur, 1982; Peter Lösche/Franz Walter, Zur Organisationskultur der sozialdemokratischen Arbeiterbewegung in der Weimarer Republik. Niedergang der Klassenkultur oder solidargemeinschaftlicher Höhepunkt?, in: GG 15, 1989, S. 511–536.

[35] Christiane Eisenberg, Massensport in der Weimarer Republik. Ein statistischer Überblick, in : AfS 33, 1993, S. 137–177, hier S. 165 und 170.

In den zwanziger Jahren begannen sich die Grenzen zwischen den alten Milieus sichtbar zu verwischen. Zwar gehörten »Klassenjustiz, Klassenwirtschaft und Klassenkampf von oben« weiterhin zu den von »rechts« gesetzten politischen Realitäten der Weimarer Republik[36], der Ausbau milieugebundener Kultureinrichtungen geriet also nicht zum Anachronismus, sondern war durchaus zeitgemäß und nachvollziehbar. Der »Immobilismus der Weimarer Gesellschaft«[37] auf institutioneller Ebene darf indes nicht darüber hinwegtäuschen, daß sich mit den zwanziger Jahren Sport und Wandern, »Ferien machen« und andere Bereiche des »Freie-Zeit-Sektors«[38] – über Kino und Rundfunk massenhaft verbreitet – zu eigengesetzlichen Lebensbereichen entwickelten. Unabhängig von der Beantwortung der Frage, inwieweit eine Übernahme in die tatsächliche Lebensführung erfolgte, konstituierten diese Lebensbereiche neue, milieu- und schicht*unspezifische* Erfahrungshorizonte und Bedürfnisse, die einen Prozeß der unterschwelligen Individualisierung in Gang setzten, dessen Anfänge man bislang in der NS-Zeit oder gar erst in den fünfziger und sechziger Jahren vermutete. Dieser gesellschaftliche Strukturwandel erlaubte eine kommerzielle und eine milieugebundene Institutionalisierung der Freizeitangebote und beeinflußte das Aufkommen der Massenkultur ebenso wie den Ausbau der Arbeiterkultureinrichtungen – zum Beispiel durch Reiseorganisationen. In der Gesellschaft der Weimarer Republik wurden so Räume für gewählte, autonome Lebensstile geschaffen, und die »klassische Konstellation strukturierter sozialer Ungleichheit«[39] brach auf.

[36] Heinrich August Winkler, Von der Revolution zur Stabilisierung. Arbeiter und Arbeiterbewegung in der Weimarer Republik 1918 bis 1924, Berlin u. a 1984, S. 13.

[37] Schönhoven, Reformismus, 1989, S. 105.

[38] Pavel Uttitz, Freizeitverhalten im Wandel, Erkrath 1985, S. 123; zur Geschichte der Freizeit vgl. Wolfgang Nahrstedt, Die Entstehung der Freizeit. Dargestellt am Beispiel Hamburgs, Göttingen 1972; Arnold Sywottek, Freizeit und Freizeitgestaltung – ein Problem der Gesellschaftsgeschichte, in: AfS 33, 1993, S. 1–19.

[39] Hans-Peter Müller, Sozialstruktur und Lebensstile. Der neuere theoretische Diskurs über soziale Ungleichheit, Frankfurt am Main 1992, S. 29.

In der Weimarer Republik existierte – mit Ausnahme der Beamten – weder für jugendliche noch für erwachsene Arbeitnehmer eine reichsgesetzliche Regelung des Erholungsurlaubs. Die tatsächliche Gewährung einer Jahresfreizeit unter Fortzahlung des Arbeitsverdienstes hing bei Arbeiter/innen und Angestellten vom Tarif- bzw. Einzelarbeitsvertrag ab.[40]

Der Arbeiterurlaub ist in Deutschland erstmals für das Jahr 1888 nachgewiesen. Die Leipziger Buchdruckerei Naumann gewährte allen Beschäftigten drei Tage Urlaub – »bei geschäftsstiller Zeit« – mit vollem Lohnausgleich.[41] Die ersten tarifvertraglichen Regelungen tauchten um 1900 auf, und zwar im Zusammenhang mit der Herausbildung des Tarifvertragswesens. Den Anfang machten die Gemeinde- und Staatsarbeiter, gefolgt von den Brauerei- und Transportarbeitern und den Beschäftigten im graphischen Gewerbe; ausgehandelt wurden in der Regel drei bis sechs Tage. Vor dem Ersten Weltkrieg besaßen in Deutschland nur ca. 10 Prozent aller Arbeiterinnen und Arbeiter einen Rechtsanspruch auf Urlaub, während es bei den Angestellten bereits zwei Drittel, bei den Beamten von je her alle Beschäftigten waren.[42]

Damit fehlte bis zum Ersten Weltkrieg eine der zentralen Voraussetzungen des modernen Massentourismus, konnten Vorformen und Vorläufer des Arbeitertourismus vor 1914 auch keine Massenbasis finden: so zum Beispiel die Angebote des 1895 in Wien gegründeten und seit 1905 auch in Deutschland tätigen Touristenvereins »Die Naturfreunde« (TVDN)[43], der sich als proletarisches Gegenstück zum »Deutsch-Öster-

[40] Vgl. Karl Ihmels, Das Recht auf Urlaub. Sozialgeschichte, Rechtsdogmatik, Gesetzgebung, Königstein/Taunus 1981.

[41] § 5 der firmeninternen Arbeitsordnung; zit. nach Arbeiterwohl 16, 1896, S. 93.

[42] Jürgen Reulecke, Vom blauen Montag zum Arbeiterurlaub. Vorgeschichte und Entstehung des Erholungsurlaubs für Arbeiter vor dem Ersten Weltkrieg, in: AfS 16, 1976, S. 205–248, hier S. 230ff.

[43] Vgl. W. Hühnermann, Der Touristenverein »Die Naturfreunde« in Wirken und Ziel, in: Die Gemeinwirtschaft 9, 1929, S. 301–304, hier S. 301f.; Emil Birkert, Von der Idee zur Tat. Aus der Geschichte der Naturfreundebewegung, Heilbronn o. J. [1970], S. 57; Der Naturfreund (Wien) 18, 1914, S. 139f.

reichischen Alpenverein« (DÖAV) verstand; oder die Einzelreiseangebote der Verwaltungsstellen Dresden und Stuttgart des Metallarbeiterverbandes aus den Jahren 1910 bis 1914.[44] In den Fremdenverkehrsorten lag der Anteil der Arbeiter, soweit Statistiken überliefert sind und Auskunft geben, noch unter einem Prozent (siehe Tabelle 7).

Erst Weltkrieg und Revolution führten in der Entwicklung des Arbeiterurlaubs eine Wende herbei. Während der Urlaub bei den Angestellten von Anfang an den Erwerbstätigenstatus mitdefinierte und das Angestelltendasein, wie bei den Beamten, in der Regel die Urlaubsgewährung einschloß[45], war dies bei Arbeiterinnen und Arbeitern nicht der Fall. Hier brachte erst das 1918/19 zum Durchbruch gelangte Tarifvertragswesen entscheidende Veränderungen.

Anfang 1928 hatten rund 95 Prozent aller tarifbeschäftigten Arbeiter/innen bzw. 10,1 von 14,4 Millionen erwerbstätigen Arbeiter/innen insgesamt Anspruch auf Urlaub.[46] Zeitgenössische Untersuchungen zum Urlaubsrecht betonen, daß die tarifvertraglichen Ferienregelungen die nicht tarifvertraglich gebundenen Betriebs- und Einzelvereinbarungen beeinflußt hätten.[47] Die Gesamtzahl der urlaubsberechtigten Arbeiter läßt sich daher *grosso modo* von den tariflich gebundenen extrapolieren und mit rund 90 Prozent beziffern – mit Blick auf die Entwicklung des modernen Massentourismus waren dies völlig neue Voraussetzungen.

Betrachtet man die Struktur der Arbeiterferien differenzierter, zeigt sich allerdings, daß die Unternehmer im Laufe der zwanziger Jahre die Länge des Urlaubs wieder leicht beschneiden konnten, insbesondere während der Weltwirtschaftskrise (siehe Tabelle 1).[48] Dem Arbeiterurlaub fehlte

44 Vgl. Metallarbeiter-Zeitung 29, 1911, S. 318f. und 326f.; ebd. 30, 1912, S. 230f.; ebd. 31, 1913, S. 124 und 147; ebd., 32, 1914, S. 135.

45 Jürgen Kocka, Die Angestellten in der deutschen Geschichte 1850–1980, Göttingen 1981, S. 39 und 52.

46 Reichsarbeitsblatt, Sonderheft 47: Die Tarifverträge im Deutschen Reiche am 1. Januar 1928, Berlin 1929; Soziale Praxis 38, 1929, Sp. 1246.

47 Vgl. Herbert Schlüter/Hans Herbert Wallichs, Deutsches Urlaubsrecht. Ausländisches Urlaubsrecht, Mannheim u. a. 1930, S. 27; Bernhard Mewes, Die erwerbstätige Jugend, Berlin u. a. 1929, S. 91ff.

48 Für die Porzellanindustrie vgl. Keramischer Bund 2, 1927, Nr. 12.

noch jenes sozialpolitisch Selbstverständliche, das bereits mit dem Beamten- und Angestelltenurlaub verbunden war.

> »Man braucht nicht weit zu gehen«, schrieb auch der ›Vorwärts‹, »um sich auf Schritt und Tritt zu überzeugen, daß die Praxis noch weit davon entfernt ist, die wirkliche Bedeutung der Urlaubsfrage anzuerkennen. Gewiß sind die Fälle heute bereits selten, in denen Arbeitnehmer ... ohne jede Urlaubsunterbrechung mehrere volle Arbeitsjahre hindurch arbeiten müssen. Zwischen *Urlaub* und *ausreichendem* Urlaub oder bescheidener ausgedrückt *angemessenem* Urlaub ist aber noch ein weiter Unterschied.«[49]

Hinsichtlich der Länge des Urlaubs monierte der Allgemeine Deutsche Gewerkschaftsbund (ADGB), der größte gewerkschaftliche Dachverband, zu Recht, daß erst ein Mindesturlaub von sechs und mehr Tagen »zur Not als ein Erholungsurlaub gewertet werden kann«.[50] Nach der Statistik des Reichsarbeitsamtes für das Jahr 1928 (siehe Tabelle 2), als Wirtschaft und Gesellschaft eine Phase der »relativen Stabilisierung« durchliefen, galt dies nur für ein Prozent der Arbeiter. Die Angaben zum Mindesturlaub sind jedoch als Maßstab ungeeignet, um statistisch die Größe jener Gruppe zu ermitteln, die für einwöchige Urlaubsreiseangebote in Frage gekommen wäre. Dazu muß man auf die Gruppe der Arbeiter mit einem Höchsturlaub von mehr als zwölf Tagen zurückgreifen. Zum einen erhielten Arbeiter in Branchen mit geringer Arbeitslosigkeit und niedriger Fluktuation auch mehr Ferien. Wobei der längere Urlaub häufig von der Dauer der Betriebszugehörigkeit abhängig gemacht wurde. Zum anderen widersprächen diese Zahlen den Ergebnissen aus der Untersuchung der sozialen Zusammensetzung der Übernachtungsgäste in den Fremdenverkehrsorten.

Die Gruppe der Arbeiter mit einem Höchsturlaub von mehr als zwölf Tagen umfaßte 1928 immerhin 12,4 Prozent der erwerbstätigen Arbeiterschaft. Diese Gruppe trug damit

[49] Vorwärts Nr. 494 vom 21. Okt. 1930.
[50] Gewerkschafts-Zeitung 39, 1929, S. 792.

– und das war soziostrukturell bedeutsam – zu einer schärferen Binnendifferenzierung unter den Arbeitern bei, und lehnte sich gleichzeitig an die für das Gros der Angestellten (87,4 Prozent) übliche Höchsturlaubsgrenze von mehr als zwölf Tagen an. Für 39 Prozent der Arbeiter waren die Ferien weiterhin für eine einwöchige Reise zu kurz; für weitere 48 Prozent konnte die Länge eventuell gerade ausreichend sein, der Urlaub selbst war aber sozialpolitisch noch mit Unsicherheiten verbunden. Für rund zwölf Prozent entwickelten sich die Ferien jedoch erstmals zu einem Faktor, der sich nicht nur verändernd auf die Bedürfnisse, sondern auch auf die reale Lebensführung auswirken konnte. Bezeichnend ist, daß die Urlaubsstreitigkeiten, von denen die gewerkschaftliche Verbandspresse fortlaufend berichtete, niemals jene Gruppe innerhalb der Arbeiterschaft betrafen, die mehr als zwölf Tage Höchsturlaub beanspruchen konnte. Für sie war Urlaub nicht mehr nur ein prinzipielles Recht, sondern bereits eine planbare Größe in der Lebensführung.

Der historischen Entwicklung der Arbeiterferien fehlte von Anfang an ein einheitlicher Charakter. Ungeachtet der – rein rechtlich betrachtet – nahezu flächendeckenden Einführung des Urlaubs nach dem Ersten Weltkrieg vertieften sich die strukturellen Unterschiede der Vorkriegszeit. Die Binnendifferenzierung sorgte dabei für eine Polarisierung zwischen urlaubsgünstigen und urlaubsungünstigen Wirtschaftszweigen. Eine Querschnittuntersuchung für das Jahr 1928 zeigt, daß zu den Wirtschaftsgruppen und -zweigen, in denen der Anteil der Arbeiter mit einem tarifvertraglich festgelegten Höchsturlaub von mehr als zwölf Tagen bei über 50 Prozent lag, nur die Zweige Wasser/Gas/Elektrizität, Eisenbahn und Reichspost, sonstige Reichs-, Staats- und Gemeindearbeiter, Gastgewerbe, Gesundheit/Hygiene und Druck gehörten. Vor allem in Handel und Verkehr, speziell bei Bahn- und Postbeschäftigten sowie bei sonstigen Reichs-, Staats- und Gemeindearbeitern war in der Phase der »relativen Stabilisierung« ein Höchsturlaub von über zwölf Tagen nahezu die Regel.[51]

Zu der urlaubsrechtlichen Binnendifferenzierung nach

[51] Eigene Berechnungen nach Reichsarbeitsblatt, Tarifverträge, 1929, S. 26ff.; Zur

Gewerbegruppen traten Unterschiede zwischen Stadt und Land. Insbesondere in den Großstädten, zum Beispiel in Berlin, Dresden, Hamburg, Frankfurt am Main, Köln, Leipzig, München oder Stuttgart, wurde Arbeitern ein längerer Urlaub zugestanden.[52] Eine zeitgenössische Untersuchung zum Jugendurlaub legt den Schluß nahe, daß die Urlaubslänge für ungelernte Arbeiter tendenziell unter dem Durchschnitt, für gelernte Kräfte darüber lag.[53] Arbeiter in staatlich geführten Betrieben fanden in der Mehrzahl bessere Urlaubsbedingungen vor als Beschäftigte in Privatunternehmen. Als positives Vorbild hob der Verband der Buchdrucker jedoch nur die genossenschaftlich geführten Firmen aus der Gesamtheit der Betriebsformen hervor. Dies galt sowohl mit Blick auf die Urlaubslänge als auch in bezug auf das in der Weimarer Republik noch selten gewährte Urlaubsgeld, den »Ferienzuschuß«.[54]

Für die Frage nach den Bedingungen des modernen Massentourismus ist ein differenzierter Blick auf die Urlaubsentwicklung notwendig, um zu verstehen, warum die Erfahrungen und persönlichen Sichtweisen von Arbeitern zum Thema Urlaub in den Quellen einander derart widersprechen. Das »Prinzip der bezahlten Ferien« würde »von den deutschen Arbeitern selbst in der Regel wenig anerkannt«, klagte in einem internationalen Vergleich zur Lage des Arbeiterurlaubs die ›Graphische Presse‹, das Verbandsorgan der freigewerkschaftlichen Lithographen und Steindrucker.[55] Als in der Remscheider Metallindustrie 1926 ein Tarifvertrag geschlossen wurde, der die Möglichkeit der Auszahlung des Urlaubs vorsah, berichtete die Verbandszeitung, daß von einer derartigen Regelung »in vielen Fällen Gebrauch gemacht worden« sei.[56] Aber es gab auch die andere Seite. Im ›Vorwärts‹ standen, wie oben zitiert, nicht mehr die Ferien an sich, sondern

Einschätzung im Druckgewerbe vgl. Korrespondent für Deutschlands Buchdrucker und Schriftsetzer 67, 1929, S. 435f.

52 Vgl. Solidarität. Organ des Verbandes der graphischen Hilfsarbeiter und -arbeiterinnen 37, 1931, Nr. 17.

53 Vgl. Mewes, Jugend, 1929, S. 86f.

54 Korrespondent für Deutschlands Buchdrucker und Schriftsetzer 67, 1929, S. 370.

55 Graphische Presse 43, 1930, S. 12.

56 Metallarbeiter-Zeitung 44, 1926, S. 179.

die Umstände derselben auf der politischen Tagesordnung. In einer Diskussion von Mitgliedern des Buchdruckerverbandes Mitte der zwanziger Jahre über die Errichtung verbandseigener Ferienheime wurde die Urlaubsgewährung von allen Rednern als selbstverständlich vorausgesetzt[57] – ebenso 1929 in Leipzig, als Vertreter der Arbeiterorganisationen beschlossen, in Deutschland die Gründung einer zentralen Arbeiterreiseorganisation in die Wege zu leiten.

Arbeitereinkommen und Massenkaufkraft

Walter Hunziker, ehemals Direktor des Seminars für Fremdenverkehr an der Handelshochschule St. Gallen, schrieb 1951 über die Voraussetzungen des Sozialtourismus: »Es ist unmöglich, den finanziellen Mindestbedarf für eine touristische Reise zu bestimmen noch das touristische Existenzminimum festzulegen.«[58] Ausgaben für touristische Zwecke setzen in der Tat immer eine Existenz jenseits der »Sphäre des Notwendigen« (Pierre Bourdieu) voraus. Zwar wachsen mit dem Einkommen in der Regel auch die Ausgaben für Reisen und Erholung, und das Konsumgesetz von Friedrich Engels findet hier seine Bestätigung im Grundsätzlichen, aber sie stehen nicht in einem ausschließlichen und unmittelbaren Kausalzusammenhang.

Die Analyse der Voraussetzungen des modernen Massentourismus ist unterdessen auf eine genauere Untersuchung der Arbeitereinkommen und der Massenkaufkraft angewiesen. Auch und vor allem, weil die Herausbildung der ersten Arbeiterreiseorganisationen im Widerspruch zur allgemeinen Reallohnentwicklung in der Weimarer Republik stand. Ungeachtet eines kontinuierlichen Anstiegs in der Zeit der »relativen Stabilisierung« hatten nämlich die Reallöhne der

57 Vgl. Korrespondent für Deutschlands Buchdrucker und Schriftsetzer 62, 1924, S. 423 u. ö.; ebd. 63, 1925, S. 182 u. ö.; ebd. 64, 1926, S. 66 u. ö.

58 Walter Hunziker, Le Tourisme social. Caractères et problèmes, Berlin 1951, S. 38. Übers. d. Verf.

Industriearbeiter Ende der zwanziger Jahre den Vorkriegshöchststand nur leicht überschritten. Bezogen auf das Jahr 1928 waren sie von 97 Punkten 1913/14 nur auf 102 Punkte 1929 gestiegen (siehe Tabelle 3).[59] Diese Entwicklung galt grundsätzlich auch für die Massenkaufkraft (siehe Tabelle 4), die nach einem langsamen, aber kontinuierlichen Anstieg im Kaiserreich zwischen 1913 und 1954/55 immer wieder konjunkturelle Einbrüche erlebte und langfristig stagnierte.

Im Zuge der Rationalisierung trat zudem vermehrt der Akkord- und Stücklohn an die Stelle des Wochenlohns. Auch war die relativ hohe Sockelarbeitslosigkeit wenig geeignet, die Planbarkeit des Einkommens zu erhöhen. Zwar suchten die Arbeiterreiseveranstalter mit der Einrichtung von Reisesparkonten helfend einzugreifen, aber der Versuch blieb ein Tropfen auf den heißen Stein und die mangelhafte langfristige Disponibilität der Einkommen ein strukturelles Defizit vor allem in der Arbeiterschaft.

Es bleibt die Frage, wie der Widerspruch zwischen einer ausbleibenden grundlegenden Verbesserung der Arbeiterlöhne und der Massenkaufkraft im Zeitraum von 1913 bis 1928/29 und dem genau in diesem Zeitraum erfolgenden systematischen Aufbau touristischer Einrichtungen für die Arbeiterschaft durch die Arbeiterorganisationen – Einrichtungen, deren Angebote sowohl ein gehobenes als auch ein langfristig disponibles Einkommen voraussetzten – zu erklären ist. Ansetzen könnte man bei dem Gedanken, daß die Arbeiterschaft ökonomisch keine homogene, sondern eine differenzierte Gruppe darstellt, und daß sich diese Binnendifferenzierung gegenüber der Vorkriegszeit vertiefte. Es müßten sich innerhalb der Arbeiterschaft also eine oder mehrere Gruppen herausgebildet haben, die das Gros der zwischen 1925 und 1930 zu verzeichnenden Reallohnzuwächse auf sich vereinigten und die nur geringfügig von der strukturellen Arbeitslosigkeit betroffen waren. Der Großteil der Arbeiterschaft hingegen hätte die sozioökonomischen Negativmerkmale auf sich vereinigt und wäre in »relativer Verelendung« verharrt.

[59] Vgl. Josef Moser, Arbeiterleben in Deutschland 1900–1970, Frankfurt am Main 1984, S. 74; Winkler, Schein, 1985, S. 47; Schönhoven, Reformismus, 1989, S. 123.

Tatsächlich ist eine tiefe Ausdifferenzierung nach Wirtschaftsgruppen und Wirtschaftszweigen zu verzeichnen. Die Gewinner definierten sich dabei in erster Linie negativ: Sie gehörten jenen Wirtschaftsgruppen an, die nicht in den Abteilungen Land- und Forstwirtschaft und die vor allem nicht in den Bereichen Industrie und Handwerk arbeiteten. Ein grobes Raster, welches das Zusammenspiel von Urlaub, Einkommen und Arbeitslosigkeit verdeutlicht (siehe Tabelle 5), zeigt, daß in der Weimarer Republik die urlaubsrechtlich gut situierten Arbeiter gleichzeitig zu den gut bezahlten und nur selten von Arbeitslosigkeit betroffenen zählten. Sie rekrutierten sich aus den Wirtschaftsbereichen Energie, Druck, Verkehr, Gesundheit und öffentlicher Dienst bzw. aus den modernen Sektoren Handel, Verkehr und Dienstleistungen. Analog zu den Ergebnissen der Urlaubsanalyse kann man den Anteil dieser Gruppe auf rund zwölf Prozent beziffern. Andere Zahlen stützen diese Schätzung. Anhand der Erhebungen des Statistischen Reichsamts zur Lebenshaltung von Arbeitern, Angestellten und Beamten 1927/28 wurde das durchschnittliche Jahreseinkommen jener Arbeiterhaushalte ermittelt, die 100 und mehr Reichsmark für Reisen und Erholung aufwandten; diese Haushalte gaben damit mindestens ebensoviel aus wie im Durchschnitt die reisefreudigen Angestellten bzw. einen Betrag, der die Obergrenze dessen darstellte, was in der zweiten Hälfte der zwanziger Jahre für eine Reise als »preiswert« und »erschwinglich« galt. Das Jahreseinkommen dieser Arbeitergruppe betrug durchschnittlich 4252 RM. Die Arbeiter, die nach der Statistik des Reichsamtes über ein Jahreshaushaltseinkommen von 4300 und mehr Reichsmark verfügten, zählten also – rein rechnerisch – zu den potentiellen Reisenden. Ihr Anteil lag bei 9,4 Prozent.[60] Weitere 20 Prozent verdienten zwischen 3600 und 4300 RM, bei den restlichen 70 Prozent lag das Jahreshaushaltseinkommen unter 3600 RM. Zum Vergleich: 53 Prozent der Angestellten und 62 Prozent

[60] Eigene Berechnungen nach Stat. Reichsamt (Bearb.), Die Lebenshaltung von 2000 Arbeiter , Angestellten und Beamtenhaushaltungen. Erhebungen von Wirtschaftsrechnungen im Deutschen Reich 1927/28, 2 Teile, Berlin 1932.

der Beamtenhaushalte verfügten über ein Jahreseinkommen von mehr als 4300 RM.[61]

In der zweiten Hälfte der zwanziger Jahre hatte sich also eine Gruppe von Arbeitern herausgebildet, die über einen reiserelevanten Jahresurlaub verfügte, die nur mäßig von Arbeitslosigkeit betroffen war und deren Einkommen erstmals Ausgaben für touristische Zwecke gestattete. Gut zehn Prozent aller Arbeiter vereinigten damit sozioökonomische Merkmale auf sich, die sie aus dem Gros der Arbeiterschaft heraushoben und den Angestellten und Beamten gleichstellten. Ungeachtet der Tatsache, daß für schätzungsweise zwei Drittel der Arbeiter mangels Einkommen eine Urlaubsreise nicht in Frage kam, bei ihnen also in den zwanziger Jahren von einer breiten Verbesserung des Lebensstandards keine Rede sein konnte, bildeten sich in der Weimarer Republik *in nuce* sozioökonomische Strukturen heraus, die die Wohlstandsgesellschaft der sechziger Jahre ankündigten. Für den Aufbruch in den modernen Massentourismus war damit im Ansatz eine sozioökonomische Basis geschaffen.

2. »Überall Masse, wenig Qualität« – Zur sozialen Zusammensetzung der Reisenden

In der ›Münchener Zeitung‹ berichtete nach Abschluß der touristischen Sommersaison 1925 ein Hotelbesitzer aus Partenkirchen, »daß das Fremdenverkehrsgewerbe in diesem Jahr ein sehr bescheidenes Geschäft gezeitigt« hätte. Eine »andere Schicht von neuen Touristen, die man früher nicht kannte, die Angestellten und Arbeiter der Industrie« gäben der Saison das Gepräge. Die »bessergestellten Kreise« seien ausgeblieben, dagegen hätten selbst einfache Angestellte die

[61] Ebd., Teil 1, S. 85 und 128f.

Schweiz und Italien bereist. Sein Fazit: »Überall Masse, wenig Qualität.«[1] Der Hotelbesitzer aus Partenkirchen war kein Einzelfall. Ebenso ungehalten schrieb vier Jahre später ein Leser der ersten wöchentlich erscheinenden touristischen Fachzeitschrift »Verkehr und Bäder«: »Die meisten der Wirte würden wohl lieber zehn Vorkriegsgäste als fünfzehn der Jetztzeit bei sich beherbergen.«[2]

Das Auftauchen neuer sozialer Schichten in den Fremdenverkehrsorten, namentlich Angestellte und Arbeiter, war in den zwanziger Jahren nur allzu häufig Anlaß unwirscher Äußerungen von Seiten des Beherbergungsgewerbes. Nun ist jedoch Kritik am massenhaften Auftreten von Reisenden keine Besonderheit der Zeit zwischen den Weltkriegen. Bereits um das Jahr 1750 klagte der Göttinger Geschichtsprofessor Johann David Köhler, daß das Reisen mit der Kraft einer »fast epidemischen Seuche« um sich greife.[3] Gegen das »anwidernde Gescherr der Massenwanderung« zogen in den 1870er Jahren auch die Fremdenverkehrsvertreter im schweizerischen Thun zu Felde und fürchteten um ihre »angenehmen und seßhaften Dauergäste«.[4]

Der tourismuskritische Zitatenschatz ließe sich bis in die Gegenwart hinein fortsetzen. Hört man indes weniger auf die verbalen Äußerungen und schaut auf die Gästestatistiken, lassen sich Zahl und soziale Zusammensetzung des Reisepublikums präzisieren. Die Gästestatistik von Bad Reichenhall beispielsweise, eine der wenigen »langen Reihen«, zeigt exemplarisch, wie in vielen Fremdenverkehrsorten erst im letzten Drittel des 19. Jahrhunderts ein rasches und anhaltendes Wachstum der Gästezahlen einsetzte, das bis zum Ersten Weltkrieg bis dahin unbekannte Höhen erreichte (siehe Tabelle 30).[5] Diese Entwicklung ging vor allem auf den Eisenbahnbau zurück, genauer: die Erweiterung des

[1] Der Grundstein. Organ des deutschen Baugewerksbundes 38, 1925, S. 411.

[2] Verkehr und Bäder Nr. 9 vom 27. Febr. 1929.

[3] Zit. nach Klaus Beyrer, Die Postkutschenreise, Tübingen 1985, S. 118.

[4] Zit. nach Paul Fischer, Der Sozialtourismus als Schöpfer neuer Beherbergungsformen. Eine Untersuchung über deren Aufbau, Organisation und Betrieb in einigen westeuropäischen Ländern, Bern 1958, S. 50.

[5] Vgl. Stat. Landesamt Schleswig-Holstein (Hg.), Beiträge zur historischen Statistik Schleswig-Holsteins, Kiel 1967, S. 153ff.; Fritz-Gerd Mittelstädt, Der Badeort

Streckennetzes der Staatsbahnen von rund 19 000 km im Jahre 1870 auf den Höchststand von rund 63 000 km im Jahr 1913;[6] außerdem auf den Bau von Bergbahnen in den Mittel- und Hochgebirgen[7] sowie auf den direkten Anschluß zahlreicher Nord- und Ostseebäder an das Streckennetz.[8]

In der Weimarer Republik stieg das Gästevolumen weiter an. Aber im Unterschied zur Kaiserzeit schwächte sich der Wachstums*trend* etwas ab. Wie Tabelle 6 zeigt (die unter Auslassung der Kriegszeit einen Zwölfjahresrhythmus zugrunde legt), betrug der Zuwachs nur noch 29 gegenüber vormals 61 Prozent.

Das Statistische Reichsamt publizierte seit 1920 erstmals regelmäßig Zahlen und Berichte zum Fremdenverkehr.[9] Die Ergebnisse spiegeln zwar wegen der einseitigen Auswahl der Orte die tatsächliche Entwicklung des Fremdenverkehrs nur ungenau wider (ausschließlich Großstädte und klassische binnenländische Heil- und Kurorte), und auch der für 1913 bis 1928/29 errechnete Anstieg fällt mit 22 Prozent zu niedrig aus[10], jedoch ist ein Befund von Bedeutung, der aus Tabelle 6, welche die Wahl der Orte gleichmäßiger gewichtet und die neuen Fremdenverkehrsorte mitberücksichtigt, nicht hervorgeht: Zwischen 1913 und 1929 lag der Anstieg des Inlandstourismus über dem Durchschnitt.[11] Legt man die Gästezahlen aus Tabelle 6 zugrunde, muß dieser Anstieg insgesamt ca. 37 Prozent betragen haben. Wenn demnach im Vergleich zur Vorkriegszeit rund zwei Drittel mehr Menschen eine Reise unternahmen, heißt dies, daß Angehörige neuer Schichten darunter gewesen sein müssen, und zwar in beachtlichem Umfang.

Norderney im 19. Jahrhundert als gesellschaftliche Fiktion der Oberschicht, in: Beiträge zur deutschen Landeskunde 59, 1985, S. 461–493, hier S. 464.

[6] Stat. Jb. Dt. Reich 1, 1880, S. 100f.; ebd. 44, 1924/25, S. 106ff.

[7] Vgl. Pierre Brunner, Les chemins de fer aux prises avec la nature alpestre, Grenoble 1935, S. 9, 25ff., 39 und 41.

[8] Vgl. Christian L. Küster, Mit der Bahn an die See, in: Saison am Strand. Badeleben an Nord- und Ostsee. 200 Jahre, Ausstellungskatalog, hg. vom Altonaer Museum in Hamburg und dem Norddeutschen Landesmuseum, Herford 1986, S. 32f.

[9] Vgl. Maximilian Klafkowski, Fremdenmeldewesen und Fremdenverkehrsstatistik in Deutschland, Berlin 1933.

[10] Wirtschaft und Statistik 10, 1930, S. 395.

[11] Ebd.

Es wäre falsch, den Anstieg des Inlandstourismus nicht auf soziale Umschichtungen, sondern auf die mit dem Ausbruch des Ersten Weltkriegs eingeführten strengen Paß- und Visabestimmungen zurückzuführen.[12] Die Schranken, die sich dem internationalen Fremdenverkehr in den Weg stellten, wurden nämlich seit 1925/26 teilweise wieder abgebaut. Die im Mai 1926 in Genf abgehaltene zweite internationale Paßkonferenz kam zwar über eine Absichtserklärung zum Abbau aller Paß- und Visaschranken nicht hinaus[13], indem die deutsche Regierung jedoch ab Sommer 1925 mit zahlreichen Ländern bilaterale Abkommen über die »Aufhebung des Sichtvermerkszwanges für die beiderseitigen Staatsangehörigen« abschloß, schuf sie spürbare Erleichterungen, vor allem für den europäischen Reiseverkehr. Bereits mit Wirkung zum 6. August 1925 bzw. 6. Januar 1926 war der Visazwang für Österreich und die Schweiz, die für Deutschland wichtigsten Reiseländer, beseitigt. Andere folgten bis zum Sommer 1928. Erst mit der Weltwirtschaftskrise wurden diese Vereinbarungen wieder aufgehoben, und an ihre Stelle trat der fälschlich auf die gesamte Zwischenkriegszeit bezogene Protektionismus.[14]

Die neuen Gäste der Zwischenkriegszeit konfrontierten eine seit jeher an kaufkräftige Schichten gewohnte Branche, die bis dahin auch ihre Investitionsleistungen an eben diesen Standards gemessen hatte, mit neuen Kaufkraftverhältnissen und Konsumgewohnheiten. Nach Angaben von Maximilian Krauß, dem damaligen Generaldirektor der Reichsbahnzentrale für den Deutschen Reiseverkehr (RDV), Vorläufer der heutigen Deutschen Zentrale für Tourismus, hatte der Reisende vor 1914 für den Aufenthaltstag in Bayern schätzungsweise 20 Mark ausgegeben (Unterkunft, Verpflegung, Trinkgelder, ohne Transport). 1928/29 wandte der inländische Reisende nach Berechnungen des Volkswirtschaftlers Artur Bormann im Schnitt nur noch 10 RM auf; für die etwa 10 bis 20 Prozent »wohlhabenden Reisenden« legte Bormann einen

[12] RGBl. 1914, S. 265f.

[13] Verkehr und Bäder Nr. 19 vom 12. Mai 1926.

[14] Vgl. Bayerische Staatszeitung Nr. 179 vom 6. Aug. 1925; ebd. Nr. 12 vom 16. Jan. 1926 (BHA: MInn, 73665; dort auch die weiteren Abkommen).

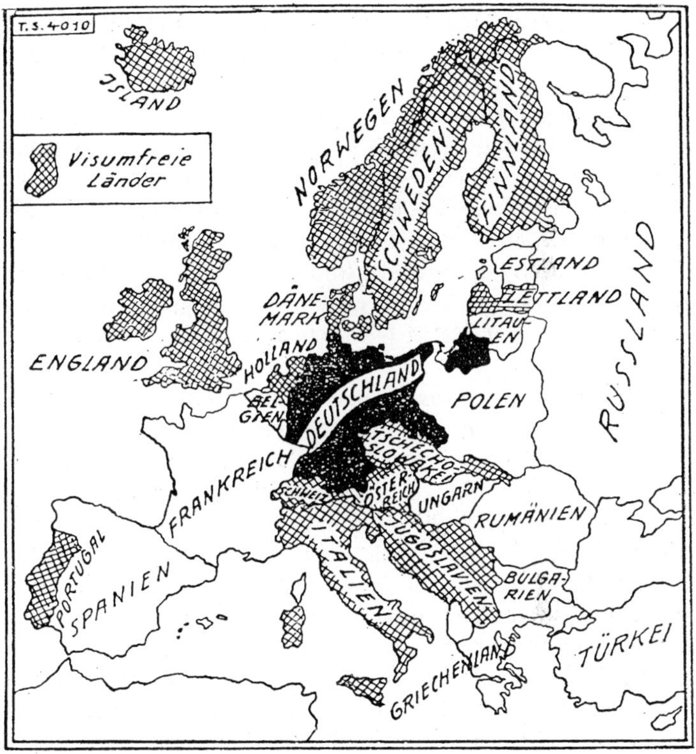

Abb. 1: Karte der visumfreien Länder 1928

Tagessatz von 20 bis 30 RM zugrunde, für die Masse des »Mittelstands« (80 bis 90 Prozent) 7 bis 8 RM. Der Reisende der Vorkriegszeit gab also nur noch 10 statt 20 Mark pro Tag aus, und die 10 Mark, die er der Fremdengemeinde überließ, waren obendrein nur noch halb soviel wert.[15]

Neben dem Krieg hat vor allem die Inflation die Gruppe

[15] Maximilian Krauß, Die Grundlagen des Fremdenverkehrs in München und im Bayerischen Hochland (1917), 2. Aufl., in: Ders., Fünfundzwanzig Jahre Fremdenverkehr. Werkstatterinnerungen und Grundlagen, München 1929, S. 63–129, hier S. 120; Artur Bormannn, Die Lehre vom Fremdenverkehr, Berlin 1931, S. 80ff. Zur Preissteigerung vgl. Stat. Bundesamt (Hg.), Bevölkerung und Wirtschaft 1872–1972, Wiesbaden 1972, S. 250.

der »wohlhabenden Reisenden«, der Akademiker, Kaufleute, Bankiers und Fabrikanten, der Adligen, Rentiers, Grundbesitzer und höheren Militärs, arg dezimiert. In Bad Schandau beispielsweise kletterte der Anteil der Beamten und Angestellten bis 1929 auf fast ein Drittel aller Gäste und drückte Adel, Offiziere, Großgrundbesitzer, Rentiers und Privatiers mit einem Anteil von 2,6 Prozent (1912 zusammen noch 19,8 Prozent) an den Rand der Gästestatistik (siehe Tabelle 7). Zwar hatte sich der »neue Mittelstand« bereits in den Jahren kurz vor Ausbruch des Krieges merklich unter die Gäste gemischt, für den Markt jedoch war entscheidend, daß der »normale« Reisende immer noch wohlhabend war und als solcher Preise und Investitionen bestimmte. Wies die Statistik den Arbeiteranteil bis 1912 noch mit unter einem Prozent aus, waren es 1929 immerhin 3,5 Prozent bzw. 194 statt vormals 48 Arbeiter/innen, die sich unter die rund 5500 Gäste in Bad Schandau mischten. Zu ähnlichen Verschiebungen kam es zwischen 1904 und 1934 auch in Westerland/Sylt. Dort stand einem starken Rückgang der Selbständigen noch vor Einsetzen des KdF-Tourismus ein entsprechender Anstieg bei den Angestellten gegenüber. Im Gegensatz zur Jahrhundertwende befand sich unter ihnen eine beachtliche Zahl sogenannter kleiner Angestellter. Sie waren mit 16 Prozent aller Fremden stärker vertreten als 1904 die gesamte Angestelltenschaft.[16]

Nach der Erhebung des Statistischen Reichsamts über die Lebenshaltung von Arbeiter-, Angestellten- und Beamtenhaushalten gaben Angestellte der unteren und mittleren Einkommensgruppen im Jahre 1927/28 tatsächlich zwischen 11 und 27 Prozent mehr für Erholung und Reisen aus als Beamtenhaushalte gleichen Einkommens.[17]

Der verhältnismäßig starke Anteil der unteren und mittleren Angestellten am Fremdenverkehr der Weimarer Republik geht auch aus einer Untersuchung über die berufliche Zusam-

[16] Jürgen Newig, Die Entwicklung von Fremdenverkehr und Freizeitwohnwesen in ihren Auswirkungen auf Bad und Stadt Westerland auf Sylt, Kiel 1974, S. 58 und 167.

[17] Eigene Berechnungen nach Stat. Reichsamt (Bearb.), Lebenshaltung, 1932, Teil 1, S. 134f.

mensetzung der erwachsenen Jugendherbergsbesucher hervor. Vertreter des kommerziellen Beherbergungsgewerbes hatten sich seinerzeit mit dieser Gruppe beschäftigt, da man dort einen Verlust ehemaliger oder potentieller Käufer vermutete. Auch hier war ein überragender Anteil kaufmännischer Angestellter (42 Prozent) zu verzeichnen. Darüber hinaus wies die Statistik einen relativ hohen Anteil von Volksschullehrern und -lehrerinnen aus, der im Vergleich zu ihrem Anteil an der erwerbstätigen Bevölkerung zehnmal höher lag. Ungelernte Arbeiter stellten 7,1 Prozent der Jugendherbergsbesucher, der Anteil der Arbeiter insgesamt lag also mit Sicherheit höher.[18]

War der Massensport in der Weimarer Republik eine »Angelegenheit von Bürgern männlichen Geschlechts«[19], scheint dies beim Reisen anders gewesen zu sein. Zwar sind aussagekräftige Zahlenreihen nicht überliefert, aber einige Quellen deuten darauf hin, daß Frauen vermutlich einen beträchtlichen Anteil der Reisenden stellten. Im Zusammenhang mit dem typischen Kunden sprach ein Reisebürofachmann einmal von *der* weiblichen Angestellten und bezog bei der Kalkulation einer Ferienreise seine Beispielrechnung auf eine Sekretärin: »Nehmen wir an, daß die junge Sekretärin, Fräulein Hanna Müller, 100 RM gespart hat, mit denen sie eine Erholungsreise von 14 Tagen sich leisten möchte.« Für 100 Mark könne ein Fachmann ihr allerhand Vorschläge machen.[20] Ganz im Gegensatz zum Sport[21] waren schon 1926 beachtliche 34 Prozent der Reisenden des Reichsausschusses für sozialistische Bildungsarbeit Frauen. Bis 1930 stieg ihr Anteil sogar kontinuierlich auf 52 Prozent. Als 1930 die Teilnehmerzahl insgesamt rückläufig war, ging es bei den Frauen immer noch aufwärts.[22] Und auch in einer österreichischen

[18] Otto Wagner, Deutsche Jugendherbergen und Gastwirtsgewerbe, in: AfdF 3, 1932/33, S. 95f. Anteil der Lehrer vgl. Stat. des Dt. Reichs Bd. 402/2, S. 224.

[19] So die These von Eisenberg, Massensport, 1993, S. 171.

[20] Deutsche Verkehrsblätter [Pressedienst der RDV] Nr. 17 vom 28. April 1931 (ATB).

[21] Vgl. Eisenberg, Massensport, 1993, S. 158ff.

[22] Vgl. die Statistiken im Jahrbuch der deutschen Sozialdemokratie 1926, Berlin 1927, S. 149; ebd. 1928, Berlin 1929, S. 168; ebd. 1929, Berlin 1930, S. 207; ebd. 1930, Berlin 1931, S. 242.

Arbeiterreiseorganisation war das »schwache Geschlecht« in Sachen Reisen außerordentlich aktiv.[23]

Das Forschungsinstitut für den Fremdenverkehr führte 1930 im Rahmen einer »Marktanalyse« Umfragen zur sozialen Zusammensetzung der Gäste in Clausthal-Zellerfeld durch. Die 705 erfaßten Personen verteilten sich wie folgt auf die einzelnen Berufsgruppen (in Prozent): Kaufleute: 34,6, Angestellte: 10,4, Fabrikanten: 7,5, Ingenieure: 7,4, mittlere Beamte: 5,8, höhere Beamte: 5,4, Lehrer: 1,8 und Ärzte: 1,7. Die restlichen 25,4 Prozent wurden unter einer Rubrik »Sonstige« zusammengefaßt und nicht näher differenziert. Explizit wurde jedoch darauf hingewiesen, daß sich darunter »auch Arbeiter« befänden, deren Anteil bei schätzungsweise 5 bis 10 Prozent gelegen haben dürfte. Unter Hinzuziehung einer Auswertung der polizeilichen Fremdenmeldungen aus Nachbarorten kam die Studie »bei aller Lückenhaftigkeit« zu dem Ergebnis, daß im Oberharz »der Mittelstand, mittlere Beamte, (kaufmännische) Angestellte, teilweise auch selbständige Berufe, das Hauptkontingent der Fremden« stellte.[24]

Daß Arbeiter in einzelnen Fremdenverkehrsorten mit einem Anteil von zehn Prozent vertreten waren, geht aus einer Untersuchung über die Berufsangaben der Gäste in Koblenz hervor. Der Anteil derer, die sich als »Arbeiter« und »Bergleute« bezeichneten, war zwar mit einem Prozent verschwindend gering, nicht übersehen werden darf jedoch die Zahl derjenigen, die »allgemeine Bezeichnungen wie Schlosser, Bäcker pp.« verwendeten, die ausdrücklich nicht zur Gruppe der »selbständigen Handwerker« gehörten und die daher als Facharbeiter zu bezeichnen sind. Ihr Anteil lag bei zehn Prozent. Eine besondere Sozialstruktur konnte der Autor bei den Gästen insgesamt nicht entdecken, und er kam zu dem Schluß, daß »der Koblenzer Fremdenverkehr auf sehr breiter Basis aufgebaut« sei.[25]

[23] Vgl. Dieter Langewiesche, Zur Freizeit des Arbeiters. Bildungsbestrebungen und Freizeitgestaltung österreichischer Arbeiter im Kaiserreich und in der ersten Republik, Stuttgart 1979, S. 361.

[24] Maximilian Klafkowski, Methoden einer Fremdenverkehrsanalyse. Erläutert am Beispiel Clausthal-Zellerfeld, Berlin 1931, S. 6 und 11.

[25] Walter Hauschild, Der Fremdenverkehr der Stadt Koblenz und seine wirtschaftlichen Auswirkungen, Berlin 1931, S. 54.

Die Veränderungen in der Zahl und sozialen Zusammensetzung der Fremdengäste sind mangels genauer Statistiken nur an einzelnen Beispielen faßbar. Die an ein knappes Geld- und Zeitbudget gebundenen »neuen« Urlauber zeigten jedoch ein anderes Reiseverhalten, wie zeitgenössische Fachleute immer wieder in der Öffentlichkeit erörterten.

Im Zusammenhang mit dem Anstieg des Inlandstourismus hatte sich der Kreis der Reiseziele um weniger bekannte und preiswerte Regionen und Orte erweitert. Dort vor allem kam es in der zweiten Hälfte der zwanziger Jahre zu einer überproportionalen Steigerung der Besucherzahlen, dorthin zog es die weniger betuchten »neuen Schichten«. Vielbesuchte Orte in Bayern, wie München, Nürnberg, Rothenburg ob der Tauber, Garmisch, Berchtesgaden, Bad Kissingen, Bad Reichenhall und Bad Tölz, mußten sich 1927 im Vergleich zur Vorjahressaison in der Regel mit dem für Bayern errechneten Durchschnittszuwachs von zwölf Prozent begnügen. Hingegen lag die Steigerungsrate in weniger besuchten Gemeinden wie Ettal bei Oberammergau, Miesbach, Reit im Winkl, Lam, Bad Dürkheim, Dießen am Ammersee oder Seeshaupt am Starnberger See bei mehreren hundert Prozent.[26] Ähnliches wurde auch aus dem Harz und aus Baden[27] gemeldet. Das kleine Nordseebad Sahlenburg wurde von der Entwicklung völlig unvorbereitet getroffen. Im März 1930 ließ dort ein Vertreter der Gemeindeverwaltung verlauten: »In den letzten Jahren« seien »von Sommer zu Sommer in steigendem Maße Kurgäste nach Sahlenburg« gekommen, ohne daß man für den Badeverkehr Aufwendungen gemacht oder besondere Einrichtungen geschaffen hätte; erst in jüngster Zeit sei ein Fremdenverkehrsverein gegründet worden.[28]

Auch die durchschnittliche Aufenthaltsdauer ging zurück. Nachdem schon im letzten Drittel des 19. Jahrhunderts die ein- oder mehr*wöchigen* Aufenthalte an die Stelle der ein- oder mehr*monatigen* Ferienaufenthalte getreten waren, und

[26] Deutsche Verkehrsblätter Nr. 2 vom 10. Jan. 1928 (ATB); dort auch Angaben für den Harz.

[27] Vgl. Wagner, Jugendherbergen, 1932/33;

[28] Schreiben des Fremdenverkehrsvereins Sahlenburg an den Hamburger Senat vom 22. März 1930 (SH: Staatl. Pressestelle I-IV, Z III C a 10, fol. 8).

sich beispielsweise in Bayern in den letzten Vorkriegsjahren der statistische Durchschnittsaufenthalt nochmals von 4,0 auf 3,1 Tage verringert hatte[29], resümierte das Statistische Reichsamt 1928/29 in seiner Fremdenverkehrsbilanz:

> »Nach verschiedenen Beobachtungen hat sich die durchschnittliche Aufenthaltsdauer der Fremden gegen die Vorjahre, besonders aber gegenüber der Vorkriegszeit, verringert, und zwar nicht nur bei den deutschen Reisenden, sondern auch bei den Auslandsfremden, unter denen sich heute viele Personen befinden, die so rasch wie möglich viele europäische Länder kennenlernen wollen und an den einzelnen Orten nur sehr kurzen Aufenthalt nehmen.«[30]

Zahlreiche Orte brachten Angebote und Prospekte für Kurzaufenthalte auf den Markt. Die Badeverwaltung von Norderney führte Wochenendausweise für »kurze Ausflüge zu mäßigen Preisen« ein.[31] Nachdem bereits mehrere deutsche Städte billige Gutscheinhefte für Kurzbesuche ausgegeben hatten, entschloß sich im Frühsommer 1929 auch Würzburg zu diesem Schritt und kreierte gemeinsam mit dem Mitteleuropäischen Reisebüro ein Gutscheinheft »3 Tage Würzburg«.[32] Andere Städte legten gleich das entsprechende Prospektmaterial bei und warben mit »3 Tagen Aufenthalt in Hamburg«, »3 Tagen Aufenthalt in Frankfurt« oder gar mit »Berlin in zwei Stunden«.[33]

Das Nachkriegsreisepublikum mied die teuren Hotels und frequentierte die unteren Hotelkategorien, Privatzimmer und die meist als gemeinnützig anerkannten Ferien- und Erholungsheime. Daneben erfreuten sich die immer zahlreicheren

[29] Eigene Berechnungen nach Stat. Jb. Bayern 11, 1911, S. 174f. und Zeitschrift des Königlich Bayerischen Statistischen Landesamts 47, 1915, S. 31ff.

[30] Wirtschaft und Statistik 10, 1930, S. 365.

[31] Das Reisebüro 6, 1926, Nr. 12, S. 9.

[32] Deutsche Verkehrsblätter Nr. 21 vom 21. Mai 1929 (ATB).

[33] Ortsprospekt »3 Tage Aufenthalt in Hamburg«, hg. vom Hamburger Hotelbesitzerverein, Ausg. August 1928 (SH: Senat, Cl. VII Lit. Ka No 11 vol. 115 Fasc. 6, fol. 34); Ortsprospekt »Deutschland. Frankfurt am Main«, hg. vom Wirtschaftsamt der Stadt Frankfurt am Main o. J. [Ende 1932/Anfang 1933] (ATB: Prospektsammlung D 061/09/01/A-Z/.-45); Vorwärts Nr. 249 vom 29. Mai 1932.

Fremdenheime bzw. Fremdenpensionen einer erhöhten Nachfrage. Es handelte sich um gewerbliche, aber nur sehr unregelmäßig konzessionierte Betriebe, die vor dem Ersten Weltkrieg vielfach der Unterkunft von Angestellten, Studenten und Dienstmädchen bzw. als Erziehungsheime gedient hatten.[34] Nach einem Bericht der Geschäftsführerin des Reichsverbandes der deutschen Fremdenheime dienten die rund 40 000 Häuser (1928) nun dem »guten bürgerlichen Mittelstand und der werktätigen Bevölkerung« zur Erholung.[35] Auf dem Höhepunkt der Weltwirtschaftskrise 1932 resümierte Artur Bormann mit kritischem Blick auf die vor ihm sitzenden Hoteliers in einem Vortrag: Die »Flucht« aus »den ersten und komfortabelsten Hotels in Hotels zweiten und dritten Ranges und aus diesen in Gasthöfe und Pensionen« sei eine Erscheinung, die nicht erst infolge der Weltwirtschaftskrise eingetreten sei, sondern in »gewissem Umfang schon festzustellen war, als die wirtschaftlichen Verhältnisse noch günstig waren und der Reiseverkehr seinem zahlenmäßigen Umfange nach noch zunahm«. Daraus lasse sich schließen, »daß die Abwanderung in minderrangige Beherbergungsstätten ein Zeichen *struktureller Verschiebungen* in der Zusammensetzung des Fremdenverkehrs« und nicht erst Folge der »schlechten Zeiten« sei (siehe Graphik 2 im Anhang, S. 344).[36]

Die Benutzung der Eisenbahn zeigte eine im Vergleich zur Vorkriegszeit deutliche Verschiebung aus den obersten in die unterste Wagenklasse, und zwar insbesondere im Fernverkehr (siehe Tabelle 8): Mehr als 80 Prozent der Reisenden fuhren 1927 in der 4. Klasse. Die Reichsbahn versuchte zwar unter dem Motto »Reise bequem!« die Benutzung der Polsterklasse zu propagieren[37], Fahrkarten, die die westdeutschen Reichsbahndirektionen Münster, Essen, Wuppertal, Köln und Trier 1929 für die Nordseebäder verkauften, wur-

[34] Vgl. Verkehr und Bäder Nr. 50 vom 11. Dez. 1929; Hubert Gölden, Strukturwandlungen des schweizerischen Fremdenverkehrs zwischen 1890 und 1935, Zürich, 1939, S. 114 und 236f.

[35] Margarete Blume, Die Notlage des deutschen Fremdenheimgewerbes, in: Verkehr und Bäder Nr. 48 vom 28. Nov. 1928.

[36] Artur Bormann, Die Abwanderung der Hotelgäste in Beherbergungsstätten niederen Ranges, in: Deutsche Hotel-Nachrichten Nr. 24 vom 23. März 1932.

[37] Zit. nach AfdF 2, 1931/32, S. 63.

den aber nur zu 14 Prozent für die 2. Klasse und zu 86 Prozent für die 3. Klasse abgegeben (seit der Personentarifreform 1928 die unterste Wagenklasse).[38] Für das neue Reisepublikum der zwanziger Jahre galt daher weniger das Motto »Reise bequem« als das Motto »Reise billig!«[39]

In der Bundesrepublik Deutschland wird seit Anfang der fünfziger Jahre mit der *Urlaubsreiseintensität* auf der Basis repräsentativer Umfragen jährlich die Zahl der erwachsenen Bundesbürger über 14 Jahren ermittelt, die im vorangegangenen Jahr eine mindestens fünftägige Urlaubsreise unternommen haben.[40] Diese, auch kurz Reiseintensität genannte, Meßgröße hat im Gegensatz zu den Gästestatistiken den Vorteil, daß sie den Geschäftsreiseverkehr ausklammert. Sie kann somit präzisere Anhaltspunkte dafür liefern, inwieweit die Urlaubsreise zum festen Bestandteil des Lebensstils der Bevölkerung bzw. einzelner Bevölkerungsgruppen geworden ist. Für die erste Jahrhunderthälfte fehlen derartige Daten. Sie können aber für die beiden Entwicklungshöhepunkte, also die Jahre 1913 und 1929, durch begründete Schätzungen ergänzt werden. Unter Berücksichtigung einer Vielzahl von Faktoren[41] und ohne genauere Angaben über die Länge der Reise (mindestens jedoch zwei Tage) kann man folgendes festhalten: Die Reiseintensität stieg von schätzungsweise 11 Prozent im Jahr 1913 auf ca. 15 Prozent im Jahr 1929. Wenngleich es sich nur um grobe Näherungswerte handelt, zeigen die Ergebnisse jedoch zweierlei: Zum einen, daß kurz vor Ausbruch des Weltkrieges erstmals eine statistisch relevante Gruppe von gut

[38] Reinhold Huscher, Der Besuch der deutschen, niederländischen und belgischen Nordseebäder aus den westlichen Teilen Deutschlands im Jahre 1929, in: Ebd., S. 16–21, hier S. 18.

[39] Deutsche Verkehrsblätter Nr. 32 vom 7. Aug. 1928 (ATB).

[40] Vgl. im dritten Kapitel, Abschnitt 1.

[41] Berücksichtigt wurden zeitgenössische Angaben zu folgenden Faktoren: Zahl der Übernachtungsgäste, Verhältnis Inlandsreisende – Ausländer in Deutschland, Steigerungsrate im Inlandsreiseverkehr zwischen 1913 und 1929, Verhältnis Geschäftsreiseverkehr – Urlaubsreiseverkehr, Anteil der bei Verwandten übernachtenden Gäste, Zahl der ins Ausland reisenden Deutschen; vgl. Wirtschaft und Statistik 11, 1931, S. 550f.; ebd. 18, 1938, S. 28ff., 457 und 704f.; Walter Steinbauer, München und Berlin als Standorte des Fremdenverkehrs, München 1931, S. 8; Gölden, Strukturwandlungen, 1939, S. 46ff., 53ff. und 116f.; Maximilian Meyer, Genügt unsere Fremdenverkehrsstatistik den Anforderungen, die man an sie zu stellen hat?, in: AfdF 2,1931/32, S. 33–37, hier S. 37.

einem Zehntel der Bevölkerung in den Urlaub gefahren ist. Und zweitens: In der Weimarer Republik müssen rund ein Drittel mehr Menschen im Deutschen Reich eine Urlaubsreise unternommen haben als in der Vorkriegszeit.

Die Entwicklung der Reiseintensität schlug damit aber eine völlig andere Richtung ein als die der Massenkaufkraft, die gerade nicht stieg, sondern langfristig stagnierte. Dies wiederum konnte nur bedeuten, daß in der Weimarer Republik auf Kosten der übrigen Lebenshaltung erstmals vermehrt Anteile des Haushaltsbudgets für touristische Zwecke aufgewendet wurden. Daß man das Geld für eine Urlaubsreise bewußt ansparte, gehört zu den gängigen Topoi zeitgenössischer Urlaubsreiseberichte aus Arbeiter- und Angestelltenkreisen.

3. Strukturwandel in der Tourismuswirtschaft

In den zwanziger Jahren unseres Jahrhunderts verabschiedete sich das alte zahlungskräftige Reisepublikum der besitzenden Mittel- und Oberschichten als dominierende Gruppe vom Reisemarkt. An seine Stelle rückten der »neue Mittelstand« der Beamten und insbesondere Angestellten sowie bis zu einem Anteil von zehn Prozent erstmals auch Arbeiterinnen und Arbeiter. Der Wandel hatte sich bereits kurz vor dem Ersten Weltkrieg angekündigt. Doch erst Krieg, Reparationen, Inflation, Rationalisierung und die rasche Verbreitung des Omnibusses erzeugten in den zwanziger Jahren einen Anpassungs- und Konkurrenzdruck, der Reich, Kommunen, Transport- und Beherbergungsgewerbe sowie andere Beteiligte der Branche zu einer umfassenden Neubewertung des Fremdenverkehrs herausforderte. Was jetzt begann, war eine Suche nach neuen Käufergruppen und neuen Wegen der Absatzförderung, die ihrerseits die sozialen Umschichtungen beschleunigte.

Mit der Herausbildung des modernen Sozial- und Interventionsstaates in der Kaiserzeit hatte sich das Verhältnis von Staat und Wirtschaft grundlegend gewandelt. Die Fremdenverkehrswirtschaft war von diesem Prozeß allerdings noch nicht ergriffen worden. Hier bewirkte der Erste Weltkrieg einen Wandel, denn er nötigte Reich, Länder und Gemeinden, auch in den Tourismus einzugreifen. Die zum Teil etwas unbeholfen wirkenden Maßnahmen hielten sich anfangs in Grenzen. In Bayern beispielsweise bestimmte 1915 ein Ministerialerlaß, »daß«, so Maximilian Krauß, »die Fremden, solange sie sich in Bayern aufhielten, sich ihr Brot und Mehl von daheim schicken lassen sollten (!), da der erhöhte Bedarf, den der Fremdenverkehr mit sich brachte, aus der den Kommunalverbänden zustehenden Menge nicht ohne Schädigung der einheimischen Bevölkerung entnommen werden könne«.[1] »Erst in jüngster Zeit«, schrieb am 19. April 1918 unter der Überschrift ›Für und wider den Fremdenverkehr‹ das ›Berliner Tageblatt‹, hätten »die Behörden sich genötigt gesehen, in den Fremdenverkehr einzugreifen und Bestimmungen zu treffen«, um ihn »auf das allernotwendigste Maß« einzuschränken.[2] Eine Bekanntmachung des Bayerischen Staatsministeriums des Innern, die auf andere Länder weiterwirkte, begrenzte die Länge des Aufenthalts ortsfremder Personen »zu Kur-, Erholungs- oder Vergnügungszwecken«; sie untersagte Gaststätten, Fremdenverkehrsvereinen, Kur- und Gemeindeverwaltungen öffentliche Fremdenverkehrswerbung in Form der Ankündigung besonders guter Verpflegung; und sie ermächtigte die Kommunen, notfalls Höchstgästezahlen festzulegen.[3] Über die Folgen schrieb Krauß, daß im Krieg »bei uns eine wesentliche Wandlung in der Auffassung und Wertung des Reiseverkehrs« eingetreten sei. Vor

[1] Krauß, Werkstatterinnerungen, 1929, S. 52.

[2] Berliner Tageblatt Nr. 199 vom 19. April 1918 (BAAbtP: 61 Re 1, 150, fol. 177).

[3] Königlich Bayerischer Staatsanzeiger Nr. 108 vom 9. Mai 1918 (BHA: MInn, 72670, Bd. 1); vgl. Krauß, Werkstatterinnerungen, 1929, S. 55; Hellmut Schöner, Berchtesgadener Fremdenverkehrschronik 1871–1922, Berchtesgaden 1971, S. 62.

allem Gebiete, die quasi vom Fremdenverkehr lebten, hätten Maßnahmen ergreifen müssen, um »ihre Steuern zahlen und Kriegsanleihen zeichnen« zu können. Der Krieg hätte sie gezwungen, erstmals »praktische Fremdenverkehrspolitik« zu betreiben.[4] Ein völlig neues Bewußtsein war entstanden. Der »Fremdenverkehr«, bis dahin Mittel zur Befriedigung eines »Luxusbedürfnisses«[5], wurde nun zur »wirtschaftlichen Notwendigkeit«[6].

Nach dem Krieg offenbarte der Fremdenverkehr seine neue wirtschaftliche Dimension insbesondere als Faktor der Zahlungsbilanz in einer durch die Reparationen belasteten deutschen Volkswirtschaft. Das Geld, das ausländische Gäste in Deutschland ließen, so war immer wieder zu lesen, käme einer Anhebung des Exports gleich, und der Tourismus sei daher gezielt zu fördern. Die stürmische Geldentwertung verhinderte zunächst eine breite öffentliche Resonanz, zog doch das währungsschwache Deutsche Reich die ausländischen Touristen in einem Ausmaß an, das allenthalben zu Klagen über eine »Fremdenplage« führte.[7]

Nach der Währungsstabilisierung stellte sich das Problem jedoch wieder von selbst. Arthur Heichen publizierte in seinem Buch ›Deutschlands Zahlungsbilanz 1925‹ die ersten Schätzungen zum deutschen Fremdenverkehr;[8] 1927 würdigte der Ausschuß zur Untersuchung der Erzeugungs- und Absatzbedingungen der deutschen Wirtschaft in seiner Veröffentlichung ›Die deutsche Zahlungsbilanz‹ besonders den Posten »Dienstleistungen im Fremdenverkehr«[9]; das Statistische Reichsamt korrigierte im folgenden Jahr mit der Veröffentlichung der deutschen Zahlungsbilanz seine Schätzungen von 1926 und publizierte die erste Sonderstatistik der deut-

4 Maximilian Krauß, Die zukünftigen Aufgaben der deutschen Verkehrswerbung im In- und Ausland, Berlin 1921, S. 5f.

5 Josef Stradner, Der Fremdenverkehr (1905), 2. Aufl., Graz 1917, S. 9.

6 Krauß, Aufgaben, 1921, S. 5f.

7 Vgl. Gerald D. Feldmann, Welcome to Germany? The »Fremdenplage« in the Weimar Inflation, in: Wilhelm Treue (Hg.), Geschichte als Aufgabe. Festschrift für Otto Büsch, Berlin 1988, S. 629–649.

8 Arthur Heichen, Deutschlands Zahlungsbilanz 1925, Leipzig 1926, S. 41ff.

9 Ausschuß zur Untersuchung der Erzeugungs- und Absatzbedingungen der deutschen Wirtschaft, Die deutsche Zahlungsbilanz, Berlin 1930, S. 75ff. und 100ff.

schen Fremdenverkehrsbilanz für die Jahre 1924 bis 1928.[10] Ende der zwanziger Jahre war sie nur eine Publikation in einer endlosen Reihe von Druckschriften, die das Thema »Fremdenverkehr und Zahlungsbilanz« ins Bewußtsein der Öffentlichkeit rückten.[11]

Das Hauptaugenmerk richtete sich in dieser Diskussion auf die Vereinigten Staaten. Denn insbesondere das reisefreudige US-amerikanische Publikum sollte die für die Ableistung der Reparationen notwendigen Devisen ins Land bringen. Karl Thiess, Staatswissenschaftler an der Universität Köln, unterstrich am 14. Dezember 1927 in einem Vortrag vor der Hauptversammlung des Reichsverbandes der Deutschen Hotels, Restaurants und verwandter Betriebe mit Nachdruck die »nationalwirtschaftliche« Bedeutung des amerikanischen Reiseausgabenüberschusses. Demnach hätten die im Ausland reisenden Amerikaner 1926 646 Millionen Dollar mehr ausgegeben als die Ausländer in Amerika: »Bedenken Sie, 646 Millionen Dollar Reiseausgabenüberschuß! Das sind 2 1/2 Milliarden Mark Überschuß, insgesamt 3 Milliarden für Reiseausgaben im Auslande. 2 1/2 Milliarden ist ja der Höchstbetrag unserer jährlichen Reparationsleistungen vom nächsten Jahr ab an alle Siegerstaaten.« Die enge Verknüpfung von Fremdenverkehr und Zahlungsbilanz, so seine Forderung, verlange daher nach einer aktiven Politik seitens des Reiches, damit »die Völker der Erde zu uns kommen, um diesen Betrag abzureisen, abzuwohnen, abzuessen und abzutrinken«.[12]

Die Fremdenverkehrsfachleute waren sich über den rein rechnerischen Charakter ihrer Überlegungen im klaren, war der Anteil des Fremdenverkehrs doch »gewissermaßen nur ein sehr kleiner Tropfen auf einen sehr heißen Stein«.[13] Zudem mußte man wohl oder übel die Auslandsreiselust der

[10] Stat. Reichsamt (Bearb.), Die deutsche Zahlungsbilanz seit der Stabilisierung, in: Vierteljahreshefte zur Konjunkturforschung 1, 1926, Ergänzungsheft 2, S. 3–14, hier S. 8; Wirtschaft und Statistik 9, 1929, S. 411.

[11] Vgl. die Beiträge in der Zeitschrift Verkehr und Bäder Jg. 1926 bis 1930 und die Literaturverzeichnisse in AfdF 1, 1930/31 bis 5, 1934/35.

[12] Karl Thiess, Zahlungsbilanz und Fremdenverkehr, Düsseldorf 1928, S. 4ff.

[13] Jean Juma, Der Fremdenverkehr in der deutschen Zahlungsbilanz für 1928, in: Verkehr und Bäder Nr. 25 vom 19. Juni 1929.

Deutschen in Rechnung stellen.[14] Spätestens seit Ende der zwanziger Jahre macht sie bis heute jede Hoffnung auf eine aktive Fremdenverkehrsbilanz zunichte. Im touristischen Strukturwandel der Weimarer Republik ist das seinerzeit leidenschaftlich diskutierte Thema »Fremdenverkehr und Zahlungsbilanz« aber weder im Hinblick auf die dort aufgeführten Rechenexempel noch bezüglich der damit verbundenen realen Hoffnung auf Lösung der Reparationsfrage von Bedeutung. Von entscheidendem Gewicht ist vielmehr die sich in der Diskussion spiegelnde wirtschaftspolitische Zwangslage. Bei Reich, Ländern und Kommunen schuf sie ein neues fremdenverkehrspolitisches Bewußtsein, im Zuge dessen sich der Tourismus erstmals als eigenständiger, obgleich bis heute recht ungeordneter Sektor der Volkswirtschaft formierte. Das Bayerische Staatsministerium für Wirtschaft und Verkehr kam in seinem ›Entwurf eines Gesetzes über den Fremdenverkehr‹ im Sommer 1933 zu dem Schluß, daß diese Branche inzwischen »zum Schlüssel für die Wirtschaft des Landes« geworden sei.[15]

Auf Reichsebene waren die organisatorischen, finanziellen und währungspolitischen Eingriffe an vier Ereignissen abzulesen: an der Gründung des Mitteleuropäischen Reisebüros (MER), Vorläufer des heutigen Deutschen Reisebüros (DER); dem Aufbau der Reichsbahnzentrale für den Deutschen Reiseverkehr (RDV; bis Februar 1928: Reichszentrale für deutsche Verkehrswerbung), also der heutigen Deutschen Zentrale für Tourismus (DZT); der Gründung des Reichs- bzw. Hauptausschusses für Fremdenverkehr sowie der vorübergehenden Einführung von Auslandsreisegebühren in den Jahren 1924 und 1931.

Zweck des 1917/18 von den früheren Staatseisenbahnen, der Hapag und dem Norddeutschen Lloyd als GmbH gegründeten MER war ursprünglich die Förderung des Reiseverkehrs in und nach Mitteleuropa. Die Deutsche Reichsbahn, als Nachfolgerin der früheren Staatseisenbahnen, hielt

14 Vgl. Wirtschaft und Statistik 9, 1929, S. 411; ebd. 12, 1932, S. 304; Bormann, Lehre, 1931, S. 134; ders., Die Fremdenverkehrsbilanzen Deutschlands und anderer wichtiger Reiseländer, in: ZVDEV 74, 1934, S. 611–614.

15 BHA: MWi, 2703.

Abb. 2: Das Mitteleuropäische Reisebüro (MER) im Potsdamer Bahnhof, Berlin. Foto 1926.

gemeinsam mit den deutschen Länderregierungen den überwiegenden Teil des MER-Geschäftskapitals.[16]

Im Hinblick auf die strukturellen Veränderungen im Tourismus der zwanziger Jahre waren zwei Funktionen dieser Einrichtung von Bedeutung. Erstens räumte die Reichsbahn dem neuen Unternehmen den ausschließlichen Verkauf seiner Fahrkarten außerhalb der Bahnhöfe ein, und zwar zu Originalpreisen und gegen Gewährung einer Provision. Der ansonsten übliche Zuschlag beim Verkauf von Fahrausweisen außerhalb der Bahnhöfe entfiel. Die Fahrkartenausgabestellen auf den Bahnhöfen konnten die zeitraubende Auskunftstätigkeit, das heißt wichtige verkehrs*organisatorische* Leistungen, an die Reisebüros abtreten. Zweitens vertrieb das MER die seit Ende der zwanziger Jahre verstärkt von den

[16] Vgl. Rudolf Köhler, Die Nebenbetriebe der Deutschen Reichsbahn-Gesellschaft auf dem Gebiet des Personenverkehrs, Berlin 1926, S. 55ff.; Arthur Knuth, Das Mitteleuropäische Reisebüro, in: ZVDEV 67, 1927, S. 53–57; Carl Horkenbach, Das Deutsche Reich von 1918 bis heute, Berlin 1930, S. 580; Arthur Knuth, Vom deutschen zum großdeutschen Reisebüro, in: Großdeutscher Verkehr 35, 1941, S. 515–520; Karl Fuß, Geschichte der Reisebüros, Darmstadt 1960, S. 67ff. und 90ff.; 75 Jahre abr. Rückschau und Ausblick, Dachau 1985, S. 16; Deutsches Reisebüro (Hg.), 70 Jahre Deutsches Reisebüro, Darmstadt 1987.

Kommunen eingeführten Pauschalangebote für Kurzaufenthalte. Die Veranstaltung und Vermittlung preiswerter Pauschalreisen mit der Bahn erhielt damit eine organisatorische Grundlage. Im Jahre 1928 standen neben sechs eigenen Büros in Berlin, Frankfurt am Main und Köln 211 Ausgabestellen im Inland und 612 »Agenturen« im Ausland zur Verfügung (siehe Tabelle 9).

Daneben sollte das MER als GmbH zwecks »allgemeiner Förderung des Fremdenverkehrs nach kaufmännischen Grundsätzen« Gelder für die Verkehrswerbung erwirtschaften.[17] In der Hauptsache flossen die Überschüsse an die, unter anderem deshalb gegründete, Reichsbahnzentrale für den Deutschen Reiseverkehr.

Bereits einige Jahre vor Ausbruch des Ersten Weltkrieges hatten Staatsbahnen und der Bund Deutscher Verkehrsvereine (BDV), die Interessenvertretung der Zielorte, erste Schritte in Richtung Auslandswerbung unternommen. Das Reich zeigte hierfür allerdings noch kaum Interesse.[18] Erst die von Reichsverkehrsminister Wilhelm Groener auf Beschluß der Regierungskonferenz vom 20. Februar 1920 ins Leben gerufene RDV wurde personell und finanziell so ausgestattet, daß sie ihrem Auftrag, durch gezielte Werbung den ausländischen Reisestrom nach Deutschland zu leiten und auch im Inland zu werben, nachkommen und damit dringend benötigte Devisen ins Land bringen konnte.[19] Der Beschluß zum Aufbau der RDV erfolgte allerdings nicht nur aufgrund drängender Zahlungsbilanzprobleme. Nach dem verlorenen Krieg sollte und mußte sie die Funktion deutscher Imagewerbung im Ausland übernehmen und verschrieb sich zu

[17] Maximilian Krauß, Deutsche Verkehrswerbung, in: ZVDEV 67, 1927, S. 69–73, hier S. 70.

[18] Vgl. Josef Schumacher, Bundesarbeit und Verkehrswerbung im Kriegsjahr; ihre Ausgestaltung nach dem Kriege. Vortrag, Leipzig 1915, S. 5; Kölnische Zeitung vom 5. April 1922 (SH: Staatl. Pressestelle I-IV, 2064); Kurt Conradt, Aufgaben und Formen der deutschen Verkehrswerbung, Gießen 1924 (ms), S. 112 und 130f.

[19] Vgl. Wilhelm Groener »Zur Gründung der Reichszentrale für Deutsche Verkehrswerbung (RDV)«, undatiert [ca. Okt. 1920] (SH: Senatskommission für die Reichs- und auswärtigen Angelegenheiten, II E 1 Fasc. 10/1, fol. 1); Satzung der Reichszentrale für Deutsche Verkehrswerbung Berlin vom 5. Juli 1921, Berlin 1921 (ATB).

diesem Zweck der Völkerverständigung als »kultureller Pflicht«.[20] Mit dieser Zielsetzung gelang es ihr auch, Unterstützung aus Kreisen des Handels und der Industrie zu erlangen, welche die neugegründete »Propaganda«-Zentrale als Vehikel für die Wiederanknüpfung bzw. Neuaufnahme direkter wirtschaftlicher Beziehungen betrachteten.[21] Denn Deutschland blieb auch nach Kriegsende durch außenhandelspolitische Auflagen der Siegermächte sowie durch Zoll-, Paß- und Visaschranken vom Ausland getrennt.

Die ersten Jahre der RDV-Tätigkeit fielen mit der Inflation zusammen. Sie hatte daher Mühe, angesichts einer unter dem Schlagwort vom »Ausverkauf Deutschlands« geführten Diskussion ihre Arbeit zu legitimieren und für den ohnehin überproportionalen Zustrom ausländischer Reisender nach Deutschland zu werben. Der 1922 einsetzende Ruf nach »Beseitigung der Gefahren des Fremdenverkehrs«[22] warnte jedoch Direktor Josef Schumacher davor, das weitsichtige Konzept der RDV wirtschaftlichen Tagesbedürfnissen zu opfern.[23] Als Institution konnte die RDV daher die Wirren der Inflation überstehen. Nach ihrer Umwandlung vom »eingetragenen Verein« zur »GmbH« zum 28. Februar 1928 übernahm die Reichsbahn die volle Finanzierung.[24] Der im europäischen Vergleich relativ hoch bemessene Haushalt bezifferte sich in den Jahren 1928 bis 1933 auf jährlich 3 Millionen RM.[25]

Die Notwendigkeit, insbesondere US-amerikanische Devisen ins Land zu ziehen, führte konsequenterweise zum Aufbau der ersten eigenständigen Auslandsvertretung in den USA. Bereits Ende 1925 war das intensive Bemühen, amerikanische Reiseveranstalter zur Aufnahme von Deutschland-

[20] Krauß, Verkehrswerbung, 1927, S. 70.

[21] Vgl. Schreiben des Reichsverbandes der Deutschen Industrie an seine Mitglieder vom 22. März 1921 (BBB: Gelsenkirchener Bergwerks AG, 2008, Bd. 5).

[22] Krauß, Werkstatterinnerungen, 1929, S. 55.

[23] Josef Schumacher, Verkehrswerbung, in: Das Reisebüro 2, 1922, Nr. 5, S. 1f.

[24] Vgl. Schreiben der RDV an den Bürgermeister von Hamburg vom 5. März 1928 (SH: Staatl. Pressestelle I-IV, Z III C a 5, fol. 1); Knebel, Reichsbahn-Personentarife, 1931, S. 193.

[25] Ebd.; Bormann, Lehre, 1931, S. 154. Zum europäischen Vergleich vgl. Erwin Deinlein, Die Organisation der offiziellen Fremdenverkehrspropaganda in Europa, in: ZVDEV 67, 1927, S. 597–599.

Besuchen in ihre Gesellschaftsreiseprogramme zu bewegen, erfolgreich: Während bei den Europatouren von Cook & Son im Jahre 1925 von 32 Reisen nur 19 Deutschland berührten, hatte man für 1926 durch direkte Kontakte mit dem *Information Office* 33 Reisen geplant, von denen 30 durch das Deutsche Reich führten.[26] Eigene Vertretungen gab es im September 1929 in insgesamt zwölf Ländern: USA, England, Frankreich, Holland, Italien, Österreich, Schweden, Schweiz, Tschechoslowakei, Ungarn, Dänemark und Finnland. Die Zentrale in Berlin belieferte regelmäßig 850 Stellen im Inland und 950 im Ausland mit Werbeschriften. Die RDV-Auslandsvertretungen versandten ihr Material an ca. 11 500 ständige Bezieher. Die Zahl der zu 60 bis 80 Prozent im Ausland und zu 20 bis 40 Prozent im Inland vertriebenen Broschüren, Faltblätter und Plakate wurde innerhalb von vier Jahren mehr als verdoppelt; zwischen 1925 und 1932 waren es insgesamt 24 Millionen.[27]

Die Arbeit der RDV fand im In- und Ausland das ungeteilte Lob der Fachwelt. Die New Yorker Agentur des Publizitätsdienstes der Schweizer Bundesbahnen (SBB) – das schweizerische Pendant zu RDV – berichtete Ende 1929 über die Tätigkeit der Konkurrenz: Man hätte zwischen Januar und Ende Juni keine namhafte amerikanische Zeitschrift zur Hand nehmen können, in der Deutschland nicht mit einer Annonce vertreten gewesen sei. Auch die Ausstattung mit Diapositiven und Filmen aller Art zeige deutlich »den großen Fortschritt, den Deutschland in der Rationalisierung der Auslandspropaganda gemacht« habe.[28] Cook & Son in New York nannten die von der RDV herausgegebenen ›Deutschen Verkehrsbücher‹ die »bestausgestatteten und am besten zum Reisen anregenden Büchlein«, die sie je gesehen hätten.[29] Der Anteil der US-Amerikaner an den Übernachtungen ausländi-

[26] Vgl. Krauß, Verkehrswerbung, 1927, S. 71; Vertraulich. Tätigkeits-Bericht des German Railroads Information Office New York vom 15. Juni bis 15. Dez. 1925, Berlin o. J. [1926] (SH: Staatl. Pressestelle I-IV, 2064).

[27] Vgl. die Tätigkeitsberichte über die »Werbemaßnahmen der RDV [...]« 1925 bis 1932 (ATB).

[28] Neue Zürcher Zeitung vom 6. Dez. 1929 (SH: Staatl. Pressestelle I-IV, 2066).

[29] Zit. nach ZVDEV 68, 1928, S. 73; Div. »Deutsche Verkehrsbücher« im ATB: Prospektsammlung, D 060/00/.-33/RDV/3/Verkehrsb.

Abb. 3: Werbeplakate der Reichsbahnzentrale für den Deutschen Reiseverkehr auf den Berliner Fernbahnhöfen. Links oben: Bahnhof Alexanderplatz; rechts oben: Bahnhof Zoo; Mitte links: Stettiner Bahnhof; Mitte: Bahnhof Friedrichstraße; Mitte rechts: Potsdamer Bahnhof; unten: Lehrter Bahnhof mit einem Automaten für die ›Deutschen Verkehrsbücher‹. Fotos 1927.

scher Gäste war in Bayern von 12,1 Prozent im Jahre 1913 trotz verschärfter Rahmenbedingungen im internationalen Tourismus der zwanziger Jahre auf 13,0 bzw. 15,8 Prozent in den Jahren 1925 bzw. 1929 gestiegen.[30] Eine Erhöhung des Personenverkehrs über Dover-Ostende schrieb die *Southern Railway* zum größten Teil der Werbearbeit des Londoner RDV-Büros zu.[31] Auch der Ausschuß für Fremdenverkehrswerbung des Deutschen Städtetags kam in seiner Sitzung vom 26. April 1927 zu dem Schluß, »daß die Arbeit der RDV unentbehrlich für die Verkehrswerbung der Städte« sei.[32]

Neben der Gründung des Mitteleuropäischen Reisebüros leitete die deutsche Reichsregierung vor allem mit der RDV den Aufbau einer Organisation in die Wege, deren finanzielle Ausstattung von jährlich drei Millionen RM eine Professionalisierung der Fremdenverkehrswerbung ermöglichte, so daß der Aufbau beider Organisationen als nicht zu unterschätzende touristische Modernisierungsleistung zu bewerten ist. Der Bruch mit der Vorkriegszeit wird noch deutlicher im Vergleich zur Kontinuität mit der Zeit nach 1945. Der bundesdeutsche Nachfolger der RDV, die Deutsche Zentrale für Tourismus, arbeitete noch bis Anfang der sechziger Jahre (als 90prozentiger Bundeszuschußempfänger) mit einem Etat von jährlich 4,5 bzw. 5 Millionen DM.[33]

Ein verstärkter Reichsinterventionismus zeigte sich im Aufbau von MER und RDV sowie in der Gründung des »Reichsausschusses für Fremdenverkehr«. Nach langjährigen Auseinandersetzungen, die seit Anfang der zwanziger Jahre das Verhältnis der touristischen Interessenverbände untereinander, zu staatlichen Einrichtungen sowie zur RDV geprägt hatten, trat dieses Gremium am 11. Dezember 1929 zu seiner konstituierenden Sitzung zusammen. Beteiligt waren diverse Reichsministerien, die Reichsbahn, die touristischen Interessenverbände, der Deutsche Industrie- und

[30] Eigene Berechnungen nach Zeitschrift des Königlich Bayerischen Statistischen Landesamts 47, 1915, S. 31; Stat. Jb. Bayern 17, 1926, S. 136; ebd. 18, 1928, S. 205; ebd. 19, 1930, S. 164f.

[31] ZVDEV 68, 1928, S. 73.

[32] LB: St.A 542/I.

[33] Geschäftsbericht der ZFV für das Jahr 1960, Frankfurt am Main o. J., S. 20 (ATB).

Abb. 4: Werbeplakat der Reichsbahnzentrale für den Deutschen Reiseverkehr (RDV), ca. 1928. Entwurf: Julius Ussy Engelhardt.

Abb. 5: Werbeplakat der Reichsbahnzentrale für den Deutschen Reiseverkehr (RDV), ca. 1930. Entwurf: Willy Dzubas.

Handelstag (DIHT) und die Kommunalverbände[34], deren Vertreter beschlossen, einen »kleineren Kreis« »nach Belieben des Vorsitzenden zur Behandlung einzelner dringlicher Fragen zusammenzurufen«. Aus diesem Kreis, der in unregelmäßigen Abständen zusammentrat, ging schließlich unter Beteiligung des Auswärtigen Amtes, des Reichsverkehrsministeriums, des Reichspostministeriums und des Reichswirtschaftsministeriums der sogenannte »Hauptausschuß für Fremdenverkehr« hervor. Er wurde am 7. Februar 1931 von den Reichsministerien als »die maßgebende und zusammenfassende Vertretung der am Fremdenverkehr praktisch beteiligten Kreise« offiziell anerkannt[35] und mit einem kleinen Etat von 10 000 RM aus dem Verkehrsministerium unterstützt.[36] Damit stand erstmals auf höchster politischer Ebene ein beratendes Gremium zur Verfügung, das fremdenverkehrswirtschaftliche Belange in den einzelnen Reichsministerien zur Geltung bringen konnte bzw. in die öffentliche Willensbildung der Exekutive einbezogen wurde. Um allerdings in den Willensbildungsprozeß der Gesetzgebungskörperschaften einbezogen zu werden, dafür kam die Konstituierung von Reichs- und Hauptausschuß in der Endphase der Weimarer Republik zu spät.

Neben der Notwendigkeit, die im Ersten Weltkrieg eingeführten scharfen Paß- und Visabestimmungen wieder aufzuheben bzw. abzumildern, waren es erstmals auch wirtschafts- und währungspolitische Interessen, die das Eingreifen des Staates herausforderten. Die Maßnahmen, die darauf hinausliefen, die touristische Bewegungsfreiheit künstlich einzuschränken bzw. zu lenken, führten jedoch zu heftigen Protesten. Zweimal, 1924 und 1931, mußte der Staat die Einführung von Auslandsreisegebühren wieder rückgängig machen.[37] Die Reaktionen auf die Verordnungen zeigen, daß der

[34] Entwurf der Niederschrift über die Sitzung des Reichsausschusses für Fremdenverkehr am 11. Dez. 1929 (LB: St.B 1329).

[35] Schreiben des Reichsverkehrsministers an den Hauptausschuß für Fremdenverkehr vom 7. Febr. 1931 (LB: St.B 1329).

[36] Vgl. Aktenvermerk Otto Benecke an den Präsidenten des Städtetages vom 13. Okt. 1932; Niederschrift über die Sitzung des Hauptausschusses für Fremdenverkehr vom 13. Okt. 1932 (LB: St.B 231).

[37] RGBl. I, 1924, S. 397f.; ebd. I, 1931, S. 376.

Fremdenverkehr im Laufe der Weimarer Republik zu einem volkswirtschaftlichen Faktor geworden war, den die Regierung nicht mehr ignorieren konnte. Ebensowenig durfte sie in den Tourismus kurzsichtig und konzeptionslos intervenieren. Einerseits ging es um unvorhersehbare wirtschaftliche Schäden, also um Umsätze, Investitionen und die Arbeitsplätze »von Millionen«, wie die ›Münchener Zeitung‹ 1931 zu bedenken gab.[38] Andererseits spielten soziale Aspekte eine Rolle, das heißt das Reisebedürfnis derer, die nur in eng begrenztem Maß über Zeit und Geld zum Reisen verfügten. Der ›Fränkische Kurier‹ schrieb 1924 in Reaktion auf die Einführung der Auslandsreisegebühr in Höhe von 500 Goldmark: »Dieser gewaltige deutsche Touristenstrom«, aus dem sich der österreichische Fremdenverkehr zusammensetze und der jetzt nicht mehr das Nachbarland erreiche, rekrutiere sich »zum großen Teil aus dem deutschen Mittelstand und der intelligenten Arbeiterschaft«.[39] Als sich das Reichswirtschaftsministerium auf dem Höhepunkt der Weltwirtschaftskrise an den Hauptausschuß wandte und darum bat, zu einer möglichen Erhöhung der – im Zuge des Protektionismus eingeführten – RM-Freigrenze für Österreich-Reisende Stellung zu nehmen, beeinflußten die sozialen Umschichtungen im Fremdenverkehr bereits den politischen Entscheidungsprozeß. Der Vorsitzende, Eduard Hamm vom DIHT, gab zu bedenken, daß die Maßnahme zwar vor allem den Österreichreiseverkehr fördern und den innerdeutschen Reiseverkehr schwächen würde, der Hauptausschuß jedoch aus »nationalpolitischen« Gründen sowie angesichts der deutsch-österreichischen Wirtschaftsverflechtungen eine solche Regelung zugunsten Österreichs anerkennen wolle. Denn bei den Österreich-Reisenden handele es sich traditionell »um Kreise mit beschränkten Geldmitteln«.[40]

Das Reisen hatte im Laufe der zwanziger Jahre abermals einen neuen gesellschaftlichen Stellenwert erhalten: Nach dem Wandel vom Luxusbedürfnis zur wirtschaftlichen Not-

[38] Münchener Zeitung Nr. 202 vom 24. Juli 1931 (BHA: MInn, 73651).
[39] Fränkischer Kurier Nr. 99 vom 8. April 1924 (BHA: MInn, 73651).
[40] Stellungnahme des Hauptausschusses vom 8. April 1932 (LB: St.B 1414).

wendigkeit wurde es, im Gegensatz zur unmittelbaren Nachkriegszeit, jetzt auch als Phänomen mit sozialen Dimensionen wahrgenommen: als ein Bedürfnis der gesamten Bevölkerung.

»Industriestandort oder Fremdenverkehrsgemeinde?« – Fremdenverkehr als Faktor der Kommunalwirtschaft

Bemühungen, den Fremdenverkehr von kommunaler Seite zu fördern, bilden ein konstitutives Merkmal des modernen Tourismus. Die Wurzeln dieser Entwicklung reichen nicht nur in das 19. Jahrhundert zurück, als mit der Reichsgründung 1870/71 auch die Gründungsphase der Verkehrs- und Verschönerungsvereine begann. Bereits für das 17. Jahrhundert läßt sich anhand stadtgeschichtlicher Untersuchungen nachweisen, daß man den Ausbau eines Ortes zum Kur- und Freizeitort als bewußte Alternative zur Entwicklung als Markt-, Industrie- oder Hafenstadt vorantrieb.[41] Die zwanziger Jahre brachten aber insofern tiefgreifende Veränderungen, als die wirtschaftlichen Umstrukturierungen sowie die Nivellierungen in der sozialen Zusammensetzung und im Verhalten der Reisenden auch die Unterschiede zwischen Kurorten und Seebädern, Städten und Sommerfrischen einebneten und einen bis dahin unbekannten Konkurrenzkampf aller gegen alle auslösten. Traditionelle Kurorte wie zum Beispiel Baden-Baden oder Wiesbaden mußten ihre Gäste jetzt gezielt umwerben und abwerben. Das Monopol einiger weniger Kurorte verblasse, stellte im Sommer 1929 die Stadtverwaltung Wiesbaden fest und erklärte: »Der Reisende kann dank des vorzüglichen modernen Verkehrswesens auch die entferntesten Plätze aufsuchen. So konkurrieren heute alle Badeorte untereinander, der Wettbewerb ist damit notwendi-

[41] Vgl. Agnus McInnes, The Emergence of a Leisure Town. Shrewsbury, 1660–1760, in: Past and Present Bd. 120, 1988, S. 53-87; Sylvia McIntyre, Bath: The Rise of a Resort Town,1660–1800, in: Peter Clark (Hg.), Country Towns in Pre-industrial England, Leicester 1981, S. 197–249.

germaßen ein viel schärferer als früher.«[42] Zudem sah sich eine Vielzahl von Kommunen durch Wirtschaftskrise und wirtschaftliche Umstrukturierungen gezwungen, nach neuen Einnahmequellen zu suchen.[43] In Konstanz beispielsweise mehrten sich gegen Ende der zwanziger Jahre die Stimmen, die von den noch 1924/25 formulierten Hoffnungen auf eine große industrielle Zukunft der Stadt ein für allemal abrückten. Sie propagierten jetzt den Ausbau als »Wohn-, Kultur- und Fremdenverkehrsstadt«.[44] Die Kurkommission von Clausthal-Zellerfeld bat das 1929 an der Handelshochschule Berlin gegründete Forschungsinstitut für den Fremdenverkehr, wegen der Stillegung des Bergwerks die Bedingungen und Möglichkeiten zum Ausbau des Fremdenverkehrs zu analysieren.[45] Rückblickend schrieb 1935 der ehemalige Leiter des Instituts, Robert Glücksmann: »Sobald Orte, die infolge ihrer einseitigen Wirtschaftsstruktur mit deren Entwicklung stehen oder fallen, eine Depression oder ein Erliegen eben dieses Wirtschaftszweiges durchmachen, gewinnt der Gedanke Oberhand: den Ort zum Fremdenverkehrsort zu entwickeln.«[46] Insbesondere Mittel- und Großstädte konnten den Fremdenverkehr als Wirtschaftsfaktor nicht mehr sich selbst überlassen. Denn ihnen hatte die Erzbergersche Finanzreform von 1919/20 in besonderem Maße staatliche Steuergelder entzogen und sie gleichzeitig durch erhöhte Sozialausgaben stärker belastet.[47] »Heute«, stellten daher 1929 die ›Kommunalpolitischen Blätter‹ fest, ringe »jeder

[42] Kurt Löwer, Die volkswirtschaftliche Bedeutung des Fremdenverkehrs, in: Verkehr und Bäder Nr. 19 vom 8. Mai 1929; vgl. Werner Sombart, Das Bäderproblem im Lichte der Nationalökonomie, in: Ebd. Nr. 38 vom 22. Nov. 1926.

[43] Vgl. Institut für Kommunikationsgeschichte und angewandte Kulturwissenschaften der FU Berlin (Hg.), Berlin wirbt! Metropolenwerbung zwischen Verkehrsreklame und Stadtmarketing 1920–1995, Ausstellungskatalog, Berlin 1995.

[44] Werner Trapp, Konstanz in den Jahren von 1924 bis 1933. Politik und Gesellschaft im Konstanz der »goldenen 20er Jahre«, in: Lothar Burchardt u. a., Geschichte der Stadt Konstanz, Bd. 5, Konstanz 1990, S. 145–220; vgl. für Österreich Ernst Hanisch, Wirtschaftswachstum ohne Industrialisierung: Fremdenverkehr und sozialer Wandel in Salzburg 1918–1938, in: Mitteilungen der Gesellschaft für Salzburger Landeskunde 125, 1985, S. 817–835.

[45] Klafkowski, Methoden, 1931.

[46] Robert Glücksmann, Allgemeine Fremdenverkehrskunde, Bern 1935, S. 34.

[47] Vgl. Karl-Heinrich Hansmeyer (Hg.), Kommunale Finanzpolitik in der Weimarer Republik, Stuttgart u. a. 1973, S. 35ff.

Chef einer gut geleiteten größeren Kommunalverwaltung um die Hebung des Fremdenverkehrs«[48]. Gezwungen, die Wirtschaftskraft zu verbessern, begann damit eine Phase der Kommunalpolitik, die durch den Übergang zur aktiven Lenkung der Stadtentwicklung gekennzeichnet war, bei der die Kommunalpolitiker die Richtung vorgaben: Industriestandort oder Fremdenverkehrsgemeinde.

Daß der Fremdenverkehr in den zwanziger Jahren als eigenständiger Bereich Eingang in die kommunale Verwaltungsarbeit fand, belegt eine Rundfrage des Deutschen Städtetages, betreffend »Städtische Einrichtungen zur Hebung des Fremdenverkehrs«, vom 15. Mai 1925. In 62 Städten, in denen bis zum Zeitpunkt der Erhebung ein »Verkehrsamt« eingerichtet bzw. fest geplant war, fiel die Gründung in nur 24 Prozent der Fälle in die Zeit vor 1918. 76 Prozent der Gründungen konzentrierten sich hingegen auf die Jahre von 1918 bis 1925.[49] Nach Angaben des Kasseler Oberbürgermeisters verfügten im Jahre 1928 schließlich 181 deutsche Städte über eigene Verkehrsämter.[50] In den meisten anderen Städten unterstützten die Kommunen die Verkehrsvereine, von denen Anfang 1928 etwa 700 existierten.[51]

Die Kommunen wandten in der zweiten Hälfte der zwanziger Jahre ständig steigende Mittel auf, die für direkte Werbemaßnahmen, für Verbesserungen der touristischen und kulturellen Infrastruktur sowie zur Unterstützung bestehender Verkehrsvereine und -verbände ausgegeben wurden. Die Stadt München zum Beispiel erhöhte ihre unmittelbaren finanziellen Aufwendungen in Höhe von 6000 Mark im Jahr 1913 auf 83 000 RM im Jahr 1928. Der Anstieg der mittelbaren Aufwendungen für die Münchner Fremdenverkehrsförderung ließ nicht nur den Preisanstieg und den Anstieg beim Finanzbedarf der Gemeinden insgesamt hinter sich (siehe

[48] Hans Geßner, Warum Fremdenverkehrswerbung der Gemeinden?, in: Kommunalpolitische Blätter 20, 1929, S. 293f.

[49] LB: St.B 1124.

[50] Stadler, Fremdenverkehr, in: Zeitschrift für Kommunalwirtschaft 18, 1928, Sp. 1835–1842, hier Sp. 1836f.

[51] Steinbüchel, Die Arbeit kleinerer Städte. Verkehrsamt, in: Ebd. 17, 1927, Sp. 1273f.

Tabelle 10). Die Fremdenverkehrsförderung der Weimarer Republik nahm auch *innerhalb* der kommunalen Wirtschaftsförderung einen neuen, herausragenden Stellenwert ein: War der Finanzbedarf des Reiches für Wirtschaftsförderung insgesamt bis 1928 auf lediglich 169 Indexpunkte gestiegen, betrug er bei der Fremdenverkehrsförderung 1383 Punkte. Er stand darüber hinaus in auffälligem Kontrast zu einem im Vergleich zur Vorkriegszeit rückläufigen Anteil der Wirtschaftsförderung am Finanzbedarf der Gemeinden insgesamt. Berlin stellte als Reichshauptstadt im Jahre 1927 175 000 RM, zwei Jahre später sogar 250 000 RM zur Verfügung. Den zuletzt genannten Betrag brachte 1927 auch die Stadt Frankfurt am Main auf und hatte damit ihre diesbezüglichen Aufwendungen im Vergleich zu 1908 um mehr als 4000 Prozent gesteigert.[52] Die Ergebnisse einer Umfrage des Vereins für Fremdenverkehr in Stuttgart von 1908 zeigen, daß die städtischen Aufwendungen der zwanziger Jahre in keinem Vergleich mehr zur Vorkriegszeit standen. Hatte die Höchstsumme, mit der deutsche Städte Fremdenverkehrsvereine unterstützten, 1908 noch bei 6000 Mark gelegen[53], so bezifferte sie sich Mitte der zwanziger Jahre auf 20 000 RM.[54]

Neben den unmittelbaren finanziellen Aufwendungen leisteten die Städte ganz erhebliche »mittelbare« Aufwendungen. Für Museen, einen Ausstellungspark, Theater, den Konzertverein, Künstlervereinigungen, Kunstausstellungen, Musikveranstaltungen, für »Flugwesen«, Unterstützungen an den Rennverein, Ehrungen, Empfänge, die Anlage von Alleen und Denkmälern gab die Stadt München zwischen 1925 und 1928 nicht weniger als 13,4 Millionen RM aus. Dazu kamen weitere 13 Millionen aus Anleihen, die unter anderem bei der weiteren Ausgestaltung des Ausstellungsparks, für den Ausbau des Flughafens, für das Stadt-Musikhaus und für die

[52] Schreiben des Deutschen Städtetags, Fritz Elsas, an den Hamburger Senatsrat Alexander Zinn vom 4. Jan. 1928 (SH: Senat, Cl. VII Lit. Ka No 11 Vol. 115 Fasc. 3); Vertraulicher Bericht der Staatlichen Pressestelle Hamburg vom 24/25. Jan. 1930 (SH: Staatl. Pressestelle I-IV, Z III C a 12, fol. 15).

[53] MVFMH 3, 1908, Nr. 8/9, S. 27f. (ATB).

[54] Rundfrage des Deutschen Städtetags vom 15. Mai 1925/III 217/25 (LB: St.B 1124).

Erweiterung der Lenbach-Galerie verwendet wurden. Auch kleinere Gemeinden investierten verstärkt in die touristische Infrastruktur.[55] Nach einer Umfrage der RDV vom Frühjahr 1928 über Neuerungen in deutschen Tourismusregionen wurden allerorten Strandbäder und Promenaden großzügig ausgebaut. Schwimmbäder wurden angelegt, Wanderwege durch Aufstellen von Wegweisern, Bänken und Hütten verbessert, und große Hotels und Kurorte suchten sich durch die fast obligatorische Anlage von Tennisplätzen auf ein neues, sportlich interessiertes Publikum einzustellen.[56]

So manche Gemeinde bzw. der von ihr unterstützte Verkehrsverein hatte sich unterdessen bei den Ausgaben übernommen. In der Hoffnung auf eine stetige Aufwärtsentwicklung wurden zum Teil Beträge investiert, die nicht immer den finanziellen Kapazitäten entsprachen. Wenn die Verschuldung der Kommunen in der Weimarer Republik erheblich zunahm, so trug, wenn auch zu einem nicht näher quantifizierbaren Teil, die Investitionswelle der öffentlichen Hand in touristische Infrastruktur- und Werbemaßnahmen dazu bei. Es handelte sich jedoch nicht, wie teilweise behauptet, um Investitionen in »unproduktive Projekte«[57]. Vielmehr waren es Investitionen in den noch jungen tertiären Sektor, der in Alternative bzw. ergänzend zur Industrialisierung erstmals bewußt ausgebaut wurde.

Hierzu zählten auch Investitionen in das Ausstellungs-, Messe- und Kongreßwesen. Der Deutsche Städtetag, der seit 1924 auf Wunsch der Städte einen internen Veranstaltungskalender herausbrachte, sah sich bereits fünf Jahre später kaum mehr in der Lage, die Informationsflut zu bewältigen.[58] So errichtete Berlin beispielsweise nach Gründung der Gemeinnützigen Berliner Messe- und Ausstellungs-GmbH (1924) in nur drei Jahren ein 53 ha großes neues Messegelände um sein Wahrzeichen, den 1926 eröffneten Funkturm,

[55] Münchener Wirtschafts- und Verwaltungsblatt 4, 1929, S. 105–107.

[56] Vgl. Deutsche Verkehrsblätter Jg. 1928 (ATB).

[57] Ziebura, Weltwirtschaft, 1984, S. 92. Vgl. Wolfram Fischer, Deutsche Wirtschaftspolitik 1918–1945, 3. Aufl., Opladen 1968, S. 34f.

[58] Vorberichte für die Sitzung des Verkehrsausschusses des Deutschen Städtetags am 4. Nov. 1929 (LB: St.A 542/II).

Abb. 6: Werbeplakat des Ausstellungs-, Messe- und Fremdenverkehrsamtes der Stadt Berlin, 1928. Entwurf: Karl Charal.

und legte 1927 Fremdenverkehrsstelle und Messegesellschaft zum Ausstellungs-, Messe- und Fremdenverkehrsamt zusammen.[59]

Wenn die Stadt zwischen 1924 und 1928 8,5 Millionen RM in das Ausstellungs- und Messeunternehmen investierte, so galt diese Summe in Fachkreisen als gering. Leipzig, Frankfurt am Main und Köln hatten internen Berichten zufolge ein Vielfaches dieser Summe aufgebracht; allein in die Kölner »Pressa« sollen 1928 20 Millionen RM investiert worden sein.[60] Die Reichshauptstadt wollte sich allerdings einer »wilden Ausstellungshallen-Expansionspolitik«[61] bewußt enthalten und richtete ihr Hauptaugenmerk auf die systematische Durchführung des in den zwanziger Jahren neuen Ausstellungskonzepts der Fachmessen. Als periodische Einrichtungen schuf das Messeamt auf diesem Weg die Internationale Automobil- und Motorradausstellung, die Bauausstellung, die Funkausstellung, die »Grüne Woche«, die Reichs-Gastwirtsmesse, die Internationale Büroausstellung, die Reklameschau, die Berliner Möbelmesse, die Internationale Lederschau sowie die Berliner modischen Ausstellungen. Einmalig kamen zur Durchführung die Kino- und Photo-Ausstellung 1925, die Polizei-Ausstellung 1926, die Ausstellung »Das Wochenende« und die »Werkstoffschau« 1927, die Ernährungs- und Luftfahrt-Ausstellung 1928 sowie die Ausstellung »Gas und Wasser« 1929. Fanden im Jahr 1924 erst drei Veranstaltungen in vier Ausstellungshallen mit einer Gesamtbesucherzahl von 400 000 statt, lauteten die Vergleichszahlen für 1928: zehn Veranstaltungen in 23 Ausstellungshallen mit einer Gesamtbesucherzahl von 2,5 Millionen.[62] Insbesondere bei Großveranstaltungen wie der »Pressa« 1928 in Köln oder der »Gesolei« 1926 in Düsseldorf war der fremdenverkehrswirtschaftliche Erfolg, gemes-

[59] Vgl. Franz F. Schwarzenstein, Ausstellungsstadt Berlin, in: Das Reisebüro 7, 1927, Nr. 3, S. 8f.; Herrmann Distel, Ausstellungs- und Kongreßhallen in Deutschland, Hamburg 1929, S. 53ff.

[60] Rudolf Aßhauser, Der rheinische Fremdenverkehr, Düren 1934, S. 75.

[61] O. Heimann, Messe- und Ausstellungswesen, in: Industrie- und Handelskammer zu Berlin (Hg.), Fremdenverkehr, Berlin 1929, S. 244–253, hier S. 252.

[62] S. Michelson, Das Ausstellungs-, Messe- und Fremdenverkehrsamt der Stadt Berlin, in: Die Gemeinwirtschaft 9, 1929, S. 177–184.

sen an den Übernachtungszahlen, nicht von der Hand zu weisen.[63]

Die Veranstaltung von Messen, Ausstellungen und Kongressen belebte den Gesellschafts-, Pauschalreise- und Sonderzugverkehr und sorgte für eine Popularisierung dieser Reiseformen. Allein anläßlich der »Pressa« liefen 1928 in Köln 488 Sonderzüge ein. Aus dem Ausland reisten 328 Reisegesellschaften an, davon 148 aus den USA, 57 aus England und je 36 aus Frankreich und Holland.[64] Die Stadt Mainz konnte auch ohne besondere Veranstaltungen eine Steigerung der Zahl der Sonderzüge verzeichnen. Für 1928, hieß es im Bericht des Mainzer Verkehrsdezernats, gehe man von einer weiteren Steigerung aus.[65] In Berchtesgaden lief 1926 der erste Sonderzug ein. Das folgende Jahr wurde in der Fremdenverkehrschronik bereits als »ein Jahr der Sonderzüge« bezeichnet. Und seit 1928 gehörte es zu den wichtigsten Aufgaben des neuen Verkehrsdirektors von Berchtesgaden, den Ort »in die Gesellschafts- und Pauschalreisen mit einzubeziehen, die sich in Deutschland nach dem Muster der angelsächsischen Länder« immer mehr »einbürgern«. Auf Sonderzüge und Reisegesellschaften führte die Berchtesgadener Gemeindeverwaltung auch den relativ moderaten Besucherrückgang während der Weltwirtschaftskrise zurück; dieser hätte 1931 bei den Gästen »nur« 5,6 Prozent und bei den Übernachtungen »nur« 3,6 Prozent betragen.[66]

Der Ausbau des Fremdenverkehrs zu einem festen Bestandteil kommunaler Wirtschaftspolitik im allgemeinen, das heißt nicht mehr nur der Heilbäder und Kurorte, bezeichnet einen wichtigen Faktor im touristischen Strukturwandel der zwanziger Jahre. Der Prozeß verlief jedoch alles andere als geradlinig. Verwaltungsakten aus Hamburg und Berlin zeigen, daß vor allem in den Städten die Vertreter der traditionellen Verkehrs- und Verschönerungsvereine, in denen sich Hoteliers, Gastwirte, Verkehrsunternehmer und Einzel-

[63] Aßhauser, Fremdenverkehr, 1934, S. 76ff.

[64] Ebd., S. 78.

[65] SH: Senat Cl. VII Ka No 11 Vol. 115 Fasc. 9.

[66] Hellmut Schöner, Berchtesgadener Fremdenverkehrschronik 1923–1945, Berchtesgaden 1974, S. 49, 74 und 105.

händler zusammengeschlossen hatten, das kommunale Eindringen in die Fremdenverkehrsarbeit empfindlich behinderten. Sie sahen sich durch die kommunalen Aktivitäten ihrer Kompetenzen enthoben und fühlten sich ihrer, wenn auch geringen, finanziellen Unterstützung sowie der jahrzehntealten Funktion als Honoratiorenvereinigung beraubt. Zwar setzten die Städte und vor allem die kleinen Gemeinden ihr neues fremdenverkehrswirtschaftliches Interesse nur selten ganz ohne Beteiligung der bestehenden Organisationen und ihrer Vertreter durch (die oben zitierte Umfrage des Deutschen Städtetages verweist auf die vielfältige Palette gut funktionierender Formen der Kooperation), aber vielerorts sahen sich die Kommunen in den zwanziger Jahren den in kaiserzeitlichen Traditionen verharrenden touristischen Interessenvereinen ausgeliefert. Diese suchten auch in der Weimarer Republik an ihrer alten gewerblichen Mittelstandspolitik festzuhalten und alle Rahmenmaßnahmen des Staates zu verhindern. Nur zögernd ließen sie die Bereitschaft erkennen, sich an den Aufwendungen für touristische Infrastruktur- und übergeordnete Werbemaßnahmen aktiv zu beteiligen und einer gewissen organisatorischen Zentralisierung unter kommunaler Leitung sowie der dringend notwendigen Modernisierung der Werbeträger zuzustimmen. Die mit Hilfe von Zeitungsartikeln und Denkschriften ausgetragenen organisatorischen Streitigkeiten trugen zwar in den zwanziger Jahren dazu bei, der Öffentlichkeit die neue volkswirtschaftliche Bedeutung des Fremdenverkehrs klarzumachen, um indessen den Herausforderungen eines wirtschaftlich und sozial zunehmend komplexer werdenden Phänomens gerecht zu werden und dafür im Rahmen der Republik eine politische Lösung zu finden, banden die Auseinandersetzungen Kräfte, Zeit und Gelder, die in der kurzen Phase der »relativen Stabilisierung« zwischen 1924 und 1929 nicht vorhanden waren. Der Aufbruch in den modernen Massentourismus blieb daher vielerorts in einer »Überorganisation« stecken.

Das Gerangel um Gelder, Kompetenzen und Konzepte hat gleichwohl die Quantität, das heißt die Produktion von Werbematerialien nicht behindert. Im Gegenteil: Neben der ohnehin enorm gestiegenen Werbeflut wollte jede Institution zur Förderung des Fremdenverkehrs beitragen und sich mit Prospekten, Plakaten, Filmen, Pressediensten oder Zeitschriften profilieren. Insbesondere die Stadtbevölkerung wurde von einer Welle der »Fremdenverkehrspropaganda« überrollt, die dazu beitrug, daß die Einstellungen zum Reisen sich seit den zwanziger Jahren grundlegend veränderten.

Eine neue Konkurrenz im Transportgewerbe: Eisenbahn und Omnibus

Verkehrstechnisch fußt die Herausbildung des modernen Tourismus im 19. und 20. Jahrhundert auf zwei herausragenden Entwicklungen. Der Bau der Eisenbahn schuf seit den 1830er Jahren erstmals die Möglichkeit, große Menschenmengen schnell und preiswert von einem Ort zum anderen zu befördern; im Deutschen Reich wurde das Streckennetz bis 1913 auf rund 63 000 km erweitert.[67] Diese Entwicklung ist mit ihren Folgen hinlänglich bekannt. Bislang wenig beachtet wurde indes, daß die Streckennetzerweiterung bei der Bahn nach achtzigjähriger, ununterbrochener Expansion mit Beginn der Weimarer Republik quasi zum Stillstand kam und sich an ihrer Stelle der Omnibusverkehr in rasantem Tempo ausdehnte. Zwar waren die Grundlagen für den Kraftfahrzeugbau bereits in den 1880er/90er Jahren gelegt worden[68], und der erste Einsatz eines Omnibusses im Linienverkehr im Jahr 1905 fiel noch in die Kaiserzeit[69], aber erst in der Weimarer Republik wuchs das Omnibusliniennetz im Überlandverkehr von 6000 auf rund 56 000 km (siehe Tabelle 11) und zog innerhalb von zehn Jahren mit dem Streckennetz der Eisenbahn gleich. In kürzester Zeit hatte sich damit die Verkehrsnetzdichte verdoppelt. In den zwanziger Jahren legte die eng-

67 Stat. Jb. Dt. Reich 44, 1924/25, S. 106ff.
68 Vgl. Fritz Voigt, Verkehr, Bd. 2, Teil 1, Berlin 1965, S. 446ff.
69 Vgl. Karl H. Dittebrand, Eisenbahn und Kraftwagen in Deutschland, Göttingen 1933, S. 158.

maschige Vernetzung der Verkehrswege durch den Omnibuseinsatz eines der Fundamente für den modernen Massentourismus.

Der Euphorie über die neuen Transportmöglichkeiten folgte die Kritik auf dem Fuße. Der Tätigkeitsbericht der Auslandsagentur Berlin der Schweizer Bundesbahnen zitierte Ende 1929 die Erfahrungen eines »namhaften deutschen Schriftstellers«:

> »Zwar – mit den Autos – das ist auch in den Alpen ein betrübliches Kapitel. Wer fünf Jahre lang nicht dort war und noch sehnsüchtige Erinnerungen an geruhsame Idyllen in sich nährte, erschrickt beim Wiederkommen. Der Fußwanderer sieht sich buchstäblich an die Wand gedrückt zugunsten des Autlers. Auf den großartigen Paßstraßen, von denen auch der Nichthochtourist Einblick in den Aufbau der Gebirge gewinnt ... ist Hingabe an das Landschaftsbild unmöglich geworden; es gilt nur mit Auge und Ohr auf nahende Gefahr zu spähen und beim Heransausen der Kraftfahrzeuge bald nach links, bald nach rechts zu springen – in den nassen Graben oder den Wegschutt. Wer wagt noch die herrliche Axenstraße abzuwandern.«[70]

Die ökologischen Nachteile, insbesondere den Lärm und die Staubentwicklung auf den seit Beginn des Eisenbahnbaus vernachlässigten Straßen, beklagten nicht nur sensible Dichternaturen. Vor allem die Bewohner kleinerer Gemeinden fühlten sich von Staub und Lärm, die von heute auf morgen ihren Alltag veränderten, belästigt. In den kommunalen Entscheidungsgremien fanden diese Stimmen allerdings kein Gehör. Angesichts der drängenden Finanzlage zeigten die Gemeindevertreter fast immer Bereitschaft, die neue Einnahmequelle »Fremdenverkehr« bedingungslos auszuschöpfen. Eine Autobushaltestelle war eben ohne viel Aufwand einzurichten und zu unterhalten.

Seit Mitte der zwanziger Jahre erschloß der Omnibus die

[70] Zit. nach Neue Zürcher Zeitung vom 6. Dez. 1929 (SH: Staatl. Pressestelle I-IV, 2066).

außerhalb des Eisenbahnnetzes liegenden Gebiete zunächst für den kurzzeitigen und preiswerten Ausflugs- und Wochenendverkehr. 1928 hieß es dazu in einem Artikel der Fachzeitschrift ›Verkehr und Bäder‹: »Für Württemberg und Baden ist der fast 150 Kilometer lange und 50–75 Kilometer breite Schwarzwald erst durch die zahlreichen Kraftpostlinien Erholungsgebiet für das Wochenende geworden. Von Stuttgart, Karlsruhe, Mannheim und anderen Großstädten aus läßt sich durch wenige Stunden Fahrt in der Eisenbahn und anschließend Kraftpost der Dunst der Großstadt mit reiner Gebirgsluft vertauschen.« In Pirmasens wiederum, der Stadt mit der größten Schuhindustrie Deutschlands, biete »eine ganze Anzahl von Kraftpostlinien, bei denen zum Teil besondere Fahrten hierfür eingelegt sind, der Arbeiterbevölkerung am Schluß der Arbeitswoche Gelegenheit zur Ausspannung«.[71]

Unter dem Motto »Bequem, sicher, billig!« veranstaltete das Amtliche Bayerische Reisebüro (ABR) in Gemeinschaft mit der Reichspost 1925 Auto-Gesellschaftsfahrten ins bayerische Hochland. Neben Tagesfahrten standen auch zweitägige Rundfahrten auf dem Programm. Eine dem Angebotsprospekt beiliegende Routenkarte zeigte allerdings, daß etwa die Hälfte der eingezeichneten Strecken parallel zur Eisenbahn verliefen, so zum Beispiel die Fahrt von München in Richtung Schliersee, Tegernsee, Kochel und Garmisch-Partenkirchen.[72] Ein Vertreter der Reichsbahn Hameln klagte Anfang 1931, daß die »Gesellschaftssonderfahrten, die von Kurorten, Bädern und Sommerfrischen usw. nach sehenswürdigen Punkten der näheren oder weiteren Umgebung in Halb- oder Ganztagesfahrten ausgeführt werden«, »fast hundertprozentig von der Schiene auf den Kraftwagen abgewandert« seien.[73] Insgesamt schätzte die Reichsbahnhauptverwaltung für 1928 den Ausfall im Personenverkehr, der durch den Kraftwagen verursacht worden war, auf 140 bis 150 Mil-

[71] Verkehr und Bäder Nr. 37 vom 12. Sept. 1928.

[72] Angebotsprospekt »Auto-Gesellschaftsfahrten in das Bayerische Hochland« hg. vom Amtlichen Bayerischen Reisebüro, München o. J. [1925] (MVT: Prospektsammlung, 995).

[73] J. Wendt, Ausflugsfahrscheinhefte. Ein Beitrag zur Bekämpfung des Kraftwagenwettbewerbs in: ZVDEV 71, 1931, S. 325–331, hier S. 326f.

lionen RM.[74] Das war gut die Hälfte aller Verluste, die die Reichsbahn zu ihrem Leidwesen im Personenverkehr des Jahres 1928 erwirtschaftet hatte. Der Vertreter der DR Hameln gab unumwunden zu, daß die Gesellschaftsfahrt mittels Kraftomnibus eben »in denkbar vollkommener Weise die Erfüllung des neuzeitlichen Reise-Ideals« verkörpere: »in möglichst kurzer Zeit für möglichst wenig Geld möglichst viel zu sehen.«[75]

Der Ausflugs- und Wochenendverkehr wurde im Laufe der Jahre mehr und mehr als Sonderfahrt organisiert und schloß Verpflegung, Besichtigungen und gegebenenfalls Übernachtungen im Preis mit ein. Auf diesen Erfahrungen aufbauend, gingen dann Ende der zwanziger, Anfang der dreißiger Jahre alte und vor allem zahlreiche neue Reiseveranstalter dazu über, Omnibusse als Transportmittel auch im ein- oder mehrwöchigen Pauschalreiseverkehr einzusetzen. »Die Oberpostdirektion Dresden«, ließ im Juni 1929 die RDV verlauten,

> »veranstaltet von jetzt ab außer ihren zahlreichen Sonderfahrten in die Umgebung Dresdens auch regelrechte Gesellschaftsreisen nach entfernteren Reisezielen. Mit neuzeitlich und bequem ausgestatteten Aussichtswagen werden Gesellschaftsreisen von Dresden aus nach Oberwiesenthal-Fichtelberg, nach dem Iser- und Riesengebirge, dem Vogtland und der Tropfsteinhöhle Syrau, nach Thüringen und nach den benachbarten böhmischen Reisezielen unternommen. Die längste Fahrt ist eine zehntägige Reise an den Rhein.«[76]

Mit dem Einsatz von Sonntags-, Wochenend- und Wochensonderzügen trat auch die Reichsbahn in den zwanziger Jahren erstmals als Reiseveranstalter im engeren Sinne auf. Denn der Fahrpreis schloß Übernachtung, Verpflegung und Besichtigungen ein. Die Ausarbeitung der Programme erfolgte in

74 Knebel, Reichsbahn-Personentarife, 1931, S. 199; vgl. Robert Glücksmann, Wirtschaftliche Wirkungen des episodischen Fremdenverkehrs, in: AfdF 2 (1931/32), S. 71–76 und 97–102, hier S. 97.
75 Wendt, Ausflugsfahrscheinhefte, 1931, S. 325.
76 Deutsche Verkehrsblätter Nr. 25 vom 18. Juni 1929 (ATB).

enger Zusammenarbeit mit den Verkehrsvereinen der Zielorte:

»Bei den seit mehreren Jahren mit Sonntagssonderzügen und Wochenendzügen veranstalteten Sonderfahrten entfaltet die Reichsbahn eine über ihre regelmäßige Aufgabe hinausgehende, umfassende Tätigkeit«, erläuterte Reichsbahnpressereferent Blänkner von der Direktion Kassel. »Sie zieht durch die verschiedenen wirksamen Mittel der Verkehrswerbung neuen Verkehr an sich und führt durch sorgsame Betreuung und Unterrichtung der Fahrtteilnehmer während der Fahrt und am Zielorte sowie durch eingehende Vorbereitung der Führungen und Veranstaltungen am Zielorte unter eigener Verantwor-tung und auf eigene Rechnung ein *Reiseunternehmen* durch.«[77]

Eine bezeichnende Erweiterung erfuhren diese Fahrten Ende der zwanziger Jahre, indem die in der Verantwortung der einzelnen Reichsbahndirektionen liegenden ein- bzw. zweitägigen Fahrten zu einwöchigen Pauschalreisen ausgebaut wurden. Eine Sonderzugfahrt der Reichsbahndirektion Berlin an den Rhein vom 17. bis 23. Juli 1928 kostete alles in allem nur 78 RM:

»Zunächst eine Fahrt mit Sonderzug nach Köln, Frühstück im Wartesaal daselbst, Stadtrundfahrt, Dombesichtigung, Weiterfahrt mit Sonderzug nach Königswinter mit Rheindampfer nach Koblenz, nach längerem Aufenthalt von dort mit Rheindampfer nach Rüdesheim, Aufstieg zum Nationaldenkmal, Abstieg nach Aßmannshausen, Weiterfahrt mit dem Schnelldampfer nach Mainz, dort Veranstaltung eines rheinischen Abends im Rheingoldsaal der Stadthalle, am nächsten Tag Ausflug nach Wiesbaden und Rückfahrt mit Sonderzug nach Berlin.«[78]

77 Blänkner, Die Sonderfahrten der Deutschen Reichsbahn, in: ZVDEV 67, 1927, S. 1341–1349, hier S. 1341.

78 J. Vogt, Eisenbahn und Fremdenverkehr, in: IHK zu Berlin (Hg.), Fremdenverkehr, 1929, S. 82–126, hier S. 95f., vgl. Franz F. Schwarzenstein, Berliner Reichsbahnsonderfahrt an den Rhein, in: Verkehr und Bäder Nr. 26 vom 27. Juni 1928.

Die Reichsbahndirektionen Kassel, Elberfeld, Erfurt, Köln und Regensburg hielten Angebote in gleicher Preislage bereit.[79]

1927 beförderte die Reichsbahn bei den von ihr veranstalteten ein- oder mehrtägigen Fahrten mit Verwaltungssonderzügen rund 835 000 Personen.[80] Obwohl die Zahl im folgenden Jahr leicht sank, lag sie immer noch weit über der Zahl der im Jahr 1910 von den Preußisch-hessischen Staatsbahnen mittels »Sonderzugkarten« beförderten Reisenden (rund 50 000), die seinerzeit zwei Drittel des landesweiten Gesamtaufkommens repräsentierten.[81]

Über die soziale Zusammensetzung der Teilnehmer liegen keine Angaben vor. Aber immer wieder betonte man die Absicht, den »wirtschaftlich schwächeren Volkskreisen« eine Reise zu ermöglichen.[82]

Die Reichsbahn mußte sich trotz aller Bemühungen seitens der Hauptverwaltung und der Direktionen in einzelnen Punkten Kritik gefallen lassen. Beklagt wurde beispielsweise, daß die Feriensonderzüge lediglich zu Beginn der Sommerferien fuhren, so daß Beschäftigte aus Unternehmen, die im Sommer keine Betriebsferien einlegten, von dieser Vergünstigung ausgeschlossen wären. Dies treffe, so ein Leser des ›Korrespondenten für Deutschlands Buchdrucker und Schriftsetzer‹ 1925, eine große Zahl von Beamten, Angestellten und Arbeitern.[83] Eine Angestellte berichtete im gleichen Jahr über ein relativ umständliches Bestellverfahren bei den Fahrausweisen der Feriensonderzüge, die zudem relativ schnell vergriffen wären.[84] Darüber hinaus wurden die fehlenden Sonderleistungen für Familien wiederholt kritisiert. Während in Deutschland Kinder über zehn Jahren den vol-

79 Vgl. ebd. Nr. 35 vom 31. Aug. 1927; Deutsche Verkehrsblätter Nr. 18 vom 30. April 1929; ebd. Nr. 31 vom 30. Juli 1929; ebd. Nr. 35 vom 1. Sept. 1931 (ATB); Reichsbahndirektion Köln (Hg.), Von Köln mit der Reichsbahn ins Rheinische Land, o. O. o. J. (MVT: Prospektsammlung, 91).

80 Bormann, Lehre, 1931, S. 101.

81 Geschäftliche Nachrichten für den Bereich der vereinigten preußischen und hessischen Staatseisenbahnen. Ausgabe 1914, Teil 1, Berlin 1914, S. 111.

82 Blänkner, Sonderfahrten, 1927, S. 1348.

83 Korrespondent für Deutschlands Buchdrucker und Schriftsetzer 63, 1925, S. 411.

84 Vgl. in diesem Kapitel Abschnitt 6.

len Fahrpreis zu zahlen hätten, sei Frankreich in dieser Hinsicht wesentlich kinderfreundlicher.[85] Erst auf dem Höhepunkt der Weltwirtschaftskrise ging die Reichsbahn mit neuen Ermäßigungstarifen auf einige Forderungen ein – allerdings vor allem, um den ständig steigenden Einnahmeausfällen entgegenzuwirken. Für die Zeit vom 1. Juni bis Ende Oktober 1932 führte man – nach Versuchen mit einer erweiterten Sonntagsrückfahrkarte über Weihnachten und Silvester 1931/32 – die sogenannte Sommerurlaubskarte ein. Sie räumte die Begünstigungen, die die Feriensonderzüge boten, nun »auch Einzelreisenden bei beliebigem Fahrtantritt und beliebiger Rückreise« ein. Gebunden an eine Aufenthaltsdauer von mindestens zehn Tagen und eine Mindestentfernung von 200 km bot sie jedem Reisenden eine 20prozentige Ermäßigung.[86] Die Maßnahme stieß auf positive Resonanz: »Die Sommerurlaubskarte«, lautete das Fazit des Landesfremdenverkehrsrats für Bayern im Dezember 1932, »brachte einen wesentlichen Verkehr in unsere Bäder und Kurorte, insbesondere nach Südbayern.«[87] Und auch der Fremdenverkehrsverein des Nordseebades Duhnen sprach in seinem Geschäftsbericht 1932 von einer wesentlichen Belebung der Saison durch die neuen Urlaubstarife der Reichsbahn.[88]

Zwischen 1924 und 1929 stieg die Zahl der Reisenden in Gesellschafts- und Verwaltungssonderzügen um fast das Dreifache von 1,2 auf 3,5 Millionen.[89] Wie hoch allerdings der Anteil der mehrtägigen Reisen, das heißt der Urlaubsfahrten ausfiel, kann nur geschätzt werden. Der Anteil der mehrtägigen Reisen an den von der Reichsbahn insgesamt eingesetzten Verwaltungssonderzügen lag zwischen 1927 und 1929 im Jahresdurchschnitt bei 18,5 Prozent.[90] Umgerechnet auf die Gesamtsumme von 3,5 Millionen Reisenden wäre demnach

[85] Die Gewerkschaft 29, 1925, S. 384.

[86] Vgl. die Ausführungen Oskar Knebels von der DR in der Niederschrift über die Besprechung zwischen dem Hauptausschuß für Fremdenverkehr und dem Fremdenverkehrsrat der österreichischen Bundesländer in Wien am 8. Nov. 1932 (LB: St.B 231).

[87] Protokoll der 21. Sitzung des Landesfremdenverkehrsrates für Bayern am 17. Dez. 1932 (BHA: MWi,2715).

[88] SH: Staatl. Pressestelle I-IV, Z III C a 14, fol. 14.

[89] Vogt, Eisenbahn, 1929, S. 96; Bormann, Lehre, 1931, S. 101.

[90] Ebd.

der Anteil der mehrtägigen Bahnreisen Ende der zwanziger Jahre auf rund 650 000 jährlich zu beziffern. Da auch andere Veranstalter Bahnpauschalreisen anboten, dürfte die ermittelte Zahl ein Mindestwert sein; die Gesamtzahl wird in Nähe der Millionengrenze gelegen haben. Das wiederum legt den Schluß nahe, daß sich der Urlaubsreiseverkehr Ende der zwanziger Jahre bereits in den Dimensionen der fünfziger Jahre bewegte. So lag die Zahl der Bahnpauschalreisenden 1955 bei gut einer Million.[91]

Durch das Aufkommen des Omnibusses sah sich die Reichsbahn frühzeitig gezwungen, in der Fahrpreisgestaltung sowie in der Bequemlichkeit des Personentransports gezielt Verbesserungen vorzunehmen. Die 1924 erfolgte Umwandlung der DR in ein selbständiges Unternehmen, das nach kaufmännischen Grundsätzen zu führen war, verstärkte den Druck. Verpflichtete sich die Reichsbahn damit doch zu rationellem Betriebsablauf, attraktivem Kundendienst und moderner Werbung.[92] Der zuletzt genannte Punkt bedarf besonderer Erwähnung, konnte man doch das Gros der verkehrsorganisatorischen Maßnahmen, die die Reichsbahn in den zwanziger Jahren durchführte, nicht als Neuerungen bezeichnen. Sonntagsrückfahrkarten, Ferien- und Gesellschaftssonderzüge gehörten bereits seit den 1880er Jahren zum Angebotsspektrum der Staatsbahnen.[93] Auch den Einsatz von zum Teil mehreren hundert zusätzlichen Vor- und Nachzügen zu Beginn der Sommerferien handhabten die Staatsbahnen bereits vor Ausbruch des Kriegs flexibel und sicher. Grundlegend verändert hatte sich die Wettbewerbslage. Buskonkurrenz und kaufmännische Betriebsführung zwangen zur Erweiterung des Kundenkreises, der mit Ermäßigungstarifen, Sonderzügen und Pauschalreiseangeboten inklusive Rundumbetreuung gezielt umworben werden

[91] So die Schätzung von Hans-Joachim Knebel, Soziologische Strukturwandlungen im modernen Tourismus, Stuttgart 1960, S. 73f.; vgl. Einzelangaben der von den größten Reiseveranstaltern Touropa, Scharnow, Hummel und Alpen-See-Express beförderten Personen bei Klaus Dietsche, Reisebüro und Bahnreise, in: Zug der Zeit – Zeit der Züge: Deutsche Eisenbahnen 1835–1985, Bd. 2, hg. von der Eisenbahnjahr-Ausstellungsgesellschaft Nürnberg, Berlin 1985, S. 753–756, hier S. 756.

[92] Vgl. Otmar Lang, Die Eisenbahn in der Weimarer Zeit, in: Ebd., S. 654–661.

[93] Vgl. Knebel, Reichsbahn-Personentarife, 1931, S. 99ff., 104ff. und 136ff.

mußte. Erklärter Zweck der Maßnahmen war es, in allen Schichten der Bevölkerung auf das Reisebedürfnis einzuwirken. Es gelte, so der Kasseler Reichsbahnpressereferent Blänkner, »die Reiselust zu wecken, neuen Verkehr zu schaffen«[94] und »die Sommerreise des kleinen Mannes zu ermöglichen«.[95] Darin äußerte sich eine grundlegend veränderte Unternehmensstrategie im Personentransport: Hatte man im Kaiserreich lediglich die vorhandene Nachfrage befriedigen müssen, so sollte und mußte in der Weimarer Republik neuer Bedarf in den bisher nicht erfaßten Bevölkerungsschichten geschaffen werden. Und zu diesem Zweck rührten die Verkehrsträger massiv die Werbetrommel.

Umschichtungen im Beherbergungsangebot

Das Ansteigen der Gästezahlen während der Zeit der Weimarer Republik steht im Kontrast zur Entwicklung der von der amtlichen Reichsstatistik ermittelten Zahl der gewerblichen Unterkunftsbetriebe (siehe Tabelle 12), die zwischen 1907 und 1925 um ein Drittel zurückging und sich bis 1933 nochmals um knapp die Hälfte reduzierte.

Die amtliche Statistik weist zwar die für die Ermittlung der Beherbergungskapazität ausschlaggebende Zahl der Betten nicht aus, und auch Änderungen in der Gewerbesystematik, die dazu führten, daß die Zahlen von 1907 gegenüber denen des Jahres 1925 zu hoch ausfielen[96], sind nicht auf den ersten Blick zu erkennen. Den allgemeinen Trend bis zum Jahr 1925 gibt sie allerdings adäquat wieder: Nach dem Boom der 1890er Jahre, als viele der alten »Palasthotels« erbaut wurden, setzte mit Beginn des Jahrhunderts ein Rückgang ein, den Krieg und

[94] Blänkner, Sonderfahrten, 1927, S. 1344.

[95] Ders., Sonntagssonderzüge und Wochenendzüge, in: Verkehr und Bäder Nr. 35 vom 1. Sept. 1926.

[96] Herbert Schneekloth, Das sächsische Hotel- und Gastwirtschaftsgewerbe, Leipzig 1930, S. 55.

Inflation dramatisch forcierten.[97] Nach der Währungsstabilisierung mußten weitere Betriebe schließen, weil sie den Belastungen durch die Reichsherbergssteuer und die kurz nach Kriegsende eingeführte und bis 1925 aufrechterhaltene gemeindliche Beherbergungssteuer nicht gewachsen waren.[98] Es wäre allerdings völlig verfehlt, wollte man diese Entwicklung analog zu den Beschwörungen zeitgenössischer Hotelvertreter als »Niedergang« eines vor dem Kriege »blühenden« deutschen Hotelwesens interpretieren – oder gar mit einem Rückgang der touristischen Mobilität in Verbindung bringen. Erstens bauten Krieg und Inflation eine schon im letzten Vorkriegsjahrzehnt weithin spürbare Überkapazität im Luxus- und Mittelklassehotelbereich ab, die auch ohne Krieg und Kriegsfolgen hätte reduziert werden müssen. Zweitens sorgten die sich andeutenden sozialen Umschichtungen des Reisepublikums und die sinkende Kaufkraft bereits vor 1914 dafür, daß Konkurse und Zwangsversteigerungen von Grundstücken, zum Beispiel in den Badeorten auf Rügen, zunahmen: Die Hälfte der zwischen 1887 und 1913 registrierten Fälle datierte aus den Jahren 1907 bis 1913.[99] Drittens schließlich bescherte die Inflation den verbliebenen Hotels eine investitionsfördernde Entschuldung. Während das Verhältnis von Eigen- zu Fremdkapital in deutschen Hotelaktiengesellschaften 1914 noch rund 34 zu 65 Prozent betragen hatte, kehrte es sich mit dem Jahr 1924 um: Rund 81 Prozent Eigenkapital standen nun 18 Prozent Fremdkapital gegenüber. Damit war eine gute Ausgangsbasis für Modernisierungen geschaffen, wie sie in der zweiten Hälfte der zwanziger Jahre mit dem Einbau von Zentralheizungen, fließend Kalt- und Warmwasser, Bädern, Aufzügen, Dampfwäschereien, Kühlanlagen und Neonbeleuchtung in den noch verbliebenen Luxus- und Mittelklassehotels auch tatsächlich durchgeführt

97 Vgl. Michael Schmitt, Palast-Hotels. Architektur und Anpruch eines Bautyps. 1870–1920, Berlin 1982.

98 RGBl. 1919, S. 2176; ebd. I, 1925, S. 241ff.; zur gemeindlichen Beherbergungssteuer vgl. div. Meldungen, in: Das Reisebüro 4, 1924 und 5, 1925.

99 Egon Weber, Die Entwicklung des Ostseebades Saßnitz bis zum ersten Weltkrieg, in: Greifswald-Stralsunder Jahrbuch 4, 1964, S. 117–180 (Teil 1) und 5, 1965, S. 45–92 (Teil 2), hier 5, 1965, S. 70ff.

wurden. Der Anteil des Fremdkapitals stieg im Zuge der Investitionswelle zwischen 1924 und 1930 wieder auf rund 36 Prozent an (bei einem Eigenkapitalanteil von 54 Prozent).[100] Die Vertreter der Hotelverbände lenkten das Hauptaugenmerk der Öffentlichkeit unterdessen immer wieder auf den Rückgang der Zahl der Betriebe und auf einen erheblichen Rentabilitätsschwund. Abgesehen von der Tatsache, daß für eine adäquate Berechnung der Rentabilität seinerzeit in vielen Betrieben sowohl die Methodik als auch die statistischen Basisdaten fehlten (Bormann hatte anhand von Beispielrechnungen auf dieses Problem hingewiesen[101]), erwies sich der Rückgang der Luxus- und Mittelklassehotels volkswirtschaftlich betrachtet als ein notwendiger Prozeß. Denn er sorgte dafür, daß sich die bereits einige Jahre vor Kriegsausbruch weit auseinanderklaffende Schere zwischen Angebots- und Nachfragestruktur wieder enger schloß. Daß dieser Wandel ziemlich abrupt verlief, lag zum Teil an den Unternehmern selbst. Ein Großteil der Investoren hatte bereits vor Ausbruch des Weltkriegs das Entwicklungspotential der Luxus- und Mittelklassehotellerie weit überschätzt. Man hatte die Kaufkraftminderung und die sich abzeichnenden sozialen Umschichtungen zum Teil ignoriert oder war schlicht nicht gewillt, in den neuen »Massen«-Fremdenverkehr zu investieren bzw. sich auf die Wünsche kaufkraftschwacher Kunden einzustellen. Erst die normative Kraft der durch Krieg und Inflation geschaffenen Fakten zwang hier zum Umdenken.

Dem von der amtlichen Reichsstatistik für die zweite Hälfte der zwanziger Jahre ausgewiesenen Rückgang fehlte in der Realität jede Entsprechung. Bormann schätzte die Zahl der Betten für 1929 auf 500 000 bis 600 000.[102] Eine Erhebung der Wirtschaftsgruppe Gaststätten und Beherbergungsbetriebe ermittelte für das Jahr 1934 rund 56 600 Betriebe mit 739 000 Betten; für 1938 zählte die Statistik (ohne Österreich) 71 400 Betriebe mit 924 000 Betten, wobei der Zuwachs

[100] Reinhold Huscher, Die Strukturwandlungen der deutschen Hotel-Aktiengesellschaften in den Jahren 1914 und 1924–1930, in: AfdF 3, 1932/33, Nr. 3, S. 87–95, hier S. 90.

[101] Bormann, Lehre, 1931, S. 127.

[102] Ebd., S. 125.

weniger auf die Schaffung neuer Kapazitäten als vielmehr auf die Vervollständigung der Statistik zurückzuführen ist, mithin auch die Zahlen von 1934 zu niedrig sind. Die Untersuchung kam zu dem Schluß, daß die nach den Berufs- und Betriebszählungen ermittelte Beherbergungsstatistik 1925 und 1933 »mit den praktischen Erfahrungen im Widerspruch stehe. Es war in dem Zeitraum von 1925 bis 1933 bestimmt keine Abnahme, viel eher eine Zunahme der Beherbergungsbetriebe zu verzeichnen«.[103] Nach einer Erhebung des Verkehrsverbandes für München und Südbayern, der eines der wichtigsten Reisegebiete Deutschlands vertrat, hatte sich die Bettenzahl in den Regierungsbezirken Oberbayern und Schwaben sogar um rund ein Drittel erhöht – von rund 100 000 im Jahre 1925 auf 135 000 im Jahr 1931.[104] Die Ausweitung ging allerdings mit Verschiebungen in Bereiche einher, die die amtliche Statistik gar nicht bzw. nur unzureichend erfaßte: Privatvermieter; die häufig als gemeinnützig anerkannten Ferien- und Erholungsheime; sowie ein Teil der Jugendherbergen.

Eine neuere Untersuchung über den Konstanzer Fremdenverkehr nennt als Hauptträger der Kapazitätsverschiebung die privaten Zimmervermieter. Mit etwa 1000 Privatbetten reichte die Kapazität in Konstanz beinahe an die 1200 offiziell angebotenen Gasthofbetten heran (1930).[105] In einem Wohnungsnachweis des Nordseebades Sahlenburg wurden für das Jahr 1929 15 Häuser geführt; von 123 Betten entfielen dabei gut die Hälfte auf Privatvermieter.[106] Das Hamburgische Amt Ritzebüttel berichtete der Senatskanzlei Hamburg Anfang 1930, daß das »Aufblühen des Badewesens« in Duhnen den Baumarkt befruchtet hätte. »Neben einigen Pensionaten sind in größerer Zahl Einfamilienhäuser errichtet worden, durchweg von sog. kleinen Leuten, die im Sommer durch Vermieten von

103 Moritz Hoffmann, Beherbergungsraum im großdeutschen Fremdenverkehr, in: Der deutsche Volkswirt 15, 1940/41, S. 1707f.

104 Eingabe des Verkehrsverbandes München und Südbayern an das Bayerische Staatsministerium des Innern vom 3. Dez. 1932 (BHA: MInn, 72646).

105 Trapp, Konstanz, 1990, S. 195.

106 Eigene Berechnungen nach Ortsprospekt »Sahlenburg«, Cuxhaven o. J. [1929] (SH: Staatl. Pressestelle I-IV, Z III C a 10, fol. 8).

Zimmern einen Nebenerwerb finden.«[107] Auch in der Fremdenverkehrsgemeinde Ruhpolding hatte in den zwanziger Jahren der Einstieg der Privatquartiere in das Beherbergungsgeschäft (siehe Tabelle 13) die Voraussetzungen für eine massentouristische Entwicklung gelegt.[108]

Der sprunghafte Anstieg der Privatzimmervermietung in den zwanziger Jahren wurde ergänzt durch die Ausweitung einer weiteren, statistisch nur sporadisch erfaßten Unterkunftskategorie. Obwohl quantitativ weniger bedeutsam, wurde sie nicht ohne Grund um so heftiger und leidenschaftlicher vom kommerziellen Beherbergungsgewerbe angegriffen: Sie umfaßte die Ferien- und Erholungsheime der Beamten-, Angestellten- und, zu einem kleineren Teil, der Handwerkerverbände. Auch ihre Entstehung datiert bereits in die Vorkriegszeit, war damals aber noch nicht mit dem Makel der unlauteren Konkurrenz versehen. Die Diskussion entbrannte um so heftiger, als bis Mitte der zwanziger Jahre tatsächlich eine unbestimmte, gleichwohl nicht zu unterschätzende Zahl ehemaliger Hotels von gemeinnützigen Trägern aufgekauft und in Ferien- und Erholungsheime umgewandelt worden war. Zeitweilig schien es, so die Begrüßungsworte einer Tagung des Südwestdeutschen Handelskammerausschusses für Hotelgewerbe und Fremdenverkehr in Wiesbaden, »als wenn immer von neuem hinter den geschwächten Hotelbetrieben wie Aasgeier die Versicherungsgesellschaften und sozialen Institute wartend ständen, um die Betriebe unter Verlust eines großen Teils des investierten Kapitals zu schlucken und sie für eigene Zwecke unter Geltendmachung der Gemeinnützigkeit und dem der öffentlichen Hand möglichen Verzicht auf Verzinsung und Gewinn weiterzuführen, manchmal zur weiteren starken Benachteiligung der noch übrigen örtlichen Hotels.«[109] Obwohl nie direkt angegriffen,

[107] Schreiben des Hamburgischen Amtes Ritzebüttel an die Senatskanzlei Hamburg vom 5. März 1930 (SH: Staatl. Pressestelle I-IV, Z III C a 10, fol. 5).

[108] Die Degenerschen Sonderzüge bewirkten dann in den dreißiger und fünfziger Jahren tatsächlich einen sprunghaften Anstieg der Gästezahlen; vgl. Erna Ludwig, Die Entwicklung des Raumes von Ruhpolding zum Fremdenverkehrsgebiet, Frankfurt am Main 1958, S. 33.

[109] Südwestdeutscher Handelskammerausschuß für Hotelgewerbe (Hg.), Bericht über die Tagung des Südwestdeutschen Handelskammerausschusses für Hotelge-

zählten auch die Organisationen der Arbeiterbewegung zu den »Gewinnlern«. Die thüringische Ferienheimgenossenschaft »Naturfreunde« beispielsweise erwarb mit dem »Stutenhaus« ein ehemaliges Hotel; bei dem 1929 von der Nachfolgegesellschaft Adefe erworbenen Anwesen in Kipsdorf handelte es sich um das ehemalige »Kurhaus Fürstenhof«.[110] Von den 1921 neu in Betrieb genommenen Häusern der Deutschen Gesellschaft für Kaufmanns-Erholungsheime hatten fünf vormals als »Hotel« oder »Pension« firmiert; 1924/25 dienten alle neuen Häuser weiterhin der Beherbergung von Gästen.[111]

Die Ferien- und Erholungsheime hatten sich mit den zwanziger Jahren tatsächlich von ihrer früheren Funktion gelöst, einem eng definierten Besucherkreis körperliche Regeneration zu ermöglichen. »Aus dieser Heimbewegung«, polemisierte der Hotelbesitzer Fritz Gabler 1931 unter Anspielung auf die Gesellschaft für Kaufmanns-Erholungsheime, seien mittlerweile »große Konzerne geworden mit einer unbegrenzten Geschäftsextension auf weiteste Kreise«.[112] Henry Schaper vom Gewerkschaftsbund der Angestellten erläuterte den Begriffs- und Funktionswandel 1926 in einem Bericht der verbandseigenen Reisezeitschrift etwas sachlicher:

> »Als der Verband Deutscher Handlungsgehilfen [VDH] vor mehr als 25 Jahren aus Sammlungen seiner Mitglieder im sächsischen Erzgebirge eine Ferienstätte für seine Mitglieder schuf, wählte er dafür die Bezeichnung ›Genesungsheim‹. Man ging bewußt von dem Gedanken aus, daß der deutsche Angestellte, der durch die angestrengte Berufsarbeit in oft ungenügend beleuchteten und gelüfteten

werbe und Fremdenverkehr in Wiesbaden am 30. Januar 1931, o. O. o. J. [Karlsruhe 1931], S. 2f. (LB: St.B 1414).

110 Vgl. Martin Bräuer, Abschied vom Ferienheim Stutenhaus, in: Das Volk vom 29. Juni 1927 (HiKo: ADGB-Restakten, 456a, fol. 75); Die Gemeinwirtschaft 10, 1930, S. 156.

111 Vgl. die Geschäftsberichte der Deutschen Gesellschaft für Kaufmannserholungsheime 1921 bis 1925, o. O. 1922 bis 1926.

112 Fritz Gabler, Berufspolitische Forderungen des Hotelgewerbes, in: Südwestdeutscher Handelskammerausschuß für Hotelgewerbe (Hg.), Bericht, 1931, S. 4–6, hier S. 4f. (LB: St.B 1414).

Arbeitsräumen in seiner gesundheitlichen Festigkeit geschwächt ist, hier im Bergwalde wieder neue Kräfte sammeln solle. Überdies wollte der VDH den Mitgliedern, die eine Krankheit durchgemacht hatten, Gelegenheit zu völliger Genesung bei anheimelnder Unterkunft, kräftiger Verpflegung und in einem frohen Gästekreise bieten. Als später auch andere Verbände Stätten schufen, wo der Angestellte seinen Urlaub verbringen sollte, bürgerte sich mehr und mehr der Name ›Erholungsheim‹ ein. Es wurde weniger Wert gelegt auf eine Kräftigung des Körpers und eine Erfrischung des Geistes als auf die Gelegenheit zur wohlfeilen Verbringung des Sommerurlaubs. Es tauchten sogar Meinungen auf, das Wort Erholungsheim sehe schon fast wie Krankenhaus aus. Man solle doch dafür den passenderen Begriff ›Ferienheim‹ wählen. In der Tat hat die Deutsche Gesellschaft für Kaufmannserholungsheime neuerdings den Haupttitel ›Ferienheime für Handel und Industrie‹ angenommen.«[113]

Nach einer Umfrage der RDV zu Übernachtungs- und Vollpensionspreisen im Sommer 1928 umfaßte das untere Preisniveau Angebote von 4 bis 4,50 RM für Vollpension und 1,50 bis 2 RM für Übernachtung.[114] Mit einem durchschnittlichen Preis für Vollpension von 4 bis 5 RM hatten sich somit die Ferienheime nicht nur funktionell, sondern auch preislich an die untere Preisgruppe im kommerziellen Gastgewerbe angelehnt und zu einer erheblichen Angebotserweiterung für kaufkraftschwächere Schichten beigetragen.

Über die Zahl der Heime existieren nur Schätzungen, die auf Teilerhebungen basieren. Nach einem Bericht in »Verkehr und Bäder«, der auf einzelnen Heimverzeichnissen basierte, gab es im Jahr 1929 rund 210 Häuser mit ca. 20 000 Betten und 2,5 Millionen Übernachtungen (siehe Tabelle 14) – bei einer von Bormann geschätzten Gesamtübernachtungszahl von 56 bis 58 Millionen[115] ein nicht unbeträchtlicher Anteil

[113] Henry Schaper, Genesungs-, Ferien-, Erholungsheime?, in: Wir reisen 2, 1926, Nr. 3, S. 21f.

[114] Deutsche Verkehrsblätter Jg. 1928, Nr. 15 bis 28 (ATB).

[115] Bormann, Lehre, 1931, S. 125.

von knapp 4,5 Prozent. Vermutlich lag der Anteil noch etwas höher, da die Rechnung die Ferienheime der Arbeiterbewegung nicht enthielt – auch deshalb, weil man eingestandenermaßen zu wenig von ihnen wußte.

Für reisende Erwachsene erlangten Jugendherbergen (JH) insofern eine Bedeutung, als die Häuser seit dem Reichsherbergstag 1920, soweit Platz vorhanden war, auch Wanderer über 20 Jahren aufnahmen. In der zweiten Hälfte der zwanziger Jahre waren immerhin 17 Prozent der JH-Besucher über 20 Jahre alt.[116] Wie die Privatvermieter und Ferienheimträger konnte auch das Jugendherbergswerk enorme Zuwächse verbuchen. Die Zahl der Häuser stieg zwischen 1913 und 1929 von 83 auf knapp 2200. Die Zahl der Übernachtungen lag 1929 bei 3,8 Millionen[117] und machte damit knapp 7 Prozent der für den Fremdenverkehr insgesamt geschätzten Übernachtungen aus. Der Preis von 20 Pfennig für Schüler und Jugendliche bzw. 50 Pfennig für Personen über 20 Jahren war günstig und lag weit unter dem Übernachtungspreis einer billigen Pension. Die Jugendherbergen führten keine vom übrigen Fremdenverkehr isolierte Existenz. Die RDV berichtete regelmäßig über Entwicklungen im Jugendherbergswesen. Die Zeitschrift des Forschungsinstituts für den Fremdenverkehr beschäftigte sich mit der sozialen Zusammensetzung der erwachsenen JH-Besucher und kam zu dem Schluß, daß zehn Prozent der Erwachsenen potentielle Hotel- und Gaststättengäste wären.[118] Maximilian Krauß warnte das Fremdenverkehrsgewerbe vor einer Abwertung und Überheblichkeit gegenüber Häusern und Gästen des Jugendherbergswerks: »Die beste Verkehrswerbung« sei »eine schöne Jugendherberge, denn der Jugendherbergsgast von heute ist der Kurgast von morgen.« Die Jugendherberge als »Bahnbrecher des Fremdenverkehrs« sei daher »planmäßig zu fördern«.[119]

[116] Solidarität. Organ des Verbandes der graphischen Hilfsarbeiter und -arbeiterinnen 36, 1930, Nr. 15.

[117] Reichsherbergsverzeichnis 1937, S. XIX. Vgl. Karl Goetz, 50 Jahre Jugendwandern und Jugendherbergen 1909–1959, Detmold 1959.

[118] Wagner, Jugendherbergen, 1932/33, S. 95.

[119] Zit. nach ebd.

Krieg, Inflation und Konkurrenzdruck führten in den zwanziger Jahren zu einer Kapazitätserweiterung in der untersten Beherbergungsklasse, durch die sich das etablierte Gewerbe gezwungen sah, nach neuen Wegen der Absatzförderung zu suchen. Im Gegensatz zum Transportgewerbe und zu den Kommunen wurde das Beherbergungsgewerbe im Pauschalsektor von sich aus erst mit der Weltwirtschaftskrise aktiv. Im Sommer 1932 kalkulierten zum Beispiel die Hotels und Gasthäuser der Arbeitsgemeinschaft Sächsische Schweiz ihre Verpflegungssätze nochmals »scharf« durch und offerierten nun einen siebentägigen Aufenthalt ab 26 RM.[120]

Neben einer Belebung der Vor- und Nachsaison wurden seit Mitte der zwanziger Jahre Anstrengungen unternommen, den Winter zur zweiten Saison auszubauen. Die Anfänge des Wintersportverkehrs datieren in die beiden letzten Jahrzehnte des 19. Jahrhunderts, als die ersten lokalen Skiclubs gegründet wurden. Um 1908 berichten die Quellen für die Schweiz bereits von einer ersten Abwanderung des Sommerverkehrs auf den Winter, und auch in Deutschland kündigte sich 1908 mit dem ersten Wintersportsonderzug ein für die Formierung des modernen Massentourismus bezeichnender Wandel an.[121] Als zweite Saison begann sich der Wintersport jedoch erst seit Ende der zwanziger Jahre zu etablieren. »Daß wir jetzt überhaupt *zwei* ›Saisonen‹ haben, daß zur alten Sommersaison eine neue im Winter hinzugekommen ist«, hieß es 1928 in ›Verkehr und Bäder‹, gehöre zu »den größten Errungenschaften im Reise- und Fremdenverkehr der letzten Jahre.« Es bleibe zwar bezüglich der touristischen Infrastruktur noch viel zu verbessern, aber im allgemeinen finde der Erholungsuchende in Deutschland jetzt überall, was er brauche. Eine Aufstellung der »Wintersportplätze in Deutschland« mit 164 Gebieten und Kurorten wurde mit den Worten kommentiert: »Winterverkehr ist eine Massenbewe-

[120] Deutsche Verkehrsblätter Nr. 32 vom 9. Aug. 1932 (ATB).

[121] Vgl. Gölden, Strukturwandlungen, 1939, S. 159ff.; Franz Benk, Die Geschichte des Skilaufs und seine wirtschaftliche Bedeutung, o. O. o. J. [1956], S. 18; Louis Helly, Cent ans de ski français, Grenoble 1968; Paul P. Bernard, Rush to the Alps. The Evolution of Vacationing in Switzerland, New York 1978, S. 118.

gung geworden, die an manchen Orten schon der des Sommers nicht mehr nachsteht.«[122] Der sozialdemokratische ›Vorwärts‹ bekräftigte diese Einschätzung: »Mit der Entwicklung des Wintersports und der Umstellung des Gaststättenwesens auf einen neuzeitlichen Fremdenverkehr, der nicht mehr auf die Sommersaison beschränkt blieb, wurde auch die Winterreise populär und schuf sich in allen Berufsschichten Anhänger.«[123] Wie das kommerzielle Beherbergungsgewerbe richteten auch der TVDN und die Ferienheimgenossenschaft »Naturfreunde« einen Teil ihrer Unterkunftshäuser für den Wintersport ein. Gleich den Kommunen und Landesfremdenverkehrsverbänden offerierte auch der TVDN in der zweiten Hälfte der zwanziger Jahre erstmals »Gesellschaftsreisen in die winterliche Gebirgswelt« und warb zu diesem Zweck mit Sonderprospekten.[124]

»Licht lockt Leute« – Fremdenverkehrswerbung und Reisebedürfnis

Bis zum Ausbruch des Ersten Weltkriegs wurde im Fremdenverkehr nur mit Annoncen, Prospekten, Plakaten und Postkarten geworben (siehe Tabelle 15). Die Zielgruppe blieb unbestimmt, galt doch der Reisende in der Regel als ein begüterter Zeitgenosse, der sich der Befriedigung eines Luxusbedürfnisses hingab. Der Kreis der Auftraggeber war hauptsächlich auf Einzelunternehmen beschränkt, die *ihre* Schiffslinie, *ihren* Ort oder *ihr* Hotel anpriesen. Die alltägliche Werbung – damit ist nicht das künstlerische Plakatschaffen der Jahrhundertwende gemeint – war im großen und ganzen selbstbezogen und kümmerte sich in der Regel wenig um tatsächliche Wirkung oder Angemessenheit in der Sache. So

122 J. Blattl, Sport und Erholung im Winter, in: Verkehr und Bäder Nr. 51 vom 19. Dez. 1928.

123 Vorwärts Nr. 573 vom 4. Dez. 1927.

124 Angebotsprospekt »Ferienreisen mit den Naturfreunden 1931«, hg. vom Touristenverein »Die Naturfreunde«, Reichsleitung für Deutschland, o. O. o. J. (ARÖK).

mancher kleine Ort umgab sich mit der Aura des Weltkurorts, wenn im Prospekt Schiffahrtslinien und Eisenbahnstrecken aus aller Welt strahlenförmig in dem kleinen Dorf zusammenliefen. Die Vermittlung wichtiger Informationen sowie die Darstellung und adäquate Vermarktung der tatsächlichen »Attraktionen« blieben nicht selten auf der Strecke.

Auch nach dem Krieg hat es diese Art von Werbung weiter gegeben, und Werbefachleute setzten sich spitz und polemisch mit der Produktion der »Propaganda«-Materialien auseinander.[125] In Sachen »Propaganda« – so der unter Zeitgenossen noch ohne politische Konnotation verwendete Fachbegriff – wurde jedoch die Gleichzeitigkeit des Ungleichzeitigen zum Charakteristikum der Epoche. Während sich auf der einen Seite ein Teil der Werbung, ungefähr bis 1927, als gediegene Orts- und Unternehmenswerbung präsentierte, sorgte auf der anderen Seite der Anpassungs- und Konkurrenzdruck für eine Modernisierung. Die Feststellung »Die Propaganda macht den Fremdenverkehr!«[126] verband sich mit der Erkenntnis, daß es nicht mehr genügte, an schon vorhandene Bedürfnisse zu appellieren. Es kam darauf an, Bedürfnisse zu schaffen. Hans Planitz vom Sächsischen Verkehrsverband schrieb im Sommer 1930:

> »Jeder, selbst der kleinste Erholungsort, weiß, daß der Konkurrenzkampf hart ist und nur mit den neuzeitlichen Methoden der Werbung durchgeführt werden kann. Man erkennt immer mehr die Richtigkeit des amerikanischen Leitsatzes: ›Ein Fremdenverkehrsgebiet muß sich verkaufen.‹ Fleiß, guter Wille, selbst große Geldausgaben führen nicht zum Ziel. Wie im Wirtschaftsleben ist die ›gute Werbeidee‹, der ›gute Werbeplan‹ ausschlaggebend.«[127]

[125] Vgl. Fritz Hellwag, Die Werbung für Bäder, Kurorte und Sommerfrischen, in: Gebrauchsgraphik 3, 1926, Nr. 9, S. 39–42.

[126] Carl E. Schmidt, Verkehrswerbung, in: IHK zu Berlin (Hg.), Fremdenverkehr, 1929, S. 484–520, hier S. 491.

[127] Hans Planitz, Wirtschaftsreklame – Fremdenverkehrsreklame, in: Verkehr und Bäder Nr. 28 vom 9. Juli 1930.

Die künftige Arbeit der Hotels und Verkehrsvereine umriß schlagwortartig der Verkehrsdirektor von Dresden: »Marktanalyse, Werbeplan und Erfolgskontrolle.«[128] Ein provozierender Artikel in ›Verkehr und Bäder‹ stellte die Forderung nach einer »Marktanalyse« Anfang 1929 ebenfalls ins Zentrum seiner Ausführungen zur Prospektwerbung: Fremdenverkehrswerbung sei eben mehr als die »besonders starke Belieferung von Reisebüros und dergl. mit Prospekten«.[129]

Aus der Sicht des klassischen Reiselandes Schweiz stellte sich die neue Zwangslage 1929 wie folgt dar:

> »In früheren Jahren lagen die Verhältnisse für uns bedeutend einfacher. Da lebten wir im beruhigenden Bewußtsein, unseren lieben Nachbarn in jeder Beziehung voraus zu sein. Es bestand gar keine Notwendigkeit, die Werbetrommel zu rühren, da sich der Reiseverkehr gleichsam automatisch seinen Weg in die schweizerischen Fremdenplätze bahnte. Seither sind aber auch unsere Nachbarn auf den Gedanken gekommen, daß sich durch die Förderung des Fremdenverkehrs große Werte schaffen ließen, und von diesem Augenblicke an kamen auch die schweizerischen Verkehrsinteressenten nicht darum herum, ihre Werbeinstrumente auf einen kräftigeren Ton zu stimmen, damit ihre Musik nicht Gefahr lief, im tosenden Lärm der internationalen Verkehrsreklame unterzugehen.«[130]

Vor nicht allzu langer Zeit, berichtete der stellvertretende Vorsitzende des Deutschen Städtetages, Fritz Elsas, habe eines der kleinsten europäischen Touristenländer jede deutsche Verkehrsanzeige in amerikanischen Zeitschriften mit einer Anzeige in doppelter Größe erwidert.[131]

Auch wenn sich die Grundvoraussetzungen für den neuen

[128] Schütte, Hotelwerbung und Reklame-Etat, in: Deutsche Hotel-Nachrichten 34, 1930, Nr. 3 vom 8. Jan. 1930.

[129] T. Erichson, Reform der Prospektwerbung, in: Verkehr und Bäder Nr. 6 vom 6. Febr. 1929.

[130] Neue Zürcher Zeitung vom 6. Dez. 1929 (SH: Staatl. Pressestelle I-IV, 2066).

[131] Fritz Elsas, Deutsche Verkehrswerbung in den Vereinigten Staaten von Amerika, in: Zeitschrift für Kommunalwirtschaft 17, 1927, Sp. 1353–1356, hier Sp. 1354.

Wissensbedarf bei der Fremdenverkehrsplanung – Statistik, Marketing, Fachbildung, Forschung – erst langsam entwickelten und die Vertreter der alten, im Kaiserreich gewachsenen Standesorganisationen oftmals als Hindernisse einer touristischen Modernisierung wirkten: Die quantitative Entwicklung der Fremdenverkehrswerbung blieb davon unberührt. Im Gegenteil, in den zwanziger Jahren erschien zum Thema »Fremdenverkehr« eine Flut von Veröffentlichungen. Vor allem die Werbung konnte großen Einfluß auf die Bedürfnisse und Erfahrungen jedes einzelnen ausüben, weil sie sich der neuen Massenmedien Lichtbild, Rundfunk, Leuchtreklame und, vor allem, Film bediente. Zugleich setzte sie sie gemeinsam mit den alten Werbemitteln Annonce, Plakat, Prospekt und Postkarte professioneller ein, und das bedeutete: marktorientiert. Nach einer für das Jahr 1930 durchgeführten Erhebung des Forschungsinstituts für den Fremdenverkehr, die in Zusammenarbeit mit dem Reichsstädtebund die Werbemaßnahmen mittlerer und kleinerer deutscher Städte untersuchte, kam im Vergleich zur Vorkriegszeit ein relativ hoher Anteil neuer Werbemittel zum Einsatz (19 Prozent) – »Pressebearbeitung«, Ausstellungen, Vorträge, Photographien, Film, zusammengefaßt unter der Rubrik »Sonstige«; rund zehn Prozent aller von der Erhebung erfaßten Orte eiferten dem Beispiel der Großstädte nach und ließen Werbefilme herstellen (siehe Tabelle 16). Außerdem fielen die veränderten Größenordnungen auf: Die Aufwendungen pro Fremdenverkehrsort waren zwischen 1908 und 1930 von durchschnittlich 2185 RM auf 19 051 RM, also um 770 Prozent gestiegen!

Die Zielgruppe, an die sich diese Werbung richtete, wurde eindeutig benannt. Wenn die Gäste nur noch wenige Tage blieben und mit ihren begrenzten Mitteln haushalten müßten, referierte der Würzburger Stadtrat Stadelmayer Anfang 1929, helfe nach aller kaufmännischen Erfahrung nur eines: »Die Masse muß es bringen.«[132] Auf die Masse und ihre Kaufkraft setzte auch die Deutsche Reichsbahn, als sie sich mit dem Sonntags-, Wochenend- und Wochensonderzugverkehr auf

[132] Stadelmayer, Heutige Probleme der Verkehrswerbung, München 1929.

das Gebiet der Reiseveranstaltung begab: »Wenn auch regelmäßig nicht zu den begüterten Kreisen gehörend«, so würden die Sonderzuggäste »doch schon wegen ihrer Masse eine nicht zu unterschätzende Kaufkraft darstellen.«[133] Auf farbigen Plakaten in Bahnhöfen, Postämtern, Räumlichkeiten der Verkehrsämter und Verkehrsvereine sowie an Litfaßsäulen pries die DR ihre neuen Angebote im Personenverkehr an. Der südwestdeutsche Rundfunk berichtete seit 1925 regelmäßig über die Reiseveranstaltungen der Reichsbahn, während ein fünfminütiger Filmstreifen »Wochenende« mit »launigen Trickbildern« für die Sonntagsrückfahrkarte warb.[134] Und auch die gezielte Zusammenarbeit mit der Presse, vor allem die Veranstaltung von Journalistenreisen, trug die Aktivitäten der Reichsbahn in die breite Öffentlichkeit. Erst diese Werbearbeit, so das Fazit des Reichsbahnpressereferenten aus Kassel, habe die Sonderfahrten der Deutschen Reichsbahn beliebt, »ja vielfach volkstümlich gemacht«.[135]

Neben der Propaganda für Orte und Unternehmen mußte die Werbung jetzt auch und vor allem darauf abzielen, das allgemeine Reisebedürfnis zu heben. »Die Wirtschaftslage der Fremdenindustrie verlangt Konzentrierung auf diejenigen Werbemittel, die Massenwirkung zu erzielen geeignet sind«, forderte im Februar 1929 die Zeitschrift ›Verkehr und Bäder‹.[136] Ein Vergleich der Zielgruppenformulierung bei der RDV veranschaulicht den Wandel. In einem unveröffentlichten »Arbeitsplan 1922« wird unter dem Primat »Deutschland als Kulturland« als Hauptzielgruppe die »Intelligenz des Auslandes, mit seinen geistigen Führern, seinen schöpferischen Kräften in Handel und Industrie, Wissenschaft und Geistesleben, den tonangebenden Schichten seines Gesellschaftslebens« genannt. Der Hauptposten im »Voranschlag der Ausgaben der RDV 1922« war daher für die Produktion eines hochwertigen Deutschlandbildbandes aus der Reihe ›Deutsche Bilder‹ vorgesehen. Plakate und Filme tauchten

133 Blänkner, Sonntagssonderzüge, 1926.

134 Vgl. ebd.; ders., Sonderfahrten, 1927; Adolf Sarter, Verkehrswerbung bei den Eisenbahnen, Berlin 1927, S. 193.

135 Blänkner, Sonderfahrten, 1927, S. 1345.

136 Erichson, Reform, 1929.

noch nicht auf.[137] Hier brachten erst die Jahre nach der Währungsstabilisierung einen Wandel. Maximilian Krauß, der mit großer Wahrscheinlichkeit an dem »Arbeitsplan 1922« beteiligt war, nahm in der ersten Sitzung des Reichsausschusses für Fremdenverkehr am 11. Dezember 1929 bezüglich des Adressatenkreises eine andere Haltung ein als noch zu Beginn der zwanziger Jahre. Das Protokoll der Sitzung vermerkt: »Herr Krauß schätzt die geistige und kulturelle Werbung für Deutschland außerordentlich hoch. Man müsse aber für Deutschland eine große Tätigkeit noch entwickeln, um die Massen nach Deutschland zu bringen.«[138] In der Vorkriegszeit mehr oder weniger geduldet, wurde die »Masse« als Reisepublikum erstmals gezielt umworben.

Das Hauptaugenmerk der Werbefachleute richtete sich auf die neuen Medien Film, Rundfunk, Lichtbild und Leuchtreklame. Bereits 1927 verfügte das Filmarchiv beim Reichsbahnzentralamt über 30 Filme, von denen mehr als die Hälfte für den Fremdenverkehr warben.[139] Die RDV richtete im Jahr 1925 ein besonderes Filmreferat ein, das bereits im März 1927 über einen Gesamtbestand von 49 Filmen mit 356 Kopien verfügte, davon zehn eigene Filme in 100 Kopien. »Der Bedarf an Kopien war in der Berichtszeit außerordentlich stark«, heißt es im Geschäftsbericht 1928/29. »Insbesondere mußte für abgespielte und unbrauchbar gewordene Filme Ersatz geliefert werden. Allein für die kommende Vortragssaison wurden von Mitte August bis September 205 Kopien angefertigt.« Um auch in Deutschland eine größere Streuung zu erzielen, ging man Ende der zwanziger Jahre dazu über, Filmkopien an Verleihfirmen abzugeben. Die Städte stellten das Hauptkontingent unter den Auftraggebern.[140] An Angeboten aus der Filmindustrie mangelte es nicht. Angesichts der US-amerikanischen Konkurrenz hatten sich nämlich zahlreiche deutsche Filmunternehmen nach

[137] BBB: Gelsenkirchener Bergwerks AG, 2008, Bd. 5.

[138] LB: St.B 1329.

[139] Sarter, Verkehrswerbung, 1927, S. 191ff. Das Reichsbahnzentralamt ist nicht mit der RDV zu verwechseln.

[140] Vgl. die Tätigkeitsberichte über die »Werbemaßnahmen der RDV [...]« 1925 bis 1932 (ATB).

neuen Absatzmärkten umgesehen und neben der Herstellung von Werkfilmen, sozialen und wissenschaftlichen Streifen auch die Produktion von Fremdenverkehrsfilmen angeboten. Ein Massenpublikum erreichten die Fremdenverkehrsfilme in den Vorprogrammen der Kinos. Die Deutsche Lichtbildgesellschaft übernahm 1927 von der RDV den Rheinfilm sowie die Filme ›Frankfurt am Main‹, ›Berlin‹, ›München‹, ›Dresden‹ und ›Bayrische Alpen‹; die Firma Naturfilm Hubert Schonger vertrieb die Filme ›Harz‹, ›Von Hamburg nach Helgoland‹ und ›Alte Städte am Main‹. Wie die RDV im Ausland, so setzten auch die Werbeträger des Auslands auf die Zugkraft des Kinos. Das Land Österreich hatte Anfang der dreißiger Jahre rund 22 000 m Tonfilm für die Auslandswerbung herstellen lassen.[141] Daß die deutschen Kinobesitzer die Werbefilme letztlich nicht ungern in ihre Programme aufnahmen, lag nicht zuletzt daran, daß diese Streifen, wie andere Lehr- und Kulturfilme, bei entsprechender Länge eine Steuerermäßigung für die ganze Vorstellung bewirkten.[142]

Auch das Medium Rundfunk wurde für die Tourismuswerbung eingespannt. Unter dem Titel ›Die Reisestunde‹ ging 1928 eine von der RDV gestaltete Vortragsreihe mit 14 Beiträgen im Berliner Rundfunk über den Äther.[143] Notizen aus dem Reisebuch eines Journalisten wurden zur besten Sendezeit um 19 Uhr ausgestrahlt.[144]

Zum Einsatz kam jetzt auch wieder die schon in der Vorkriegszeit verwendete Leuchtreklame. Das kriegs- und inflationsbedingte Verbot von Leuchtreklamen entfiel, und die Städte erstrahlten erneut im Licht. Glühbirnen wurden dabei zunehmend durch Leuchtstoffröhren ersetzt, und die Lichter wurden beweglich.[145] Die Stadt Mainz setzte 1927 in Berlin, Frankfurt am Main und anderen Städten eine Lichtreklame ein, die an Verkehrsknotenpunkten zum Besuch des »Golde-

[141] H. Born, Fremdenverkehrswerbung unserer Konkurrenzgebiete, Interlaken o. J. [1933], S. 4.

[142] Bormann, Lehre, 1931, S. 29.

[143] Tätigkeitsbericht der RDV für 1928 (ATB).

[144] Verkehr und Bäder Nr. 23 vom 6. Juni 1928; ebd. Nr. 25 vom 20. Juni 1928.

[145] Vgl. Bruno Ulmer, Un siècle d'illumination et de publicité lumineuse, in: Art & Publicité 1890–1990, Ausstellungskatalog hg. vom Centre Georges Pompidou, Paris 1990, S. 408–423.

Abb. 7: Titelbild des im Auftrag der Reichsbahnzentrale für den Deutschen Reiseverkehr (RDV) hergestellten Werbefilms ›Der Rhein‹, 1926.

nen Mainz« einlud. In größeren Kinos zeigte man sie in Kombination mit dem Film ›Mainz‹.[146] Einer Hebung der Gästezahlen dienten auch die zahlreich veranstalteten Lichtwochen. Den Anfang machte Mitte der zwanziger Jahre die Stadt Frankfurt am Main mit den vom Verkehrsverein veranstalteten »Mainbeleuchtungen«. Andere Städte folgten, zum Beispiel Rostock, schließlich Berlin mit der Werbewoche »Berlin im Licht« vom 13. bis 19. Oktober 1928 und Hamburg, das unter dem Motto »Licht lockt Leute« im gleichen Jahr sein Programm »Hamburg im Weihnachtslicht« präsentierte.[147]

[146] Vgl. Verkehrsdezernat der Stadt Mainz, Verkehrs- und Propangadawesen. Bericht des städtischen Verkehrsdezernats über das Kalenderjahr 1927, Mainz o. J. [1928] (SH: Senat, Cl. VII Lit Ka № 11 Vol. 115 Fasc. 9).

[147] Vgl. Vortrag des Magistrats der Stadt Frankfurt am Main an die Stadtverordnetenversammlung. Neuorganisation des gesamten städtischen Werbe- und Ausstellungswesens vom 6. Nov. 1925 (ebd., Fasc. 1); zu anderen Städten vgl. die Akte im SH: Staatl. Pressestelle I-IV, 2083.

Abb. 8: Fotomontage aus einem Sonderprospekt zur »Grünen Woche« in Berlin, 1928.

Sehr viel häufiger eingesetzt wurden Plakate, die allerdings wegen der hohen Herstellungskosten insbesondere von Großstädten in Auftrag gegeben wurden. Um eine größere Breitenwirkung zu erzielen, steigerte man nicht nur die Auflagenzahlen, sondern bemühte sich auch um den Aufbau eines kontrollierten Vertriebsnetzes – diesen Punkt hatte der Verein zur Förderung des Fremdenverkehrs in München und im bayerischen Hochland 1908 noch als eines der Hauptprobleme beim Einsatz des Plakats bezeichnet.[148] Die Stadt Hamburg hängte seit Mitte der zwanziger Jahre über die Deutsche Reichsbahn für sechs Monate im Jahr auf 900 der größten Bahnhöfe Hamburg-Plakate aus.[149] Neben Reisebüros waren Bahnhöfe die attraktivsten Orte für Fremdenverkehrsplakate, kamen dort doch täglich Millionen Beschäftigte auf der Fahrt von und zur Arbeit vorbei.

Spätestens seit 1925 leistete sich jede größere Tageszeitung eine Rubrik Reisen, Bäder, Kurorte und Wandern, und »bis in das kleinste Blatt hinein« wurden Reisebeilagen herausgegeben.[150] Daß sich die Zeitungen in den zwanziger Jahren »zu

[148] Karl Schwenninger, Statistik der Propaganda und Reklame im bayr. Hochland, in: MVFMH 4, 1909, Nr. 10/11, S. 11–22, hier S. 14; (ATB); vgl. Reichsbahnzentrale für den Deutschen Reiseverkehr, Merkblatt für den Vertrieb von Verkehrswerbeschriften, Ausg. 1. III. 1930 (ATB).

[149] A. Aichholz, Hamburgs Fremdenverkehr. Die Zahlen dieses Jahres, in: Hamburgischer Correspondent Nr. 519 vom 4. Nov. 1928 (SH: Staatl. Pressestelle I-IV, Z III C a 4, fol. 1).

[150] Ernst Meunier, Fremdenverkehr und Presse. Wege und Ziele der Reisebeilagen, in: Verkehr und Bäder Nr. 5 vom 29. Jan. 1930.

machtvollen Werbern für den Fremdenverkehr« entwickelten, lag indes nicht allein an der Initiative der Verlage, die mit Text- und Bildreportagen ihre Auflagen erhöhen wollten. So veranstalteten die Kommunen und Landesverkehrsverbände in den zwanziger Jahren zahlreiche Journalistenfahrten. Neben den Spezialpressediensten und Fotoarchiven wurde damit ein neues Reservoire an Informationen erschlossen, aus dem sich die Reiserubriken und Reisebeilagen der rund 3300 deutschen Tageszeitungen speisten.[151]

Selbst die Post wurde zu Werbezwecken eingespannt. Der Deutsche Städtetag organisierte 1929 für seine Mitglieder einen Sammelauftrag von 3 Millionen Bildpostkarten. An dem in den folgenden Jahren wiederholten Unternehmen beteiligte sich allein die Stadt Hamburg mit 100 000 Karten. Die Post druckte auf ihre amtlichen Postkarten links oben die von der Stadt gelieferten Bildmotive samt Text. Als weiteres massenwirksames Werbemittel kam die Poststempelreklame zum Einsatz. Im ›Hamburger Anzeiger‹ vom 1. Juni 1929 hieß es dazu: Der Bildstempel »Besucht das schöne Hamburg« winke »allmonatlich etwa 28 Millionen mal den Empfängern von Postsachen aus Hamburg, Postamt 1a«.[152]

In den zwanziger Jahren wurde in der »Fremdenpropaganda« eine Fülle neuer Werbemittel eingesetzt, ohne daß das klassische Mittel, der Prospekt, vernachlässigt worden wäre. Hatte sich bis etwa 1927 noch der Typ des dickleibigen, mit gediegenen Landschaftsszenerien und Kupferstichen versehenen Ortsführers gehalten, setzte danach unter dem Schlagwort Rationalisierung ein deutlicher Wandel ein. Wie die Vorbilder aus der amerikanischen Konsumgüterindustrie wurden nun auch Zielorte und Zielregionen »gestylt« und gezielt vermarktet. Der moderne Prospekt enthielt kurze, informative

[151] Der RDV-Pressedienst »Deutsche Verkehrsblätter« Jg. 1928 bis 1933 erschien wöchentlich in einer Auflage von ca. 1400 Exemplaren; vgl. die Tätigkeitsberichte über die »Werbemaßnahmen der RDV [...]« 1927 und 1928 (ATB); J. Modlinger, Dienst an Frankfurt am Main. Ein Arbeitsbericht der Messe- und Ausstellungsgesellschaft über das Jahr 1928, Frankfurt am Main 1929, S. 10 ff. (SH: Staatl. Pressestelle I-IV, 7772); Bormann, Lehre, 1931, S. 30.

[152] Beispiele in den Akten SH: Staatl. Pressestelle I-IV, Z III C a 6 und 2066.

Hamburg ist ein schönes Städtchen,
weil es an der Elbe liegt . . . .

Dieses Verschen, das ich vor vielen Jahren, damals noch fremd in Hamburg, des öfteren zu hören bekam, hat sich mir so stark eingeprägt — und anderen wegen des ulkig betonten weil vermutlich auch —, daß ich es heute als erste, unbewußte Fremdenwerbung bezeichnen möchte. Aus dem damaligen „Städtchen" ist eine Stadt, eine Weltstadt geworden, deren Attribut „schön" inzwischen auch gewachsen ist; denn wir finden Hamburg nicht nur schön, weil es an der Elbe liegt, sondern auch noch aus manchem anderen Grunde. Grund genug also auch für die Fremdenwerbung von heute, die sich ganz anders ins Zeug legen muß als die von anno Tobak, sich anderer Mittel zu bedienen, in diesem Falle anderer, weniger zahmer, weniger abgebrauchter, überzeugender Beiworte.

Hamburg winkt nämlich seit einigen Tagen, nicht gerade mit dem berühmten Laternenpfahl, wohl aber mit einem Poststempel; es winkt allmonatlich etwa 28 Millionen mal den Empfängern von Postsachen aus Hamburg, Postamt 1 a, man möge es besuchen. Genau gesagt: „Besucht das schöne Hamburg, Europas größten Welthafen!" (Siehe oben.) Die flankierenden Fragezeichen gehören nicht zum Poststempel; sie bedeuten vielmehr, daß es uns fraglich erscheint, ob dieser Stempel wirklich eine so ausgezeichnete Werbemaßnahme ist, daß sich infolge seiner Anziehungskraft während der Reisezeit Ströme von Fremden an, um, auf und in Alster und Elbe ergießen.

Es ist ja nicht so, daß Hamburg allein um die Gunst des Publikums von Kötzschenbroda bis Honolulu buhlt; auch tausend andere Städte, tausend andere Ortschaften wollen, daß man sie besucht. Daher muß jede Weltstadt und jedes Nest seine Besonderheit kurz, bündig, einprägsam den Leuten da draußen ins Ohr posaunen, auf die Netzhaut projizieren; daher muß ein unvergeßbares Schlagwort, ein charakteristisches zeichnerisches Emblem gefunden werden. Vorbildlich ist ohne Zweifel der Werberuf der Reichshauptstadt: Jeder einmal in Berlin!, vorbildlich auch die graphische Anordnung mit dem Brandenburger Tor. Und wir in Hamburg sollten nicht auch einmalige Sehenswürdigkeiten haben, die des Poststempels würdig wären? „Europas größter Welthafen", — gewiß sehr einleuchtend und einprägsam; warum dazu aber dann als Signet das Hamburger Wappen? Eine allzu billige Lösung; denn Wappen haben ja schließlich alle Städte. Was läge in der Hafen- und Welthandelsstadt näher, als den Ozeandampfer möglichst lebendig — es gibt sehr verschiedene Darstellungsarten — den weiter entfernt Lebenden vorzuführen? Zu abgebrauchtes Motiv? Durchaus nicht; denn wir müssen die Werbung nicht mit unseren einheimischen, sozusagen schiffahrtgesättigten Augen betrachten, sondern mit denen des Binnenländers, für den der Begriff Hamburg nun einmal unlösbar verknüpft ist mit Riesendampfer, mit Elbe und Alster. Auch das Alsterbild mit Hamburgs Türmen im Hintergrund ist ein so bezauberndes, einziges Städtebild, das für den Fremden ebenso wenig totzuhetzen ist, wie, um noch einmal nach Berlin zu schielen, das Brandenburger Tor.

Man wird einwenden: Nörgeln ist leicht, aber besser machen schwer. Wir würden nicht nörgeln, wenn wir nicht bereits gesehen hätten, daß es bessere, d. h. schlagkräftigere, charakteristischere Poststempel gibt, die weder knallig noch unvornehm wirken. Aus einer kleinen, zufälligen Sammlung, die gar keinen Anspruch auf Vollständigkeit erhebt, bilden wir hier einige Poststempel ab, die kaum eines Kommentars bedürfen. So halten wir z. B. die vier knappen Worte: Ferien in der Schweiz und dazu die ganz einfachen Bergkonturen für ebenso vorbildlich, weil eindringlich, wie die Werbung des Postkraftwagens. Und lehrreich gleichzeitig der Stempel Passaus, der Dreiflüssestadt; Schrambergs, der Uhrenstadt; Gubens: weltbekannte Paletotstoffe und Tuche; nicht zu vergessen die Lübecker Bucht mit der vorzüglichen Schriftanordnung um das Halbrund der Bucht mit den Schifflein. Besonders glücklich auch Deutschlands Amerika-Werbungssatz: Germany wants to see you.

Zu bemerken wäre noch, daß die Vorschläge für einen Hamburg-Poststempel, die wir am Schlusse machen, keine endgültige, allein selig machende Lösung vorstellen sollen, sondern nur eine bescheidene Anregung. Für die Reisezeit dieses Jahres kann der Stempel ja ohnehin nicht mehr geändert werden, aber bis zum Frühjahr 1930 möge ein Werbestempel in Aktion treten, der jedem Nicht-Hamburg-Besucher vom Aequator bis zu den beiden Polen späteren Höllenaufenthalt in sichere Aussicht stellt. In der Hölle ist es dann ganz gewiß weniger sympathisch als in Hamburg, wo man die Welt schaut und genießt, also schon ein bißchen im Himmel ist.

mkl.

Abb. 9: Poststempelreklame für verschiedene Fremdenverkehrsorte, Februar bis Mai 1929.

Texte, aktuelle Fotos und ließ sich praktisch falten.[153] Fremdsprachige Ausgaben wurden nahezu obligatorisch. Allerdings klagte die RDV 1928 noch über zahlreiche Übersetzungsfehler: statt *printed by* trage zum Beispiel der Prospekt eines Weltbades den Vermerk *pressed by the widow of Mr. Müller* – »gebügelt von der Witwe des Herrn Müller ...«[154]

Das Bemühen der Kommunen, ihr »Produkt« mit einem bestimmten Image zu versehen, führte zur Umstellung auf einheitliche Schriftzüge und eingängige Slogans. Das bekannteste Markenzeichen legte sich die Stadt Berlin zu: »Jeder einmal in Berlin« prangte auf allen Veröffentlichungen des städtischen Ausstellungs-, Messe- und Fremdenverkehrsamtes. Der raffiniert in eine graphische Reproduktion des Brandenburger Tores eingearbeitete Schriftzug wurde allenthalben als Vorbild gelobt und 1927 sogar vertont.[155] Bei der RDV gehörte die Imagewerbung zum Grundprinzip. Mit ihren »Deutschland«- bzw. *Germany*-Plakaten war sie im In- und Ausland erfolgreich. Auch der europäische *Congrès International des Organes Officiels de Propagande Touristique* warb in Amerika mit einem einheitlichen *Europe calling.*[156]

Die Zahl der Prospekte ließ die Vorkriegsproduktion weit hinter sich. Der Marktverein Berchtesgaden hatte 1884 unter dem Titel ›Berchtesgaden als Sommerfrische, Luftkurort und Solebad‹ seinen ersten Prospekt herausgegeben; Auflage: 700 Stück. Ein vom Markt- und Landverein gemeinsam publizierter Prospekt erschien 1909 bereits in 20 000 Exemplaren, ohne damit jedoch das Niveau der Nachkriegszeit zu erreichen: Im Mai 1928 wurde auf der Jahreshauptversammlung

[153] Beispiele in der Prospektsammlung des ATB; vgl. Hans Wündrich, Der Prospekt als geschäftliches Werbemittel, Wien u. a. 1927 (ATB); Verkehr und Bäder Nr. 41 vom 12. Okt. 1927; ebd. Nr. 9 vom 27. Febr. 1929; Reichszentrale für Deutsche Verkehrswerbung (Hg.), Werbe-Spiegel, 2. Aufl., Berlin o. J. [1928].

[154] Ebd., S. 27.

[155] Ortsprospekt »Jeder einmal in Berlin«, hg. vom Ausstellungs-, Messe- und Fremdenverkehrsamt der Stadt Berlin, Berlin o. J. [1931] (ATB); Musikalisches Arrangement »Jeder einmal in Berlin«. Text von Alfred Müller-Forster. Musik von Hugo Hirsch, Berlin 1927 (SH: Senat, Cl. VII Lit. Ka № 11 Vol. 115 Fasc. 9).

[156] Vgl. Union Internationale des Organes Officiels de Propagande Touristique, The Need of International Collaboration in Favour of Tourism. Result of Twelve Years Work 1925–1937, o. O. o. J. [1937], S. 13; Erwin Deinlein, VI. Internationaler Propagandakongreß für Fremdenverkehr, in: ZVDEV 70, 1930, S. 1207f.

bekanntgegeben, daß insgesamt 160 000 Winter- und Sommerprospekte verschickt worden seien, davon 140 000 in deutscher und 20 000 in englischer Sprache.[157] In den großen Städten und bekannten Kurorten unterschritt die Auflagenzahl nur selten die 100 000er Marke; mit dieser Auflage erschien zum Beispiel ein ›Wegweiser durch Bremen‹; ein 1926 in Leipzig produzierter Folder kam sogar in 400 000 Exemplaren auf den Markt; im folgenden Jahr mußte ein zunächst auf 30 000 Exemplare projektierter kleiner Mainzführer wenige Monate nach dem Erscheinen um eine 50 000er Auflage ergänzt werden. Selbst in kleineren Städten, wie beispielsweise Kleve, erreichten Werbeschriften eine Auflage von 50 000.[158] Ein Reisebürofachmann klagte: »Niemand, der nicht zum Fach gehört, kann sich eine einigermaßen richtige Vorstellung davon machen, welche Berge von Werbeschriften in einem großen Reisebüro täglich abgegeben werden.«[159]

Der neue gesellschaftliche Stellenwert des Fremdenverkehrs veränderte auch die sozialdemokratische Presse. So gab es beim ›Vorwärts‹ seit Mitte der zwanziger Jahre die neue Rubrik »Bäder und Kurorte«, und in regelmäßigen Abständen tauchten Reiseberichte, Ferienreisevorschläge und programmatische Artikel zur »Arbeiterreisebewegung« auf.[160] Auch in den Redaktionsräumen des ›Vorwärts‹ gingen Prospekte und Pressemitteilungen aus den Fremdenverkehrsorten in Hülle und Fülle ein, nahmen die Redakteure an den Journalistenreisen des Verkehrsverbandes Nordbayern oder des Verbandes Westpreußen teil.[161] Ohne Arg empfahl man den Lesern die Prospekte der Fremdenverkehrsvereine, Verkehrsverbände und Verkehrsämter als nützliche Informa-

[157] Zahlen nach Schöner, Berchtesgaden, 1971, S. 20 und 48; ders., Berchtesgaden, 1974, S. 52.

[158] Zahlen nach Weser-Zeitung vom 13. Febr. 1926 (SH: Senat, Cl. VII Lit. Ka No 11 Vol. 115 Fasc. 1, fol. 10); Erwin Leiske, Leipziger Fremdenverkehrspolitik 1927. Vortrag, Leipzig 1926, S. 10f.; Verkehrsdezernat der Stadt Mainz, Propagandawesen, 1928, S. 5; Steinbüchel, Die Arbeit kleinerer Städte. Verkehrsvereine, in: Zeitschrift für Kommunalwirtschaft 19, 1929, Sp. 890.

[159] Deutsche Verkehrsblätter Nr. 17 vom 28. April 1931 (ATB).

[160] Die Rubrik »Bäder und Kurorte« erschien im Vorwärts erstmals in der Nr. 201 vom 28. April 1928; der erste programmatische Artikel zu Arbeiterreisebewegung in ebd. Nr. 167 vom 8. April 1927.

[161] Ebd. Nr. 282 vom 17. Juni 1927; ebd. Nr. 227 vom 16. Mai 1930.

tionsquellen. Während der Norddeutsche Lloyd 1928 zum ersten Mal im ›Kulturwillen‹ inserierte und die Kaufhäuser Tietz und Brenningmeyer im ›Vorwärts‹ für »Reise- und Sport-Bekleidung« warben, erschien der ›Vorwärts‹ seinerseits mit einer großformatigen Anzeige in der Fachzeitschrift ›Verkehr und Bäder‹, um für Anzeigen in seiner Rubrik »Bäder und Kurorte« zu werben.[162] Gesellschaftliche Trennlinien wurden überschritten. Eine Zusammenstellung der in den Verleihstellen der einzelnen Gewerkschaftsverbände vorhandenen »Filme und Lichtbildserien« in der ADGB-Bundesschule in Bernau vom 21. Mai 1931 verzeichnete insgesamt 16 Filme und Lichtbildserien; Titel wie ›Durch Norwegens Fjorde und die Polarwelt‹, ›Der Schwarzwald‹ oder ›Italien: Vom Maggiore bis Venedig‹ waren geeignet, Reisesehnsüchte zu wecken und zumindest in der Phantasie zu befriedigen.[163] Anfang der dreißiger Jahre vermerkt auch das Sitzungsprotokoll der Versammlung der mitteldeutschen Naturfreunde-Reisebüros zum Thema Werbefilme, daß angefragt worden sei, »welche Erfahrungen mit den Werbefilmen der Reichsbahn gemacht worden sind. Von den Beteiligten wird festgestellt, daß die Filme sehr gut geeignet sind und infolge ihres neutralen Charakters in unsere Veranstaltungen passen. Ein Werbefilm von der Zugspitze ist durch die Vermittlung des Gaues Sachsen zu beziehen. Auch das amtliche Österreichische Verkehrsbüro verleiht kostenlos Werbefilme«.[164] 1931 empfahl das TVDN-Zentralreisebüro den Zweigbüros und Wanderauskunftsstellen, für Prospekte der Verkehrsverbände und Verkehrsvereine »ein Archiv anzulegen, damit bei Anfragen über alle Landschaftsgebiete und Orte die gewünschte Auskunft erteilt werden« könne. Man habe sich darüber hinaus »mit der Zentralstelle der Verkehrsverbände in Verbindung gesetzt und diese gebeten, die ihr

[162] Vgl. Kulturwille 5, 1928, S. 143; Vorwärts Nr. 231 vom 17. Mai 1928; ebd. Nr. 275 vom 15. Juni 1930; ebd. Nr. 283 vom 18. Juni 1925; ebd. Nr. 5 vom 29. Jan. 1930.

[163] ADGB-Bundesschule Bernau, Filme und Lichtbilder, 21. Mai 1931 (HiKo: ADGB-Restakten, NB 338, fol. 1).

[164] Protokoll der 2. Konferenz der mitteldeutschen Naturfreunde-Reisebüros im Vereinshaus der Ortsgruppe Leipzig am 22./23. Oktober 1932 (ms) (ARÖK).

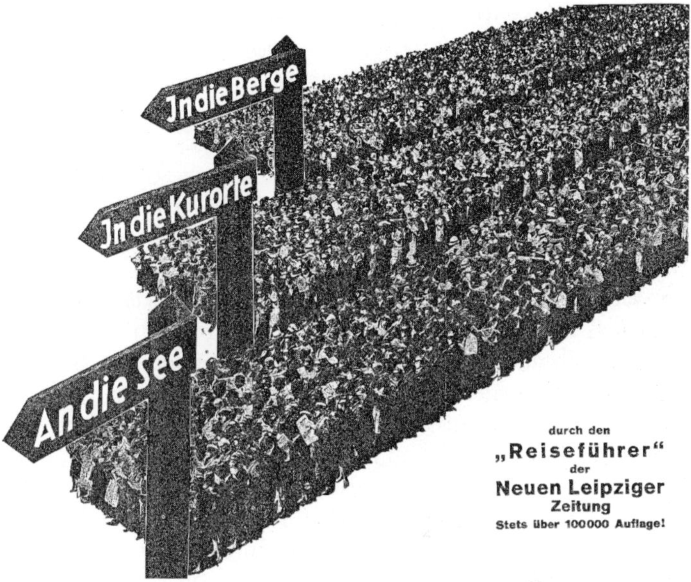

Abb. 10: Anzeige für den »Reiseführer« der ›Neuen Leipziger Zeitung‹ in der Fachzeitschrift ›Verkehr und Bäder‹ vom 29. Januar 1930.

angeschlossenen Verbände zu veranlassen, daß unseren Reisebüros und Wanderauskunftsstellen solches Material direkt zugesandt wird«. Die Beteuerung aus dem Jahr 1927, das von den amtlichen und halbamtlichen Auskunftsstellen herausgegebene Material entspräche nur »zum geringen Teil« den Wanderbedürfnissen der Arbeiterschaft, gehörte der Vergangenheit an.[165] Selbst die KPD-nahe ›Arbeiter-Illustrierten-Zeitung‹ (AIZ) mit einer Auflage von rund einer halben Million Exemplaren konnte sich dem Bedürfniswandel nicht verschließen – ungeachtet der Widersprüche zur marxistischen Gesellschaftsanalyse, die den Proletarier »immer tiefer unter die Bedingungen seiner eigenen Klasse herabsinken«

165 TVDN, Reichsleitung für Deutschland, Zentralreisebüro an die Reisebüros und Wanderauskunftsstellen im TVDN, Reichsgruppe Deutschland vom 21. Mai 1931 (ARÖK); Nachrichtenblätter für die deutschen Gau- und Ortsgruppenleitungen des TVDN 6, 1927, Okt.-Heft, S. 13–15.

sah. Einerseits verwies man Urlaub und Reisen in ein »Land, das von Proletariern aufgebaut und regiert« würde, andererseits publizierte man Artikel über eine »Arbeiterreise im Erzgebirge«,über das »gemütliche Schwaben« unter der Rubrik »A-I-Z-Reiseführer für den Werktätigen«; Tirol wurde zum Zielgebiet für die »Arbeiter-Ferien-Fahrt«. Trotz ständiger Klagen über den »Hungerlohn« der Arbeiterschaft im kapitalistischen Deutschland gab die AIZ den praktischen Hinweis, auch dem »Arbeitertourist« sei es möglich – sofern er den Luxushotels ausweiche –, »das Land Tirol verhältnismäßig billig zu durchstreifen«. Für die angepriesenen »Ferientage im schwäbischen Dorf« wurden einerseits »acht Tage Urlaub« vorausgesetzt, während man an anderer Stelle monierte, eine Urlaubszeit von drei bis vier Tagen sei für den deutschen Arbeiter viel zu kurz.[166]

Nicht nur in den Institutionen der Arbeiterbewegung, auch in der Arbeiterschaft selbst veränderten sich Bedürfnisse und Erfahrungen. Bei den männlichen erwachsenen Arbeiterlesern in den Volksbibliotheken von Leipzig gehörten die Titel aus der Rubrik »Reisebeschreibungen« zwischen 1922 und 1926 zu den mit Abstand meistgelesenen Büchern. Bei den Arbeitern erreichten die Ausleihquoten im Bereich Reisebeschreibungen zwischen 1924 und 1930 einen Höhepunkt, der weder in den Jahren davor noch in der NS-Zeit je wieder erreicht wurde.[167] Im Rahmen der Kulturarbeit des ADGB-Ortsausschusses München wurden im Jahr 1924 148 Filme gezeigt: Die Gruppe der »Reise- und Sportfilme« belegte mit 27 Filmen auch hier den ersten Rang.[168] »Wir reisen jetzt viel mit den Augen«, kommentierte die Pädagogin und SPD-Reichstagsabgeordnete Anna Siemsen im Jahre 1928 diesen Trend und fügte erklärend hinzu: »Kino und illustrierte Zeitungen haben uns an die fremdesten Gegenden

166 AIZ 9, 1930, S. 524f.; ebd. 8, 1929, Nr. 37, S. 4; ebd. 9, 1930, S. 594f.; ebd. 8, 1929, Nr. 20, S. 8f.; ebd. 6, 1927, Nr. 27, S. 8f.; ebd. 8, 1929, Nr. 33, S. 10f.

167 Erich Thier, Gestaltwandel des Arbeiters im Spiegel seiner Lektüre, Leipzig 1939, S. 51.

168 Zahlen nach Wolfgang Brumme, Untersuchungen zur Kulturarbeit der freien Gewerkschaften Deutschlands in der Zeit der relativen Stabilisierung des Kapitalismus (1924–1928), Leipzig 1972 (ms), S. 173 mit Anm. 306.

gewöhnt, und die meisten von uns wissen heute besser Bescheid vom Himalaja oder von den abessinischen Steppen, als ihre Großväter von den Alpen oder vom Riesengebirge.« Gleichwohl war sie weit davon entfernt, Kritik zu üben. Im Gegenteil: »Reisen«, lautete ihr Fazit, sei »schon lange kein Luxus mehr, sondern ein unerläßliches Bedürfnis.«[169] Die Eröffnung des Hindenburgdamms 1927, die Rekordfahrt des Zeppelins von Berlin nach Tokio, der Bau der Riesendampfer »Bremen« und »Europa« sowie die Eröffnung der Zugspitzbahn 1931 waren nicht nur bedeutsam im Hinblick auf die verkehrstechnische Entwicklung und die Erschließung touristischer Regionen für den Massenverkehr. Bedeutung erlangten sie auch und vor allem durch ihr Echo in den Massenmedien, die in den zwanziger Jahren fasziniert von neuen Verkehrsmitteln und Ländern berichteten und damit eine allgemeine Anhebung des Reisebedürfnisses förderten.

Die Bedeutung der Werbung und der Massenmedien für die Veränderung von Bedürfnisstrukturen ist in der historischen Tourismusforschung vereinzelt hervorgehoben worden. Auch die Lebensstilforschung hat auf die Massenmedien als Multiplikatoren der psychischen Mobilität (Empathie) verwiesen, die als Voraussetzung für die Herausbildung des modernen Lebensstils gilt.[170] Gleichwohl ist der Zusammenhang von Werbung, Massenmedien und Reisebedürfnis historisch noch unerforscht. Wenn man aber der begründeten Annahme folgt, daß Wirtschaftswerbung in den Massenmedien primär eine Verstärkung *bestehender* Verhaltensdispositionen und -erwartungen bewirkt[171], hat die Fremdenverkehrswerbung in der Weimarer Republik vermutlich als Verstärker eines durch den Krieg bereits latent höheren Erholungs- und Reisebedürfnisses gewirkt und so die oben festgestellte subjektive Neueinschätzung dessen, was mit Blick auf das Reisen als finanziell machbar galt, entscheidend mit verändert.

[169] Anna Siemsen, Daheim in Europa, Jena 1928, S. 12.

[170] Lerner, Modernisierung, 1970, S. 366.

[171] Vgl. Arnold Hermanns, Sozialisation durch Werbung. Sozialisationswirkung von Werbeaussagen in Massenmedien, Düsseldorf 1972, S. 126.

4. Reisevermittler und Reiseveranstalter: Strukturen der Modernisierung

Was ist »preiswert«?

Aussagen darüber, was in der zweiten Hälfte der zwanziger Jahre auf dem Reisesektor als teuer oder billig galt, bedürfen eines Vergleichsmaßstabs. Allerdings stehen Einkommen und Ausgaben für Reisen oberhalb einer sicheren Existenzgrundlage nicht mehr in einem unmittelbaren kausalen Zusammenhang. Gleichwohl fällt auf, daß sowohl Anbieter als auch Konsumenten wiederholt eine Summe von 100 RM nannten, die offenbar die Wahrnehmung dessen, was die neuen Reisenden als »erschwinglich« ansahen, steuern konnte, und zwar unabhängig von den Bezugspunkten. Einzelne Anbieter hatten diesen Betrag in Pressenotizen zur Grundlage von Beispielrechnungen für preiswerte Einzelpauschalreisen gemacht. 1925 ging die Deutsche Reichsbahn davon aus, daß »mancher deutsche Bürger ... noch im Jahr 50 Mark für Reisen ausgeben« könne, vielleicht bei sonstiger Einschränkung auch 100 M«.[1] Der ›Vorwärts‹ berichtete sieben Jahre später: »In einem Vortrag im Programm der Funkstunde ›Reise zeitgemäß‹ schüttete Franz Schwarzenstein [von der RDV] eine breite Fülle von 100-Mark-Reisevorschlägen aus.«[2] Tatsächlich wandte nach einer Erhebung des Statistischen Reichsamtes über die Lebenshaltung von 2000 Arbeiter-, Angestellten- und Beamtenhaushalten aus dem Jahre 1927/28 die reisefreudige Gruppe der Angestellten pro Haushalt im Durchschnitt gut 100 RM im Jahr für Reisen und Erholung auf.[3] In einzelnen Urlaubsberichten aus der Arbeiterpresse wird die 100-RM-Grenze gleichfalls als Orientierungspunkt angeführt. Ein Berliner Buchdrucker, der 1928 mit seiner vierköpfigen Familie einen einwöchigen Urlaub in

[1] Zeitler, Verkehrswerbung, in: ZVDEV 65, 1925, S. 189f.
[2] Vorwärts Nr. 295 vom 25. Juni 1932.
[3] Stat. Reichsamt (Bearb.), Die Lebenshaltung 1927/28, Teil 1, S. 134f.

der Märkischen Schweiz verbrachte und somit keine größeren Aufwendungen für Bahnfahrten hatte, berichtete, er habe »zu diesem Zwecke einen Fond von 100 RM« zur Verfügung gehabt.[4] 1925 stellte der ›Vorwärts‹ für seine Berliner Leser eine einwöchige Rheinreise zusammen, die ca. 100 bis 120 RM kosten sollte; ein fünfwöchiger individueller Campingurlaub an der Ostsee sei unter Beachtung zahlreicher Sparmöglichkeiten für ganze 90 RM zu haben.[5]

Die Pauschalreise als modernes Massenkonsumgut

Bis zum Ausbruch des Ersten Weltkriegs hatten sich die beiden Grundmodelle für die Veranstaltung und Durchführung von Pauschalreisen voll entwickelt. Die (Einzel-)Pauschal- oder auch »Akkord«-Reise wurde für eine Person oder eine kleine Gruppe nach individuellen Wünschen vom Reisebüro zusammengestellt. Für die Gesellschaftsreise hingegen stellte der Veranstalter das Programm auf und gab den Termin, manchmal auch die Größe der Gruppe vor. Gleichwohl wurde der Begriff »Pauschalreise« auch als übergeordneter Begriff für beide Reiseformen verwendet.[6]

Allerdings zeigen Angebotsprospekte aus den Jahren 1900 bis 1914, daß vor allem Gesellschaftsreisen noch Defizite aufwiesen, die einer Verbreitung dieser Reiseform in allen Schichten Grenzen setzten. Zum einen dauerten sie, mit Ausnahme einzelner Städtefahrten, zu lange. Vor allem fehlten Reisen bis zu sieben Tagen. Außerdem umwarben die Prospekte nicht die kaufkraftschwachen Schichten. Slogans, die mit dem Preis bzw. mit Angaben wie »billig« usw. warben, fehlten. Erst kurz vor Ausbruch des Krieges tauchten »Billige Gesellschaftsfahrten« auf, warb die Hapag für »kurze und

[4] Vgl. in diesem Kapitel Abschnitt 6.

[5] Vorwärts Nr. 365 vom 5. Aug. 1925; ebd. Nr. 357 vom 2. Aug. 1931.

[6] Vgl. Kurt Eckemann, Die Betriebswirtschaft eines Reisebüros, Frankfurt am Main o. J. [1931], S. 24f.; Friedrich Drohsihn, Das Reisebüro im Rahmen der Wirtschaftsrechnung, Tübingen 1934, S. 45ff.

billige« Sommerreisen – allerdings auf der letzten Seite des Prospektes, mit Preisen ab 220 Mark aufwärts und fast ausschließlich für das Ausland.[7] Der Anbieterkreis war allerdings auch noch zu klein und das Diffusionsnetz zu dünn. Das in populären Darstellungen zur Tourismusgeschichte vielzitierte erste deutsche Reisebüro Stangen (gegründet 1863) führte bis 1905 lediglich 915 Gesellschaftsfahrten mit insgesamt 20385 Teilnehmern durch[8], also jährlich nicht mehr als 20 Fahrten mit ca. 500 Teilnehmern – ein halber Sonderzug. Zudem fehlten Zielgebiete im Inland. Denn bei Inlandsreisen sind die Transportkosten erheblich geringer, und sie bieten im Gegensatz zu Auslandsreisen mit ihren Sprachbarrieren größere Sicherheit und Vertrautheit. Die Zielgebiete blieben in der ersten Anlaufphase des Gesellschaftsreiseverkehrs um die Jahrhundertwende relativ konstant. Das Ausland dominierte mit den Mittelmeerländern, Skandinavien, Paris, London; dazu kamen Orientfahrten und, vereinzelt, Weltreisen. Pauschalangebote für Ferienaufenthalte fehlten. Turnusmäßige Angebote, die während der Saison den wöchentlichen Antritt der Reise und damit eine Abstimmung mit der individuellen Urlaubsplanung ermöglicht hätten, waren selten.

Die größte Hürde waren die Preise. Gesellschaftsreisen wurden in der Regel erst ab 250 bis 300 Mark angeboten. Allein die Anzahlung für eine »Vergnügungsreise zur See« kostete 50 bis 100 RM. Die Preisspanne lag bei den Gesellschaftsreisen zwischen 220 und 9500 Mark – zuzüglich Nebenkosten. Das Weltreisebüro Kloch in Breslau vermittelte 1912 ein Gesellschaftsreiseprogramm (veranstaltet vom Norddeutschen Lloyd) und offerierte Reisen zwischen 280 und 2450 Mark.[9] Auch das im gleichen Jahr angebotene Orientfahrtenprogramm der Firma Bolthausen in Solingen war mit einer Preisspanne von 560 bis 1600 Mark wenig

7 Vgl. MVT: Prospektsammlung, 143, 264, 265, 275, 427, 450, 1143, 1145, 1157, 1255, 1279, 1283 und 1293–1295.

8 Otto Gerlach, Reisen und Reisebüros. Ihre volkswirtschaftliche Bedeutung mit besonderer Berücksichtigung Deutschlands (Mitteleuropäisches Reisebüro GmbH), Würzburg 1923 (ms), S. 143.

9 Vgl. MVT: Prospektsammlung, 182.

7 TAGE DURCH DEN HARZ

•

Schluß der Anmeldefrist: 5 Tage vor Antritt der Reise
Eisenbahn: 3. Klasse

•

Reiseroute: **Goslar — Romkerhall — Harzburg — Schierke — Wernigerode—Rübeland—Treseburg—Thale**

•

PREIS 105 REICHSMARK

•

Die Reisen werden als Pauschalreisen durchgeführt und können unabhängig von der Teilnehmerzahl in den Monaten Juni bis September zu jeder Zeit angetreten werden.

•

Ausführlicher Einzelprospekt erscheint im April

GOSLAR

Abb. 11: Pauschalangebot aus dem Prospekt des Mitteleuropäischen Reisebüros ›MER Gesellschaftsreisen 1929‹.

geeignet, kaufkraftschwache Schichten zum Reisen zu animieren.[10] Die Gesellschaftsreiseangebote des Mittelmeerreisebüros Cahn setzten 1909 bei 490 Mark ein und beim Reisebüro J. Hartmann in Köln zwei Jahre später bei 275 Mark.[11]

Zwar gab es auch in den zwanziger Jahren weiterhin exklusive Reiseangebote. Im Hinblick auf die Ausweitung der Preisspanne nach unten setzte die Epoche jedoch neue Maßstäbe. Beim MER führte in der zweiten Hälfte der zwanziger Jahre die billigste Reise in die Sächsische Schweiz; 1926 kostete sie für fünf Tage 95 RM; dieselbe Reise konnte ein Jahr später für 90 RM gebucht werden, und sie dauerte sogar einen Tag länger; 1929 bezahlte man für sieben Tage 105 RM.[12] Eine neuntägige Reise durch Norwegens Fjorde war bei Scherl bereits ab 135 RM zu bekommen.[13] Der Norddeutsche Lloyd warb 1928 im Hamburg-Altonaer Fremdenführer mit »billigen Nordland-Reisen« ab 140 RM und 1925 mit einer dreitägigen Pfingstreise nach Norderney für 75 RM.[14] ›Siemer's Wochengutscheine für Bäder und Sommerfrischen‹ boten im gleichen Jahr Vollpauschalaufenthalte (das heißt ohne Transport) in den österreichischen Alpen ab 35 RM.[15] Bei den Hapag-Gesellschaftsreiseangeboten sank der auf der Basis der Angebotsprospekte ermittelte Durchschnittspreis zwischen 1913 und 1927 von 1424 Mark auf 571 RM; die Preisspanne setzte im unteren Bereich jetzt bei 90 RM ein.[16] Die nominale Absenkung zahlreicher Angebote auf ca. 100 RM machte sich real noch stärker bemerkbar, berücksichtigt man den Anstieg der Lebenshaltungskosten zwischen 1913 und 1928/29 um gut 50 Prozent.

[10] Ebd., 430.

[11] Ebd., 484 und 434.

[12] Jahresprospekte des MER für 1926, 1927 und 1929 (ATB).

[13] Angebotsprospekt ›Scherls Norwegenreise [...] vom 11. bis 19. Juni 1927‹ (ATB: Prospektsammlung *D 060/18-33).

[14] Deutsche Eisenbahn-Reklame (Hg.), Hamburg-Altonaer Fremdenführer. Hamburger Verkehrsbuch, 45. Jg., Juli 1928, S. 13 (MVT: Prospektsammlung, o. Sign.); Das Reisebüro 5, 1925, Nr. 7, S. 3.

[15] Jahresprospekt Siemer & Co für 1928 (ATB: Prospektsammlung, *D 060/18-33).

[16] Jahresprospekte der Hapag für 1913 und 1927 (MVT: Prospektsammlung, 1431 und 1259).

In der Weltwirtschaftskrise purzelten die Preise weiter. Der Ende 1930 gemeinsam von ABR, Hapag und Lloyd herausgegebene Prospekt ›Preiswerte Gesellschaftsreisen 1931‹ enthielt 111 Reisen, deren Preise sich durchweg zwischen 113 und 478 RM bewegten.[17] 1932 pries das MER seine turnusmäßigen Gesellschaftsreisen nach Golling in einem Sonderprospekt an und warb für eine Woche Vollpension ab/an Berlin für 89 RM; bereits ein Jahr zuvor hatte man mehr als 1000 Urlaubern einen solchen Urlaub in den österreichischen Alpen verkauft.[18] Auch aus dem Rhein-Main-Gebiet starteten vom 18. Juni 1932 an während der Sommermonate alle zwei Wochen Sonderzüge in Richtung Bayern. Die vom MER veranstalteten siebentägigen Pauschalreisen kosteten ab Köln 72,20 RM, ab Frankfurt am Main 60,60 RM und schlossen Hin- und Rückfahrt, Frühstück und Ausgaben am Aufenthaltsort ein.[19]

Turnusmäßige Angebote waren allerdings keine Erfindung aus der Zeit der Weltwirtschaftskrise. Es gab sie schon seit Mitte der zwanziger Jahre, und zwar in Anpassung an das Bedürfnis nach individueller Planung und Kalkulierbarkeit des Reisens. Das MER bot 1925 eine sechstägige Reise nach Kopenhagen und Seeland an, die vom 31. Mai bis 6. September jeweils »allsonntäglich in Berlin« begann. 7- bis 14tägige Reisen starteten vom 30. Mai bis 12. September jeden Sonnabend von Stettin aus nach Finnland. Gegen Ende der zwanziger Jahre dehnten die Veranstalter das Turnussystem aus und übertrugen es vornehmlich auf preiswerte Inlandsziele, zum Beispiel auf die Sächsische Schweiz, Westerland, Norderney

[17] Jahresprospekt ›Preiswerte Gesellschaftsreisen 1931‹ (ATB: Prospektsammlung, *D 060/18-33).

[18] Angebotsprospekt ›Ferienreisen in die Salzburger Alpen. 1 bis 4 Wochen. Reisebeginn ab 25. Juni [1932] jed. Sonnabend. Reiseziel: Golling‹ (ATB: Prospektsammlung, *D 060/18-33). Aus dem vierseitigen Prospekt geht an keiner Stelle hervor, ob und inwieweit das am 1. Mai 1932 in Berlin gegründete Reisebüro Carl Degener, das 1932 ebenfalls Gesellschaftsreisen nach Golling im wöchentlichen Turnusverkehr angeboten hatte und nach Dietsche, Reisebüro, 1985, S. 754 dem MER »angeschlossen« gewesen sein soll, hieran als Veranstalter beteiligt war. Der Prospekt nennt als Veranstalter ausdrücklich nur das MER und wirbt zudem mit dem oben zit. Hinweis, bereits 1931 – also ohne Degener – tausend Gäste nach Golling gebracht zu haben.

[19] Deutsche Verkehrsblätter Nr. 23 vom 7. Juni 1932 (ATB).

und das Rheingebiet.[20] Das Verlagsreisebüro Scherl offerierte 1928 alle drei Wochen sechs Tage Riesengebirge für 111 RM, fünf Tage Thüringen für 121 RM, vier Tage Sächsische Schweiz für 82 RM, neuntägige Rheinreisen für 209 RM sowie alle zwei Wochen dreitägige Harzreisen für 63 RM – ab/an Berlin alles inklusive.[21] 1932 bot das MER erstmals die sogenannte »Standard-« bzw. »Muster-«Pauschalreise für deutsche Reisegebiete an. Der Abfahrtstag konnte individuell festgelegt und das Pauschalangebot je nach Unterkunftsart und Bahnklasse (2. oder 3. Klasse) aus drei Preiskategorien ausgewählt werden.[22] 1931 und 1932 verkehrten die bereits erwähnten »Bayernzüge« turnusmäßig zunächst ab Berlin, dann auch aus dem Rhein-Main-Gebiet. Seine »Billigen Ferienfahrten zur Nordsee und Ostsee« hatte das Reisebüro Siemer in München bereits 1928 so konzipiert, daß in zahlreichen größeren Städten Zusteigemöglichkeiten bestanden.[23] Nicht zuletzt wurde im Pauschalreisesektor der Weimarer Jahre auch die Dauer der Reisen erheblich reduziert, und man bot eine Fülle von ein- bis zweiwöchigen Reisen an.

Die Nachkriegszeit brachte generell eine Erweiterung des Angebots. »Noch vor wenigen Jahren«, hieß es in einer Pressemitteilung der RDV vom 8. Januar 1929, »waren die Programme der Gesellschaftsreisen großer Reisebüros für das Jahr auf *einem* Blatt unterzubringen.« In den letzten Jahren hingegen hätten diese Reisen »einen auffallend starken Zuspruch von allen Kreisen gefunden«.[24] Ein Vergleich der Hapag-Gesellschaftsreiseprogramme aus den Jahren 1913 und 1927 (Hapag hatte 1905 das Reisebüro Carl Stangen übernommen) weist für Einzelreisen einen Anstieg von 58 auf 156 Angebote aus.[25] Das MER bot in seinem Gesellschaftsreiseprospekt 1929 immerhin 294 Einzelreisen an – verglichen mit 385 Reisen im Jahr 1936 eine durchaus beacht-

[20] ZVDEV 65, 1925, S. 68; Jahresprospekt des MER für 1929 (ATB).

[21] Großanzeige von Scherls Reisebüro in einer Ausgabe der Berliner Tageszeitung von 1928 (ATB: Prospektsammlung, *D 060/18-33).

[22] Deutsche Verkehrsblätter Nr. 28 vom 12. Juli 1932 (ATB).

[23] Jahresprospekt Siemer & Co 1928 (ATB: Prospektsammlung, *D 060/18-33).

[24] Deutsche Verkehrsblätter Nr. 2 vom 8. Jan. 1929 (ATB).

[25] Jahresprospekte der Hapag für 1913 und 1927 (MVT: Prospektsammlung, 1431 und 1259).

liche Zahl.[26] Eine fremdenverkehrswissenschaftliche Studie kam 1939 zu dem Schluß, daß »die Kollektivreise sich zur typischen Reiseform der Nachkriegszeit« entwickelt hätte.[27]

Die Verbilligung und Neustrukturierung der Reiseangebote war neben der Steigerung des Reisebedürfnisses der zweite, materielle Faktor, der die subjektive Neueinschätzung des finanziell Machbaren in der Weimarer Republik veränderte.

»Wie Pilze aus der Erde emporgeschossen« – Erweiterung und Differenzierung im Reisebürosektor

Nach der amtlichen Reichsstatistik hatte sich die Zahl der Reisebürobetriebe zwischen 1907 und 1933 mehr als verdreifacht und war von 117 auf 364 im Jahr 1925 und auf 499 im Jahr 1933 gestiegen. Die Zahl der in der Branche Beschäftigten hatte sich mit 2910 Erwerbstätigen sogar knapp verzehnfacht.[28] Eine Zusammenstellung der in den Hamburger Adreßbüchern aufgeführten Reisebüros zwischen 1900 und 1930 deutet allerdings darauf hin, daß die Branche nicht erst nach, sondern schon einige Jahre vor Ausbruch des Ersten Weltkrieges merklich gewachsen war.[29] Nur hatte die Statistik den relativ jungen und nach dem Krieg stark expandierenden Wirtschaftsbereich nicht vollständig erfaßt. Besonders nach dem Krieg, so der Direktor der American Express-Company 1928 in einem Vortrag, seien »in allen Ländern Reisebüros wie Pilze aus der Erde an allen Ecken und Enden emporgeschossen«.[30] Diese Einschätzung wurde von der Vereinigung Deutscher

[26] Jahresprospekte des MER für 1929 (ATB) und 1936 (MVT: Prospektsammlung, 94).

[27] Gölden, Strukturwandlungen, 1939, S. 184.

[28] Statistik des Deutschen Reichs Bd. 220/221, S. 18*; ebd. Bd. 413/1, S. 273; ebd. Bd. 462/2, S. 94: ohne Auswanderungsagenturen; Beschäftigte einschließlich Betriebsleiter.

[29] SH: Hamburger Adreßbücher 1900 bis 1928 und 1930.

[30] E. Giese, Internationale Reisebüros, in: IHK zu Berlin (Hg.), Fremdenverkehr, 1929, S. 521–553, hier S. 532.

Reisebüros« (VDR) und der Reiseabteilung des Gewerkschaftsbundes der Angestellten (GDA) durchaus geteilt.[31] Daß sich das Reisebürogewerbe im Gegensatz zum traditionellen Hotel- und Gaststättengewerbe in der Weimarer Republik kontinuierlich ausweitete, hängt eng mit der Einrichtung der MER-Vertretungen zusammen. Denn der Verkauf der Eisenbahnfahrkarten war mit der Gewährung einer Provision verbunden, die im Gegensatz zur Vorkriegszeit für viele Reisebüros einen kalkulierbaren Einnahmeposten darstellte. Immerhin verfügten 1929 ca. 240 Reisebüros, das heißt mehr als die Hälfte, über eine MER-Vertreterlizenz. »Reisebüros«, heißt es im Geleitwort zu der 1931 publizierten »Fremdenverkehrslehre« von Artur Bormann, würden heute »kaum noch in einer Stadt fehlen.«[32]

Das Reisebüro konnte zwar den Makel der »Standeseinrichtung für Bessergestellte« auch nach dem Krieg nicht gänzlich ablegen, dennoch verwischten sich die vormals scharfen Trennlinien. »Ich empfehle«, hieß es unter der Überschrift ›Die Kunst zu reisen‹ in der freigewerkschaftlichen ›Frauenwelt‹, »recht ausgiebig von der Unterstützung durch Reisebüros Gebrauch zu machen. Von ihnen erhält man unentgeltlich jede gewünschte Literatur und Beratung, von ihnen werden verblüffend billige Reiseangebote gemacht.«[33] »Komischerweise glauben die meisten Menschen noch immer, so ein Reisebureau sei nur eine Angelegenheit für die Leute mit dem großen Geldsack«, schrieb 1929 der ›Vorwärts‹ und führte aus, daß alle Anfragen auf die gleiche, zuvorkommende Weise beantwortet würden, »ganz gleich, ob es sich um die Ferienreise des kleinen Tippfräuleins oder die Protzenreise eines ›notleidenden‹ Fabrikanten« handele.[34]

Das Wachstum des Reisebürogewerbes beruhte zum einen auf der Ausweitung der traditionellen, als Reisevermittler und/oder Reiseveranstalter tätigen Unternehmen. Zum anderen erweiterten und differenzierten sich aber auch Träger und

[31] Fuß, Reisebüros, 1960, S. 45; W. Schmidt, Die Wahl des Reiseaufenthaltes, in: Wir reisen 1, 1925, Nr. 2, S. 9f.

[32] Bormann, Lehre, 1931, S. III.

[33] L. Persius, Die Kunst zu reisen, in: Frauenwelt 6, 1929, S. 250f.

[34] Vorwärts Nr. 325 vom 14. Juli 1929.

Vertriebswege. In der Vorkriegszeit hatte es diese Entwicklung wohl in Ansätzen gegeben, nicht jedoch in dieser Massierung und unter den Bedingungen verschärfter Konkurrenz und gesunkener Kaufkraft.

Den Reigen der neuen Konkurrenz eröffneten Unternehmen aus anderen Wirtschaftszweigen, die sich sowohl aus gewerblichen Interessen als auch zum Zweck der Unternehmenswerbung zum Teil schon in der Vorkriegszeit Reisebüros angegliedert hatten. Zum einen handelte es sich um Warenhausreisebüros, beispielsweise die Kaufhäuser Tietz und Wertheim oder das Kaufhaus des Westens[35], zum anderen um Verlagsreisebüros, so bei Ullstein und Scherl in Berlin, beim Verlag der ›Märkischen Volksstimme‹ in Cottbus oder beim ILF-Verlag in Dresden. »In den letzten Jahren«, so das Fazit einer Dissertation über die Fremdenverkehrsorganisationen in Deutschland vom Januar 1933, hätten fast alle großen Zeitungen ihrem Betrieb Reisebüros angegliedert«.[36] Zu dieser ersten Großgruppe zählten auch Banken und Sparkassen. Auf Anregung einiger Mitarbeiter entschloß sich beispielsweise das Bankhaus Haesler & Hülbig in Coburg, das bereits eine Versicherungsabteilung und eine Grundstücksvermittlung aufgebaut hatte, zur Angliederung eines Reisebüros. Veranstaltet wurden überwiegend Fahrten mit Sonderzügen, zunächst nach Thüringen und Bayern, und seit 1926 auch in die Schweiz und nach Italien. Als das Bankhaus im Oktober 1929 zusammenbrach, wurde das Reisebüro von ehemaligen Mitarbeitern übernommen. Aufbauend auf den Kenntnissen und Erfahrungen aus ihrer Zeit als Bankangestellte, begründeten sie noch im gleichen Monat das Thüringisch-Fränkische Reise- und Verkehrsbüro und offerierten bereits für die Saison 1930 wieder eine Pauschalreise unter dem Motto: »Sie reisen billig und bequem!«[37] Die im April

[35] Vgl. Sylvester Kolanowski, Das Reisebürowesen, in: Das Reisebüro 7, 1927. Sonderbeilage zu Nr. 4, S. 8–10; Eckemann, Betriebswirtschaft, [1931], S. 19ff.; Fuß, Reisebüros, 1960, S. 262f.

[36] Georg L.E. Uebler, Die Fremdenverkehrsorganisationen in Deutschland, München 1933, S. 42; Verkehr und Bäder Nr. 19 vom 11. Mai 1927; Keramischer Bund 5, 1930, S. 76; Jahresprospekt des ILF-Verlags für 1930 (MVT: Prospektsammlung, 433).

[37] Vgl. Fuß, Reisebüros, 1960, S. 123ff.; Jahresprospekt des Thüringisch-Fränkischen Reise- und Verkehrsbüros für 1930 (ATB).

1930 in Berlin von den Sparkassen in Zusammenarbeit mit dem MER gegründete »Reisespar GmbH« konnte ihr zugkräftiges Programm mit preiswerten Wochenpauschalreisen unter 100 RM wegen der Bankenkrise zwar kaum mehr umsetzen[38], dennoch bewegte sich der für 1931 geplante Umsatz von 50 Millionen RM bereits in der gleichen Größenordnung wie der Umsatz des KdF-Amtes »Reisen, Wandern, Urlaub« im Jahr 1935 (53,1 Millionen RM; siehe Graphik 2). Neben Lotterieannahmestellen sind als letzte Untergruppe der Quereinsteiger die verschiedenen Verkehrsunternehmen zu nennen, vor allem die Reichsbahn und die Omnibusunternehmen. Auch das 1910 gegründete Verkehrsunternehmen Meyhöfer in Königsberg richtete 1919 einen »Seedienst Ostpreußen« ein und erschien 1925 mit Gesellschaftsreisen durch die Ostgebiete auf dem Markt. 1932 unterhielt die Reiseabteilung der Firma acht eigene Büros.[39]

Eine zweite Gruppe bildeten die kommunalen Verkehrsbüros und lokalen Verkehrsvereine. Hinter ihnen stand das neue fremdenverkehrspolitische Interesse der Kommunen. Die Existenz dieser Reisebüros fiel zwar quantitativ wenig ins Gewicht, das etablierte Gewerbe betrachtete indes auch sie als ungeliebte Konkurrenz, insbesondere dann, wenn das MER dort eine Vertretung besaß, wie beispielsweise beim Reisebüro des Essener Verkehrsvereins oder dem 1918 gegründeten Verkehrsbüro der Stadt Aachen.[40]

Vereine und Verbände machten die dritte Großgruppe unter den »Newcomern« des Veranstaltermarkts aus. Vereinzelt bereits in den letzten Vorkriegsjahren tätig, vermehrten sie sich besonders in den zwanziger Jahren merklich. Die traditionellen Reisebüros empfanden deren Veranstaltertätigkeit als um so bedrohlicher, weil Vereine und Verbände zum Verkauf ihrer Reisen eigene Vertriebsnetze nutzten und damit die für Vermittlungsdienste anfallenden Provisionen des Gewer-

[38] Vgl. Deutsche Hotel-Nachrichten Nr. 30 vom 15. April 1931; Deutsche Verkehrsblätter Nr. 25 vom 23. Juni 1931 (ATB); Uebler, Fremdenverkehrsorganisationen, 1933, S. 43.

[39] Vgl. Fuß, Reisebüros, 1960, S. 61f., 102ff. und 118f.; Deutsche Verkehrsblätter Nr. 26 vom 24. Juni 1930 (ATB); ebd. Nr. 21 vom 24. Mai 1932; ebd. Nr. 25 vom 21. Juni 1932.

[40] Vgl. Fuß, Reisebüros, 1960, S. 86f. und 112ff.

bes umgingen. Zu erwähnen sind hier die Volksbildungseinrichtungen, wie beispielsweise die Schiller-Akademie in München[41], die Staatliche Stelle für Naturdenkmalpflege in Preußen[42], der bereits 1911 auf dem Studienreisesektor unter gewerkschaftlicher Beteiligung arbeitende Rhein-Mainische Verband für Volksvorlesungen oder der Frankfurter Ausschuß für Volksvorlesungen.[43] Auch Hubert Tigges mit seinen seit 1928 innerhalb der Volkshochschulbewegung des Bergischen Landes veranstalteten Gemeinschaftsreisen zählt zur Gruppe der frühen Studienreiseveranstalter.[44]

Den Angestelltengewerkschaften der Weimarer Republik gehörten nicht nur zahlreiche Ferien- und Erholungsheime. Sie drängten zugleich auf das Gebiet der Reiseveranstaltung und sahen sich dem Konkurrenzneid von Beherbergungs- *und* Reisebürogewerbe ausgesetzt. Bereits im Jahr 1909 hatte die Abteilung für das Bildungswesen des Deutschnationalen Handlungsgehilfenverbandes (DHV) für ein »Studienreise- und Ferienfahrten«-Programm geworben. Das Programm, spätestens 1926 wieder aufgenommen, erfuhr 1928 und 1929 eine Erweiterung. So wurden 1928 neben den »Gesellschaftsfahrten« erstmals »Rucksackwanderungen« angeboten: mehrtägige Wanderfahrten durch deutsche Landschaften für 45 bis 90 RM, die sich laut Veranstalter an jene wandten, deren »Börse nicht für einen großen Flug« reichte.[45] Die Mitte der zwanziger Jahre von der Abteilung Urlaubs- und Studienreisen des Gewerkschaftsbundes der Angestellten (GDA) eingeführten Ferienreisen warben mit dem Motto »Billiger, bequemer und reizvoller als Einzelreisen«. Wie beim DHV standen auch hier die Verbilligung des Reisens durch Gruppenpauschalpreise sowie Reisen mit Gleichgesinnten, die gegen einen

[41] Vgl. ZVDEV 71, 1931, S. 279.

[42] Vgl. Deutscher Eisenbahner 8, 1924, S. 64.

[43] Vgl. Dieter Kramer, Arbeiter als Touristen: Ein Privileg wird gebrochen, in: Jochen Zimmer (Hg.), Mit uns zieht die neue Zeit. Die Naturfreunde. Zur Geschichte eines alternativen Verbandes in der Arbeiterkulturbewegung, Köln 1984, S. 31–65, hier S. 48.

[44] Vgl. Fuß, Reisebüros, 1960, S. 120ff.

[45] Vgl. die Jahresprospekte der Abteilung Studien- und Ferienfahrten des Deutschnationalen Handlungsgehilfenverbandes für 1909, 1926, 1928 und 1929 (DAG: 10039).

Aufpreis auch Nichtmitgliedern offenstanden, im Vordergrund. Aber das GDA-Programm war weniger umfangreich und beschränkte sich überwiegend auf Reisen in deutsche Urlaubsgebiete, die in der Regel nicht länger als sieben Tage dauerten. Die Ferienheime wurden teilweise in das Pauschalreiseprogramm integriert: Fünf Tage Amrum im Ferienheim »Kurhaus Wittdün« kosteten ab/an Hamburg nur 65 RM; jeder Verlängerungstag kostete sechs RM. Im Vergleich zum DHV, dessen Angebote 1926 – bei einem Durchschnittspreis von 208 RM – zwischen 56 und 765 RM lagen, ging der GDA 1925 bei seinen Reisen nicht über 220 RM hinaus und kam auf einen Durchschnittspreis von 133 RM. Die billigste GDA-Ferienfahrt kostete 75 RM.[46] Auch der freigewerkschaftliche Zentralverband der Angestellten (ZdA) betätigte sich, obwohl eher unmerklich, als Reiseveranstalter.[47]

Eine vierte Großgruppe bildeten schließlich kleine Reiseorganisationen, die häufig den Begriff »Volksreise« im Namen führten und/oder als gemeinnützig firmierten. Bei den meisten stand offiziell die Idee, Reisen für »minderbemittelte Schichten« zu organisieren, im Vordergrund. Man wollte breite Bevölkerungsschichten zum Reisen animieren und praktische Hilfestellung bei der Überwindung nicht nur finanzieller, sondern auch mentaler Schranken geben. Der Hinweis, daß jeder Mensch den berechtigten Anspruch habe, einmal im Jahr für längere Zeit auszuspannen und auf Reisen die Schönheiten anderer Länder und der Natur zu genießen, gehörte zu den Topoi der verantwortlichen Träger, die sich als Reiseveranstalter, Reisevermittler, Unterkunftsanbieter und Informationsgeber in allen Reisefragen betätigten. In der Realität kamen viele dieser Organisationen und Unternehmen nicht über die Veranstaltung einiger Gesellschaftsfahrten hinaus, und für nicht wenige war die Reise nur Mittel für andere Zwecke. Alle traten indes mit dem expliziten Anspruch auf, in naher oder ferner Zukunft die Massen des Volkes für ihre Idee zu gewinnen. Für das Jahr 1922 ist zum Beispiel die Tätigkeit eines »Volks-Reise-Verbandes« mit Geschäftsstelle in

[46] Vgl. die Reisezeitschrift des GDA Wir reisen 1, 1925 bis 3, 1927.
[47] Vgl. Dietz Arbeiter-Reise- und Wanderführer, Berlin 1932, S. 23.

Berlin-Neukölln nachgewiesen. Der Verband organisierte Gesellschaftsreisen und gab eine Zeitschrift ›Der Reisegenosse‹ heraus.[48] Im Frühjahr 1924 wandte sich die thüringische Ferienheimgenossenschaft »Naturfreunde« an den Bundesvorstand des ADGB und bat unter anderem um Informationen über eine »Grüne Heimat e.V.«, die in Berlin als »Volksreiseorganisation« tätig sein sollte. Mit genauen Auskünften, lautete die Antwort des ADGB, könne man leider nicht dienen. Es sei lediglich bekannt, daß die Grüne Heimat den Bau eines Wohnschiffes plane, »das zu kurzen und längeren Fahrten in die Umgebung Berlins dienen soll«.[49] Im Juni 1924 wurde in Berlin der »Volksreisebund e.V.« (VRB) gegründet. Die Initiative ging von Albert Baumeister aus, der von 1919 bis 1922 Referent beim Internationalen Arbeitsamt in Genf gewesen war. Vermutlich hatte er hier Kontakte zu den Begründern der englischen *Workers Travel Association (WTA)* geknüpft, die im Sommer 1921 in Genf Pläne zur Gründung der englischen Arbeiterreiseorganisation hegten.[50] Noch im selben Jahr, 1924, gliederte sich dem VRB ein kurz zuvor in Berlin-Niederschönweide in Buchdruckerkreisen gegründeter »Volksferienbund« an, der sich bis dahin als loser Verband auf die Erkundung von Feriengebieten spezialisiert hatte und nun seine Ziele im VRB verwirklicht sah.[51] Anfang der zwanziger Jahre wurde eine »Genossenschaft Deutscher Volkserholungsheime« gegründet. Im März 1924 bot sie in allen Teilen Deutschlands 17 Heime mit 700 Plätzen für Erwachsene und 650 Plätzen für Kinder an. Mit dem Volksreisebund schloß sie sich 1925 zur »Arbeitsgemeinschaft ›Volksreisebund e.V.‹ und ›Deutsche Volkserholungsheime e.G.m.b.H.‹« zusammen. Danach verliert sich allerdings ihr Wirken in den Quellen.[52] 1926 wies der GDA auf eine in Ham-

[48] Vgl. Die Sozialistische Genossenschaft 2, 1922, S. 116.

[49] HiKo: ADGB-Restakten, 456a, fol. 1 und 2.

[50] Vgl. ebd.; Williams, Journey, 1960, S. 13ff; Volksreisebund 1, 1924 und 2, 1925; Solidarität. Organ des Verbandes der graphischen Hilfsarbeiter und -arbeiterinnen 30, 1924, Nr. 29 und Nr. 39; ebd. 31, 1925, Nr. 12; Deutscher Eisenbahner 8, 1924, S. 100; ZVDEV 64, 1924, S. 352.

[51] Vgl. HiKo: ADGB-Restakten, 456a, fol. 1 und 2.

[52] Vgl. Die Sozialistische Genossenschaft 2, 1922, S. 52 und 116; Volksreisebund 2, 1925, März.

burg gegründete »Gemeinnützige Ferienheimgenossenschaft« hin, die aber nur »mit irgendwelchen großen und kleineren Hotels und Pensionen« Vereinbarungen getroffen haben soll, um den Betrieben »zahlreiche Gäste«, insbesondere in der Vor- und Nachsaison, zuzuführen. »Alljährlich«, resümierte im gleichen Jahr GDA-Vertreter Henry Schaper, sei »ein gutes Dutzend solcher Erholungsheim- und Ferienreisegründungen zu verzeichnen.«[53]

Neben den zahlreichen »Newcomern« wuchs die Zahl der klassischen Reisebürounternehmer. Deren Rekrutierung verlief weiterhin in den seit Thomas Cook und Carl Stangen bewährten Bahnen und erfaßte geschäftstüchtige, aus unterschiedlichen Berufen stammende »Selfmademen«, deren Motivation sich aus verschiedenen Quellen speiste. Der Gründer des 1924 eröffneten Reisebüros Union in Hagen, Erich Jordan, war ursprünglich Eisenbahnbeamter. Auch sein Kollege Willy Scharnow, der ein Jahr später in Bremen sein eigenes Reisebüro gründete, gehörte als Prokurist einer Bremer Seehafenspedition zu den Seiteneinsteigern. 1928 eröffnete der Bankbeamte Richard Hausknecht in Kassel ein Reisebüro. Und schließlich zählten zu den »Selfmademen« all jene, die 1932, also auf dem Höhepunkt der Weltwirtschaftskrise, eigene Reisebüros eröffneten: zum Beispiel der Kaufmann Werner Seifert in Berlin, der ehemalige Kurdirektor von Berchtesgaden, Ambros Link, oder auch Carl Degener.[54] Degener, zuvor Direktor des Bremer Arbeitsamtes, konnte immerhin auf Erfahrungen aus seiner einjährigen Tätigkeit als Geschäftsführer der bereits erwähnten Reisespar GmbH zurückgreifen. Der Badedirektor von Bad Warmbrunn war 1932 der Ansicht, daß es mit Blick auf die verstärkte Gründung von Reisevereinigungen aller Art in neuerer Zeit zu denken geben müsse, »wenn die Inhaber 6 neueröffneter Reisebüros aus folgenden an sich durchaus ehrenwerten Berufen hervorgingen: Nr. 1 war Schriftsetzer, Nr. 2 Lokomotivfüh-

53 Schaper, Erholungsheime, 1926, S. 13f.; vgl. Das Reisebüro 5, 1925, Nr. 14, S. 1f.; ebd. Nr. 15, S. 1.

54 Fuß, Reisebüros , 1960, S. 52ff. nennt bis 1945 für das Deutsche Reich 60 Reisebürogründungen; davon wird in nur drei Fällen der Hinweis gegeben, daß der Gründer eine Lehre oder ein Volontariat in einem Reisebüro absolviert hatte.

rer, Nr. 3 Taxichauffeur, Nr. 4 Hotelpächter, Nr. 5 Dr. phil. ohne weiteren Beruf und Nr. 6 Photograph«.[55] Vor dem Hintergrund der strukturellen Verschiebungen im Reiseveranstaltermarkt ist das häufig erwähnte preiswerte Angebot Carl Degeners für Golling bzw. Ruhpolding 1932/33 nur einer von zahlreichen Versuchen, in einer wirtschaftlichen Umbruchphase mit scharf kalkulierten Billigreisen Marktanteile und Gewinnpotentiale zu sichern. Daß in der Weltwirtschaftskrise, wie der Badedirektor von Bad Warmbrunn feststellte, der eine den »Offenbarungseid« leisten mußte, während andere retrospektiv sogar als »Erfinder der Pauschalreise« in die Geschichte eingehen konnten[56], hing sicherlich von der Geschäftstüchtigkeit des einzelnen ab, aber auch von einer gewissen Portion Glück, auf die man in instabilen Zeiten mehr denn je bauen mußte.

Die strukturellen Veränderungen bei den Reiseveranstaltern wurden häufig pauschal und undifferenziert als Auseinandersetzungen zwischen einem seriösen, etablierten Gewerbe und angeblich unseriös arbeitenden Billiganbietern, sogenannten »wilden Reisebüros«, dargestellt.[57] Zweifelsohne gilt für das Reiseveranstaltergewerbe, was allgemein für den tertiären Sektor zutrifft, daß die Weimarer Republik eine Welle von spekulativen Geschäften erlebte, die sich insbesondere dank der Übernachfrage und hohen Liquidität bis 1923 auch zu rentieren schienen. Daß, so ein Zeitgenosse, darunter auch »dunkle Elemente« zu finden waren, die saisonweise auftauchten, um mit der Reisekasse zu verschwinden, noch ehe die Reise begonnen hatte, mag ebenfalls zutreffen. Dennoch dürfen die Ereignisse nicht den Blick für die langfristigen Verschiebungen verstellen: Ein bis zum Ausbruch des Ersten Weltkrieges etablierter Kreis von Reisebürounternehmen fürchtete nämlich die Konkurrenz und Dynamik von »New-

[55] Georg Nave, Fremdenverkehrswerbung in Notzeiten; in: AfdF 3, 1932/33, S. 12–15, hier S. 13.

[56] So zum Beispiel Karl Stankiewitz, 50 Jahre Pauschaltourismus. Ruhpolding kabelt 1933: »... einverstanden«, in: Fremdenverkehrswirtschaft Nr. 8 von 1983; Ludwig Fisch, Wie Ruhpolding den Pauschaltourismus erfand, in: Süddeutsche Zeitung Nr. 99 vom 30. April/1. Mai 1983.

[57] Fuß, Reisebüros, 1960, S. 45.

comern«. Von den sozialen und wirtschaftlichen Verhältnissen des Kaiserreiches tiefgreifend geprägt, war ein Großteil von ihnen weder bereit noch in der Lage, die Ausweitung des Marktes auf neue, bislang nicht vom Fremdenverkehr erfaßte Schichten – die anzusprechen sich die Arbeiterreiseorganisationen auf ihre Fahnen schrieben – vorauszusehen und sich darauf einzustellen. Die Gründung der Vereinigung Deutscher Reisebüros (VDR) im Jahre 1921 ist auch als Reaktion auf die kurz vor Kriegsausbruch einsetzenden und nach 1918 deutlich sichtbaren Verschiebungen in der Struktur der Branche zu verstehen. Vor allem von Seiten der VDR reagierte man mit Abgrenzungstendenzen und verharrte, gemeinsam mit den alten Bädern, Kurorten und Hoteliers, in einer überkommenen Haltung, die jede Form aktiver Konkurrenz von sich wies. 1926 lauteten die programmatischen Abschlußworte der VDR-Tagung:

> »Schädlich ist der Fortfall einer Konkurrenz auf dem Gebiete der Gesellschaftsreisen nicht. Die Konkurrenz hat nur zur Folge, daß ein Büro das andere mit seinen Preisen zu unterbieten versucht. Das ist für das Publikum jedoch durchaus kein Vorteil, denn jeder Kenner dieses Geschäftsgebietes weiß genau, daß die Leidtragenden dabei die Reiseteilnehmer sind, weil die Qualität der Leistungen sinkt. Fällt die Konkurrenz fort, so reguliert das Publikum ganz allein die Preise, denn, da niemand gezwungen ist, sich an einer Gesellschaftsreise zu beteiligen, so sind die veranstaltenden Unternehmungen gezwungen, nur Reisen zu erschwinglichen Preisen auszuschreiben.«[58]

[58] Rummelspacher, Gesellschafts- und Pauschalreisen, in: Verkehr und Bäder Nr. 5 vom 3. Febr. 1926 und ebd. Nr. 6 vom 10. Febr. 1926.

»Arbeiter«-Reiseangebote

Eng verbunden mit dem Wandel der Pauschalreise zum modernen Massenkonsumgut und der allgemeinen Hebung des Reisebedürfnisses ist die Entstehung der ersten Arbeiterreiseorganisationen. Dabei erweiterten vor allem die Vertreter sozialdemokratischer Arbeiterorganisationen ihre kulturellen Einrichtungen um touristische Organisationen, die alle typischen Aufgaben von Reise- und Verkehrsbüros übernahmen: Veranstaltung von Einzel- und Gruppenpauschalreisen; Vermittlung von Reisen, Unterkünften und sonstigen touristischen Dienstleistungen; Erteilen von Auskünften und Förderung des örtlichen Fremdenverkehrs. Mit jeweils unterschiedlicher Gewichtung widmeten sich diesen Tätigkeiten seit Mitte der zwanziger Jahre in Berlin der Reichsausschuß für sozialistische Bildungsarbeit, in Leipzig das Arbeiter-Bildungs-Institut (ABI) und die Kulturabteilung des Ortsausschusses des Allgemeinen Deutschen Gewerkschaftsbundes (ADGB) und in Hamburg der Gemeinnützige Verkehrsverein Groß-Hamburg (GVH) sowie die Zentralkommission für das Bildungswesen. Zu diesen »größeren« unter den ansonsten eher kleinen Einrichtungen kamen gegen Ende der zwanziger Jahre neue hinzu, und zwar der Gemeinnützige Verkehrsverein Westerland auf Sylt, das Gemeinnützige Verkehrs- und Reisebüro der freien Gewerkschaften in Heidelberg und das Volksreisebüro Bremen. Zur gleichen Zeit begann auch der Touristenverein »Die Naturfreunde« (TVDN), neben dem Zentralreisebüro in Nürnberg Reisebüros in Berlin, Hamburg, Dresden, Magdeburg, Köln, Leipzig, Halle und Chemnitz sowie Wanderauskunftsstellen in 32 anderen Mittel- und Großstädten einzurichten. Neben dem Aufbau von Reiseveranstaltern, Reisevermittlern und Verkehrsbüros widmeten sich die sozialdemokratischen Arbeiterorganisationen (vereinzelt auch christliche) mit Nachdruck der Errichtung von Arbeiterferienheimen, mit denen man sich vom Typ der primitiven Wanderhütte abheben wollte.

Allen Einrichtungen war gemeinsam, daß ihre Herausbildung und Entwicklung stärker mit dem touristischen Strukturwandel, also mit dem veränderten Reisebedürfnis oder den verkehrstechnischen Wandlungen, verbunden waren und weniger mit der programmatischen Ausgrenzung der Arbeiter durch das »bürgerlich-kommerzielle« Gewerbe. So waren die »proletarischen« Veranstalter oftmals genötigt, Vorstellungen vom »sinnvollen« Reisen, das auf Erkenntnisgewinn und Festigung der politischen Gesinnung zielte, fallenzulassen und statt dessen Erholung, Zerstreuung und die sinnliche Erfahrung neuer Räume als uneingeschränkte Bedürfnisse anzuerkennen. Oder man ahmte dem Trend der Zeit folgend einfach nach, was sich bereits in anderen Ländern tat. Wer Ende der zwanziger Jahre Arbeiterreiseeinrichtungen schuf, konnte sich dabei auf die staatlich gegründete *Dopolavoro* im faschistischen Italien ebenso berufen wie auf die private *Workers Travel Association* im demokratischen England.[59]

Die Reiseabteilung des Reichsausschusses für sozialistische Bildungsarbeit Berlin

Hervorgegangen aus der 1906 gegründeten Zentralbildungskommission der SPD, fungierte der Reichsausschuß für sozialistische Bildungsarbeit in der Weimarer Republik als Spitzenorganisation aller SPD-Bildungseinrichtungen mit Sitz in Berlin. Neben einer Reihe von »Ferienkursen«, die sich in Form einwöchiger Schulungsseminare kulturpolitischen Themen widmeten, plante man für den Sommer 1924 erstmals sogenannte »soziale Studienreisen«. Das Programm umfaßte sechs Fahrten ins In- und Ausland und zielte darauf ab, den Teilnehmern die »Lebens- und Arbeitsverhältnisse

[59] Zu den ersten Arbeiterreiseorganisationen in der Weimarer Republik vgl. Christine Keitz, Organisierte Arbeiterreisen und Tourismus in der Weimarer Republik, Berlin 1992 (ms), S. 284ff., im Anhang die Angebotsübersichten aller Arbeiterreisebüros und eine Auflistung der Arbeiterferienheime; Erich Hobusch, Proletarische Gesellschaftsreisen mit dem Motorkabinenschiff »Baldur« um 1930, in: Hasso Spode (Hg.), Zur Sonne, zur Freiheit! – Beiträge zur Tourismusgeschichte, Berlin 1991, S. 71–77; Zimmer (Hg.), Naturfreunde, 1984; zu Arbeiterreiseeinrichtungen außerhalb Deutschlands vgl. kurz Bruno Frommann, Reisen im Dienste politischer Zielsetzungen. Arbeiter-Reisen und »Kraft durch Freude«-Fahrten, Stuttgart 1993 (ms), S. 84ff.; zur WTA vgl. Williams, Journey, 1961; zu Dopolavoro vgl. Mario Carmine, Le problème du tourisme social en Italie, Bern 1956, S. 18ff.

der Arbeiterschaft und die Einrichtungen der Arbeiterbewegung« sowie das »kulturhistorisch und landschaftlich Wertvolle« näherzubringen. Über Programm und Durchführung der Reisen von 1924 ist kaum etwas überliefert. Gleichwohl: Man ging nicht zum Vergnügen oder zur Erholung auf Reisen.[60] Dies änderte sich erst zwei Jahre später. In dem von der Reiseabteilung erstmals herausgegebenen Jahresprospekt tauchte nun explizit der Arbeiterurlaub auf: Die Ferien als neue soziale Errungenschaft sollten »nicht vergeudet oder unnütz vertan, sondern gut ausgefüllt« werden, hieß es dort.[61] Hielten sich das neue Bild vom Urlaub und die Vorstellungen vom Bildungswert des Reisens anfangs noch die Waage, ging es den Arbeiterorganisationen spätestens seit 1929 in erster Linie darum, auf die neue soziale Errungenschaft reagieren und den Arbeitern Ferien- und Studienreisen anbieten zu müssen. Vor allem in den Jahresprospekten, weniger in der Reisezeitschrift, erschien das Reisen kaum mehr im Kontext der Arbeiterbildungsbewegung. Man erklärte es einfach zu einem Bedürfnis aller abhängig Beschäftigten: »Die werktätige Bevölkerung, ganz gleich ob sie in der Fabrik oder in der Schreibstube tagein, tagaus schwer arbeiten muß, hat Anspruch darauf, sich die Schönheiten dieser Erde zu erobern und sich wenigstens einmal im Jahr über die Mühsal des Alltags zu erheben.«[62] Erfahrungen gesellschaftlicher Ausgrenzung und Unterprivilegierung, die noch 1926 Reisen als »bisheriges Vorrecht der Besitzenden« beschrieben hatten, wichen dem selbstbewußt vorgetragenen Motto »Jedem Tätigen jedes Jahr eine Urlaubsreise«.[63] Die Vorstellung vom »Ferienmachen« als »Luxusangelegenheit« wurde in die Vergangenheit verwiesen:

[60] Kulturwille 1, 1924, S. 27. Vgl. zur Reiseabteilung des Reichsausschusses die Zeitschrift »Reiseblätter des Reichsausschusses für sozialistische Bildungsarbeit« 1, 1927 bis 5/6, 1932, im folgenden abgekürzt: Reiseblätter; die Jahresprospekte der Reiseabteilung für 1926 bis 1928 (ADB) und 1929 bis 1931 (SB), im folgenden abgekürzt: RA-Prospekt; die Berichte der Reiseabteilung im Jahrbuch der Deutschen Sozialdemokratie 1926 bis 1931, Berlin 1927 bis 1932.

[61] RA-Prospekt 1926, S. 1 (ADB).

[62] Ebd. 1929, S. 1 (SB).

[63] Ebd.

»Im Zusammenhang mit den Veränderungen im kulturellen und geistigen Leben hat sich auch die Bedeutung der Ferien stark verändert. Ferien machen, eine Urlaubsreise antreten, gehörte einmal zu einer gewissen gutbürgerlichen Wohlhabenheit. Reisen war eine Luxusangelegenheit. Man darf mit Recht feststellen, daß die Demokratisierung auch auf diesem Gebiet Fortschritte gemacht hat.«[64]

Die Grundstrukturen im Angebot der SPD-Reiseorganisation zeichneten sich erstmals mit dem Programm für 1926 ab: ein- bis zweiwöchige Gruppenreisen ins Inland, vor allem aber ins Ausland. Die Reisen sollten der persönlichen Bildung, der Erholung und der Völkerverständigung dienen und »überwiegend« sozialistisch oder freigewerkschaftlich organisierte Reisende zusammenführen; ferner sollte das »Soziale Schauen« gepflegt werden, das an die Gedanken des »Sozialen Wanderns« aus der Naturfreundebewegung anknüpfte.[65] Mit der quantitativen Erweiterung des Reiseangebots von sechs auf über vierzig Reisen ging im Laufe der Jahre unter eindeutiger Anpassung an die strukturellen Veränderungen in der Tourismusbranche eine Erweiterung der Zielgebiete und des organisatorischen Aufgabenkreises einher. Mit dem Einsatz des Omnibusses im mehrtägigen Gesellschaftsreiseverkehr trug auch der Reichsausschuß 1930 dem strukturellen Wandel im Transportgewerbe Rechnung. Die »alterprobte« Brüssel-Paris-Reise wurde in diesem Jahr um eine »mehrtägige Fahrt in bequemen Autocars« durch die Normandie erweitert. Für März 1931 kündigte man darüber hinaus unter dem Motto »gesünder und billiger« die ersten Winterreisen an. Die erste, 14tägige Fahrt führte von Berlin aus über München nach Garmisch-Partenkirchen. Ein Aufenthalt im Alpenhotel »Raintaler Hof«, das sich im

[64] Herbert Kriedemann, Wirtschaftliche Voraussetzungen der Ferienkultur, in: Reiseblätter 4, 1930, Nr. 3, S. 4f.

[65] Vgl. Richard Weimann, Fortschritte der Arbeiterreisebewegung, in: Sozialistische Bildung 2, 1930, S. 183f.; Dieter Kramer, Aspekte der Kulturgeschichte des Tourismus, in: Zeitschrift für Volkskunde, 78, 1982, S. 1–12, hier S. 8; Jochen Zimmer, Vom Walzen zum Sozialen Wandern, in: Albrecht Lehmann (Hg.), Studien zur Arbeiterkultur, Münster 1984, S. 141–173.

Besitz der Ortsgruppe München des Metallarbeiterverbandes befand, bot Gelegenheit zum Skifahren und versprach »Entspannung und Erholung in reichstem Maße«.[66] Bereits 1927 war der organisatorische Aufgabenkreis erweitert worden. In diesem Jahr übernahm der Reichsausschuß erstmalig die Organisation von Deutschland-Reisen ausländischer Arbeiterreisegruppen und betreute seither die Berlin-Reisen der 1921 gegründeten *Workers Travel Association.* 1929 nahm der Reichsausschuß erstmals »Ferienaufenthalte« für Gruppen im Ausland in sein Programm auf und gliederte eine Form spezieller Studienreisen, die sich als wirtschafts-, agrar- oder kulturpolitische Schulungsfahrten an Funktionäre der Arbeiterbewegung wandten, aus dem normalen Ferienreiseprogramm aus. Neu waren 1930 auch drei- bis fünftägige Berlin-Reisen, die man für geschlossene Gruppen der Arbeiterschaft anbot. Außerdem erfüllte die Reiseabteilung des Reichsausschusses seit 1929 spezielle Reisewünsche einzelner Verbände der Arbeiterbewegung und organisierte zum Beispiel für den Bezirk Pommern des ADGB eine agrarische Studienreise nach Dänemark oder für den Bezirk Berlin des Staats- und Gemeindearbeiterverbandes eine kommunale Studienreise nach England.[67]

Beim Ferienreiseprogramm setzte der Reichsausschuß weiterhin auf die Veranstaltung von Auslandsrundreisen und Auslandsaufenthalten. Zum einen konnte er damit den von ihm präferierten Zielen der Völkerverständigung und der Bildung entsprechen. Zum anderen ergab sich diese Schwerpunktsetzung aus dem Bemühen, sich von anderen Arbeiterreiseorganisationen abzugrenzen. Der Touristenverein »Die Naturfreunde« (TVDN), so ein Hinweis, pflege zum Beispiel »das Reisen und besonders das Wandern im Inland«, während die Ferienheimgenossenschaft »Naturfreunde« (FGNF) geruhsame Aufenthalte in deutschen Ferienheimen vermittle.[68] Und nicht zuletzt bot die Herausbildung einer auf Massentourismus ausgerichteten touristischen Infrastruktur

[66] Vgl. RA-Prospekte 1930 und 1931 (SB).
[67] Vgl. ebd. 1929 und 1930 (SB).
[68] RA-Prospekt 1931, S. 25 (SB); vgl. Richard Weimann, Arbeiterferien- und Studienreisen, in: Die Gemeinwirtschaft 9, 1929, S. 306–309, hier S. 308.

Abb. 12: Titelseite des Angebotsprospekts des Reichsausschusses für Sozialistische Bildungsarbeit, Berlin, für das Jahr 1928.

Abb. 13: Titelseite des Angebotsprospekts des Reichsausschusses für Sozialistische Bildungsarbeit, Berlin, für das Jahr 1929.

Abb. 14: Titelseite des Angebotsprospekts des Reichsausschusses für Sozialistische Bildungsarbeit, Berlin, für das Jahr 1930.

die Möglichkeit, sich zu spezialisieren: Im Jahresprospekt 1931 begründete man das recht »dünne« Angebot unter dem Titel »Reisen in Deutschland« damit, daß man im Inland »auch ohne Hilfe der Organisation reisen« könne; es gebe »genügend Möglichkeiten«, sich »vorher oder auch noch an Ort und Stelle zu orientieren«.[69]

Hatte sich der sozialdemokratische Reiseveranstalter in seinen Reisezielen zunächst auf Nord-, Mittel- und Südeuropa beschränkt, führte bereits 1928 eine Reise nach Nordafrika (Tunis). Für 1932 plante man Konstantinopel-Athen und kündigte für Juli 1933 eine dreißigtägige Fahrt in die USA an. Zwar beschränkte der Reichsausschuß in der Saison 1932 infolge von Weltwirtschaftskrise, Arbeitslosigkeit, Problemen bei der Devisenbeschaffung und wegen »innenpolitischer« Aufgaben seine Tätigkeit auf die Vermittlung von Ferienaufenthalten für Einzelreisende, das Ziel, Urlaubsreisen zu organisieren, wurde jedoch nicht aufgegeben. In den ›Reiseblättern‹ vom April 1932 äußerte man vielmehr die Hoffnung, »bereits im Herbst ein neues Reiseprogramm für das nächste Jahr vorbereiten« zu können.[70]

Das Bemühen, möglichst billige Reisen zu veranstalten, gehörte zwar auch zu den Zielen des Reichsausschusses – so suchten die Veranstalter der mangelnden Disponibilität und geringen Höhe der Einkommen durch Einführung von Ratenzahlungen und, später, freien Reisesparkonten Rechnung zu tragen –[71], aber es genoß keine Priorität. Größeren Einfluß auf die Programmgestaltung erlangten andere Ziele, zum Beispiel die Pflege der Auslandsrundreisen oder einfach der Anspruch, für eine gewisse, beim Reisen notwendige Bequemlichkeit zu sorgen. Der durchschnittliche Reisepreis stieg denn auch zwischen 1925 und 1930/31 von 136 RM auf rund 200 RM. Entsprach die durchschnittliche Reisedauer mit acht Tagen 1925 noch dem Tarifurlaub von mindestens zwölf Prozent der Arbeiter, lag sie fünf Jahre später bei 13 Tagen. 1928 ließen die Organisatoren sogar verlauten, daß

[69] RA-Prospekt 1931, S. 25 (SB).
[70] Reiseblätter 5/6, 1932, Nr. 3/4, S. 7.
[71] Vgl. zum Beispiel ebd. 2, 1928, Nr. 1, S. 7.

einige Reisen für manchen »unerschwinglich bleiben« würden.[72] Dies galt auch für die Wahl der Unterkünfte. Der Teilnehmer einer Tunis-Reise monierte 1926 in einer »kritischen Betrachtung«, daß »sich die Auslandsreisen tatsächlich billiger gestalten ließen«, wenn man die Wahl der Unterkünfte veränderte. Denn »teure Hotels mit internationalem Publikum« seien »nicht nötig. Einfache Landgasthöfe tun's genauso«.[73] Der Bericht einer Teilnehmerin derselben Reise deutete indessen darauf hin, daß man die Bedürfnisse nicht derart über einen Kamm scheren konnte: »Viele von uns logierten das erste Mal in einem richtigen ›Grand-Hotel‹ und fühlten sich in dem europäischen Komfort recht gehoben und behaglich.«[74] Die Veranstalter wiederum beteuerten, daß man »Luxus und unnützen Komfort« ablehne, für den rechten Reisegenuß aber »eine gewisse äußere Bequemlichkeit für notwendig« erachte; »Massenquartiere« schieden ganz aus; man buche »stets gutbürgerliche Hotels« mit Ein-, Zwei- oder Dreibett-Zimmern.[75]

Wichtiger als die Verbilligung des Reisens war den Veranstaltern die programmatische Abgrenzung zu kommerziellen Anbietern und den Reisegewohnheiten von deren Klientel – »baedekerbewaffneten Vielsehern«, »satten Spießern« und »Bildungssnobisten«.[76] Erkenntnishungrig wollte man die politischen und sozialen Hintergründe erforschen und, kurz gesagt, anders reisen und anders schauen:

> »Freilich darf das Reisen der Werktätigen nicht nach den Methoden von Cook erfolgen. Mit jenen Sehenswürdigkeiten und Naturschönheiten, die im Baedeker mit ein oder zwei Sternen verzeichnet stehen, darf es für uns nicht abgetan sein. Wir wollen die Menschen und Völker bei der Arbeit kennenlernen, die sozialen Zustände erforschen

[72] RA-Prospekt 1928, S. 1 (ADB).

[73] Herbert Frister, Sozialistische Studienreisen. Eine kritische Betrachtung, in: Urania 2, 1925/26, S. 241–245, hier S. 241f.

[74] Margarete Hartig, Tunesische Eindrücke, in: Reiseblätter 3, 1929, Nr. 3, S. 3f.

[75] Reiseblätter 2, 1928, Nr. 1, S. 8.

[76] Vgl. Kulturwille 4, 1927, S. 162; Reisen. Schauen, Reisebeilage zu Kulturwille 5, 1928, Sept.-Heft; ebd. 6, 1929, März-Heft, S. 5*f.

und Einblick in jene dunklen Bezirke des menschlichen Daseins nehmen, an denen wir als Sozialisten und vorwärtsstrebende Menschen nicht vorübergehen können.«[77]

Großer Wert wurde auch auf den Charakter der Selbsthilfeeinrichtung gelegt: »Vor allem eins ist wichtig: die Reisen des Reichsausschusses sind nicht Gesellschaftsfahrten, wie sie von vielen Reisebüros veranstaltet werden. Unsere Reisen sind Einrichtungen der praktischen Selbsthilfe.«[78]

Das Bemühen, eine »neue Ferienkultur« zu schaffen[79], blieb indes in weiten Teilen Rhetorik. Vergleicht man zum Beispiel das Angebot des Reichsausschusses mit dem Gesellschaftsreiseprogramm des Mitteleuropäischen Reisebüros (MER), zeigen sich Übereinstimmungen schon bei den am häufigsten angebotenen Zielgebieten.[80] 1929 standen zum Beispiel Finnland, Schweden, Dänemark und die polnische Hohe Tatra ebenso auf dem Programm beider Anbieter wie die Schweiz, Österreich und Italien, Riviera und Adria, Dalmatien und Tunis, London und Paris. MER und Reichsausschuß hatten Rhein und Nordsee gleichermaßen in ihren Programmen verankert. Die Arbeiterorganisation verzichtete allerdings auf Reisen in den nahen und fernen Osten, während das MER auch Ägypten, Indien und Ceylon in seinem mit einzelnen Exklusivangeboten angereicherten Programm anbot. Reisen in die UdSSR offerierte übrigens nur das »bürgerliche« MER. Wie das MER verzichtete auch der Reichsausschuß – mit Ausnahme des Jahres 1925 – auf Wanderfahrten traditionellen Zuschnitts. Hier grenzte man sich weniger vom bürgerlich-kommerziellen Gewerbe ab, als von der Wandertouristik des TVDN. Die Reiseangebote des Reichsausschusses unterschieden sich hinsichtlich der Zielgebiete kaum von denjenigen kommerzieller Veranstalter. Auf beiden Seiten lockte der romantische Rhein, beide Seiten sahen sich in Oberitalien auf den Spuren Goethes wandeln. Manche Fahrten ähnelten

77 Reiseblätter 4, 1930, Nr. 1, S. 1f.

78 Herbert Kriedemann, Reisevorbereitungen, in: ebd. Nr. 2, S. 1f.

79 W. Hauth, Mit dem Reichsausschuß in die Welt, in: ebd. 3, 1929, Nr. 1, S. 2.

80 Vgl. zum folgenden RA-Prospekt 1929 (SB) und Jahresprospekt des MER für 1929 (ATB).

Abb. 15: Reiseteilnehmer des Reichsausschusses für Sozialistische Bildungsarbeit, Berlin, auf der Insel Rab (heute Kroatien) während einer Adria-Reise vom 18. bis 31. August 1929. An der Reise nahmen insgesamt 105 Personen teil, je zur Hälfte Männer und Frauen. Berufliche Zusammensetzung nach der Statistik des Veranstalters: 19 männliche, 5 weibliche Handarbeiter; 30 männliche, 17 weibliche Kopfarbeiter; 8 Angestellte der Arbeiterbewegung; 14 Hausfrauen; 12 sonstige Berufe.

sich bis ins Detail. Beide Veranstalter hatten auf ihrer Riviera-Reise 1929 Monaco und Monte Carlo, Mentone, Cannes, Nizza und Marseille im Programm. Das Erlebnis »Casino Monte Carlo« zog auch den sozialistisch gesinnten Reisenden in seinen Bann. Schritt für Schritt, wie auf konzentrischen Bahnen, bewegte man sich auf das »Reich der Spielhölle« zu, betrachtete das Casino, wie eine verbotene Frucht, zunächst verstohlen von außen, um dann, wie beiläufig, einzutreten:

> »Mittags waren wir bereits im kleinen Reiche des Fürsten von Monaco, dem einzigen Staate, wo die Bürger keine Steuern zahlen, weil aus der Spielhölle Monte Carlo soviel Überschüsse erzielt werden, daß selbst die feinsten Anlagen unterhalten werden können. Am Nachmittag dieses Freitags waren wir frei, machten Spaziergänge am blauen Meer, lauschten der erstklassigen Pariser Kapelle, die im

Garten des Kasinos – der Spielhölle – konzertierte, manche besuchten auch die Salons des Kasinos, wo Männlein und Weiblein um Vermögen spielen.«[81]

Der Anspruch, anders zu reisen, hielt sich auch beim Verhaltenskodex in Grenzen. 1929 garantierte man ausdrücklich Individualität, die in proletarischen Kreisen ansonsten mit dem Makel der Bürgerlichkeit behaftet war.[82] Anpassung galt auch im Hinblick auf die Kleidung: »Für unsere Reisen genügt ein einfacher Reise- oder Gesellschaftsanzug. Die sogenannte ›Wanderkluft‹ (kniefrei, Schillerkragen usw.) ist ebenso zu vermeiden wie unnützer Kleiderluxus. ... An Stelle des Rucksacks, den man im fremdsprachigen Ausland meist nicht kennt, empfiehlt sich ein leichter Handkoffer.«[83] Überhaupt sei »alles Auffallende unzweckmäßig«: »Wer mit uns reist, soll unseren Veranstaltungen Ehre machen und unseren guten Ruf nicht gefährden.«[84]

Die proletarische Selbsthilfeeinrichtung, die sich institutionell und programmatisch bewußt vom bürgerlich-kommerziellen Gewerbe absetzen wollte, unterschied sich somit in ihren kulturellen Inhalten, den Reisezielen, der Durchführung und dem Verhaltenskodex, kaum von ihrem Gegenpart. Die verbleibenden Unterschiede markierten eher quantitative Aspekte. So umfaßte das Reichsausschußangebot nur 23 Gesellschaftsreisen und acht Ferienaufenthalte gegenüber einem MER-Angebot von 294 Gesellschaftsfahrten im Jahr 1929. Die SPD-Organisation besaß zudem auch kein eigenes Reisebüro mit Schaufenster und Werbeauslagen, sondern residierte in Berlin SW 68, Lindenstraße 3, im dritten Stock, erster Hinterhof. Geworben wurde durch Auslage von Prospekten in Bildungssekretariaten, SPD-Büros und in den Gewerkschaftshäusern; außerdem erhielten die Redaktionen der freigewerkschaftlichen Verbandspresse regelmäßig das Programm. Plakate wurden ebenfalls gedruckt, und den Pe-

[81] W. Koch, Im Südwesten Europas. Eindrücke von einer Fahrt des Reichsbildungsausschusses, in: Vorwärts Nr. 326 vom 12. Juli 1928.
[82] Vgl. Hauth, Reichsausschuß, 1929, S. 2.
[83] Reiseblätter 2, 1928, Nr. 2, S. 7f.
[84] Ebd. 1, 1927, Nr. 1, S. 8.

riodika der Arbeiterpresse lagen Einzelprospekte bei. Den Jahresprospekt konnte man für 35 Pfennige kaufen. Der Wirkungsgrad des Arbeiterreiseveranstalters war also gegenüber einem Reisevermittler und -veranstalter wie dem MER, der allein in Deutschland mehrere hundert Vertretungen unterhielt, trotz der Möglichkeiten, die das dichte Organisationsnetz der Arbeiterbewegung mit seinen vielfältigen Kommunikationswegen bot, begrenzt. Und obwohl sich der Reichsausschuß nicht als Billigveranstalter verstand und gerade im unteren Preisbereich etwas teurer war als kommerzielle Veranstalter, offerierte er zumindest seine Auslandsreisen wesentlich billiger als das MER. Neunzehn Tage Tunis kosteten zum Beispiel beim MER ab Marseille 940 RM, beim Reichsausschuß (16 Tage) ab Frankfurt am Main nur 400 RM. Die 14tägige Adria-Reise des Reichsausschusses war 1929 von München aus für 250 RM zu bekommen, während das MER für 13 Tage ab Triest 395 RM verlangte. Obendrein verteuerten die langen Anfahrten beim MER die Reisen. Der Reichsausschuß bemühte sich hingegen, möglichst zentral gelegene Orte innerhalb Deutschlands zu wählen. Oder er richtete bei größeren Gesellschaftsfahrten Anreisen zu ermäßigten Gruppentarifen ein; so kostete für die Fahrt an die Adria eine Anreise von Leipzig nach München 17,50 RM oder von Berlin nach Dresden 7,50 RM. Die Preisdifferenz zeigt sich letztendlich im Vergleich der teuersten Reisen. Die teuerste MER-Reise kostete 1929 5500 RM (siebzig Tage Indien und Ceylon), der Spitzenpreis des Reichsausschusses lag bei 400 RM (13 Tage Tunis und Nordafrika).

Richard Weimann, Hauptverantwortlicher des Reichsausschusses erklärte 1929, daß die Mehrzahl der veranstalteten Reisen »allgemeine Ferien- und Gesellschaftsreisen« seien, das heißt Reisen, auf denen »die Teilnehmer in kürzester Zeit alles Wesentliche sehen und ein guter Ausgleich zwischen freier Zeit des Teilnehmers und den programmatischen Darbietungen erfolgt«.[85] Nach fünfjähriger Reisepraxis dokumentiert diese Einschätzung den Verlust des ursprünglich intendierten »Studien«-Charakters, der das Ergebnis eines

[85] Weimann, Studienreisen, 1929, S. 308.

Abb. 16: Reiseteilnehmer des Reichsausschusses für Sozialistische Bildungsarbeit, Berlin, am Strand von Monaco, vermutlich auf der Korsika-Riviera-Reise vom 14. bis 25. Juni 1930. Der Reichsausschuß führte Riviera-Reisen mit mehrtägigem Aufenhalt in Monaco seit 1927 durch.

ungewollten Anpassungsprozesses an die Bedürfnisse der Teilnehmer und potentiellen Reisenden war, hatten diese doch zunehmend die Berücksichtigung und Anerkennung ihres Erholungs- und Vergnügungsbedürfnisses eingefordert – mit Erfolg. Überliefert ist der Fall einer Mitte der zwanziger Jahre als »Studienreise« angekündigten Fahrt, auf die sich spontan anstelle der erwarteten dreißig Personen 120 Teilnehmer gemeldet hatten. Sie verstanden die als »Studienreise« konzipierte Veranstaltung allerdings als Erholungsfahrt und wollten sich mit der Vorstellung von »angestrengter Arbeit im Sinne von Volkshochschulkursen« nicht identifizieren. Ihnen genügte vielmehr, was Reiseleiter Viktor Engelhardt heftig kritisierte: eine »oberflächliche Betrachtung der Kunstwerke«. Nach einer Aussprache und der Aufteilung in Kleingruppen blieb schließlich nur eine dreißigköpfige Gruppe übrig, die mit den Vorstellungen ihres promovierten Reiseleiters konform ging. Doch selbst als Engelhardt bei einer der nächsten kunsthistorischen Studienreisen »Uninteressierte« ausdrücklich vor einer Teilnahme »warnte«, meldeten sich »sehr viele, die an kunsthistorischen Studien keineswegs brennend interessiert waren«.[86] Auf die Frage nach dem »erzieherischen und geistigen Gewinn« einer Nordlandreise des Reichsausschusses gab ein Teilnehmer die ernüchternde Antwort: »Ich glaube, er war gering! Außer einem – je nach Veranlagung – verschieden tiefen romantischen Erlebnis der unvergleichlichen nordischen Landschaft und einer flüchtigen Bekanntschaft mit norwegischen Genossen wird nicht viel Dauerhaftes übrig geblieben sein.«[87] Die Reiseleiter und Programmatiker der SPD-Reiseorganisation Dr. Norbert Marx, Dr. Viktor Engelhardt, Dr. Walter Biese, Dr. Karutz, Dr. Bienstock, Dr. Herrmann Hieber, Richard Weimann und andere Intellektuelle und sozialdemokratische Kulturtheoretiker taten sich anfangs schwer, das Bedürfnis ihrer Klientel nach Ruhe und Entspannung, Erholung und Erleben als *uneingeschränktes* Reisemotiv anzuerkennen. Engelhardt schrieb über die von ihm geleitete Studienreise schließlich: »Erholung und Vergnügen haben auf ihr nur so weit Berechtigung, als sie den Zweck der Reise nicht beeinträchtigen, sondern fördern.«[88] Sein Kollege Herbert Kriedemann wurde grundsätzlicher: »Wir reisen ja nicht nur zum Vergnügen!«[89] Auch der Ferienaufenthalt war ursprünglich nur ein unbeabsichtigtes Zugeständnis an die Erholungswünsche ehemaliger oder potentieller Teilnehmer. Im Jahresprospekt 1929 bezeichneten die Veranstalter dieses Angebot aus-

[86] Viktor Engelhardt, Eine Studienreise nach Italien, in: Reiseblätter 2, 1928, Nr. 2, S. 6f.

[87] Frister, Studienreisen, 1925/26, S. 242.

[88] Engelhardt, Studienreise, 1928, S. 7.

[89] Kriedemann, Reisevorbereitungen, 1930, S. 2.

drücklich als Entgegenkommen. Doch schon im ersten Jahr überstieg die Nachfrage das gebotene Programm, das von ursprünglich vier auf acht zweiwöchige Aufenthalte erhöht und in den folgenden Jahren weiter ausgebaut werden mußte. 1931 wurden erstmals Einzelaufenthalte in Pensionen und Ferienheimen angeboten. Zur Jahreswende 1930/31 trat die SPD-Reiseorganisation schließlich mit einem Faltprospekt im DIN-A4-Format an die Öffentlichkeit, der nur ein Ziel hatte: die Reiselust zu wecken. Das Titelblatt zeigte in expressionistischer Manier die rauchenden Schlote eines Ozeandampfers und versprach: »Geht an Bord mit dem Reichsausschuß für sozialistische Bildungsarbeit und Ihr seht die Welt!« Im Innern des Prospektes lockten Palmenhaine unter tiefblauem Südseehimmel: »Auch Du. Du! an der Drehbank. Du! am Schaltblock. Du! an der Schreibmaschine. Du! Ihr alle könnt unter Palmen wandeln. Afrika und Amerika sind keine Märchen mehr! Laßt Eure Sorgen zu Haus! Verbringe Deinen Urlaub im harmonischen Kreis von Gesinnungsgenossen.« Den Anspruch auf eine »sinnvolle« Gestaltung des Urlaubs, so »daß jeder einzelne nicht nur für sich, sondern auch für die Gesamtheit daraus Nutzen« ziehe, mochten die Veranstalter zwar nicht aufgeben. Ihr rigoroses Streben nach sozialistischer Lebensgestaltung, die den Arbeiter auch auf seiner Urlaubsreise »veredeln« wollte, verlor sich aber zwischen Palmen und himmlischen Versprechungen im Kleingedruckten. Auf der Rückseite versprach der Blick aus einem Eisenbahntunnel verlockende Urlaubstage in einer romantischen Bergwelt.[90] Die in den ›Reiseblättern‹ abgedruckten »Teilnehmerstimmen« lobten denn auch weniger den programmatisch vorgetragenen »Bildungsgehalt« als vielmehr die »vorzügliche Organisation« und die »Unterkunft in den besten Hotels«; sie betonten, »ein Stück Welt vom weiten, schönen Erdenrund« kennengelernt zu haben, was hoffentlich »bald jedem Arbeiter und jeder Arbeiterin« möglich sein werde.[91]

90 RA-Sonderprospekt »Geht an Bord mit dem Reichsausschuß«, Berlin o. J. [1930], als Beilage zum Kulturwille 8, 1931, Nr. 1 (SB).

91 Reiseblätter 2, 1928, Nr. 1, S. 5; ebd. 3, 1929, Nr. 2, S. 4.

Unter der Überschrift ›Ferienreise im Sommer – Der Arbeiter im Bad‹ kündigte das Arbeiter-Bildungs-Institut Leipzig (ABI) in seiner Zeitschrift ›Kulturwille‹ Ende 1925 erstmals die selbständige Veranstaltung einer großen Arbeiterferienreise im Sonderzug an. Der Reiseplan für die mehrtägige »Erholungsreise« an die »Wasserkante« im Jahre 1926 versprach in allen Einzelheiten Erholung und Vergnügen, Bequemlichkeit und unbekümmertes Reisen:

> »Das ist der Plan: Leipzig – Stralsund – Rügen – Lübeck – Hamburg – Helgoland – Hamburg – Leipzig. Wir fahren in der letzten Augustwoche Sonnabend abends fort, besichtigen Stralsund, bleiben 2 Tage auf der herrlichen Insel Rügen, vergnügen uns dort am Strand, machen Ausflüge in die Buchenwälder, bewundern die Steilküste. Dann fahren wir entweder zu Schiff oder per Bahn nach Lübeck, schauen uns die Stadt an und übernachten dort. Am nächsten Tag geht's nach Hamburg. Dort gibt's Hafenrundfahrt, Fahrt auf der Alster, Rundfahrt durch die Stadt, Besichtigung eines Ozeanriesendampfers, Besichtigung des Tierparks Stelling von Hagenbeck usw. usw. Dazwischen kommt eine Fahrt nach Helgoland. ... Eine Fahrt ist's voller Abwechslung, voll tiefer, bleibender Erinnerungen, reich ist sie an Belehrung zugleich. Auf jede erdenkliche Bequemlichkeit wird geachtet. Keine Hetze darf sie sein, sie soll ja der Erholung dienen. Um nichts braucht man sich dabei zu sorgen, jeder schläft jede Nacht im Hotel im Bett. Die Leitung der Reise besorgt alles.«[92]

Teilnahmeberechtigt war »jeder freigewerkschaftlich oder politisch organisierte Arbeiter und Angestellte, mit Frau und Kind natürlich«, darüber hinaus aber auch »jeder« andere.[93]

[92] Kulturwille 2, 1925, S. 233. Zur Reiseabteilung des ABI vgl. Kulturwille 1, 1924 bis 10, 1933, insbesondere die Reisebeilage Reisen. Schauen (4, 1927, Nov.–Heft bis 9, 1932, Jan.-Heft); Ich fahr in die Welt. Blätter für Reisen und Schauen, hg. von der Kulturabteilung des ADGB-Ortsausschusses Leipzig 1, 1931 bis 2, 1932.

[93] Kulturwille 2, 1925, S. 80.

Abb. 17: Sonderprospekt des Reichsausschusses für Sozialistische Bildungsarbeit, Berlin, ca. 1931.

Die Reiseveranstalter des ABI vermuteten, daß kaum ein Arbeiter die Kosten von 100 RM auf einmal zahlen könnte und boten nach einer Anzahlung von 5 RM eine Zahlung in Monatsraten zu 12 RM an. Der Transport erfolgte im Sonderzug. Für Reiseführung, Unterkunft und Verpflegung griff das

ABI auf die Hilfe befreundeter Arbeiterorganisationen zurück, quartierte seine Gäste aber ebenso selbstverständlich in Hotels und Gasthäusern ein. Die kurze Wirtschaftsrezession 1926 änderte nichts an dem großen Erfolg: Mit 740 Teilnehmern wurden die Erwartungen des Veranstalters um fast ein Viertel übertroffen.[94]

Den Organisatoren, Valtin Hartig (bis 1926 Leiter des ABI), Otto Schmidt und Felix Ilgner war das Ergebnis Anlaß genug, in den kommenden Jahren regelmäßig Ferienreisen und Ferienaufenthalte zu organisieren. 1928 resümierte Hartig, daß die Reisetätigkeit des ABI inzwischen »solchen Anklang gefunden« hätte, daß sie sich »zur wichtigsten Sommerarbeit des ABI« entwickle.[95] Ein Jahr nachdem das »Reiseunternehmen« 1929 in die Regie der Kulturabteilung des ADGB-Ortsausschusses übergegangen war, begann die Weltwirtschaftskrise auch in Leipzig die Durchführung der Ferienreisen zu beeinträchtigen. Zum Erliegen kamen sie jedoch nicht; selbst 1932 gelang es, »den größten Teil« des Programms durchzuführen. Im Dezember 1932 erschien wieder eine Nummer der Reisezeitschrift, die das Reiseprogramm für 1933 präsentierte und ihre Leserinnen und Leser mit den Worten begrüßte: »Hei lewet noch!«[96]

Erholungs- und Vergnügungsmotive prägten das Angebot der Leipziger Arbeiterreiseveranstalter. »Ferien sind Freizeit, Freizeit ist Lebenszeit! Verwende deine Lebenszeit und genieße sie, wir helfen dir!« setzte die ABI-Reiseabteilung 1928 als Motto unter ihre Mitteilungen.[97] Und der ADGB beendete sein Editorial zur ersten Ausgabe von ›Ich fahr in die Welt‹ mit dem Wunsch, »daß die wenigen Ferientage Erholung und Genuß, Entspannung und Stärkung bringen«.[98] Die Reise als »Anschauungsunterricht«[99] blieb demgegenüber im Hintergrund, obwohl in Leipzig ebenso wie in

[94] Felix Ilgner, Bericht von der Ferienfahrt des ABI nach der Wasserkante, in: Ebd. 3, 1926, S. 207.
[95] Valtin Hartig, 3 Jahre ABI, in: Kulturwille 5, 1928, S. 73.
[96] Ich fahr in die Welt 2, 1932, Dez.-Heft.
[97] Reisen. Schauen, Reisebeilage zu Kulturwille 5, 1928, Mai-Heft.
[98] Ich fahr in die Welt 1, 1931, S. 3.
[99] Ebd., S. 2.

Abb. 18: Reiseteilnehmer des Arbeiter-Bildungs-Instituts Leipzig vor dem Landesmuseum in Innsbruck (Ferienreise Oberbayern-Tirol 18.–26. Juni 1927). Insgesamt nahmen 427 Personen an dieser Reise teil.

Berlin sozialdemokratische Bildungsorganisationen als Träger fungierten. Die Leipziger gingen davon aus, daß die Ferienreise für den Arbeiter noch mit großen Verhaltensunsicherheiten verbunden sei, hatte Reisen doch bis dahin als ein Vorrecht des Bürgertums gegolten. Und schließlich bemühte man sich um größtmögliche Anpassung an die sozioökonomischen Voraussetzungen. Das ABI setzte den Akzent auf Fahrten, die nicht länger als neun Tage dauerten und deren Ziele, häufiger als beim Reichsausschuß, im Inland lagen: Sächsische Schweiz, Harz, Nordsee, Ostsee und Rhein.

Im Gegensatz zum Berliner Reichsausschuß, der Reisen in kleinen Gruppen bevorzugte, planten ABI und ADGB von vornherein die Teilnahme größerer Massen und griffen häufiger auf den Einsatz von Sonderzügen zurück. Auf der Rheinreise 1928 wurde ein Teil der Rundfahrt mit 22 Omnibussen zurückgelegt.[100] Im Gegensatz zum Reichsausschuß nahmen ABI und ADGB auch Kinder mit. Darüber hinaus hatte das ABI im Volkshaus seit 1928 tägliche Geschäftszeiten eingerichtet (Montag bis Freitag 9–11 und 16–19 Uhr, Samstag 10–14 Uhr) und bot jeden Freitag zu arbeitnehmerfreundlichen Zeiten zwischen 19 und 21 Uhr »Beratungen und Auskünfte in allen Reiseangelegenheiten«.[101] ABI und ADGB hielten schließlich mehrere Angebote in ihrem Programm bereit, die um bzw. zum Teil unter 100 RM lagen. Eine Besonderheit im ABI-Programm stellte das im Eigentum des ADGB-Ortsausschusses Leipzig befindliche Ferienheim »Neumühle« bei Stadtroda dar. Das Reiseprogramm des ADGB-Ortsausschusses, der die Reisen ab 1929 in seine Regie übernahm, behielt die vom ABI geprägte Struktur im wesentlichen bei, auch wenn er sein Programm mit relativ teuren »Zehn-Länder-Fahrten« anreicherte – jenen Fahrten, von denen sich später das Amt »Reisen, Wandern, Urlaub« der NS-Organisation »Kraft durch Freude« polemisch absetzen sollte.[102] Ratenzahlung, die Einrichtung »freier Reisesparkonten«, Zusammenarbeit und Zusammentreffen mit ande-

[100] Reisen. Schauen, Reisebeilage zu Kulturwille 5, 1928, Okt.-Heft.
[101] Ebd., März-Heft.
[102] So zum Beispiel Horst Dressler-Andress, Freizeitgestaltung in Deutschland, Karlsruhe 1936, S. 6.

ren Arbeiterorganisationen sowie »gute« Unterkunft und Verpflegung in Hotels und Gasthäusern bestimmten indes die Leitlinien von ABI *und* Reichsausschuß; sowohl in Leipzig als auch in Berlin wurden die Reisen als Pauschalreisen angeboten und umfaßten alle Fahrtkosten (Eisenbahn, Schiff, Kraftwagen), »gute und reichliche Verpflegung« (ohne Getränke), Unterkunft »in guten Hotels«, alle Trinkgelder, Besichtigungen, Führungen und Kurtaxe. Auch das ABI gab, wie die Berliner Genossen, einen eigenen Reiseprospekt heraus (seit 1927) und schuf sich mit der Reisebeilage zur Zeitschrift ›Kulturwille‹, ›Reisen. Schauen‹, ein Informations-, Mitteilungs- und Werbeblatt.[103] Bereits ein Jahr vor dem Reichsausschuß hielt das ABI ein umfangreiches Angebot an Ferienaufenthalten bereit. Bei der Organisation der Aufenthalte zeigte sich das ABI flexibel und kam auch individuellen Urlaubswünschen entgegen. Es pflegte außerdem enge Kontakte zu anderen Arbeiterreiseorganisationen, zum Beispiel zum tschechoslowakischen Verein für Studienreisen und Volksbildung »Urania«.[104] Gemeinsame Reisen führte das ABI mit der ebenfalls in der nahegelegenen Tschechoslowakei ansässigen Uro, der Urlaubsreiseorganisation Bodenbach, durch, die ihrerseits seit 1925 in Dresden ein »Ortsgruppenbüro« unterhielt.[105] Kontakte bestanden im Sommer 1925 auch zum Berliner Reichsausschuß, mit dem man 1928 die Reisen Salzkammergut, Salzkammergut-Tirol-Oberbayern, Hamburg-Nordsee, Dänemark-Rügen und Dänemark-Schweden veranstaltete.[106]

Die veränderten Voraussetzungen in der Angebotsstruktur der damals wichtigsten touristischen Verkehrsträger spielten beim Aufbau der Leipziger Arbeiterreiseorganisationen eine wichtige Rolle. Einerseits wollte man von den Transportvergünstigungen, zum Beispiel den Ermäßigungs- und Sonderzugangeboten der Reichsbahn, profitieren und diese ganz

103 Reisen. Schauen, Reisebeilage zu Kulturwille 5, 1928, April-Heft.

104 Kulturwille 2, 1925, S. 233; ebd. 6, 1929, S. 112ff.; Reisen. Schauen, Reisebeilage zu Kulturwille 5, 1928, März-Heft.

105 Ebd., Febr.-Heft; Korrespondent für Deutschlands Buchdrucker und Schriftsetzer 63, 1925, S. 94; Arbeiter-Bildung 2, 1927, S. 30f.

106 Vgl. RA-Prospekt 1928 und Reisen. Schauen, Reisebeilage zu Kulturwille 5, 1928, Febr.-Heft.

pragmatisch auch den reisenden Arbeitern zugute kommen lassen[107], andererseits sah man darin jedoch mit Blick auf die eigene Hauptzielgruppe – die Arbeiter – eine unliebsame Konkurrenz. Unter der Überschrift »Warum Gesellschaftsreisen?« hieß es, »Reisebureaus« und »Reisegesellschaften« wüchsen zwar »wie Pilze aus der Erde«, aber diese »Unternehmungen« seien »nur auf Gewinn ausgerichtet«. Die Verwaltungs-Sonderzüge der Reichsbahnverwaltung könne man wohl »gelten lassen«, aber auch sie würden keinem sozialen Zweck, sondern nur der Hebung des Verkehrs dienen. »Mit den Oberlehrerweisheiten, welche die Führer am fremden Ort zum besten geben«, lautete das distanzierte Urteil, sei »einem Arbeiter nicht gedient. Wer die billige Fahrt der Reichsbahn-Sonderzüge benutzen will, mag es tun. Am Zielort aber hat er seine eigenen Wege«.[108] Die Leipziger warben daher mit einem gegenkulturellen Programm – mit der Zusicherung alljährlicher Zusammenkünfte der Reiseteilnehmer, einer kompetenten Reiseleitung, mit »Gemeinschaft« und »Solidarität« und dem Reisen unter »Gesinnungsgenossen« – letzteres allerdings vorsichtig genug, um auch jene Arbeiter zu gewinnen, die sich offensichtlich schon der Reichsbahn oder anderen Veranstaltern zugewandt hatten.[109]

Reisebüros und Wanderauskunftsstellen im Touristenverein »Die Naturfreunde«

Der Touristenverein »Die Naturfreunde« (TVDN) wurde 1895 in Wien gegründet und faßte seit 1905 auch in Deutschland Fuß.[110] Mit nur einigen tausend Mitgliedern blieb er bis 1918 ein lockerer Zusammenschluß von Organisationen, die

[107] Vgl. ebd., Okt.-Heft.

[108] Felix Ilgner, Warum Gesellschaftsreisen?, in: Ebd., März-Heft.

[109] Ebd.

[110] Zum TVDN vgl. Zimmer (Hg.), Naturfreunde, 1984; Hartmann Wunderer, Der Touristenverein »Die Naturfreunde« – Eine sozialdemokratische Arbeiterkulturorganisation (1895–1933), in: Internationale Korrespondenz zur Geschichte der deutschen Arbeiterbewegung 13, 1977, S. 506-522; die Jahresprospekte des Zentralreisebüros in Nürnberg für 1929 bis 1931 (ARÖK), im folgenden abgekürzt: TVDN-Prospekt; die Rundschreiben des TVDN-Zentralreisebüros 1931–1933

überwiegend auf lokaler Basis operierten. Seine Identität als Freizeit- und Wanderorganisation für die Arbeiterschaft bezog der TVDN vornehmlich aus der jeweiligen Region. Erst die Inflation nach dem Ersten Weltkrieg bescherte dem Verein einen Mitgliederanstieg auf über 100 000 und regte allenthalben in den Ortsgruppen den Bau von Unterkunftshäusern an.[111] Verfügte der in Wien ansässige Zentralverein bei Kriegsausbruch in Österreich, Deutschland und der Schweiz über insgesamt nur ca. 25 Häuser, stieg deren Zahl allein in Deutschland bis 1926 auf 155 und bis 1930 auf 245.[112] Mit der Währungsstabilisierung ging indes, wie in anderen Organisationen der Arbeiterbewegung, die Zahl der Mitglieder im TVDN rapide zurück, um knapp die Hälfte. Erst 1928 zeigte sich in Deutschland wieder eine steigende Tendenz. Angesichts dieser Turbulenzen stand die in Nürnberg residierende Reichsleitung vor der Frage, wie sie sich die Umsetzung des programmatisch schon lange vorgetragenen Anspruchs, als umfassende Freizeit- und Reiseeinrichtung der minderbemittelten Bevölkerung zu fungieren, vorstellte.

Vor diesem Hintergrund beauftragte 1926 die Reichsversammlung der Gruppe Deutschland die Reichsleitung, »unverzüglich« mit der Ausarbeitung eines Ferienreiseprogramms zu beginnen. Einem weiteren Antrag entsprechend sollte sie »nach Möglichkeit« dahin wirken, daß »die Ortsgruppen der Großstädte und größeren Industriebezirke« »öffentliche Reise- und Auskunftsstellen und Kartenberatungsstellen« einrichten.[113]

Noch bevor die Reichsleitung im Jahr 1928 rund 3000 Teilnehmer in vier Sonderzügen in die Schweiz führte, 1929 ihren ersten Prospekt ›Ferienreisen mit den Naturfreunden‹ vorlegte und ein Jahr später zur ersten »Tagung der Wanderaus-

(ARÖK); Geschäftsberichte der Reichsgruppe Deutschland sowie Protokolle der Reichsversammlungen des TVDN 1924 bis 1933 (ARÖK).

111 Zimmer (Hg.), Naturfreunde, 1984, S. 306.

112 Zahl 1914 nach Wulf Erdman/Klaus-Peter Lorenz, Baumeister der neuen Zeit – Das Naturfreunde-Häuserwerk entsteht, in: ebd., S. 141–183, hier S. 154; Zahl 1926 ausgezählt nach dem Verzeichnis der Schutzhütten und Ferienheime des TVDN von 1926 (ARÖK), Zahl 1930 nach dem Verzeichnis von 1930 (ARÖK).

113 TVDN, Reichsgruppe Deutschland, Protokoll der 1. Reichsversammlung am 2. und 3. Oktober 1926 in Würzburg, Nürnberg o. J. [1927], S. 48f. (ARÖK).

kunftsstellen und Reisebüros« einlud, hatten die Orts- und Gaugruppen bereits die Initiative ergriffen. Sie nahmen in Anknüpfung an einzelne Reisen aus der unmittelbaren Vorkriegszeit mit der Währungsstabilisierung das Ferienreiseprogramm dezentral wieder auf und bauten es aus.[114] Der TVDN-Gau Berlin-Brandenburg war der erste, der sich 1927 ein »eigenes Reisebüro« einrichtete, und zwar in Berlin, Johannisstr. 14–15. Ihr erstes Angebot stellten die Berliner für die Saison 1928 zusammen, in der sie auch erstmals unter der Bezeichnung »Reisebureau« an die Öffentlichkeit traten. Montags bis freitags von 9 bis 19 und sonnabends von 9 bis 13 Uhr bot man eine Palette von Dienstleistungen an, die – abgesehen vom Verkauf amtlicher Bahnfahrkarten – kommerziellen Reisebüros in nichts nachstand.[115] Ebenfalls im Jahr 1927 startete der Gau Nordmark von Hamburg aus die erste Sonderzugfahrt in den Schwarzwald, die in den folgenden Jahren zur festen Institution wurde.[116]

Im Juni 1932 bestanden schließlich neben dem Zentralreisebüro in Nürnberg »Reisebüros« in Berlin, Hamburg, Dresden, Magdeburg, Köln und Leipzig sowie »Wanderauskunftsstellen« in 32 weiteren Mittel- und Großstädten Deutschlands.[117] Als im Oktober desselben Jahres die Vertreter der mitteldeutschen Naturfreunde-Reisebüros zu einer Regionaltagung zusammenkamen, hatten sich inzwischen auch in Halle und Chemnitz TVDN-Reisebüros konstituiert und die Durchführung von ein- und mehrtägigen Gesellschaftsreisen angekündigt.[118] Anfang der dreißiger Jahre beabsichtigte man sogar, den »amtlichen Fahrkartenverkauf« zu übernehmen und damit eine Lizenz als MER-Vertretung zu erwerben.[119]

[114] Hühnermann, Touristenverein, 1929, S. 303f.

[115] Vgl. Der Textil-Arbeiter 40, 1928, S. 136; Vorwärts Nr. 282 vom 16. Juni 1928; ebd. Nr. 210 vom 4. Mai 1928; Solidarität. Organ des Verbandes der graphischen Hilfsarbeiter und -arbeiterinnen 36, 1930, Nr. 7; Hobusch, Gesellschaftsreisen 1991, S. 71f.

[116] Vgl. Der Naturfreund (Gau Nordmark) 7, 1926 bis 13, 1932.

[117] Der Wanderer. Monatsschrift der Reichsleitung und der Gaue Brandenburg […] im TVDN, Reichsgruppe Deutschland 4, 1932, S. 134f.

[118] Protokoll der 2. Konferenz der mitteldeutschen Naturfreunde-Reisebüros […] am 22./23. Oktober 1932 (ARÖK).

[119] Protokoll der Tagung der Wanderauskunftsstellen und Reisebüros am 22. August 1930, in: TVDN, Reichsgruppe Deutschland, Protokoll der 3. Reichsver-

Die von der Reichsleitung veranstalteten Ferienfahrten begannen in der Regel mit einer gemeinsamen Reise per Zug oder Schiff. Anschließend folgte ein mehrtägiges Besichtigungsprogramm am Zielort mit Stadtführungen, Ausstellungs- und Museumsbesuchen. Im Mittelpunkt der Reise standen sodann längere Touren in kleinen Gruppen, die den individuellen Reisewünschen der Teilnehmer entgegenkommen sollten. Es wurden drei Kategorien von Touren angeboten: Die »geschlossene Reise mit voller Verpflegung und Hotelquartier« bot leichte Wanderungen und Ausflüge bei unbeschränkter Teilnehmerzahl (jedoch mindestens zwanzig). Die »unschwierige Bergwanderung für rüstige Gänger« war auf 20 bis 40 Teilnehmer begrenzt und erforderte Bergausrüstung: starke, genagelte Schuhe und Rucksack. Streckenweise war Selbstverpflegung vonnöten. Die letzte Kategorie, die »leichten bis mittelschweren Hochgebirgs- und Gletschertouren« führte man nur noch in Kleingruppen von 12 bis 15 Personen durch, denn diese Touren erforderten Bergerfahrung und eine Kletterausrüstung mit Schneebrille, Eispickel, Steigeisen und Laterne. Die Reise endete in der Regel mit der Besichtigung einer Stadt.[120] Der TVDN bot aber auch Reisen an, auf denen überhaupt nicht mehr gewandert wurde. Die Dalmatien-Adria-Fahrt im Jahre 1930 sei, so der explizite Hinweis im Jahresprospekt, eine Reise »ohne Wanderungen« und stehe ganz im Zeichen von Bequemlichkeit und Landschaftsgenuß:

»Ewig lachender Sonnenschein, weithin glänzendes Meer, buntes Gemisch südländischer Typen, unzählige Wahrzeichen versunkener Pracht und Herrlichkeit römischer Dynastien, eine Überfülle landschaftlicher Reize und Schönheiten, die tiefe Melancholie tropenähnlicher Nächte, das alles zusammen ist die blaue Adria. Das als Fremdenland aufstrebende Dalmatien hat unendlich viel zu bieten und wird den Teilnehmer an unserer Adria-Reise auch in seinen

sammlung und Sondertagungen […] Dresden, 21. bis 24. August 1930, Nürnberg o. J. [1931], S. 216ff. (ARÖK).
[120] TVDN-Prospekt 1931 (ARÖK).
[121] Ebd. 1930 (ARÖK).

kühnsten Erwartungen voll befriedigen – keine noch so schöne Schilderung kann die Wirklichkeit ersetzen, deshalb komme und schaue.«[121]

Im Angebot des Touristenvereins verschmolz in den zwanziger Jahren die traditionelle Wanderfahrt mit Elementen der modernen Erholungsreise.

Unterhalb der hochoffiziellen Programmatik mit ihren klassenkämpferischen Anklängen dominierte im Tagesgeschäft allenthalben Pragmatismus. So in der Werbung, wo man sich kommunale und kommerzielle Werbemittel dienstbar machte. Oder beim Transport: »Während in Leipzig mit dem ›Kraftverkehr Freistaat Sachsen‹, in Magdeburg mit privaten Unternehmen gearbeitet wird, besteht in Chemnitz Verbindung mit der Reichspost und einem Privatunternehmer aus Altenburg.«[122] Sogar die gescholtene »bürgerliche« Seite zeigte von sich aus Kooperationsbereitschaft, auf die der TVDN bereitwillig einging. Der Gau Südbayern berichtete von »einer guten Zusammenarbeit« mit »dem Amtlichen Bayerischen Reisebüro« (dem bayerischen Ableger des MER), das »verschiedentlich auch größere Gruppen« auf die Unterkunftshäuser bringe.[123] Auch hatte man sich inzwischen allen Arbeitnehmerkreisen geöffnet. Insbesondere die Regelung und praktische Handhabung der Teilnahmeberechtigung wies neue, pragmatische Wege: Neben den Mitgliedern des TVDN waren »als Gäste alle Interessenten« zugelassen, sofern sie die Bedingungen des Veranstalters anerkannten.[124] Wie bei anderen Arbeiterreiseorganisationen wurde auch beim TVDN die formelle Mitgliedschaft – in der SPD, in den freien Gewerkschaften oder im TVDN – nach und nach durch die informelle der »gleichen Gesinnung« ersetzt.

Die offiziellen Stellungnahmen des TVDN-Zentralreisebüros suchten teilweise den Eindruck zu erwecken, als hätte erst das eigene Wirken bei der angesprochenen Zielgruppe

[122] Protokoll der 2. Konferenz der mitteldeutschen Naturfreunde-Reisebüros [...] am 22./23. Oktober 1932 (ARÖK).

[123] Ebd.

[124] TVDN-Prospekte 1929 und 1931 (ARÖK).

der Arbeiter und Angestellten zu einem Bedürfniswandel geführt bzw. der Verein die Arbeiterschaft zur Ferienkultur sogar erst noch »erziehen« müssen. Diese aktive Rolle hat der TVDN tatsächlich nicht gespielt. Die Ortsgruppen sahen sich vielmehr seit Mitte der zwanziger Jahre einer ständig steigenden und unerwartet großen Zahl von »Auskunftssuchenden« gegenüber, die Bedürfnisse artikulierten, auf die die TVDN-Vertreter eingestandenermaßen überhaupt nicht vorbereitet waren. Auf der ersten Tagung der Reisebüros und Wanderauskunftsstellen im August 1930 berichtete zum Beispiel der Berliner Vertreter, daß man nach Gründung des »Reisebüros« zunächst nur an einem Tag Auskunft erteilt hätte. Durch die rege Inanspruchnahme hätte man sich dann jedoch von Montag bis Freitag immer abends für die Wanderauskunft zur Verfügung gestellt; seit Anfang 1930 öffne man nun zu den normalen Geschäftszeiten.[125] Im Oktober 1927 berichtete ein Mitarbeiter der TVDN-Ortsgruppe Leipzig von den Erfahrungen, die er in dem seinerzeit noch als »Wanderauskunftsstelle« firmierenden TVDN-Büro gesammelt hatte: Es sei eine sehr erfreuliche Tatsache, stellte er zunächst einleitend fest, daß der Beschluß der Reichsversammlung von 1926 über die Schaffung von Auskunftsstellen gute Früchte gezeitigt hätte, denn immer größer werde der Kreis der Ortsgruppen mit Auskunftsstellen. Beklagenswert sei jedoch, daß »ein großer Teil der bestehenden Auskunftsstellen« leider »nur auf die Bedürfnisse der Ortsgruppen selbst und ihrer Mitglieder eingestellt« sei: »Hier heißt es vor allem denen helfen, die nicht wandern, sondern infolge ihrer Körperbeschaffenheit an einem Orte bleiben müssen. Diesen müssen wir dieselben Auskünfte geben können, als wenn sie in einem Gasthaus anfragen würden.« Besonders das von Wien herausgegebene Hüttenverzeichnis entspreche nicht mehr den neuen Bedürfnissen nach detaillierter Information, sein Inhalt nicht den Forderungen nach Bequemlichkeit und individueller Urlaubsgestaltung, auch für Ältere: »Vieles, sehr vieles fehlt

[125] Protokoll der Tagung der Wanderauskunftsstellen und Reisebüros am 22. August 1930, in: TVDN, Reichsgruppe Deutschland, Protokoll der 3. Reichsversammlung und Sondertagungen [...] Dresden, 21. bis 24. August 1930, Nürnberg o. J. [1931], S. 216ff. (ARÖK).

darin, was wichtig ist und unbedingt darin enthalten sein müßte. Wie z. B. die genaue Lage der Hütten, Bahnverbindungen (Angabe der Hauptstrecke), genaue Belegstärke, ob auch Jugendherberge vorhanden ist, die Preise für Übernachtung und Pension, Badegelegenheit usw. Das sind Angaben«, so das Fazit des Leipziger Mitarbeiters, »über die wir heute nicht mehr so ohne weiteres hinweggehen können, da sie in der Finanzfrage der Ferienreisen und der Bequemlichkeit eines Ferienaufenthaltes eine große Rolle spielen.«[126]

Um die neuen Bedürfnisse der alltäglichen Lebensführung zu befriedigen, beschritt eine nicht unbedeutende Zahl erwachsener Arbeiterinnen und Arbeiter, Jugendlicher und Beschäftigter der Arbeiterorganisationen in der Praxis schon seit längerem Wege, die am TVDN vorbeiführten. Als die 11. Hauptversammlung des TVDN-Zentralvereins 1928 auf Betreiben der Österreicher alle Mitglieder auf die ausschließliche Errichtung von hochalpinen Wanderstützpunkten verpflichten wollte, berichtete ein Vertreter aus Österreich, daß diese Bestrebungen aus einer zunehmenden Frequentierung der DÖAV-Hütten durch Arbeiter herrührten:

> »Wenn man damals [in der Vorkriegszeit] in die Berge ging, hat man nur Bürgerliche gefunden, Direktoren, Professoren, besser gestellte Beamte, Gewerbetreibende usw. Man hat nur selten einen Arbeiter gefunden. Nach dem Kriege ist es anders geworden, wenn man heute auf irgendeine hochalpine Hütte geht und sich das Hüttenbuch anschaut, so findet man ganze Seiten von Arbeitern und Angestellten.«[127]

Und auf der Tagung der deutschen TVDN-Reisebüros und Wanderauskunftsstellen berichtete der Berliner Vertreter im Sommer 1930: »Die Zeitungsbüros und Kaufhäuser haben eigene Reisebüros. Wir müssen deswegen versuchen, die Per-

[126] G. Müller, Nochmals Auskunftsstellen, in: Nachrichtenblätter für die deutschen Gau- und Ortsgruppenleitungen des TVDN, hg. von der TVDN-Reichsleitung in Nürnberg 6, 1927, Okt.-Heft, S. 13ff.

[127] TVDN, Protokoll der 11. Hauptversammlung des TVDN [...] 1928, Wien 1928, S. 57 (ARÖK).

sonen, die sich in derartigen Büros Auskunft holen, an uns heranzuziehen. Diese Leute sind zum größten Teil aus dem Arbeiterstand.«[128] Auch Jugendliche fühlten sich stärker von den Jugendherbergen als von den Vereinshütten des TVDN angezogen: Hatten 1929 ca. 3 Millionen Jugendliche in Jugendherbergen übernachtet, waren es beim TVDN schätzungsweise nur ca. 200 000 gewesen.[129] Auf der Reichsversammlung 1928 bezeichnete man den Jugendherbergsverband unumwunden als Konkurrenz, die »stärker ist als wir«.[130] Spätestens mit Einsetzen der Wirtschaftskrise mußte man im TVDN wohl oder übel zur Kenntnis nehmen, daß die Berührungsängste mit »kapitalistischen Reisekonzernen und Reisebüros«, von denen die Arbeiterorganisationen häufig sprachen, von einer gewichtigen Gruppe innerhalb der Arbeiterschaft nicht geteilt wurden.[131]

Seinen Anspruch, als »die berufene Stelle für den Reise- und Ferienbetrieb der arbeitenden Bevölkerung« zu fungieren, konnte der TVDN in der Praxis nicht einlösen.[132] Auf die Häuser und das Kapital der Ortsvereine hatte die Reichsleitung in Nürnberg zum Beispiel überhaupt keinen Zugriff. Die Ortsvereine ihrerseits waren nicht gewillt, diesbezügliche Kompetenzen abzutreten, hatten die Mitglieder ihre Hütten und Heime doch oftmals in mühsamer Kleinarbeit Stein für Stein selbst errichtet. Die von Jena aus operierende Ferienheimgenossenschaft »Naturfreunde« hatte sich schon Anfang der zwanziger Jahre einem modernen Ferienheimkonzept verschrieben und entwickelte sich zum bedrohli-

[128] Protokoll der Tagung der Wanderauskunftsstellen und Reisebüros am 22. August 1930, in: TVDN, Reichsgruppe Deutschland, Protokoll der 3. Reichsversammlung und Sondertagungen [...] Dresden, 21.–24. August 1930, Nürnberg o. J. [1931], S. 216ff. (ARÖK).

[129] Eigene Berechnung nach den Angaben in Reichsverband für Deutsche Jugendherbergen (Hg.), Reichsherbergsverzeichnis 1937, 25. Ausg., Bethel 1937, S. XIX (ARÖK); TVDN, Reichsgruppe Deutschland (Hg.), Geschäftsbericht 1928–1929, Nürnberg 1930, S. 29 (ARÖK) und ders., Geschäftsbericht 1930–1931, Nürnberg o. J. [1932], S. 15 (ARÖK).

[130] TVDN, Reichsgruppe Deutschland, Protokoll der 2. Reichsversammlung am 16. und 17. August 1928 in Zürich, Nürnberg o. J. [1929], S. 76. (ARÖK).

[131] Hühnermann, Touristenverein, 1929, S. 303.

[132] TVDN, Reichsgruppe Deutschland (Hg.), Geschäftsbericht 1930–1931, Nürnberg o. J. [1932], S. 23 (ARÖK).

chen Herausforderer.[133] Auch die Kommunikation innerhalb des Vereins sowie mit anderen Organisationen wies erhebliche Defizite auf. Während beispielsweise der TVDN-Vertreter aus Leipzig bereits 1927 die neue Bedürfnislage erfaßt und Verbesserungsvorschläge ausgearbeitet hatte, eröffnete der Vertreter der TVDN-Reichsleitung die Tagung der Reisebüros und Wanderauskunftsstellen 1930 mit den Worten: »Leider hat sich bis jetzt noch nicht die Möglichkeit ergeben, die Wanderauskunftsstellen zusammenzufassen. Bisher war der Reichsleitung nicht bekannt, wieviel Wanderauskunftsstellen tatsächlich schon im Reich vorhanden sind.« Während der Vertreter für den Gau Baden mit Verwunderung feststellte, daß »im Reich schon so zahlreich Wanderauskunftsstellen vorhanden« seien, zeigte sich wiederum der Vertreter aus dem Gau Nordmark erstaunt darüber, »daß die Wanderauskunftsstellen nicht allen bekannt« seien. Der Genosse aus Leipzig forderte angesichts dieser Situation, daß den Wanderauskunftsstellen beispielsweise gute Bilder und Prospekte mit Innenaufnahmen der Häuser für die Anlage einer Kartei zugehen müßten. Der Gau Nordmark wandte daraufhin ein, daß das Problem nicht bei der Material*anfertigung* liege: »Bilder sind von den Häusern genügend da, nur wissen die Ortsgruppen meistens nicht, wo sie die Photos hinschicken sollen.«[134]

Als der Reichsausschuß für sozialistische Bildungsarbeit im Dezember 1929 den Aufbau einer großen Arbeiterreiseorganisation in Angriff nahm, saßen Vertreter des TVDN nicht mit am Tisch. Anwesend waren nur die Vertreter aus Berlin (Reichsausschuß), Leipzig (Kulturabteilung des ADGB), Hamburg (Gemeinnütziger Verkehrsverein Groß-Hamburg), Bremen (Volksreisebüro) und Heidelberg (Gemeinnütziges Verkehrs- und Reisebüro), wobei sich einige Teilnehmer – darunter vermutlich Friedrich Bauer und Karl

[133] Vgl. dazu die Protokolle der TVDN-Reichsversammlungen 1924 bis 1932 (ARÖK).

[134] Protokoll der Tagung der Wanderauskunftsstellen und Reisebüros am 22. August 1930, in: TVDN, Reichsgruppe Deutschland, Protokoll der 3. Reichsversammlung und Sondertagungen […] Dresden, 21.–24. August 1930, Nürnberg o. J. [1931], S. 216ff. (ARÖK).

Odenthal aus Hamburg, mit Sicherheit jedoch Richard Weimann vom Berliner Reichsausschuß – schon im Januar 1927 auf der ersten internationalen Konferenz der Arbeiterreiseorganisationen in London mit dem Thema beschäftigt hatten. Auf dieser Tagung war der TVDN gleichfalls nicht vertreten gewesen. Erst als Richard Weimann ein Jahr später, am 20. September 1930, auf der zweiten Reichstagung der Arbeiterreisevertreter den Entwurf einer Zusammenfassung der Arbeiterreiseorganisationen vorlegte, saß auch der TVDN mit am Tisch.[135] Als Dachverein autonomer Vereine sollte es ihm jedoch nicht mehr gelingen, sich aus der lokalen Verbundenheit zu lösen und angesichts der kulturellen und mentalen Umbrüche neu zu bestimmen. Die der nationalsozialistischen Regierung im Mai 1933 von der Reichsleitung übersandte Denkschrift über die »Bedeutung der Naturfreunde-Bewegung und der Naturfreunde-Häuser für Volk, Staat und Nation« war nur noch Ausdruck einer vergeblichen Flucht nach vorn.[136]

Arbeiterferienheime – »Massenschlafgelegenheit« oder »bürgerliche Sommerfrischlerei«?

Neben dem Aufbau von Reiseveranstaltern, Reisevermittlern und Verkehrsbüros widmeten sich die Arbeiterorganisationen in den zwanziger Jahren der Errichtung von Arbeiterferienheimen für den Aufenthalt auf dem Land. In kleinerem Umfang dazu kam der Bau oder die Übernahme von Hotels für die Unterkunft in der Stadt. Während sich der touristische Aus- und Umbau von Gewerkschafts- und Volkshäusern, deren Beherbergungseinrichtungen vormals ausschließlich wandernden Arbeitern zur Verfügung gestanden hatten, eher im Stillen vollzog, stand die sogenannte »Ferienheimfrage« im Zentrum der materiellen Anstrengungen und konzeptionellen Auseinandersetzungen.

Schon in den letzten Jahren vor Ausbruch des Ersten Welt-

[135] Vgl. Arbeiter-Bildung 2, 1927, S. 30f.; Jahrbuch der deutschen Sozialdemokratie 1929, Berlin 1930, S. 208; ebd. 1930, Berlin 1931, S. 242; Reiseblätter 4, 1930, Nr. 1, S. 1f.; Weimann, Fortschritte, 1930, S. 184.

[136] BHA: MA, 107384.

Abb. 19: Die Teilnehmer der ersten internationalen Konferenz der Arbeiterreiseorganisationen in London im Januar 1927. 2. Reihe von vorn, dritter von rechts: Richard Weimann vom Reichsausschuß für Sozialistische Bildungsarbeit. Hintere Reihe, ganz links: Walter Maschke, Jugendsekretär des Allgemeinen Deutschen Gewerkschaftsbundes (ADGB).

krieges hatten Ortsgruppen des TVDN mit dem Bau von Unterkunftshäusern begonnen. Doch standen die wenigen Wanderhütten, die im Deutschen Reich errichtet worden waren, quantitativ in keinem Verhältnis zur Anzahl in der Nachkriegszeit. Eine neue, qualitative Dimension ergab sich nach 1918 aus der Frage, ob man weiterhin einfache Unterkunftshütten mit großen Schlafsälen bauen sollte, die vornehmlich Wanderern dienten und sich an der Bedürfnislosigkeit »echten« proletarischen Wanderns orientierten, oder ob man das Beherbergungsangebot so auf- und ausbauen sollte, daß es auch bzw. in erster Linie einen individuellen, bequemen Ferienaufenthalt ermöglichte? Die Frage lautete kurz: Hütte oder Heim?

Arbeiterferienheime – das waren zur Zeit der Weimarer Republik Beherbergungsstätten in ländlicher Umgebung, die sich vornehmlich, aber nicht ausschließlich, an Arbeiter wandten; sie verfügten über kleine Zimmer mit ein bis vier, manchmal sechs Betten und/oder größere Schlafräume mit zehn bis zwanzig Betten und boten in der Regel Vollpension an. Im Gegensatz zu den reinen Wanderhütten hatten sie Strom- und Wasseranschluß, teilweise auch Zentralheizung und Bäder. Als Träger solcher Arbeiterferienheime fungierten die Ferienheimgenossenschaft »Naturfreunde« (später »Adefe«) mit sieben Heimen (ca. 560 Betten), die Zentralverbände der freien Gewerkschaften sowie die ADGB-Orts- und Bezirksausschüsse mit 18 Heimen (ca. 1133 Betten), schließlich die christlichen Gewerkschaften mit zwei Heimen (ca. 120 Betten), die Arbeiterwohlfahrt, der Arbeitersamariterbund und die Großeinkaufs-Gesellschaft deutscher Konsumvereine mit vier Heimen (ca. 211 Betten) und der Touristenverein »Die Naturfreunde« mit 51 Heimen (ca. 3402 Betten).[137]

Die 82 Arbeiterferienheime, die bis 1932 in Deutschland entstanden waren, verfügten über eine Gesamtkapazität von ca. 5400 Betten. Sie erreichten damit ein Volumen, das die zeitgenössischen Fremdenverkehrsfachleute völlig unterschätzten. Der Anteil der Arbeiterferienheime bzw. der Bettenanteil am Gesamtferienheimaufkommen war wesentlich größer als vermutet und lag bei etwa 28 Prozent aller Ferien- und Erholungsheime bzw. 21 Prozent der Bettenkapazität (siehe Tabelle 14). Die Preise für Vollpension lagen 1929 – nach einer leichten Preisanhebung in den Jahren 1926 bis 1928 – in der Regel zwischen 3,50 und 4,50 RM und lehnten sich damit an die unterste Preiskategorie des kommerziellen Beherbergungsgewerbes an.

Die Errichtung der Ferienheime erfolgte im wesentlichen auf drei Arten: Zunächst hatte ein Teil der Häuser bereits vor seiner Übernahme durch die Arbeiterorganisationen als Hotel oder Pension fungiert, so zum Beispiel das Ferienheim in Kipsdorf oder das von der Ortsverwaltung München des Metallarbeiterverbandes erworbene Alpenhotel

137 Übersicht bei Keitz, Arbeiterreisen, 1992, Anhang, dort zusammengestellt nach: Angebotsprospekt der TVDN-Reichsleitung »Naturfreunde-Ferienheime«, o. O. o. J. [Anfang 1932] (ARÖK); Übersicht der TVDN-Reichsleitung »Naturfreundehäuser als Ferienheime. Unterlagen für die Reisebüros und Wanderauskunftsstellen für 1932« (ms) (ARÖK); Rundfrage des ADGB-Bundesvorstands betreffs »Bestandsaufnahme der Ferienheime« von 1930/31 (HiKo: ADGB-Restakten, NB 305b); Geschäftsberichte der Ferienheimgenossenschaft »Naturfreunde« 1925 und 1927 bis 1930 (HiKo: ADGB-Restakten, NB 456a, fol. 20 und 456b, fol. 102, 133, 181 und 237); Die Gewerkschaft 32, 1928, Sp. 399; Die Gemeinwirtschaft 9, 1929; Internationale Gewerkschaftsbewegung 11, 1931, S. 92ff.; Dietz Arbeiter-Reise- und Wanderführer, Berlin 1932, S. 447f.

Abb. 20: Ferienheim des Verbandes der Gemeinde- und Staatsarbeiter in Kochel am See, Foto von 1930. Das Gebäude wird heute von der ÖTV als Schulungseinrichtung genutzt.

»Raintaler Hof«. Die Arbeiterorganisationen profitierten hier, wie andere Ferienheimorganisationen, von den zahlreichen Hotel- und Gaststättenkonkursen der zwanziger Jahre.

Andere Häuser entstanden neu. Eines der modernsten Ferienheime baute 1929/30 der Verband der Gemeinde- und Staatsarbeiter (1930 aufgegangen im Gesamtverband der Arbeitnehmer der öffentlichen Betriebe und des Personen- und Warenverkehrs). Am 21. April 1928 erwarb die Verwaltungsstelle München mit Unterstützung des Verbandsvorstands in Kochel am See das ehemalige »Seerestaurant und Strandcafé« und weihte es nach einer kurzen Umbauphase noch im Juni desselben Jahres ein. Kapazität und Ausstattung genügten jedoch längst nicht mehr den Bedürfnissen, so daß man sich 1929 zu einem modernen Neubau entschloß, der bereits im Juni 1930 zur Benutzung freigegeben werden konnte. Der Entwurf stammte von dem Architekten Emil Freymuth, der das dreigeschossige, halbrunde Gebäude im Stil neuer Sachlichkeit entworfen hatte. Alle 41 Gästezimmer sowie die große Terrasse und der eigene Sandstrand boten Blick auf See und Berge. Das Gebäude war mit Zentralhei-

Abb. 21: Angebotsprospekt der Reichsleitung für Deutschland des Touristenvereins »Die Naturfreunde« (TVDN), Leipzig 1932.

zung und Bädern auf allen Etagen ausgestattet. Die 16 Quadratmeter großen Zimmer verfügten über fließend warmes und kaltes Wasser. Bei Bedarf konnten in den als Einzel- oder Doppelzimmer konzipierten Räumen zusätzliche Betten aufgestellt werden. Das Haus stand »allen Mitgliedern befreundeter Organisationen« offen.[138] Der Preis für eine Übernachtung mit Vollpension betrug 1930 4,40 RM. Inwieweit die Architektur der neuen Sachlichkeit im Bergparadies Kochel als landschaftszerstörend empfunden wurde, ist nicht überliefert. Ärgernis erregte der »Einkauf« der »Roten« bei den Einwohnern jedoch insofern, als sich das öffentliche Strandbad nun in Privatbesitz befand. Böse Zungen behaupteten sogar, »die Spartakisten hätten das Strandcafé gekauft«, sie würden es »mit einem Zaun umgeben« und »die schöne Badeanstalt der öffentlichen Benutzung entziehen«.[139] Proletarische Bedürfnislosigkeit und neue Formen der alltäglichen Lebensführung waren auf der Folie der weitverbreiteten sozialistischen Verelendungsrhetorik im Bewußtsein der dörflichen Öffentlichkeit miteinander kollidiert. Der Zersplitterungsprozeß der Arbeiter und Arbeiterorganisationen hatte Formen angenommen, die mit bisherigen Vorstellungen gesellschaftlicher Struktur- und Entwicklungsmuster nicht mehr ohne Brüche in Übereinstimmung zu bringen waren.

Der größte Teil der Ferienheime entstand durch Umbau ehemaliger Wanderhütten. Dies trifft vor allem auf die Heime des TVDN zu. Im Ferienheimprospekt der TVDN-Reichsleitung, der 1932 in einer Auflage von 60 000 Exemplaren erschien, heißt es dazu:

> »Ursprünglich nur als Wanderheime gedacht, sind zahlreiche Naturfreundehäuser im letzten Jahrzehnt zu Ferienheimen ausgebaut worden. Darüber hinaus sind große bestens eingerichtete Ferien- und Erholungsheime gebaut worden mit allen Annehmlichkeiten und Bequemlichkeiten für den Ferienaufenthalt. Die großen Heime sind

[138] Die Gewerkschaft 34, 1930, Sp. 175f.; vgl. ebd. Sp. 683f.; ebd. 32, 1928, Sp. 713ff.; ebd. 33, 1929, Sp. 1109f.
[139] Ebd.

bewirtschaftet, um auch der vielgeplagten Hausfrau Ferien vom Küchenherd zu ermöglichen.«[140]

Die Entwicklung des Naturfreunde-Ferienheims in Üdersee bei Eberswalde (Mark Brandenburg) ist ein herausragendes Beispiel für den Wandel, der im TVDN in den Jahren 1928/29 einsetzte. Auf dem 40 000 m² großen Gelände mit See, das die Ortsgruppe Berlin des TVDN »von einem Freund ihrer Bestrebungen« erhalten hatte, stand Anfang der zwanziger Jahre nur eine »primitive Unterkunftsbaracke«. Die Ansprüche verlangten jedoch alsbald nach einem Massivbau. Bereits im Januar 1930 präsentierten Gauleiter Bulen und Architekt Marczinowski der Presse das neue Haus:

»Zwei Geschosse hoch und 35 Meter lang ist der Bau, der Mittelteil trägt vorn, mit dem Blick auf See und gegenüberliegender Waldung, eine Terrasse, die der Sammelpunkt der rastenden Besucher werden wird. Der rechte Flügel soll als Ferienheim dienen; hier stehen in vielen Einzelzimmern Betten für Ferienbesucher zur Verfügung, die bei voller Pension zu sehr billigen Preisen beherbergt werden sollen. Links im Hause ist in den beiden Etagen die Herberge für Wanderer, also Einzelübernachter, eingerichtet. Verpflegung und Erfrischung soll auch denen geboten werden, eine große Küche im Erdgeschoß steht ihnen für Selbstbereitung und für Massenverpflegung zur Verfügung, während die Küche für die Feriengäste im ersten Stock liegt.«[141]

Modern war die bereits erwähnte Abkehr von den sogenannten »Massenlagern« hin zu kleinen Zimmern mit wenigen Betten. Das Haus in Üdersee verfügte über sechs Zimmer mit zwei Betten, drei Zimmer mit drei und sechs Zimmer mit vier Betten. Sechs größere Schlafräume boten Platz für einhundert Personen, eine Schlafgelegenheit für Großgruppen bot im

140 Angebotsprospekt der TVDN-Reichsleitung »Naturfreunde-Ferienheime«, o. O. o. J. [Anfang 1932] (ARÖK).

141 Vorwärts Nr. 10 vom 7. Jan. 1930.

Abb. 22: Ferienzimmer im TVDN-Erholungsheim »Edelweiß« in Garmisch-Partenkirchen, Foto 1932.

Notfall auch der Spitzboden. Ausgesprochen modern war auch die Ausstattung: In allen Stockwerken stand fließend warmes und kaltes Wasser zur Verfügung. Bäder, Brausen, Waschkabinen und Toiletten gehörten ebenso zur Innenausstattung wie elektrisches Licht und eine moderne Zentralheizung.

Der Touristenverein war gegen Ende der Weimarer Republik zwar der mit Abstand größte Träger von Arbeiterferienheimen, gleichwohl fungierte er nicht als Vorreiter dieser Entwicklung. Erst mit Verzögerung folgte die Reichsleitung dem allgemeinen Modernisierungstrend, der von einzelnen Zentralverbänden der freien Gewerkschaften, vor allem aber von der thüringischen Ferienheimgenossenschaft »Naturfreunde« (FGNF) getragen wurde. Die FGNF sah sich auch in Fragen des »Managements« als Vorreiter eines modernen Ferienheimkonzepts – und wollte sich damit bewußt von der

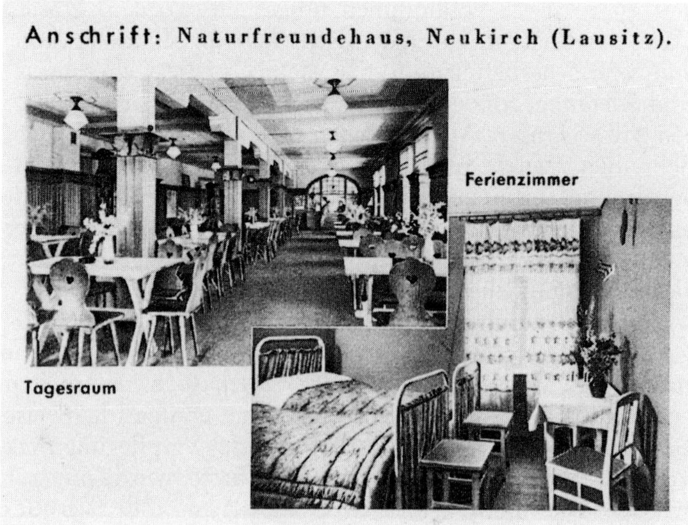

Abb. 23: Innenansichten des Tagesraumes und eines Ferienzimmers im Naturfreundehaus Neukirch/Lausitz, Foto 1932.

noch aus der Vorkriegszeit stammenden proletarischen Genügsamkeit des TVDN absetzen.

Die FGNF war 1913 von Jenaer Naturfreunden gegründet worden, um für die Arbeiterschaft »Massenschlafgelegenheiten« in einfachen Schutzhütten zu errichten.[142] Noch 1924 standen in den Häusern nur einfache Betten, für die die Gäste die Wäsche selbst mitbringen mußten. Mittagessen bot der Heimverwalter nur auf besonderen Wunsch. Doch war das Konzept bereits 1920 ein anderes gewesen. »Wohl stimmt es«, schrieb die Organisation 1925 an den Bundesvorstand des ADGB, »daß auch unsere Genossenschaft von den Naturfreunden gegründet worden ist, jedoch

[142] Zur FGNF vgl. deren Geschäftsberichte 1925 und 1927 bis 1930 (HiKo: ADGB-Restakten, NB 456a, fol. 20 und 456b, fol. 102, 133, 181 und 237); Ernst Zauke, Genossenschaftliche Ferienheime, in: Die Gemeinwirtschaft 4, 1924, S. 205f.; ders., Die Ferienheimgenossenschaft, in: Ebd. 7, 1927, S. 181–183; ders.; Adefe und Ferienheimgenossenschaft, in: Ebd. 9, 1929, S. 290–292; Die Gewerkschaft 32, 1928, Sp. 399.

seit 1920 ist sie vollkommen umgestellt worden. Unsere Genossenschaft ist eine Genossenschaft im Sinne der Konsumgenossenschaften, nur daß sie nicht die Lebensmittel und Kleidung, sondern die Ferien der Arbeiter bewirtschaften will.« »Unsere Aufgabe sehen wir darin«, heißt es in dem Schreiben weiter, »daß wir versuchen, unsere Genossenschaft mit der Zeit zu einer Volksferienheim-Genossenschaft auszugestalten und zu vergrößern, und unser oberster Zweck soll sein, der Gesamtarbeiterschaft billige und gute Ferienerholung zu gewähren.«[143]

Die Umsetzung ging schrittweise vonstatten. »Bei günstiger Entwicklung der Genossenschaft«, so die Planung ein Jahr nach der Währungsstabilisierung, »sollen auch Federbetten angeschafft werden.«[144] 1927 stellte man erstmals leihweise Bettwäsche zur Verfügung. Und was in der Verpflegung 1924 noch als Ausnahmebedürfnis gegolten hatte, wurde nun zur Regel: »Die meisten Besucher wünschen volle Verpflegung.«[145] Die in der zweiten Hälfte der zwanziger Jahre errichteten Heime, wie zum Beispiel Friedrichroda, Frauenwald und Reiherhorst, wurden von Anbeginn an mit Zentralheizung ausgestattet, und auch das 1929 erworbene vormalige Kurhotel »Fürstenhof« in Kipsdorf hatte schon immer über Zentralheizung und fließend Wasser in allen Zimmern verfügt.

Zwischen 1927 und 1930 wurde eifrig modernisiert, und selbst während der Weltwirtschaftskrise fuhr man damit fort. Trotz schwerer Belastungen, schrieb der Vorstand 1930 an den ADGB, sähe man sich genötigt, »den unbedingt notwendigen weiteren Ausbau unserer Heime, besonders die Auffüllung der noch vorhandenen Lücken in der Inneneinrichtung um ein Wesentliches vorwärts zu bringen«.[146] Denn es sei der Standpunkt glücklich überwunden, »daß der Erholungsuchende sich mit ihm fremden Personen in ein Zimmer pferchen« lasse. Die FGNF würde »gerade deshalb vom Verein Naturfreunde geschnitten«, hieß es in einem Schreiben an den

143 HiKo: ADGB-Restakten, NB 456a, fol. 8.
144 Ebd.
145 Zauke, Ferienheimgenossenschaft, 1927, S. 182.
146 HiKo: ADGB-Restakten, NB 456b, fol. 205.

Bundesvorstand des ADGB vom 20. September 1925, weil sie ihre »Heime sozusagen hotelmäßig« einrichte.[147]

Organisation und Arbeitsweise der FGNF gewannen seit 1925 Züge modernen Managements. »Das Bestreben der Privatwirtschaft, Dienst am Kunden zu leisten, muß auch von uns erfüllt werden«, lautete das hochgesteckte Ziel.[148] Zum 1. Juli 1925 trat an die Stelle der ehrenamtlichen Geschäftsführung ein hauptamtlicher Sekretär. 1929 kam mit Paul Kieß ein promovierter Jurist in den Vorstand. Mit der Systematisierung der Pressearbeit hatte man bereits Anfang 1928 begonnen. Seither gingen regelmäßig Rundschreiben an die »Redaktionen der Parteipresse« sowie »an die Vorstände der freien Gewerkschaften, freien Kulturorganisationen und ähnlicher Verbände«.[149] Mit dem Ende 1928 erstmals publizierten Winterprospekt (Auflage: 12 000) paßte sich die FGNF an das sich gleichzeitig im kommerziellen Bereich durchsetzende amerikanische Folder-Format an. Die Broschüre glänzte zudem mit neuen, guten Fotos von den Häusern in einladender Winterlandschaft.[150] Mit Nachdruck hob der Aufsichtsratsvorsitzende in seinem Bericht für 1928 den Wert der Personalschulung hervor. Am 19./20. März 1929 tagte die erste Konferenz der Heimverwalter. Diese erhielten seither laufend Rundschreiben mit detaillierten betriebswirtschaftlichen Anweisungen der inzwischen auf sechs Wander- und sechs Ferienheime angewachsenen Genossenschaft, beispielsweise was das Führen genauer Gäste- und Übernachtungsstatistiken oder von Verzeichnissen über Einkauf und Verzehr betraf.

Die FGNF hatte mit Erfolg staatliche und private Unterstützungsgelder einwerben können. In der Zeit vom 1. Januar bis 30. September 1928 fanden sich unter den Sponsoren der Freistaat Sachsen, das Land Thüringen, Stadt und Landkreis Altenburg, die Regierungen Merseburg und Potsdam, die Stadt Berlin, die Karl-Zeiss-Stiftung in Jena sowie diverse

147 Geschäftsbericht der FGNF für 1929 (HiKo: ADGB-Restakten, NB 456b, fol. 181).

148 Ebd.

149 HiKo: ADGB-Restakten, NB 456b, fol. 100f.

150 Ebd., fol. 130.

Krankenkassen.[151] Ein Blick auf die Eigenkapital-, Umsatz- und Schuldenentwicklung 1925 bis 1930 zeigt allerdings, daß sich die Ferienheimgenossenschaft ungeachtet der Unterstützungsgelder mit ihrem Modernisierungskurs der Jahre 1929/30 in eine prekäre Finanzsituation manövriert hatte. Während sich der Umsatz bis 1929/30 lediglich verdoppelt hatte und das Eigenkapital, das vor allem durch die Mitgliederanteile aufgebracht wurde, nur um rund 50 Prozent gewachsen war, waren die Schulden ins Unermeßliche gestiegen.[152] Es wäre jedoch verfehlt, wollte man die Bilanz als Ausdruck einer fahrlässigen Wirtschaftsführung interpretieren, die von einer völlig falschen Einschätzung der Nachfragesituation ausgegangen wäre. Wenn die Ferienheimgenossenschaft gegen Ende der zwanziger Jahre an den ADGB-Bundesvorstand herantrat, um über die Gründung einer Allgemeinen Deutschen Ferienheimgesellschaft zu verhandeln, so geschah dies nicht mit dem Ziel, das enorm angewachsene Schuldenloch zu stopfen, wie Walter Maschke vom Bundesvorstand in einer handschriftlichen Aktennotiz unterstellte.[153] Vielmehr hatte die FGNF ihre Pläne zur Errichtung einer Volksferienheimgenossenschaft bereits 1925 erstmals an den ADGB-Bundesvorstand herangetragen. Im Gegenteil, die Bilanz ist ein Indiz dafür, daß die Strukturen moderner, mediengesteuerter Industriegesellschaften nicht nur über den Hebel der materiellen Grundlagen, sondern, umgekehrt, auch durch eine Neugewichtung der Konsumbedürfnisse in Bewegung geraten können, und daß die Arbeiterorganisationen während der Weimarer Republik die aus diesem Wandel resultierenden Aufgaben eben nicht mehr mit den überkommenen Formen der Finanzierung bewältigen konnten. Der Bau von Arbeiterferienheimen, der sich, ähnlich wie der Gewerkschaftshaus- und Wohnungsbau, als äußerst kapitalintensiv erwies, verlangte nach Alternativen zu den genossenschaftlichen Modellen der Kapitalbeschaffung.

[151] Vgl. Die Gemeinwirtschaft 9, 1929, S. 110f.

[152] Vgl. dazu die Geschäftsberichte der FGNF 1925 und 1927 bis 1930 (HiKo: ADGB-Restakten, NB 456a, fol. 20 und 456b, fol. 102, 133, 181 und 237).

[153] HiKo: ADGB-Restakten, NB 456b, fol. 120; vgl. dazu und zum folgenden ebd. die Akte 456b.

5. Reisende Arbeiter

»So etwas tun doch nur ›bessere‹ Leute« – Einstellungen in der Arbeiterschaft zum Reisen

Die Berliner freigewerkschaftliche Zeitschrift ›Aufwärts‹ publizierte im April 1931 einen längerer Artikel über »Gewerkschaftliche Ferienreisen«. Bei dem Beitrag handelte es sich um einen von zahlreichen Artikeln, die seit Mitte der zwanziger Jahre meist im Frühjahr oder Sommer in der Arbeiterpresse erschienen. Über den Autor bzw. die Autorin ist nichts Näheres bekannt. Vermutlich war der Schreiber ein Redakteur des ›Aufwärts‹, der gerade den neuen Jahresprospekt der Leipziger Reiseabteilung vor sich auf dem Schreibtisch liegen hatte, befaßte sich der Artikel doch im zweiten Teil mit diesem Programm. Eines wurde zwischen den Zeilen deutlich: Die Vergnügungs- und Erholungsreise besaß für den Autor einen besonderen, ganz eigenen Wert, von dem er auch andere, vor allem Arbeiterinnen und Arbeiter, zu überzeugen suchte; das Reisen war offensichtlich Teil seiner persönlichen Lebensführung. Neben der Absicht, PR-Arbeit für einen der Arbeiterreiseveranstalter zu leisten, standen deshalb hier wie an anderer Stelle stets auch die Einstellungen von Arbeitern und Arbeiterinnen zum Thema »Urlaub« und »Reisen« im Zentrum des Interesses. Damit war zum einen der allgemeine Wandel in den Bedürfnissen der alltäglichen Lebensführung gemeint, zum anderen aber auch die wiederholt konstatierte, auffällige Distanz der Arbeiter zum Reisen:

> »Wenn einer meine Mutter oder meinen Vater gefragt hätte«, so begann der Artikel, »›Wo fahren Sie denn in diesem Sommer hin, wo verbringen Sie Ihre Ferien?‹ Ja, ich weiß nicht, was die alten Leute damals, so vor zwanzig Jahren oder noch früher, geantwortet hätten. Ich glaube, gar nichts. Gedacht hätten sie sicherlich: ›Ja, sehen wir denn so aus?‹ Wahrscheinlich wäre ihnen die ganze Fragerei als ein Witz erschienen. Nicht einmal als ein guter, sondern als ein

höchst fader, abseitiger, ganz dummer Witz. Reisen, so richtiges Reisen, so mit Eisenbahn, zu Schiff und zum Zwecke der Erholung. Reisen, um die Eisriesen der Alpen zu erleben oder die Weite des rauschenden Meeres und ohne dabei arbeiten zu müssen. Reisen, um zu genießen, zu schauen, die Seele mit neuen, mit großen Eindrücken zu erfüllen: ›Ja, hören Sie mal, das ist doch nichts für Arbeiter. So etwas tun doch nur ›bessere‹ Leute, die Geld haben, das sind übrigens doch ganz bourgeoise Bedürfnisse!‹ Damals sagte man so, damals.«[1]

Mit den Erfahrungen und Einstellungen, die der Schreiber an dieser Stelle ausdrücklich in die Vergangenheit projizierte, beschrieb er auch seine Gegenwart. In der Wahrnehmung zahlreicher Arbeiter war das »Reisen« in den zwanziger Jahren weiterhin mit negativen Vorzeichen behaftet, galt als »bürgerliche« Verhaltensweise und wurde fast ausschließlich als Ausfluß ökonomischer Ressourcen betrachtet. »Im Proletariat«, befand 1925 auch der ›Vorwärts‹, »soweit es nicht durch die Schule der Jugendbewegung ging – besteht die Anschauung, daß eine Ferienfahrt eine Bourgeoisangelegenheit ist, die gar nicht in den Kreis der proletarischen Betrachtung gezogen werden dürfte, soweit nicht ›ausreichend Zeit und Geld zur Verfügung‹ ständen.«[2]

Vor dem Hintergrund der bedrückenden ökonomischen Lage, in der sich die Mehrzahl der Arbeiterinnen und Arbeiter befand und die nicht in Abrede gestellt werden soll, ist diese Einstellung erklärlich. Und daß Arbeiter weniger Affinität zu einer modernen Lebensführung zeigten, wie sie das Reisen demonstrierte, davon zeugen nicht nur fremde Zuschreibungen, die *den* Arbeiterinnen und Arbeitern pauschal bestimmte Einstellungs- und Handlungsformen zuwiesen, sondern auch Haushaltsstatistiken. Die Erhebung des Statistischen Reichsamts über die Lebenshaltung von 2000 Arbeiter-, Angestellten- und Beamtenhaushalten aus dem Jahre 1927/28 widerlegt allerdings die These, derzufolge sich

[1] Aufwärts 2, 1931, Nr. 14.
[2] Vorwärts Nr. 411 vom 1. Sept. 1925.

Arbeiter aufgrund geringer Einkommen eine Urlaubsreise generell nicht *leisten* konnten bzw. daß das Einkommen ihren Lebensstil determinierte. Das Ergebnis eines Vergleichs der prozentualen Anteile der Ausgaben für Reisen- und Erholung in Arbeiter-, Angestellten und Beamtenhaushalten *gleicher* Einkommensgruppen ist eindeutig: In allen Einkommensklassen gaben Arbeiter im Schnitt ein Viertel weniger für Reisen und Erholung aus als Angestellte (siehe Tabelle 17).

Der Einwand schließlich, daß in Arbeiterhaushalten generell mehr Personen lebten, wird durch Berechnungen der durchschnittlichen Ausgaben bei einem Jahreseinkommen von weniger als 3600 RM in Abhängigkeit von der Kinderzahl relativiert (siehe Tabelle 18). Arbeiter übernahmen das Reisen zwar wesentlich zurückhaltender in ihre Lebensführung als Beamte oder Angestellte, aber aus anderen als aus ökonomischen Gründen. Die einzig markante Ausnahme bestätigt diesen Befund: Nicht in den höchsten, sondern in den mittleren und höheren Einkommensgruppen glich sich der Ein-Kind-Arbeiterhaushalt in seinem Verhalten an die Angestellten und Beamten an und demonstrierte in seiner Lebensführung »feine«, aber bezeichnende Unterschiede gegenüber der Mehrzahl der »Klassenbrüder«.

Wie groß war die Gruppe der reisenden Arbeiter? Nach der Erhebung des Statistischen Reichsamts von 1927/28 wandten rund 7 Prozent aller Arbeiterhaushalte 100 oder mehr Reichsmark, das heißt eine signifikante Summe, jährlich für Reisen und Erholung auf.[3] Rechnet man diesen Wert auf die in Arbeiterhaushalten lebende Wohnbevölkerung um, wobei zu berücksichtigen ist, daß das Reichsamt fast ausschließlich Haushalte in Mittel- und Großstädten erfaßte, kann man, unter Vorbehalt, behaupten, daß in der zweiten Hälfte der zwanziger Jahre etwa 930 000 Arbeiterinnen und Arbeiter zu jenen zählten, die das Reisen in ihre Lebensführung übernommen hatten; das waren rund 4 Prozent aller Personen, die in Arbeiterhaushalten lebten. Diese Zahl ist in

3 Eigene Berechnungen nach Stat. Reichsamt (Bearb.), Lebenshaltung, 1932, Teil 2.

jedem Fall eine Mindestangabe. Nach einer 1929 publizierten Untersuchung des Christlichen Textilarbeiterverbandes (Bezirk Westfalen) über das Freizeitverhalten von rund 2300 Textilarbeiterinnen gaben 20 von 100 Arbeiterinnen auf die Frage nach der »Gestaltung der Ferien« die Antwort »Reisen«, fünf »Wanderungen«, wobei allerdings ein Großteil der »Reisen« zu Verwandten führte und mehrtägige Wanderungen ausdrücklich als »Seltenheit« bezeichnet wurden.[4] Im Winter 1933/34 wurde eine Untersuchung über das Freizeitverhalten der Belegschaft von Siemens durchgeführt.[5] Die Auswertung der Antworten von 42 000 Befragten (Arbeiter/innen und Angestellte) ergab, daß 32 Prozent schon einmal eine mehrtägige Urlaubsreise unternommen hatten. Vorsichtig zurückgerechnet auf die Gruppe der Arbeiter, bedeutet dies: Noch vor Einsetzen des KdF-Tourismus hatten bereits rund 20 Prozent der Siemens-Arbeiter Erfahrungen mit Ferienreisen gesammelt – ein mit den fünfziger Jahren vergleichbarer Wert.

Bezieht man die oben ermittelte Zahl von ca. 930 000 Arbeitern auf die für das Jahr 1929 ermittelte Reiseintensität von ca. 15 Prozent (schätzungsweise 9,4 Millionen Personen), lag der Anteil der Arbeiterinnen und Arbeiter an der Gesamturlauberzahl Ende der zwanziger Jahre vermutlich bei rund 10 Prozent.

Wie läßt sich das Sozialprofil der reisenden Arbeiter beschreiben?[6] 64 von 896 an der Erhebung des Statistischen Reichsamts 1927/28 beteiligten Arbeiterhaushalte gaben 100 und mehr Reichsmark im Jahr für Reisen und Erholung aus. Die Spanne reichte im Einzelfall von 101 bis 361 RM, lag im Durchschnitt aber bei 152 RM. Der prozentuale Anteil der Reiseausgaben am gesamten Haushaltseinkommen dieser

[4] Lydia Lueb, Die Freizeit der Textilarbeiterinnen. Eine Untersuchung über die Verwendung der Freizeit des Christlichen Textilarbeiterverbandes, Bezirk Westfalen, Essen 1929, S. 38f. und 106.

[5] Karl Burhenne, Was treiben unsere Siemens-Kameraden in ihrer Freizeit?, in: Siemens-Mitteilungen Nr. 131, Juli 1934; vgl. zu der Umfrage Carola Sachse, Freizeit zwischen Betrieb und Volksgemeinschaft. Betriebliche Freizeitpolitik im Nationalsozialismus, in: AfS 33, 1993, S. 305–328, hier S. 317f.

[6] Eigene Berechnungen nach Stat. Reichsamt (Bearb.), Lebenshaltung, 1932, Teil 2.

Gruppe erreichte im Schnitt 3,8 Prozent. Der niedrigste Anteil lag bei 1,8, der höchste bei 9,4 Prozent. Mit 3,8 Prozent investierten diese Arbeiterfamilien in ihren Urlaub bereits soviel wie bundesdeutsche Haushalte im Durchschnitt der siebziger Jahre.[7] In den zwanziger Jahren lagen sie damit weit über dem für Arbeiter errechneten Durchschnitt von 1,1 Prozent bzw. rund 37 RM – die Summe, die dem jährlichen SPD-Mitgliedsbeitrag entsprach.[8] Mit einem durchschnittlichen Haushaltseinkommen von 4252 RM gehörten diese Familien zur oberen, gleichwohl nicht zur höchsten Einkommensklasse innerhalb der Arbeiterschaft. Zudem ist auffällig, daß die Familien der Gruppe mit einem Jahreseinkommen zwischen 3000 und 3600 RM sowie zwischen 3600 und 4300 RM jeweils 4,2 Prozent für Reisen und Erholung ausgaben, während die gutsituierten Arbeiterfamilien mit 2,8 Prozent unter dem Durchschnitt dieser Gruppe lagen. Die reisefreudigen Arbeiter zeichneten sich weniger durch das Jahreseinkommen als durch das berufliche Qualifikationsniveau und die Zahl der Kinder aus. Fast die Hälfte hatte nur ein Kind, weitere 28 Prozent zwei Kinder. Und in 77 Prozent der Fälle rekrutierten sich die männlichen Haushaltsvorstände aus der Gruppe der Facharbeiter, vorwiegend Buchdrucker, Buchbinder, Schriftsetzer, Schlosser, Heizungsmonteure, Maschinisten, Schreiner, Zimmerer, vereinzelt auch Schneider und Gärtner (hingegen nur 23 Prozent Hilfsarbeiter). Die dreiköpfige Facharbeiterfamilie mit einem mittleren bis guten Haushaltseinkommen, gewerkschaftlich organisiert und in Mittel- und Großstädten lebend, war in der zweiten Hälfte der zwanziger Jahre jener Familientyp, der entgegen einer allgemeinen schichttypischen Lebensweise der Arbeiter willens und in der Lage war, Geld für touristische Zwecke auszugeben und einen von den Angestellten getragenen modernen Lebensstil zu übernehmen.

Zwölf der 896 an der Erhebung des Statistischen Reichsamtes beteiligten Arbeiterhaushalte mit einem Kind und

[7] Vgl. im letzten Kapitel Abschnitt 6.
[8] Vgl. Winkler, Schein, 1985, S. 350.

einem Jahreshaushaltseinkommen zwischen 3000 und 3600 RM sowie Ausgaben für Reisen und Erholung von 100 und mehr Reichsmark gaben im Durchschnitt 4,4 Prozent bzw. 146 RM ihres Einkommens für Reisen und Erholung aus. Insgesamt waren jedoch 69 Arbeiterfamilien mit vergleichbaren Voraussetzungen an der Erhebung beteiligt, aber die restlichen 57 Haushalte wandten nur ein Prozent ihres durchschnittlichen Jahreshaushaltseinkommens für Reisen auf. Ein Vergleich mit anderen Ausgabeposten macht deutlich, daß die Differenzen zwischen beiden Gruppen nirgendwo so gravierend ausfielen wie im Bereich Reisen und Erholung; erst mit Abstand folgten Miete sowie Nahrungs- und Genußmittel; alle anderen Ausgabesparten stimmten fast überein. Auch in der Arbeiterschaft dokumentierte man seinen modernen Lebensstil nicht nur unter anderem, sondern ausschließlich über das Reisen.

Und so zeigten Arbeiterinnen und Arbeiter, wenn sie denn reisten, auch kaum mehr spezifische Verhaltensweisen. Nach den Teilnehmerstatistiken der Berliner Reiseabteilung aus den Jahren 1928 und 1929[9] deckten sich bei der Wahl der Zielgebiete die Präferenzen der Arbeiter im großen und ganzen mit denen der Reichsausschußreisenden im allgemeinen. Sowohl bei den »Handarbeitern« als auch bei den Teilnehmern insgesamt rangierten 1928 die Südschweizer Seen, Brüssel und Paris, die Riviera und der Rhein in der Beliebtheitsskala ganz oben. Auch für das Jahr 1929 sind kaum Abweichungen festzustellen. Wie bei den Teilnehmern insgesamt belegten auch bei den Arbeitern die erstmals angebotenen Ferien in der Schweiz und in Österreich die obersten Ränge. Die Arbeiter lockte es ebenso in den sonnigen Süden wie die Angestellten und Beamten – und wie bereits im 19. Jahrhundert das Bürgertum. Zwar war bei den Arbeitern eine leichte Präferenz für kürzere und damit billigere Reisen zu verzeichnen, signifikante Abweichungen zeigen die Statistiken aber weder bei kürzeren noch bei längeren Reisen. Ein Blick auf die durchschnittliche Aufenthaltsdauer der Gäste in

[9] Vgl. die Jahrbücher der deutschen Sozialdemokratie für 1928 und 1929, Berlin 1929 und 1930.

den Ferienheimen der Ferienheimgenossenschaft »Naturfreunde« bestätigt diesen Eindruck: Die durchschnittliche Aufenthaltsdauer von Arbeitern betrug zehn Tage und entsprach damit dem Gesamtdurchschnitt aller Heimurlauber.[10] Ein ähnliches Bild ergibt die Beteiligung an In- und Auslandsreisen. Arbeiter bevorzugten zwar preiswertere Inlandsreisen, jedoch gab es auch in diesem Fall keine gravierenden Abweichungen. Bei teuren Auslandsreisen standen Arbeiter den übrigen Reichsausschußreisenden kaum nach. Auch ein Vergleich bei der Beteiligung an den sechs billigsten bzw. sechs teuersten Reisen verändert diesen Eindruck nicht wesentlich. Und schließlich zeigten die reisenden Arbeiter des Reichsausschusses auch hinsichtlich der Teilnahme an den ruhigen, mehr der Erholung dienenden Ferienaufenthalten keine großen Unterschiede zum allgemeinen Teilnehmerverhalten.

Der Bericht von einer Riviera-Fahrt des Berliner Reichsausschusses 1928, an der auch Arbeiterinnen und Arbeiter teilnahmen, zeigt, daß man sogar Verhaltensunsicherheiten in Kauf nahm, um sich auf Reisen neue Erlebniswelten zu erschließen:

> »So waren unsere Reisenden zunächst alle etwas erdrückt von der luxuriösen Pracht [im Hotel], die sie bis dahin höchstens auf der Filmleinwand gesehen hatten und näherten sich äußerst respektvoll den marmornen Stufen, reinigten übermäßig sorgfältig ihre Schuhe auf den Abtretern, um nur ja nicht die dicken Teppiche zu beschmutzen, befühlten verstohlen den seidigen Plüsch der Sessel und ließen sich vorsichtig und bedächtig in ihre weichen Polster nieder. Nur schwer konnten sie ihre Verlegenheit vor den ungewohnten Fischbestecks verbergen und wagten sich erst ans Essen, wenn der Führer, dessen Beispiel aufmerksam beobachtet wurde, begonnen hatte.«[11]

[10] Vgl. Geschäftsbericht der FGNF für 1929 (HiKo: ADGB-Restakten, NB 456b, fol. 181).
[11] Hartig, Arbeiter, 1929.

Über die Frage, ob und inwieweit die neue Erfahrung des »Touristseins« mit dem Selbstverständnis des klassenbewußten Proletariers, sofern ein solches vorhanden war, kollidierte, kann nur spekuliert werden. Überliefert ist lediglich der Artikel eines Metallarbeiters, der von einer Gesellschaftsreise nach Hamburg im Jahr 1911 folgendes Erlebnis bei der Hafenrundfahrt berichtet:

> »Ein überfülltes Dampfboot fuhr rasch dahin, dem noch weitere bald folgten. Sie waren dicht besetzt von Arbeitsbrüdern, wohl meistens Mitgliedern unseres Verbandes, die von den Werften und der Arbeit auf den verschiedenen Dampfern heimkehrten. Sie winkten nicht herüber, wußten sie doch nicht, wer die Vergnügungsreisenden waren, die auf den beiden Dampfern rund um den Hafen schwammen …«[12]

Mit dem Aufbruch in den modernen Massentourismus verschwand offensichtlich die »Kragenlinie« als sozialstrukturierendes Element zugunsten persönlicher Lebensstile, die nicht unbedingt in das Bewußtsein derer eingedrungen sein müssen, die diese praktizieren.

Reisen und sozialer Wandel: Die sozialistische Variante des modernen Lebensstils

Wenn schätzungsweise 930 000 Arbeiter und Arbeiterinnen willens und in der Lage waren, einen signifikanten Geldbetrag für touristische Zwecke aufzubringen, hat man einen Vergleichsmaßstab, um die Frage zu beantworten, inwieweit die »Arbeiter«-Reiseorganisationen ihre vornehmlich angesprochenen Teilnehmer aus der Arbeiterschaft auch tatsächlich erreichten. Für die Organisationen selbst sind nur einzelne Statistiken und Zahlen überliefert, die aber ebenfalls

[12] Metallarbeiter-Zeitung 29, 1911, S. 319.

eine Schätzung der mitreisenden Personen für das Jahr 1929 ermöglichen. Die Gesamtteilnehmerzahl an den Arbeiterreisen betrug demnach 1929 ca. 67 300. Die Arbeiterferienheime beherbergten die Masse der Reiselustigen und zählten ca. 61 000 Gäste. Mit dem Berliner Reichsausschuß hingegen verreisten 1929 nur ca. 1500, mit den Leipzigern ca. 1800, von Hamburg aus ca. 200 und über die Reisebüros des Touristenvereins »Die Naturfreunde« schätzungsweise 3800 Urlauber.

Quellen, die Aufschlüsse über die soziale Zusammensetzung und damit den Arbeiteranteil unter den Reisenden geben könnten, liegen in detaillierter Form nur für den Reichsausschuß und die Ferienheimgenossenschaft »Naturfreunde« vor. Für das Zentralreisebüro Nürnberg des TVDN sind lediglich grobe Richtwerte überliefert. Der Arbeiteranteil an den Ferien- und Studienreisen des Reichsausschusses für sozialistische Bildungsarbeit lag 1928/29 zwischen 25 und 30 Prozent; 55 bis 60 Prozent waren Angestellte und Beamte (siehe Tabelle 19), die damit, gemessen an ihrem Anteil an der Wohnbevölkerung (18 Prozent) stark überrepräsentiert waren, während Arbeiter unterproportional (46,8 Prozent bei der Wohnbevölkerung) vertreten waren. Das Zentralreisebüro der TVDN-Reichsleitung in Nürnberg hingegen konnte mit seinem Reiseprogramm 1929 einen Arbeiteranteil verbuchen, der dem Anteil an der Wohnbevölkerung entsprach.[13] Bei den Besuchern des Alpenhotels »Raintalerhof«, das unter der Trägerschaft des Deutschen Metallarbeiterverbandes stand, waren Arbeiter wiederum unterrepräsentiert. »Unsere Gäste«, hieß es 1929 in einem Zeitschriftenartikel, setzen sich »ungefähr zu zwei Teilen aus Kollegen aus dem Arbeitsverhältnis, zwei Teilen Angestellten und einem Teil uns fernstehenden Gästen zusammen«.[14] Einen überdurchschnittlichen Arbeiteranteil erreichte auf den ersten Blick die FGNF. Eine Besucherstatistik für die Zeit vom 1. Mai bis 30. September 1929 mit genauen Angaben über die berufliche Zusammensetzung der Gäste in den sechs Ferienheimen

[13] Der Textil-Arbeiter 41, 1929, S. 336.
[14] Die Gemeinwirtschaft 9, 1929, S. 296ff.

Frauenwald, Muldenhaus, Eisenhammer, Reiherhorst, Friedrichroda und Kipsdorf wies einen Arbeiteranteil von 66,4 Prozent aus. Die Zahl ist allerdings zweifelhaft, denn die Statistik ordnete ihre Besucher nach *Verbands*zugehörigkeit und nicht nach der Stellung im Beruf. Damit konnten sich hinter der Rubrik »Arbeiter« in der Tat Arbeiter verbergen, die bei den entsprechenden Gewerkschaftsverbänden in Angestelltenpositionen tätig waren.[15] Analog zu den Angaben des Berliner Reichsausschusses bezifferte sich diese Gruppe auf mindestens 10 Prozent, vermutlich sogar mehr. Berücksichtigt man die genannten statistischen Unsicherheiten sowie die Vergleichsangaben beim Reichsausschuß und dem Ferienheim »Raintalerhof«, kann man davon ausgehen, daß der Anteil der Arbeiter unter den Gästen der FGNF wohl bei schätzungsweise 40 Prozent lag.

Konkret bedeutet dies: Im Jahr 1929 verreisten nur etwa 27 200 Arbeiter mit den Arbeiterorganisationen; ca. 400 Arbeiter mit dem Berliner Reichsausschuß, ca. 540 mit der Leipziger Einrichtung, ca. 80 von Hamburg aus, mit den TVDN-Reisebüros ca. 1750 und in den Arbeiterferienheimen verbrachten ca. 24 400 Arbeiter ihren Urlaub. Den Arbeiterreiseorganisationen gelang es demnach nicht, auch nur einen nennenswerten Teil ihrer potentiellen Klientel, das heißt jene Arbeiter, die willens und in der Lage waren, 100 und mehr Reichsmark pro Jahr für Reisen und Erholung auszugeben, zu erreichen. Diese Arbeiter entschieden sich zu 97 Prozent für andere als die von der »Arbeiterreisebewegung« offerierten Angebote.

Wo lagen die Ursachen für diese Präferenzen, wenn doch bei dieser Gruppe ökonomische Gründe ebensowenig wie mangelnde persönliche Wertschätzung des Reisens eine ausschlaggebende Rolle gespielt haben können, das heißt ökonomische Voraussetzungen und Affinitäten zum modernen Lebensstil gleichermaßen vorhanden waren?

Ein Blick auf den Topos vom Reisen unter »Gleichgesinnten« mag die Frage beantworten. »Reisen verbilligen durch

[15] Geschäftsbericht der FGNF für 1929 (HiKo: ADGB-Restakten, NB 456b, fol. 181).

Fahrtvergünstigungen, billige Unterkunft und andere Erleichterungen kann jedes Reisebüro«, hieß es in den Berliner ›Reiseblättern‹. »Aber der Reichsausschuß kann unendlich mehr. Er führt Gleichgesinnte zusammen, er hat den Solidaritätsgedanken der Arbeiterklasse als Helfer zur Seite.«[16]

Wer waren diese »Gleichgesinnten«? Falsch wäre es, sie nach der Stellung im Beruf ausmachen zu wollen, denn die Arbeiterreiseorganisationen erreichten letztlich alle Berufsgruppen. Ebensowenig macht es Sinn, sie organisationspolitisch zu definieren, das heißt, sie mit den in den Reisebedingungen genannten Teilnahme*berechtigten* zu identifizieren, worunter beim Reichsausschuß »alle sozialistisch und freigewerkschaftlich organisierte[n] Arbeiter, Angestellten und Beamten mit ihren Angehörigen« fielen. Denn in der Praxis griff die SPD-Reiseorganisation über die im Parteiprogramm 1921 festgelegte Öffnung für Angestellte und Beamte noch hinaus und nahm auch »Unorganisierte« mit auf die Reise. Die Veranstalter rechtfertigten dies mit dem Hinweis, es sei unsinnig, gerade diejenigen abzuweisen, die parteipolitisch noch nicht organisiert seien, die aber »durch ihre Teilnahme zu erkennen geben, daß auch sie sich zur sozialistischen Bewegung rechnen«.[17] Auch an die Hütten und Heime des TVDN hatten viele Nichtmitglieder geklopft.

Die gewerkschafts- und parteiorganisatorische Bindung als Voraussetzung trat also in der Praxis zugunsten einer mutmaßlichen politischen Haltung in den Hintergrund. Entscheidend wurde etwas anderes: ein informeller Zusammenhalt, der auf gemeinsamen Vorstellungen über eine bestimmte Form der Lebensführung basierte. Gesinnungsgenosse oder -genossin wurde man nicht durch Partei- oder Gewerkschaftsbeitritt, sondern durch seinen Lebensstil. Die Politologen Peter Lösche und Franz Walter wiesen vor einigen Jahren auf die heterogene Struktur der Arbeiterkulturorganisationen hin und sonderten dabei aus der »sozialdemokratischen Arbeiterkulturbewegung« mit ihren Großorganisationen, bei denen der Einfluß der Massenkultur zu spüren

[16] Hauth, Reichsausschuß, 1929, S. 2.
[17] Reiseblätter 3, 1929, Nr. 3, S. 8.

war, die sogenannte »sozialdemokratische Solidargemeinschaft« aus. Diese Gruppe habe sich, so Lösche/Walter, mit aller Wahrscheinlichkeit aus Facharbeiterkreisen des Metall- und Druckgewerbes, kleinen weiblichen Angestellten im Dienstleistungsbereich sowie hauptamtlichen Kräften aus der Partei, aus den Gewerkschaften und den Kulturorganisationen rekrutiert. Sie hätten ihre Kinder auf die wenigen weltlichen (Volks-)Schulen geschickt, sich für »immun gegen die Massenkultur« gehalten und dem »Ideal des ›neuen Menschen‹ in sozialistisch rigoroser Lebensgestaltung« nachgestrebt.[18] In die Vorstellungen und Lebensperspektiven dieser Gruppe lassen sich auch zahlreiche Vertreter der Arbeiterreiseorganisationen sowie viele Teilnehmer einreihen. Dennoch wäre es falsch, hier von einem »Rückzug« und einer »sich nach außen abschottenden Organisations- und Lebenswelt des sozialistischen Kulturmilieus« zu sprechen.[19] In der Veranstaltung von Ferienreisen und den ihnen zugeschriebenen Zielen kam – greifbar zumindest bei den Veranstaltern – vielmehr eine bewußte »Stilisierung des Lebens« zum Ausdruck, die Teil des einleitend beschriebenen unterschwelligen Individualisierungsprozesses der Weimarer Gesellschaft war. Dieser Prozeß war mit der Verselbständigung bestimmter Freizeitbereiche einhergegangen und äußerte sich bei Vertretern der Arbeiterkulturbewegung in der Tendenz, der alltäglichen Lebensführung und individuellen Bedürfnissen wachsenden Wert beizumessen. Das Vordringen des »Kultursozialismus«[20], der den »neuen Menschen« propagierte, dürfte hier seine Wurzeln haben. Nur so erklärt sich auch, warum zahlreiche Elemente einer historisch gewachsenen bürgerlichen Lebensweise in die Lebensführung dieser rigorosen Kultursozialisten problemlos einfließen konnten, was nicht nur bei den Reisen selber, sondern deutlich auch bei der Gestaltung der seit 1927 vom Reichsausschuß heraus-

[18] Peter Lösche/Franz Walter, Zur Organisationskultur der sozialdemokratischen Arbeiterbewegung in der Weimarer Republik. Niedergang der Klassenkultur oder solidargemeinschaftlicher Höhepunkt?, in: GG 15, 1989, S. 511–536, hier S. 520ff.

[19] Dies., Volkspartei, 1989, S. 120.

[20] Dieter Langewiesche, Die Arbeitswelt in den Kulturentwürfen des Weimarer Kultursozialismus, in: Lehmann (Hg.), Studien, 1984, S. 41–58.

gegebenen ›Reiseblätter‹ zum Ausdruck kam: Dort dominierten Länderberichte mit traditionell romantisierenden Landschaftsfotos, architekturgeschichtliche Stilkunde, Empfehlungen klassischer Literatur und Reiseführer, inklusive Baedeker und Meyers Reisehandbücher. Die These von der Sozialstrukturierung durch Wahl eines Lebensstils erklärt auch, warum die Reiseorganisationen die Verbilligung des Reisens nicht zu ihrem obersten Ziel erklärten oder gar ihre Tätigkeit vornehmlich darauf abstellten und warum sie in ihrem Verhaltenskodex Ansätze einer »nivellierten Mittelstandsgesellschaft« bejahten, während Erfahrungen gesellschaftlicher Ausgrenzung den Kreis ihrer Motive nur am Rande streiften.

Die These von der »Verbürgerlichung« der Arbeiterkulturbewegung, ob bewußt propagiert oder ungewollt erzeugt, greift als Erklärungsansatz zu kurz. Ebensowenig wie die »Rückzugs«-These erklärt sie, warum die Veranstalter auf die Erfahrungen gesellschaftlicher Ausgrenzung, auf die Solidarität mit dem »Schicksal der Arbeiterklasse« sowie auf das politische Engagement, das nicht auf Integration, sondern auf Veränderung der bestehenden Gesellschaft und Verbesserung der Lebenschancen zielte, zumindest programmatisch nicht verzichten wollten. Politisches Engagement, Solidarität und die Veränderung der bestehenden Gesellschaft waren unabdingbare Bestandteile dieses Lebensprogramms, das nicht als rigoroser Kultursozialismus, sondern als *sozialistische Variante des modernen Lebensstils* zu begreifen ist. Diese erzeugte erst die Gruppenidentität und diente Abgrenzungs- und Distinktionszwecken gegenüber anderen sozialen Gruppen. Der Begriff *Lebensstil* meint in diesem Zusammenhang, daß das propagierte und praktizierte Verhalten Fragen der alltäglichen Lebensführung herausragende Bedeutung beimaß und eine Existenz jenseits der »Sphäre des Notwendigen« voraussetzte; daß dieses Verhalten mit einem Muster von Lebensführung verbunden war, das das gesamte Erleben und Verhalten strukturierte und organisierte; und daß es sich nicht um eine beliebige Lebensweise handelte, sondern um eine Lebensführung, die sich durch »distinktive Praxisformen«, das heißt, durch bewußte Absetzung zur alltäglichen Lebensführung anderer Gruppen definierte – womit der »kleinbürgerliche Arbeiter« ebenso gemeint sein konnte wie der »neue Bourgeois«. *Modern* war dieser Lebensstil insofern, als er an die Existenzbedingungen einer urbanisierten, von Zeit, Geld und Arbeit, Elementarbildung und hoher Empathie bestimmten Gesellschaft geknüpft war. Ungeachtet der Dominanz bei Angestellten und Beamten konnten die Reiseveranstalter bezeichnenderweise ihre Teilnehmer aus allen Berufsgruppen rekrutieren. Und *sozialistisch* war diese Variante des modernen Lebensstils schließlich in dreierlei Hinsicht: Sie basierte auf der Idee des Gemeinwohls; politisches Engagement war fester Bestandteil dieser Lebensführung, mit dem Ziel, die bestehende Gesellschaft zu verändern; und das Problem der ökonomischen Voraussetzungen und damit der Lebens*chancen*, die eine »Stilisierung des Lebens« erst ermöglichen, geriet als Fluchtpunkt nie aus den Augen.

Doch gerade an der sozialistischen Ausrichtung schieden sich die Geister; trat eine neue gesellschaftliche Segmentierung zutage: Vermutlich etwa 10 Prozent der Arbeiterschaft zeigten wohl Affinitäten zu einem modernen Lebensstil, aber nur ein Bruchteil identifizierte sich mit seiner sozialistischen Variante und realisierte seine Reisewünsche individuell, in informellen Gruppen oder über kommerzielle Anbieter.

Dieser Lebensstil, der vor allem im gewerkschafts- und parteiorganisatorischen Mittelbau zu finden war und von Männern und Frauen gleichermaßen getragen wurde, stand nicht nur in Kontrast zur Masse der Arbeiter, sondern stieß auch bei den Spitzenvertretern der SPD und des Allgemeinen Deutschen Gewerkschaftsbunds (ADGB) auf wenig Gegenliebe. Mit Ausnahme einzelner Kulturtheoretikerinnen und Praktiker der Bildungsarbeit, wie zum Beispiel Heinrich Schulz vom Reichsausschuß für Sozialistische Bildungsarbeit, der Pädagogin Anna Siemsen oder des Jugendsekretärs des ADGB-Bundesvorstands, Walter Maschke, zeigten sich die Spitzen von SPD und ADGB sowohl gegenüber dem »Urlaub« als auch gegenüber Inhalt und Programmatik der »Arbeiterreisebewegung« äußerst reserviert. Ein Programm, das über die globale Forderung »Ferien für die Arbeiterschaft« hinausgegangen wäre, wurde in der SPD nicht entwickelt. Auf den Kongressen des ADGB suchten sich einzelne Verbände, insbesondere die Metallarbeiter, mit ihren Anträgen zur Urlaubsfrage bis 1928 vergeblich Gehör zu verschaffen. Erst 1931 nahm der Gewerkschaftskongreß in Frankfurt am Main eine Entschließung an, die einen »gesetzlichen Urlaubsanspruch von mindestens 12 Arbeitstagen für die erwachsenen Arbeiter und Arbeiterinnen und von mindestens 18 Arbeitstagen für jugendliche Arbeiter und Arbeiterinnen unter Weiterzahlung des Lohnes ... unabhängig von einem Wechsel der Arbeitsstelle« forderte. Eingebettet war der Antrag allerdings in den Kontext der Arbeitslosenfrage, was konkret bedeutete, daß der Arbeitsmarkt durch Einführung eines gesetzlichen Urlaubs entlastet werden sollte.[21]

Im Hinblick auf die »Arbeiterreisen« sind die Argumentationsweise und der Sprachgebrauch der Männer an der »Spitze« zugleich Zeugnis einer großen Hilflosigkeit. Eine Stellungnahme des Kassierers im SPD-Parteivorstand, Konrad Ludwig, vom Parteitag 1929 war in dreierlei Hinsicht typisch: Sie war die einzige Stellungnahme zu diesem Thema; sie basierte im Kern nicht auf rational nachvollziehbaren Argumenten, sondern auf persönlichen Erfahrungen und subjektiven Anschauungen über Lebensweisen; und sie war bemüht, größtmögliche Distanz zum erörterten Gegenstand zu demonstrieren:

> »Nur eine Bemerkung möchte ich zu den Reisen machen, die durch den Reichsbildungsausschuß organisiert werden. Es hat 3 bis 4 Jahre gedauert, bis auch ich meine Anschauungen in dieser Hinsicht (ich habe einen kleinen konservativen Einschlag) reformiert habe. Ganz ist es noch nicht geglückt, ich kann noch nicht ganz die Notwendigkeit anerkennen. Aber ich habe mich abgefunden mit dem *guten Ergebnis.*«[22]

[21] C. Nörpel, Gesetzlicher Urlaub für Arbeiter, in: Gewerkschafts-Zeitung 41, 1931, S. 788–790; vgl. Salomon Schwarz, Handbuch der deutschen Gewerkschaftskongresse, Berlin 1930.

[22] Sozialdemokratischer Parteitag Magdeburg 1929 [...]. Protokoll, Magdeburg 1929 (ND Berlin u. a. 1974), S. 46.

Während Bildungsreferent Heinrich Schulz die »Ferienfahrten« des Reichsausschusses seit 1925 vor den Delegierten als »wertvolles Mittel der Kulturpflege«, das der Erweiterung des Gesichtskreises und der »wertvollen« Ausnutzung der Ferien diene, hervorhob[23], ging Konrad Ludwig auf derartige Aspekte gar nicht erst ein. Er nannte jene Einrichtungen der Parteizentrale, die sich mit dem Bildungswesen befaßten, insbesondere den Reichsausschuß, 1929 kurz »Sorgenkinder«. Da dessen Reisen »doch immer nur einem kleinen Teil der Arbeiter und Angestellten und Beamten« zugute kämen, warnte er die Reiseorganisation, daß *»unter keinen* Umständen *Gesamtmittel* der Partei in Anspruch genommen werden« dürften.

Auf der Bundesausschußsitzung des ADGB vom 26./27. März 1929 setzte sich der Vorstand unter Führung von Theodor Leipart schließlich mit seinen »lebhaften Bedenken« gegen »die führende Beteiligung der Gewerkschaft an einer zentralen Gesellschaft« für Arbeiterferienheime durch.[24] Der Bundesvorstand riet den Verbandsvorständen vom Erwerb weiterer Häuser ab und erteilte den Plänen der thüringischen Ferienheimgenossenschaft eine Absage.

Die schroff ablehnende Haltung des ADGB-Vorsitzenden Leipart, der nicht erst in der Weltwirtschaftskrise, sondern bereits seit Mitte der zwanziger Jahre mit dieser Frage konfrontiert war, deckte sich allerdings nicht mit der persönlichen Einstellung seines Jugendsekretärs Walter Maschke. Maschke hatte wiederholt zum Ausdruck gebracht, daß er persönlich die Ferienheimfrage aufgrund der neuen tarifrechtlichen Urlaubssituation für im Interesse der Gewerkschaften liegend erachte. Bezogen auf Maschke und Leipart entpuppten sich die unterschiedlichen Auffassungen zur Ferienheimfrage innerhalb des ADGB-Bundesvorstands als Generationenkonflikt. Walter Maschke, geboren 1891, ge-

[23] Sozialdemokratischer Parteitag 1925 in Heidelberg. Protokoll [...], Berlin 1925 (ND Berlin u. a. 1974), S. 113.

[24] Schreiben des Bundesvorstands des ADGB an die Reichsleitung des TVDN vom 14. Febr. 1929 (HiKo: ADGB-Restakten, NB 457, fol. 61); vgl. Schreiben des Bundesvorstands des ADGB an die FGNF vom 9. April 1929 (Hiko: ADGB-Restakten, NB 456b, fol. 154).

hörte zu jener Gruppe von Sozialdemokraten, die die Zeit des Sozialistengesetzes nicht mehr erlebt hatten, und für die die Jugendbewegung eine wichtige Sozialisationsfunktion gehabt hatte. Während Walter Maschke 1927 erst 36 Jahre alt war, feierte der erste Vorsitzende Theodor Leipart bereits seinen 60. Geburtstag. Er hatte seine entscheidenden politischen Erfahrungen als Jugendlicher noch unter dem Sozialistengesetz und damit unter Bedingungen extremer gesellschaftlicher Ausgrenzung gesammelt. Das Wirken Maschkes im Bundesvorstand des ADGB ist daher im Zusammenhang mit der Ferienheimfrage auch als Scheitern des Versuchs einer Neuorientierung der freien Gewerkschaften in kulturellen Fragen zu interpretieren. Ein Scheitern, das nicht nur auf den Fortbestand bzw. in der Weltwirtschaftskrise das Wiederaufleben alter Klassengegensätze in der Weimarer Republik zurückzuführen war, sondern auch auf eine überalterte Führung, deren Habitus zunehmend in Diskrepanz zu einer sich wandelnden Gesellschaft geriet. Unter den fünf Mitgliedern des ADGB-Bundesvorstands, die sich an den Gesprächen über die Errichtung einer zentralen Ferienheimgesellschaft beteiligten und schließlich dagegen votierten, gehörten vier zur älteren Generation: neben Theodor Leipart (Jg. 1867), Peter Graßmann (Jg. 1873), Alexander Knoll (Jg. 1864) und Paul Umbreit (Jg. 1868). Walter Maschke war in diesem Kreis der Jüngste, und allgemein zählten die Vertreter bzw. Befürworter der Arbeiterreiseorganisationen zur jüngeren Generation, so Paul Kieß (Jg. 1884) von der FGNF, Karl Hartmann (Jg. 1885) vom ADGB-Bezirksausschuß Thüringen, Aufsichtsratsmitglied der FGNF, und Richard Weimann (Jg. 1889) vom Reichsausschuß. Heinrich Schulz (Jg. 1872) war unter ihnen der einzige, der zur älteren Generation gehörte.

Der weithin beachtete Vortrag Theodor Leiparts zu den »Kulturaufgaben der Gewerkschaften« aus dem Jahr 1932 zeigte noch einmal das alte, im Kaiserreich erworbene Kulturverständnis: Oberster Zweck aller Kulturarbeit, so Leipart, sei das »Wohl der Gesamtheit«, erst dann gelte es das »Persönlichkeitsgefühl« wachzurufen. Den Begriff »Lebensfreude« erörterte er im Kontext von »Pflichterfüllung«. Nicht die »Technik«, sondern die »Wirtschaftsform« degradiere den Menschen. Von »der Welt der Arbeit aus« betrachtete Leipart das »Lebensumspannende« der Kultur, die er mit Begriffen wie Familie und Kindererziehung, Zeitung und Buch, Vortrag und Theaterbesuch umschrieb. Zwar räumte er ein, daß die freien Gewerkschaften gezwungen wären, ihre »Kulturarbeit zu überprüfen und zu den großen Fragen des kulturellen Lebens überhaupt Stellung zu nehmen«. Wo Anna Siemsen jedoch, ausgehend von den äußerlich sichtbaren Veränderungen in der Lebensführung, scharfsinnig die gesellschaftlichen Transformationsprozesse als »Schmelztiegel« beschrieb und Kultur im weiteren Sinne als Lebensweise auffaßte, griff Leipart in die Mottenkiste des frühen 19. Jahrhunderts und beschwor den »Geist eines Fichte« oder »den faustischen Drang« als Ausdruck »deutschen Wesens«.[25]

Die Spitzen von SPD und ADGB reagierten auf die Herausbildung touristischer Einrichtungen nicht nur zurückhaltend, sondern zugleich ausweichend. Die Zurückhaltung war insofern verständlich, als die sozioökonomischen Urlaubsvoraussetzungen bei zwei Dritteln der Arbeiterinnen und Arbeiter einfach schlecht waren. Die diskursiven Ausweichmanöver sprechen jedoch dafür, daß die Veranstaltung von Ferienreisen die politischen Spitzen letztlich mit der brisanten Frage konfrontiert hätte, ob der »Autonomiewunsch« des Menschen nur ein »Überbleibsel kleinbürgerlichen Individualismus« sei oder »eine spezifisch existenzielle Forderung«.[26] Diese Frage hätte einmal mehr zu einer Grundsatzdiskussion über den Stellenwert der Arbeit in der marxistischen Parteiideologie geführt.

Indem die Spitzen von SPD und ADGB einer Diskussion über das Verhältnis von Arbeit und Freizeit einfach auswichen und sich mit der Existenz der Kultureinrichtungen »abfanden«, hinterließen sie ein Vakuum, das die »Kraft durch Freude«-Ideologie dann problemlos ausfüllen konnte.

[25] Theodor Leipart, Die Kulturaufgaben der Gewerkschaften, Berlin 1932, S. 3ff.; auszugsweise abgedruckt in: Die Gewerkschaft 36, 1932, Sp. 761–764.

[26] Gorz, Abschied, 1983, S. 27f.

6. »Innenansichten«

Die folgenden ungekürzten Reiseberichte beleuchten den Aufbruch in den modernen Massentourismus quasi von »innen« und gewähren Einblicke in die Einstellungen, Wahrnehmungen und Verhaltensweisen von reisenden Arbeitern und Angestellten.[1]

»Mein Urlaub« – Eine Angestellte berichtet (1925)

Der folgende Reisebericht erschien im September 1925 in der ›Gewerkschaftlichen Frauenzeitung‹, herausgegeben vom Bundesvorstand des Allgemeinen Deutschen Gewerkschaftsbundes.[2] Eine Berliner Angestellte schildert darin ihren Sommerurlaub in Partenkirchen, mit Abstechern nach Nürnberg und München. Als freigewerkschaftlich organisierte Angestellte repräsentierte sie zwar innerhalb dieser Erwerbstätigengruppe eine Minderheit; ungeachtet der politischen Gesinnung, die sich in einigen einleitenden Bemerkungen zum Arbeitnehmerurlaub ausdrückt, tritt hier jedoch eine typische Vertreterin moderner Lebensweise auf. Ebenso wie ihre mitreisenden Freundinnen aus Berlin und Dresden lebt sie in einer Großstadt, ist alleinstehend, berufstätig und vermutlich um die Dreißig. Ganz bewußt und über lange Zeit werden »Geldmittel« für bestimmte »Zwecke« angespart. Im Zweifelsfall wird das Geld dann eher für die jährliche Urlaubsreise als für materielle Anschaffungen ausgegeben. Die Reise selbst gilt als notwendiges Kontrast- und Erlebnisprogramm zur industriellen Arbeitswelt und besitzt einen Wert an sich. Die Selbständigkeit, mit der »frau« sich den Widrig-

[1] Interpunktion, Orthographie und Hervorhebungen folgen in allen drei Berichten dem Original.

[2] Mein Urlaub, in: Gewerkschaftliche Frauenzeitung 9, 1925, S. 66–68.

keiten des Alltags stellt, wird immer wieder hervorgehoben; die Schilderung der erfolgreichen Überwindung finanzieller und organisatorischer Hindernisse vor bzw. während der Reise strukturieren über weite Strecken den Text. So ist der Titel ›*Mein* Urlaub‹ ein Stück weit auch Programm:

»Die Urlaubsgewährung an alle Arbeitnehmer wäre zweifellos ein großer kultureller Fortschritt. Früher war es ausschließliches Vorrecht der Besitzenden, vor der Tropenglut des Sommers zu fliehen und von Krankheiten, Anstrengungen usw. an der See oder im Gebirge Erholung zu suchen. Den Arbeitnehmern war das Wort Urlaub ein unbekannter Begriff. Die Angehörigen des Bürgertums, vor allem die zur sogenannten Gesellschaft zählenden Kreise, gingen eigentlich Jahr für Jahr nur in Urlaub, weil der gute Ton es so vorschrieb, die Mode es verlangte und weil man sich zu Hause nicht langweilen wollte.

Anders, ganz anders ist es dagegen mit dem Urlaub der Arbeitnehmer bestellt. Der den Lohn- und Gehaltsempfängern gewährte Urlaub hebt diese Menschen auf ein höheres Kulturniveau, er stärkt ihnen ihr einziges Gut, ihre Arbeitskraft und er ist sehr oft Veranlassung, ihnen erst das Leben lebenswert zu machen. Wenigstens einmal im Jahr eine oder mehrere Wochen ausspannen, der ohne Unterbrechung unerträglichen Arbeitsfron entfliehen und sich als freier Mensch fühlen zu dürfen, das ist ein Ereignis im Leben des Arbeitnehmers, das seine Freude am Leben hebt und ihm Kraft gibt, sein im übrigen ernstes und schweres Dasein zu ertragen. Mit allen Fasern seines Herzens hängt denn auch heute jeder Arbeitnehmer an seinem Urlaub. Er braucht den Urlaub zur Auffrischung und Stärkung der Nerven und um neue Kräfte zu sammeln zu weiterem Schaffen. Eine tiefgehende Erbitterung würde alle um Lohn und Gehalt fronenden Menschen erfassen, wenn Ihnen der Urlaub, den sie sich so schwer erkämpft haben, genommen werden sollte, wie es die Absicht des Unternehmertums ist.

Wenn man bedenkt, welchen Wert der Erholungsurlaub für die deutschen Arbeitnehmer erlangt hat, kann man erst die Bedeutung dieser Errungenschaft gewerkschaftlichen Wirkens im vollen Umfang begreifen. Leider muß auch heute noch ein großer Teil der Arbeitnehmer auf Urlaub, nämlich auf bezahlte Ferien, verzichten.

Solche Gedanken kommen mir stets, wenn ich vor dem Antritt meines Urlaubs stehe. Darüber vergesse ich dann immer die eigenen großen und kleinen Sorgen, die mir, weil ich allein in der Welt bin, mein Urlaub bereitet. Es gibt da vorher immer allerhand zu überlegen und nachzudenken – vor allem gilt es, peinlich zu kalkulieren, denn ich muß mit meinem Gehalt auskommen. Aber noch immer habe ich den Kampf mit den Widrigkeiten des Lebens siegreich bestanden und mir die Freude an meinem Urlaub nicht verkürzen lassen.

So war es auch diesmal. Das Ergebnis meines Nachdenkens und Rechnens war: Du hast es auch in diesem Jahre wieder geschafft, du kannst deinen Urlaub außerhalb der Steinwüste Berlin verleben. Diese Feststellung erhöht dann natürlich die Freude am Urlaub ganz erheblich. Würde es doch allen Arbeitnehmern so gehen.

Einen großen Genuß bereitet mir allein schon immer die Vorfreude. Es ist mir stets ein Genuß eigener Art, schon vorher im Geiste den ganzen Urlaub zu durchleben. Eine ganz besondere Anregung bietet mir in jedem Jahr die Frage: Werden dir diesmal alle deine Urlaubswünsche in Erfüllung gehen – wie und wo wirst du in diesem Jahre deinen Urlaub verleben? Wenn aber dann die Entscheidung zu meinen Gunsten gefallen und ich wunschgemäß in Urlaub fahren kann, ist die Freude doppelt so groß.

In diesem Jahre hatte ich mir vorgenommen, meinen Urlaub in der bayerischen Ordnungszelle zu verleben, und zwar im Süden Bayerns, im Hochgebirge. In dem wunderbar gelegenen Partenkirchen, gewissermaßen am Fuße der Bayerischen und Tiroler Alpen, hatten wir, einige Freundinnen und ich, ein nicht zu teures Logis vereinbart. Es galt für mich nur noch zu überlegen: Wie erreiche ich mein Reiseziel bequem und billig. Da lese ich, welch ein Glück, einige Wochen vor meinem Urlaub, daß die Eisenbahndirektion Berlin gerade am Tage meines Urlaubsanfangs einen Feriensonderzug nach München bereitstellen will. Die Fahrt in einem solchen Sonderzug ist erheblich billiger als in einem fahrplanmäßigen Zuge oder gar einem D-Zug. Welch ein Glück! Ich erkundigte mich sofort telephonisch bei der Bahnauskunft und bekam die Antwort, daß Fahrkarten zu den Feriensonderzügen nur auf schriftlichen Antrag abgegeben werden. Vorgedruckte Antragsformulare seien an den Schaltern der Fernbahnhöfe erhältlich. Obgleich ich über die mir zuteilgewordene Auskunft sehr erstaunt war, holte ich mir doch ein Antragsformular und reichte meinen Antrag ein. Die Antwort ließ überraschenderweise nicht lange auf sich warten. Sie lautete ablehnend. Die Fahrkarten für den am festgesetzten Tage nach München gehenden Feriensonderzug seien schon am ersten Verkaufstage vergriffen gewesen. Ich war ob dieses Bescheids zunächst sehr niedergedrückt. So leicht aber lasse ich mich nicht entmutigen, und da ich nicht abergläubisch bin, deutete ich den Bescheid der Eisenbahndirektion durchaus nicht als ungünstiges Omen für meine Ferienerlebnisse. Ich benutzte zu meiner Fahrt nach München nunmehr den beschleunigten Personenzug. Dadurch hat mich die Fahrt nicht mehr gekostet, als wenn ich mit dem Feriensonderzug gefahren wäre.

Am Tag meines Urlaubsantritts zeigte der Himmel freilich ein recht griesgrämiges Gesicht. Es regnete stark und war empfindlich kalt geworden. Auch das entmutigte mich nicht. Hatte ich doch mit St. Petrus gutes Wetter, vor allem schönsten Sonnenschein, kontraktlich vereinbart. Wenn es auch zunächst aussah, als hätte der alte Herr nicht übel Lust gehabt, kontraktbrüchig zu werden, so hielt er hinterher doch die eingegangene Vereinbarung und bescherte mir während meines Urlaubs beständig das schönste Wetter. Am gewählten Ort wurde ich von meiner Dresdener Freundin, die schon als Quartiermacher acht Tage früher gefahren war, aufs herzlichste empfangen und in mein Logis geführt, allwo ich meine Berliner Urlaubsgefährtinnen, die, weil sie es sich leisten konnten, den D-Zug benutzt hatten, sehr vergnügt antraf. Mit unserem Logis konnten wir sehr zufrieden sein. Auch der Preis war angemessen, was für uns, die wir sehr Frechnen mußten, von großer Bedeutung war.

Immerhin erlebt man auf Reisen immer wieder, daß die Bewohner von Gegenden mit starkem Fremdenverkehr fast ausnahmslos ein sehr ›einnehmendes‹ Wesen haben.

Nachdem wir uns von der anstrengenden Bahnfahrt erholt hatten, begannen wir gleich am Montag unsere Tagesausflüge in die nähere und weitere Umgebung Partenkirchens. Unsere täglichen Wanderungen führten uns nach allen Richtungen der Windrose. In vollen Zügen genossen wir die Freiheit des Urlaubs und stärkten Herz und Gemüt an der herrlichen Natur. Partenkirchen selbst ist ein großartig gelegener Ort, die Umgebung ist unbeschreiblich schön. Ein an Naturschönheiten so reiches Fleckchen Erde hatte ich vorher noch nie gesehen. Das Hochgebirge, die Bayerischen und Tiroler Alpen, boten mir täglich neue Wunder der Natur. Ich kam aus dem Staunen nicht heraus. Die Erinnerung an das während meines diesjährigen Urlaubs Gesehene und Erlebte wird in mir noch lange wach und lebendig bleiben.

Jedoch, wo so viel Licht ist, gibt es auch die Schatten. Die Schattenseiten unseres irdischen Daseins lernte ich so recht in diesem paradiesischen Fleckchen Erde kennen. Die Sommerfrischler sind hierzulande nichts als Ausbeutungsobjekte. Ich merkte mit jedem Tage meines Partenkirchener Aufenthaltes mehr und mehr, daß das Leben in den Bayerischen Bergen ein recht kostspieliges Vergnügen ist. Obgleich ich keinen Pfennig unnütz vertan hatte, mit jedem Groschen genau rechnete, mußte ich doch feststellen, daß meine vorher so schön aufgestellte Rechnung ein Loch bekommen hatte. Das war bedenklich. Es gab bei diesem Stande der Dinge nur noch zwei Möglichkeiten für mich: entweder ich mußte meinen Urlaub vorzeitig abbrechen, oder ich mußte, um aushalten zu können, für spätere Zeiten und andere Zwecke aufgesparte Geldmittel angreifen. Nach kurzem Kampf wählte ich das Oder und blieb. Bereut habe ich es nicht. Im Gegenteil, ich freue mich, daß ich meinen Urlaub bis zum letzten Tage im Bayerischen Hochgebirge verbringen konnte.

Da wir auch noch München und Nürnberg einen kurzen Besuch abstatten wollten, sicherte ich mir die Möglichkeit der Rückreise durch rechtzeitiges Lösen einer Fahrkarte. Diese weise Voraussicht war notwendig, denn die Gefahr, eines Tages ganz auf dem Trockenen zu sitzen, war in bedrohliche Nähe gerückt. Leider war die Zeit zu knapp bemessen, um einen tieferen Eindruck von der Besichtigung der beiden bayerischen Städte, die des Sehenswerten so viel bieten, mit hinwegzunehmen. Mein Urlaub war zu Ende und ich mußte nach einigen Wochen der Erholung und herrlichen Genusses an die Heimreise denken. Von Nürnberg kehrten wir nach Berlin zurück. Im Fluge ging es nochmals durch wunderbare Gegenden Deutschlands. Waldbefleckte Höhen, saftige Weiden und fruchtbare Felder zogen an unseren Augen vorüber. Auf den Aeckern stand das Getreide, einer reichen Ernte entgegenreisend und schon auf die Sense des Schnitters wartend. Bald wird dann auch des Schnitters Sense über die Felder klingen, die Garben werden aufgestellt und mit Getreide hochbeladene Wagen werden die Ernte heimfahren. Wie lange noch, und der Sommer geht zur Rüste. Wenn erst der Herbstwind über die Stoppeln weht, ist verschwunden des Sommers Lied und der Winter ist nicht mehr weit.

Eins aber wird mir als teure Erinnerung bleiben: die Gewißheit nämlich, daß mein diesjähriger Erholungsurlaub über alle Maßen schön war. Das Schönste an der für die Arbeitnehmer geschaffenen Urlaubsregelung ist aber doch, daß sie, kaum zurückgekehrt zu neuer Arbeitsfron, doch schon wieder ein ganzes Jahr lang von dem nächsten Urlaub träumen dürfen.«

Im Arbeiterferienheim an der Ostsee (1929)

Der nun folgende Bericht wurde Ende August 1929 in der freigewerkschaftlichen Zeitschrift ›Solidarität‹, dem Verbandsorgan der Graphischen Hilfsarbeiter und -arbeiterinnen Deutschlands publiziert.[3] In der idealtypischen Beschreibung, die nicht ganz frei von PR-Absichten ist, schildert der Autor eine Ferienwoche im verbandseigenen Ferienheim in Graal an der Ostsee. Das Haus, vormals »Villa Maria«, war 1921 von der Ferienheimstätten-Genossenschaft »Gutenberg« – einer Gründung von Angehörigen der Reichsdruckerei – übernommen und zum Arbeiterferienheim umfunktioniert worden.[4] Als Angehöriger des graphischen Gewerbes repräsentiert der Autor eine typische Gruppe unter den reisenden Arbeitern der zwanziger Jahre. Mit ziemlicher Sicherheit freigewerkschaftlich organisiert, kam die sozialistische Gesinnung aber nicht nur im engeren, politischen Sinne zum Vorschein, sondern hatte sich strukturierend über Wahrnehmungen, Erfahrungen und die alltägliche Lebensweise gelegt. Seine Lebensführung gehört zur sozialistischen Variante des modernen Lebensstils: Das touristische Alltagsverhalten folgt weitgehend dem »bürgerlichen« Muster – Strandburgenbauen, Fotografieren, Promenaden am Meer usw., ohne darauf zu verzichten, auch im Urlaub, politisch »Flagge« zu zeigen:

»Wenn Du in Berlin auf dem Stettiner Bahnhof in den D-Zug steigst, so wunderst du dich, wieviel Sachsen es in Berlin gibt. Denn es sächselt nur so den Zug entlang. Aber sie sind meist gar nicht aus Berlin, sondern sie kommen direkt aus Dresden oder Leipzig sowie aus dem sächsischen Erzgebirge und wollen an die Ostsee. Berge und Täler haben sie in ihrer Heimat genügend gesehen.

In Rostock werden nach fünfstündiger Fahrt die D-Zugwagen nach Graal-Müritz an den Personenzug gehängt und weiter geht es auf eingleisiger Strecke nach Graal. Inzwischen hast du mit einigen Reisenden deines Abteils soweit Fühlung genommen, daß sie dir erzählen, sie wollen schon zum dritten Male nach ›Haus Gutenberg‹, dem Ferienheim der graphischen Arbeiter. Dann ist der

[3] Ferientage in Graal, in: Solidarität 35, 1929, Nr. 35.

[4] Vgl. Artur Petzold, Das Ostsee-Ferienheim der Ferienheimstätten-Genossenschaft »Gutenberg«, Berlin, in: Die Gemeinwirtschaft 9, 1929, S. 294–296.

Bann gebrochen und die Frauen beginnen zu fragen: ob man vom Bahnhof abgeholt würde, ob man für das mitgebrachte kleinere Kind auch eine Kinderbettstelle mit Drahtgitter dort habe und ob es auch genügend Gemüse für das Kind gäbe? Du erfährst beruhigt, es ist in Graal für alles aufs beste gesorgt.

Da hält der Zug auch schon – mit den letzten Wagen auf freiem Felde. Ein Bote des Ferienheims trägt bereits das Gepäck der Reisegenossen aus den anderen Wagen zusammen, läßt es abtransportieren und derjenige, der schon zum dritten Male hierher fährt, übernimmt die Führung der kleinen Gesellschaft. Es geht durch ein Stück Wald in die Hauptstraße des Ortes, in welcher man nur *eine* Fahne mit den Farben der Republik sieht. Sie weht von dem Ferienheim der graphischen Arbeiter.

Es ist Sonntag. Sonntag ist als Zu- und Abreisetag festgesetzt, weil die meisten Heimgäste volle Wochen Urlaub haben. Die heute Abreisenden verabschieden sich gerade und fahren mit demselben Zug, mit welchem wir gekommen sind, von der hiesigen Endstation in die Heimat zurück.

Wir erhalten von der Leiterin des Heims unser Zimmer angewiesen und erholen uns zunächst von der Bahnfahrt.

Das Heim ist ein zweistöckiges Haus und bietet für 60 Personen Unterkunft. Es sind Zimmer für Familien und Einzelpersonen vorhanden. Fast jedes Zimmer hat eine Veranda. Der Preis für Zimmer mit voller Pension beträgt je nach Lage der Zimmer 4,50 M. bis 5 M., für Kinder je nach Alter von 1,50 M. bis 3,50 M. Für Heimgäste ist die Kurtaxe ermäßigt. Im Erdgeschoß befindet sich ein in freundlichen Farben gehaltener Speisesaal mit einem Klavier.

Um 7 1/2 Uhr morgens wird zum Wecken geläutet und um 8 Uhr morgens im Speisesaal das Morgenfrühstück eingenommen. Die neu hinzugekommenen Gäste werden über die häuslichen Gepflogenheiten informiert und dann geht es an den Strand. Abseits vom Hauptbadebetrieb besitzt das Heim ein Stück eigenen Strand, der in einer kleinen halben Stunde durch herrlichen Kiefern- und Buchenwald zu erreichen ist. Von 5 M. an pro Woche erhält man

Abb. 24: Ferienheim »Villa Maria« der Ferienheimgenossenschaft »Gutenberg«, Berlin, in Graal an der Ostsee. Gesamtansicht und Innenansichten der Zimmer, Fotos 1930.

einen Strandkorb. Nun wird um diesen Strandkorb eine Sandburg gebaut, gebadet und dann zum ersten Male – ausgeruht. Wenn nur die Sonne scheint, so ist am Strande reges Leben. Wer einen Photoapparat hat, macht Strandaufnahmen; wer keinen hat, läßt sich von den anderen knipsen. Fast täglich fliegen Wasserflugzeuge vorüber. Es war interessant zu beobachten, als dieser Tage ein solches in unserer Nähe eine Notlandung machen mußte. Zweimal in der Woche ladet die Kurverwaltung vormittags zu einem Kurkonzert auf der Strandpromenade ein. Unsere Gäste haben meist das Badeleben auf unserem Strande dem Kurkonzert vorgezogen.

Um 12 Uhr geht es zurück zum Heim, wo im Speisesaal an mit Blumen geschmückten Tischen das Mittagsmahl eingenommen wird. Es ist so reichhaltig, daß es erst einiger Tage Gewöhnung bedarf, um soviel zu essen, ohne zu arbeiten. Mittags wird die nachgesandte Post verteilt. Hier kommen noch recht viel bürgerliche und recht wenig sozialistische Tageszeitungen zum Vorschein. Nach der Mahlzeit gibt es gleich Kaffee und Brötchen zum Mitnehmen für den Nachmittag. Wer nicht zunächst der Bettruhe pflegt, geht gleich wieder an den Strand. Um 6 Uhr abends geht es wieder zum Heim zurück. Vom Photographen werden die entwickelten Platten und fertig kopierten Bilder abgeholt und allseitig bewundert. Es wird ein ebenso reichliches, häufig warmes Abendbrot gegessen und noch einmal Post verteilt. Abends pilgert alles an die See zur Landungsbrücke – und zur Strandpromenade, um den Sonnenuntergang zu beobachten. Hier am Hauptbadestrand sind viele Fahnen und Fähnchen zu sehen, nur nicht die Reichsfahne. Wer nicht offen schwarz-weiß-rot flaggt, der zeigt in reaktionärer Neutralität die mecklenburgische Fahne.

Um 10 Uhr abends wird das Heim abgeschlossen und diese Zeit wird auch allgemein eingehalten.

Zu Dampferfahrten bietet sich reichlich Gelegenheit. Bei Beteiligung von mindestens 15 Personen aus dem Heim ist eine Fahrt nach der dänischen Insel Moen mit ihren Kreidefelsen hin und zurück für 5 M. möglich. Auf der Insel führt eine Autofahrt für 2 M. durch die dortigen

Sehenswürdigkeiten. Leider ist diese Seefahrt die hin 5 Stunden und zurück 5 bis 6 Stunden dauert, für viele Teilnehmer durch Seekrankheit getrübt. Aber man kann auch schon für 50 Pf. mit einem größeren Motorboot eine etwa einstündige Mondscheinfahrt an der Küste entlang machen. Wer das Badeleben in Warnemünde gesehen haben will, der kann an einem Nachmittag für 2,50 M. eine Autotour dahin machen. Dort ist für 1 M. das Fährschiff nach Dänemark zu besichtigen.

Am Ende jeder Woche findet meist eine kleine gesellige Abschiedsfeier im Heim oder in einem nahen Lokal statt. An solchem Tage helfen auch mal die Gäste mit schnell die Tafel abzuräumen, und das Heimpersonal beteiligt sich mit an der Feier. Durch freiwillige Beiträge der Heimgäste wird laufend ein kleiner Fond unterhalten, um die Fahnen vor dem Hause und am Strand ständig zu erneuern. Ebenfalls freiwillig gibt jeder einen kleinen Betrag als Trinkgeld. Es wird am Tage vor der Abreise an den jeweiligen Obmann, den die Gäste sich selbst wählen, gezahlt und gelangt später gleichmäßig verteilt an das gesamte Personal.

Das Ferienheim der graphischen Arbeiter ist kein Hotel, sondern ein Heim. Kein Kellner drängt hier seine Dienstbereitschaft auf, um zum Trinkgeld zu verpflichten. Alle Gäste sind Arbeiter einer großen Branche. Sie benutzen ihren kurzen Urlaub wirklich zur Erholung. Die Arbeiterfrau ist hier zum ersten Male für einige Tage von den Sorgen der Hausarbeit frei, sie braucht nicht zu kochen. Die Sorgen und die neuesten Strandmoden überläßt sie den bessersituierten Damen.

Der Urlaub der Arbeiter ist heute noch viel zu kurz, verglichen mit dem der Angestellten und dem Urlaub, den die Arbeitgeber für sich in Anspruch nehmen. Seine längere Dauer hängt ausschließlich von mehrjähriger Arbeit in dem gleichen Betriebe ab, was bei den Konjunkturschwankungen äußerst ungünstig für den Arbeiter ist. Selbst um zwei Wochen Urlaub in einem Ferienheim zu verleben, bedarf es dauernder Beschäftigung und fleißigen Sparens. Noch sind es wenige, die verreisen können. Doch die Gründung von Ferienheimen durch die Gewerkschaften ist der richtige Weg, um auch dem Arbeiter, der mit seiner Hände Arbeit die Werte schafft, einmal im Jahre die Ausspannung und Erholung zu geben, die die besitzende Klasse als ihr Vorrecht betrachtet.«

»Auf eigene Faust« durch die Märkische Schweiz – Die Urlaubsreise einer Arbeiterfamilie (1928)

Der dritte und letzte Bericht stammt aus der Feder eines Berliner Buchdruckers. Unter der Überschrift ›Ein Wochen-Erholungsurlaub bei Berlin‹ beschreibt der Familienvater im ›Korrespondenten für Deutschlands Buchdrucker und Schriftsetzer‹, wie er im Sommer 1928 eine Woche lang mit Frau und zwei Kindern auf eigene Faust durch die nahegelegene Märkische Schweiz gereist ist.[5] Hier wie im vorhergehenden Fall gibt der Autor unmißverständlich zu verstehen, daß er sich der sozialistischen Bewegung zurechnet. Aber bei der individuellen Familienreise ist von einer rigorosen sozialistischen Lebensweise wenig zu spüren. In der detaillierten, fast ermüdenden Beschreibung einer romantischen Natur, in der übrigens weder seine Frau noch seine Kinder präsent sind, wird das Einfache und Schöne als Gegenbild zum Moloch der Großstadt stilisiert und der Text weitgehend durch Passagen strukturiert, die immer wieder das Auffinden preiswerter und sauberer Übernachtungsmöglichkeiten hervorheben. Für den Autor hielt die bestehende Gesellschaft offensichtlich Räume bereit, in denen sich auch der sozialistisch gesinnte Arbeiter mit Frau und Kindern einrichten konnte – materiell ebenso wie in seinem Bedürfnis nach Ruhe, Erholung und Erlebnis:

»Einen Wochen-Erholungsurlaub wähle ich als Überschrift, weil ich weiß, daß im Durchschnitt in der Groß-

5 Ein Wochen-Erholungsurlaub bei Berlin, in: Korrespondent für Deutschlands Buchdrucker und Schriftsetzer 66, 1928, S. 339f.

stadt selten mehr in Frage kommt und dann – weil der Großstädter auch selten mehr Geld für sich und eine kleine Familie für eine Ferienreise aufwenden kann, wenn er nicht an irgendeinem andern Ende des Jahres Einschränkungen und Entbehrungen, die er schon so zur Genüge machen muß, sich auferlegen will. Ein andrer Ferienzuschuß kommt aber wohl selten in Frage. Ich wählte für mich und meine Familie (vier Personen) eine sechstägige Tour durch die Märkische Schweiz, bis Freienwalde und von dort über Eberswalde zurück nach Berlin. Zur Verfügung hatte ich zu diesem Zweck einen Fonds von 100 M. (einschließlich des Kostgeldes meiner Frau). Wir fuhren von Berlin (Schlesischer Bahnhof) nach Dahmsdorf-Müncheberg (Fahrpreis 1,60 M., IV. Klasse pro Person) morgens um 7 Uhr ab. Ankunft etwa 8 1/2 Uhr. Zu Fuß gingen wir bei schönstem Sonnenschein durch die Sieversdorfer Heide, vorbei am Kessel-See, kleinen Papillen See, Großen Daben-See, Kolonie Sieversdorf, und von dort quer durch den Wald (nicht die Chaussee) direkt zum Scharmützel-See, links am Waldrand und See war unser erstes Frühstück. Eine herrliche Aussicht über den ganzen See, den Ort Buckow und hoch oben die Bollersdorfer Höhe. Nachdem wir noch eine Stunde das erste Sonnenbad genommen, ging es zurück durch den Ort Buckow, vorbei am Buckower See, Schloßberg, Poetensteg, und dann hoch hinauf zur Bollersdorfer Höhe. Eine herrliche Aussicht auf den Scharmützel-See und die umliegenden Wälder und den Ort Bredow. Abwärts sodann zu den Wachtelbergen, quer durch den Waldweg (nicht Chaussee). Hier ist die Ruhe und der Friede zu Hause; wir verbrachten an einer schönen Stelle den Nachmittag. Unser Ziel für den ersten Tag sollte das nahegelegene Dorf mit Gut Ihlow sein. Gegen 7 Uhr noch ein kurzes Stück durch den Wald und dann durch die Felder nach dem Dorfidyll Ihlow, wo wir gut Aufnahme im dortigen Gasthof und eine ebenso gute Übernachtung im sauberen Zimmer und in sauberen Betten fanden. Man beobachtete hier das abendliche Treiben auf dem Bauernhof, die Abfütterung des Viehes, die Rückkehr der Dörfler von der Feldarbeit usw., was der Städter nicht alle Tag sieht. Frühzeitig um $9\ ^{1}/_{2}$ Uhr gingen wir zur Ruhe und hatten einen gesunden Schlaf bis zum andern Morgen um 5 Uhr; schon beginnt die Morgenarbeit der Bauern und das Vieh schreit nach Futter. Die Morgentoilette war bald beendet und um 7 Uhr nahmen wir den Frühkaffee ein. Man übernachtet in den kleinen Bauerndörfern sehr sauber und billig. Wir zahlten durchschnittlich überall 1,50 M. pro Bett; auch der Frühkaffee ist preiswert (etwa 1 M. für eine große Kanne mit Milch und Zucker). Wir brachen also nach $7\ ^{1}/_{2}$ Uhr wieder auf und hatten für den zweiten Tag zum Ziel das Dorf Sternebeck (mit Gut), und zwar über Prädikow und Prötzel. Unsern Weg wählten wir links von Ihlow durch den Wald, über Feld zum Neuen See, wieder durch Wald und Feld nach Prädikow. Dieser Weg ist dort sehr interessant, weil hier das Wild sehr zahlreich und gut zu beobachten ist. Es wechselt nämlich gern vom Wald in Feld und Wiese und wieder zurück zum Wald. Wir lagen vormittags an einer Waldlichtung im Sonnenbad und Adamskostüm (Menschen begegnet man unterwegs hier wohl den ganzen Tag nicht) und konnten die flinken Rehe beobachten, wie sie aus dem Walde heraustraten, äugten, dann über Wiese und Feld sprangen; dazwischen Hasen und – ausnahmsweise viele Füchse mit ihrem schönen, nachschleifenden Schwanze, wie sie ihre Beute beschlichen. Unser Lagerplatz war hier so ruhig, idyllisch und interessant, die Vögel sangen und unser Frühstück mundete so gut, daß wir bis Mittag hier liegen blieben. In Prötzel versorgten wir uns beim Bäcker und Schlächter mit den nötigen Nahrungsmitteln und wanderten sodann auf Sternebeck zu. Kurz vor Sternebeck lagerten wir im Walde, um den Nachmittag in Ruhe zu genießen. Beim Austausch unsrer Beobachtungen (in dieser Gegend ist die Schafzucht besonders groß), [bei] unsre[n] gelegentlichen Unterhaltungen mit den Schäfern usw. verging der Nachmittag, und gegen Abend gingen wir hinein in das schöne Dorf Sternebeck, um uns im Gasthof unser Nachtquartier zu sichern. Wir fanden auch hier gute Aufnahme, saubere Zimmer und preiswerte Übernachtung und Frühkaffeeverpflegung. Das Dorf machte einen wohlhabenden Eindruck. Das abendliche Treiben war wieder recht interessant auf dem Bauernhof. – Unser nächstes Ziel sollte Sonnenburg über Harnekop und Hafelberg sein, vorbei an dem kleinen, idyllisch gelegenen Sternebecker See, Schloß Monchoix mit See, Großer See nach Hafelberg. Hinter Hafelberg gehen wir von der Chaussee ab auf Waldweg durch den schönen, stillen Hafelberger und Sonnenburger Forst. Ein einladender Platz zum Lagern ist hier bald gefunden. Auch hier gibt es viel Wild, und unsre Beobachtungen des Waldlebens nahmen unsern Sinn gefangen; der Wald fängt hier an hoch hinauf und wieder tief hinab zu gehen. Wir banden uns an keinen genauen Weg, sondern gingen wo es am schönsten ist, und geraten so unbewußt in den Freienwalder Forst, verpassen dadurch das Dorf Sonnenburg und kommen in das Freienwalder Brunnental; wir halten unser Ziel jetzt auf Freienwalde. Wir kommen in das eigentliche Kurbad, Gesundbrunnen, Heilige Hallen und das ganze Badeviertel. Die Anlagen des Bades mit den wunderschönen Villen und Kurpensionen sind reizvoll anzusehen. Aber – die Natur ist futsch – die Kunst tritt an ihre Stelle und das Geld. Alles ist zugeschnitten auf die Ausbeutung, aber zum Glück nur der »besitzenden Klasse«, und dazu gehörten wird nicht. Es konnte uns daher auch nicht treffen. In einem einfachen Lokal, wo wir eine Erfrischung einnahmen, erfuhren wir im Laufe der Unterhaltung mit der Wirtin, daß [wir], wenn wir über Nacht bleiben wollten, den kurzen, aber schönen Weg nach dem Wanderheim Oberkietzmühle gehen müßten, wo es sehr schön und preiswert sein sollte. Durch die Uchtenhagener Straße ging es, erst hinauf zur Ruine (die Burgreste der Raubritter von Uchtenhagen). Man genießt von dieser Höhe einen wunderbaren Ausblick über das ganze Oderbruch von Niederfinow, Liepe bis hinüber nach Alt-Ranst, Alt-Glietzen, Alt-Küstrinchen; man sieht den Finowkanal, die verschiedenen Eisenbahnlinien, die Alte Oder bis Hohensaaten; alles wie in einer Spielzeugschachtel. Die Herrlichkeit der Freienwalder Umgebung beginnt hier erst so recht. Unser Weg führt uns nun den hohen Waldweg entlang (der Paul-

Linke-Weg) bis Oberkietzmühle im Hammertal, am Teufelssee gelegen. Unser Ziel war erreicht. Wir bekamen hier wieder eine sehr gute Unterkunft, zwei Zimmer mit je zwei Betten. Diese Tagestour war ein bißchen lang, aber deshalb auch wunderbar schön. Wir aßen zu Abend und trafen hier zur Unterhaltung und Gesellschaft noch eine Schulklasse mit ihrem Lehrer aus Werbellin an, welche auf vier Tage einquartiert und auf einem längeren Ausflug sich befand. Die Kinder sangen und musizierten auf ihren mitgebrachten Instrumenten und mit ihrem Lehrer, der ebenfalls eine Geige bei sich hatte. Der Abend verging sehr schnell. Am frühen Morgen, nach Einnahme unseres Frühkaffees, kommen wir überein, da es uns hier so schön gefällt, bis zu[m] Ende der Ferienwoche zu bleiben und täglich unsre Ausflüge in dem vor uns liegenden Wald zu machen. Dies haben wir nicht bereut, denn die ganze Gegend hier ist einfach paradiesisch schön. Der Wald wechselt hier von tiefsten Schluchten bis zu höchsten Höhen. Riesige Buchenbestände wechseln mit Eichen, Erlen, Kiefern, Tannen. Die Waldbäche murmeln und plätschern hinunter in die tiefen Schluchten; verfolgt man ihren Lauf, ist ein lauschiges Plätzchen immer schöner und zauberischer als das andre; der Waldbach ladet zum Fußbad und zur Erfrischung ein; unser mitgenommener kleiner Photoapparat tritt oft in Tätigkeit, um bleibende Erinnerungen auf die Platte zu bannen. Unser Proviant ward hier verzehrt. Die Beobachtung des Wildes, der zwitschernde Gesang der Vögel aller Art, das schwebende Kreisen der Habichte, die Ruhe und der Friede des Waldes fesseln unsern Geist. Den ganzen Tag trifft man auch hier fast keinen Menschen. Wir klettern wieder einen stillen Weg hinauf zur Höhe des Bismarckturmes und genießen die weite, freie Aussicht auf das tiefliegende ganze Oberbruch und die weiten Wälder in ihrem Auf und Nieder, die vielen Farbschattierungen vom hellsten Grün bis zum düsteren Tiefgrün; dazwischen hie und da ein Waldhäuschen, an den steil abfallenden Ton- und Lehmgruben die Ziegeleien, eine Schneidemühle, eine Papiermühle, das ehemalige Alaunwerk, jetzt seit beinahe 100 Jahren außer Betrieb. Unsre Körperhaut bräunte sich, denn wir lagen oft stundenlang auf einem sonnigen Plätzchen im Badekostüm mit wohltuender Erholung von Körper und Geist. Gegen 7 Uhr fanden wir uns in unserm Heim ›Oberkietzmühle‹ wieder ein, aßen Abendbrot und unterhielten uns mit den Einheimischen. Der Waldhüter erklärte uns so manche unsrer Beobachtungen im Walde. Eine mitten im Garten befindliche alte Buche, nach der Schätzung des Försters etwa 200 Jahre alt, davor ein großer steinerner Tisch mit den Löchern für die Tintenfässer, der Sage nach das alte ehemalige Femegericht, am Baum der eingeschlagene große Haken, an dem die Abgeurteilten an Ort und Stelle gehängt wurden. Im Hause die eingemauerten Taufsteine des Gebäudes aus dem 17. Jahrhundert. Im verfallenen Keller das alte Mühlengetriebe, worüber das Wasser des Mühlbaches früher floß. Die Wasserkraft hat noch jetzt eine Stärke von 120 Pferdekräften. Das Kleinvieh und Jungvieh wird abgefüttert: Hühner und Küken, Enten, Gänse, Ziegen und deren Junge. Am dichtbeiliegenden Teufelssee angelten sich ein paar Jungen ein Fischgericht. Forellen gibt es hier sehr viel. Wir gingen nochmals hinab zum Waldbach, erfrischten uns durch ein Gesichts-, Hand- und Fußbad und begaben uns dann zur Nachtruhe. Am frühen Morgen lockte die Sonne durch Fenster und der neue Tag begann mit neuen Genüssen. Hat man keine Lust, in den Wald zu steigen, laden vor dem Hause die grünen, sonnigen Matten zum Licht-, Luft- und Sonnenbad ein, oder an einem schattigen Plätzchen (der Wald beginnt dicht am Hause) zum Lesen eines Buches. Ein nahegelegener Bergquell liefert das Trinkwasser respektive das Wasser zum Kochen in der Wirtschaft; kristallklar, kalt und wohlschmeckend. Der bekannte Freienwalder Kurfürstenquell in Bad Freienwalde soll nach den Aussagen der Einwohner gegen 99 ½ Krankheiten heilend wirken. Ich glaube aber, daß auch der Quell hier in diesem Heim dieselbe Heilkraft besitzt. Wir bezahlten in ›Oberkietzmühle‹ pro Bett und Nacht 1,50 M., also pro Zimmer mit zwei Betten 3 M., mit voller Pension (sehr reichlich) pro Tag einschließlich Bett 4,50 M. Und alles sehr sauber bei aufmerksamer und freundlicher Bedienung. Man kann dieses Quartier nur äußerst warm empfehlen. Die ganze Umgegend hält die Konkurrenz, was Schönheit und Romantik der Natur anbetrifft, mit Thüringen zweifellos aus. Geht hin und überzeugt euch selbst. Am letzten Ferientag (Sonnabends) nachmittags zogen wir ab, eine halbe Stunde Waldpromenade zum Freienwalder Bahnhof, und fuhren zurück über Eberswalde, Biesenthal, Bernau nach Berlin (Stettiner Bahnhof). Der Großstadtradau umtobte uns wieder und demonstrierte uns so recht den gewaltigen Unterschied zwischen Alltag und Ferientag.«

Moderner Massentourismus unter dem Nationalsozialismus

Der Wandel des modernen Tourismus zum Massentourismus begann in der Weimarer Republik. Auf der Angebotsseite legte eine weithin auf Massentourismus ausgerichtete und die »Masse« mit preiswerten Angeboten umwerbende Tourismusindustrie das Fundament für eine adäquate, moderne Infrastruktur. Ausgelöst durch scharfen Konkurrenzdruck nach dem Ersten Weltkrieg, ging dieser Strukturwandel mit einer bis dahin unbekannten Ausweitung der Tourismuswerbung einher. Die Träger der »Fremdenpropaganda« bedienten sich nicht zuletzt der neuen Massenmedien Rundfunk und Film und leiteten damit einen grundlegenden Wandel in den Wahrnehmungen und Einstellungen zum Reisen ein. Auf der Basis der durch den Weltkrieg ohnehin gestiegenen Erholungswünsche verschob sich auf der Nachfrageseite das Reisebedürfnis schichtübergreifend nach oben. Mit der Folge, daß im Zusammenspiel mit der Verbilligung der Reiseangebote das beim Reisen finanziell Machbare subjektiv neu bemessen wurde. Erstmals wandten breitere Bevölkerungskreise, allen voran die Angestellten, aber auch eine kleine Gruppe aus der Arbeiterschaft, auf Kosten der übrigen Lebenshaltung größere Einkommensanteile für touristische Zwecke auf. Für eine Minderheit von ca. 15 Prozent, gemessen an der Reiseintensität, ging damit die veränderte Bedürfnislage auch mit einer tatsächlichen Veränderung in der realen Lebensführung einher, und zwar ungeachtet der im Vergleich zur Vorkriegszeit stagnierenden Massenkaufkraft. Für den Großteil der Bevölkerung hingegen galt, daß zwischen Bedürfnissen und Chancen ihrer Realisierung noch eine Lücke klaffte, wobei allerdings auffällig war, daß die größte soziale Schicht, die Arbeiter, im Vergleich zum »neuen Mittelstand« und unabhängig von ökonomischen Faktoren weniger Affinitäten zu jener Variante modernen Lebensstils zeigte, die sich am Leitbild Reisen ausrichtete.

Mit diesen Befunden ist noch nichts über die Dauer der

Formierungsphase des modernen Massentourismus gesagt. Die zwanziger Jahre waren zunächst eine Epoche tiefgreifender Umbrüche, in der die Bedingungsfaktoren des modernen Massentourismus erstmals geschlossen in ein Wechselverhältnis traten. Einzelne Bereiche, zum Beispiel die Kostenseite, erfuhren mit der Verbilligung des Reisens im Zuge der Weltwirtschaftskrise eine weitere Dynamisierung; in anderen Bereichen, so im Beherbergungsgewerbe oder bei der sozialen Zusammensetzung der Gäste, deuteten sich schon in den letzten Jahren vor Ausbruch des Ersten Weltkriegs strukturelle Verschiebungen an. Offen ist schließlich, wann die Formierungs- und Aufbruchphase zum Abschluß kam bzw. wann die Entwicklung des Massentourismus eine neue Richtung einschlug und ob die dreißiger, vierziger oder gar fünfziger Jahre unseres Jahrhunderts noch in diese Phase miteinzubeziehen sind.

1. Quantitative Dimensionen des Tourismus in der NS-Zeit

Um die touristische Entwicklung in der NS-Zeit[1] auf der Folie der Weimarer Republik und des Kaiserreichs angemessen bewerten zu können, braucht man für die Entwicklungshöhepunkte 1913 und 1929 ein Vergleichsjahr. Zwar ist das ausgewählte Jahr 1937 methodisch nicht ganz unproblema-

1 Zur Freizeit in der NS-Zeit vgl. Sachse, Freizeit, 1993; Hermann Weiß, Ideologie der Freizeit im Dritten Reich. Die NS-Gemeinschaft »Kraft durch Freude«, in: ebd., S. 289–303. Zur Sozialgeschichte der NS-Zeit vgl. Timothy M. Mason, Sozialpolitik im Dritten Reich. Arbeiterklasse und Volksgemeinschaft, Opladen 1977; Carola Sachse u. a., Angst, Belohnung, Zucht und Ordnung. Herrschaftsmechanismen im Nationalsozialismus, Opladen 1982; Herbert, Arbeiterschaft, 1989; Alf Lüdtke, »Ehre der Arbeit«: Industriearbeiter und Macht der Symbole. Zur Reichweite symbolischer Orientierungen im Nationalsozialismus, in: Klaus Tenfelde (Hg.), Arbeiter im 20. Jahrhundert, Stuttgart 1991, S. 343–392.

Abb. 25: Werbeplakat der Reichsbahnzentrale für den Deutschen Reiseverkehr (RDV), 1936. Entwurf: Jupp Wiertz.

tisch, weil erstens der zeitliche Abstand zwischen 1929 und 1937 geringer ist als zwischen 1913 und 1929 und zweitens die Gästezahlen nach dem 1934 einsetzenden Wiederanstieg für 1938 noch eine leichte Zunahme gegenüber dem Vorjahr aufweisen.[2] Auf der anderen Seite fiel der Zuwachs mit 3,3 Prozent gering aus, und wichtige Regionalstatistiken, zum Beispiel für das Gebiet des Landesfremdenverkehrsverbandes München und Südbayern, meldeten nach dem »Rekordjahr« 1937 für den folgenden Sommer einen Rückgang.[3] Außerdem verzerrte die militärische Mobilisierung, beginnend mit der Annektion Österreichs 1938, die Fremdenverkehrsstatistiken im Deutschen Reich derart, daß die Zahlen ab 1938 als Indikatoren touristischer Mobilität nur noch bedingt zu gebrauchen sind. Das Jahr 1937 war somit das letzte touristische »Normaljahr«.

In der NS-Zeit stieg die touristische Mobilität weiter an. Nach dem Beispiel von Bad Reichenhall (siehe Tabelle 30) fiel die Zahl der Reisenden in der Weltwirtschaftskrise zunächst ab, um jedoch rasch wieder an die zwanziger Jahre anzuschließen und 1937 den Stand von 1929 zu übertreffen. Die Entwicklung paßte damit zum allgemeinen Trend der Zwischenkriegszeit: Die Gästezahlen der Jahre 1913, 1929 und 1937 bewegten sich auf einer ansteigenden Gerade, die ihre Richtung bis ca. 1954/55 beibehielt.

Die Zahl der Übernachtungsgäste in zehn gleichmäßig nach Ortsgröße und geographischer Lage ausgewählten deutschen Fremdenverkehrsorten zeigt allerdings (siehe Tabelle 6), daß sich der Wachstumstrend, der die Dynamik der Entwicklung widerspiegelt, von 29 auf 24 Prozent abschwächte. Die analog zum Jahr 1929 auch für 1937 ermittelte begründete Schätzung der Urlaubsreiseintensität[4] paßt in dieses Bild. Sie steigt zwar zwischen 1929 und 1937 nominal

[2] Stat. Jb. Dt. Reich 58, 1939/40, S. 76.

[3] Landesfremdenverkehrsverband München und Südbayern, Geschäftsbericht für die Zeit vom 1. April 1938 bis 31. März 1939, München 1939, S. 6ff. (BHA: MWi, 2719).

[4] Quellen und methodische Hinweise vgl. im ersten Kapitel, Abschnitt 2.

[5] Verordnung zur Durchführung und Ergänzung des Gesetzes über den Reichsausschuß für Fremdenverkehr vom 27. April 1936, abgedruckt in: Jahrbuch des deutschen Fremdenverkehrs, 2. Aufl., Berlin 1939, S. 9ff. (ATB).

Abb. 26: Werbeplakat der Reichsbahnzentrale für den Deutschen Reiseverkehr (RDV), ca. 1937. Entwurf: Richard Klein.

von 15 auf 18 Prozent, aber die Dynamik läßt nach: Die Wachstumsrate fällt von +36 Prozent im Zeitraum 1913 bis 1929 auf +20 Prozent im Zeitraum 1929 bis 1937.

Einiges deutet allerdings darauf hin, daß die nominalen Zuwächse bei den Übernachtungsgästen (und damit auch die Schätzung der Reiseintensität) zu hoch angesetzt sind. Die Zahlen basieren erstens auf den Angaben der amtlichen Reichsfremdenverkehrsstatistik, nach der sich die Zahl der Berichtsgemeinden im Jahr 1937 gegenüber 1929 nahezu verzweifacht hatte. Daß der mit dem Gesetz über die Einführung der amtlichen Reichsfremdenverkehrsstatistik von 1936[5] einhergehenden Verdoppelung der Berichtsgemeinden kein entsprechender Anstieg der Gästezahlen gegenüberstand (siehe Tabelle 20), lag daran, daß es sich bei den neu aufgenommenen Orten im wesentlichen um kleinere Gemeinden mit wenigen Besuchern handelte. Die seit 1936 gültige Bestimmung, nach der jede Gemeinde einzubeziehen war, in welcher die Zahl der Übernachtungsgäste ein Viertel der Einwohnerzahl überstieg, wurde daher auch von den Gemeindevertretern heftig kritisiert, machte sie doch aus nahezu jedem Dorf einen Fremdenverkehrsort.[6] Zweitens trieb auch die Einführung verschärfter Melde- und Kontrollvorschriften, denen ordnungspolizeiliche und politische Motive zugrunde lagen, die Zahl der Reisenden in die Höhe.[7] Mithin lag auch das in einer vielzitierten amtlichen Statistik über »Gästezahlen in 260 wichtigen Berichtsorten der Sommerhalbjahre 1929 und 1937« ausgewiesene Wachstum mit rund 18 Prozent über der tatsächlichen Entwicklung.[8] Der reale Anstieg der Gästezahlen gegenüber der Weimarer Republik – und von einem solchen kann man ausgehen – bewegte sich vermutlich zwischen 10 und 15 Prozent.

[6] Vgl. Rudolf Erhard, Zur gegenwärtigen Lage der deutschen Fremdenverkehrsstatistik, in: Deutsches Statistisches Zentralblatt 29, 1937, Sp. 129–140.
[7] Vgl. Schöner, Berchtesgaden, 1974, S. 98.
[8] Stat. Jb. Dt. Reich 57, 1938, S. 75.

2. Arbeitereinkommen, Massenkaufkraft, Arbeiterurlaub

Nicht nur die Gästezahlen, auch das Arbeitereinkommen und die Massenkaufkraft entwickelten sich in der NS-Zeit ohne große Abweichungen vom allgemeinen Trend der Jahre 1913 bis 1954/55. Zwar wurde der Übergang zur Vollbeschäftigung 1936/37 auf dem Hintergrund der Erfahrungen aus der Weltwirtschaftskrise zweifelsohne als ökonomische Verbesserung empfunden, aber man darf nicht übersehen, daß die Massenkaufkraft langfristig weiterhin stagnierte (siehe Tabelle 4). Nach den auf amtlichen Zahlen beruhenden Statistiken stieg zwar der Index der Reallöhne der Arbeiter von 102 im Jahr 1929 auf 105 bzw. 110 in den Jahren 1938 bzw. 1939 (siehe Tabelle 3), außergesetzliche, gleichwohl obligatorische Abzüge vom Bruttoverdienst drückten indes die Reallöhne praktisch unter die amtlichen Zahlen. Dazu gehörten die Mitgliedsbeiträge an die Deutsche Arbeitsfront (DAF) oder »Mindest-›Spenden‹« an das Winterhilfswerk. Der gleiche Effekt ging von Preisanhebungen aus, die seinerzeit nicht in den amtlichen Preisindex einflossen, so daß bis 1939 »die wöchentlichen Nettorealeinkommen im günstigsten Fall gerade das Niveau des Jahres 1929« erreichten.[1] Zwar brachten verlängerte Arbeitszeiten, Überstundenzuschläge und Sonderleistungen mehr Geld in die Lohntüten, aber dies galt nur für den Rüstungssektor, während die Beschäftigten in der Konsumgüterindustrie »im Schatten der Rüstungskonjunktur« blieben.[2] Auch an der geschlechterspezifischen Ungleichheit hatte sich wenig geändert. Die tariflichen Stundenlöhne von Arbeiterinnen lagen, wie schon in der Weimarer Republik, um rund ein Drittel unter dem

[1] Rüdiger Hachtmann, Lebenshaltungskosten und Reallöhne während des »Dritten Reiches«, in: Vierteljahrschrift für Sozial- und Wirtschaftsgeschichte 75, 1988, S. 32–73, hier S. 69.

[2] Wolfgang Zollitsch, Arbeiter zwischen Weltwirtschaftskrise und Nationalsozialismus. Ein Beitrag zur Sozialgeschichte der Jahre 1928 bis 1936, Göttingen 1990, S. 105.

Lohn der Männer.[3] Die ökonomischen Chancen innerhalb der Arbeiterschaft waren nach wie vor ungleich verteilt.

Damit setzte sich auch die auffällige Diskrepanz zwischen Einkommen und Gästezahlen fort. Das Institut für Konjunkturforschung, das sich, obwohl schon Mitte der zwanziger Jahre gegründet, erst 1937 mit dem Verhältnis von Einkommen und Fremdenverkehr befaßte, resümierte in seinem Wochenbericht:

> »Vergleicht man die Entwicklung von Einkommen und Fremdenverkehr, so ergibt sich die überraschende Tatsache, daß der Reiseverkehr seit 1933 rascher gestiegen ist als die Einkommen. Während die Einkommen aus Lohn und Gehalt in den letzten 4 Jahren um etwa 35 v. H. gewachsen sind, ist die Zahl der Meldungen in 260 Fremdenverkehrsorten um mehr als die Hälfte gestiegen.«

Das Institut begründete die Entwicklung mit dem Preisabfall für touristische Dienstleistungen seit der Weltwirtschaftskrise, mit der Motorisierung und dem Engelsschen Konsumgesetz. Die »Experten« vertraten aber auch die Auffassung, »daß sich in den letzten Jahren gewisse Wandlungen in den Konsumgewohnheiten« abzeichnen würden: »Mehr und mehr suchen die Bewohner der Städte der Unrast des Großstadtlebens durch längere oder kürzere Erholungsaufenthalte auf Kosten der übrigen Lebenshaltung zu entfliehen.«[4] Eines der typischen Strukturmerkmale aus den »Kinderjahren« des modernen Massentourismus fand damit in der NS-Zeit ungebrochene Fortsetzung.

In einer Hinsicht hatte sich das Einkommen allerdings grundlegend gewandelt, und zwar in seiner Funktion als unabdingbare ökonomische *Voraussetzung* für die Urlaubsreise. Wer mit der NS-Gemeinschaft »Kraft durch Freude« auf Reisen ging, konnte von erheblichen Preisvorteilen profitieren und sogar finanzielle Zuwendungen erhalten. Dies galt

[3] Ute Frevert, Frauen-Geschichte, Frankfurt am Main 1986, S. 217; Dietmar Petzina u. a., Sozialgeschichtliches Arbeitsbuch, Bd. 3, München 1978, S. 99.

[4] Wochenbericht des Instituts für Konjunkturforschung 10, 1937, S. 13–16, hier S. 14f.

vor allem, wenn es darum ging, Arbeiter »zu beteiligen«. Einige größere Betriebe, wie die Thyssen AG in Königsberg, gewährten bei Teilnahme an KdF-Fahrten Urlaubszuschüsse: Bei einem Einkommen von unter 200 RM monatlich und einem monatlichen Reisesparbetrag von 2 RM über 12 Monate hinweg erhielt jeder Arbeitnehmer zu seinen angesparten 24 RM noch 72 RM von der Firma hinzu. Dem KdF-Teilnehmer standen somit für seine Urlaubsreise 96 RM zur Verfügung, die zu drei Viertel subventioniert waren.[5] Die Einrichtung von sogenannten »KdF-Ausgleichskassen« lobten NS-Funktionäre im Juni 1938:

> »Die seit Anfang dieses Jahres in einer Maschinenfabrik in Dingolfing errichtete KdF-Ausgleichskasse kann schon heute trotz des kurzen Bestehens gute Erfolge aufweisen. Hatten die Gefolgschaftsmitglieder ihren Urlaub bisher meist dazu verwendet, um ihre häuslichen Arbeiten zu erledigen, so können sie jetzt wirklich in Urlaub geschickt werden. In diesem Sommer bereits werden sechs Arbeitskameraden nach Madeira, 30 nach Norwegen, 30 an den Rhein und weitere 30 an den Bodensee fahren. Außer ihrem Lohn erhalten sämtliche Arbeitskameraden die KdF-Fahrt bezahlt und dazu noch ein Taschengeld, so daß sie sorglose Urlaubstage verbringen können. Das schöne Beispiel hat bereits Schule gemacht, denn eine Reihe weiterer ostmärkischer Betriebe schuf ähnliche Einrichtungen.«[6]

Die 220 »Mann« umfassende Belegschaft einer Firma in Brackwede bei Bielefeld nahm 1938 samt Ehefrauen geschlossen an einer KdF-Reise nach Norwegen teil, deren Kosten der Betrieb trug. Zudem »schickte« man jedes Jahr zehn der ältesten »Gefolgschaftsmitglieder« kostenlos mit KdF nach Italien, 50 RM Taschengeld inklusive.[7] Anläßlich des 25jährigen Jubiläums der »Volksfürsorge« erhielten die nebenberuflichen Mitarbeiter im Außendienst 25 KdF-Fahr-

[5] Nachrichtendienst des BDVB Nr. 22 vom 25. Nov. 1934 (ATB).
[6] DAK (?) Nr. 132 vom 15. Juni 1938 (BAAbtP: 62 DAF 3, 3246, fol. 59).
[7] Der Freiheitskampf Nr. 20 vom 21. Jan. 1938 (BAAbtP: 62 DAF 3, 19462, fol. 29).

ten nach Italien, 25 KdF-Fahrten nach Madeira und Norwegen sowie 125 Freiplätze in einem KdF-Ferienheim zum Geschenk.[8]

In welchem Ausmaß die KdF-Fahrten in erster Linie als Betriebsfahrten und/oder Belohnungsfahrten für ausgesuchte, »verdiente« Arbeiter fungierten, ist bislang nicht bekannt. Kostenlose Beförderung, finanzielle Zuschüsse und (Zusatz-)Urlaub insbesondere für Arbeiter gehörten jedoch von Anfang an zum Erfolgsrezept von »Kraft durch Freude«, das in dieser Form auf dem freien Markt konkurrenzlos war. Kurz vor Abfahrt der ersten KdF-Urlauberzüge im Februar 1934 hielt der Geschäftsführer des in Hannover ansässigen kommunalen Arbeitgeberverbandes am 20. Januar 1934 in einer Aktennotiz den Inhalt eines Telefongesprächs mit dem Magistrat von Hannover fest:

> »Die NSBO [Nationalsozialistische Betriebszellenorganisation] Kraft durch Freude veranstalte in den nächsten Tagen eine sich über 10 Tage erstreckende Urlaubsfahrt in den Harz. Die NSBO.Kraft durch Freude sei an das Krankenhaus herangetreten mit dem Ersuchen, einen schon lange im Dienst befindlichen älteren Heizer an dieser Fahrt der Kraft durch Freude in den Harz unter Fortzahlung des Lohnes ohne Anrechnung auf den dem Mann zustehenden Tarifurlaub vom Dienst zu befreien.[9]

Bei KdF hatte sich nicht nur das Einkommen, sondern auch die Funktion des Urlaubs als unabdingbare Voraussetzung für die Ferienreise in ihr Gegenteil verkehrt: Um an einer KdF-Reise teilnehmen zu können, wurden »ausgesuchten« Arbeitern zusätzliche Urlaubstage bewilligt. In den Akten des deutschen Gemeindetages zum Thema »KdF-Fahrten« war immer wieder von finanziellen Zuschüssen und Urlaubsverlängerungen die Rede.

[8] Neumanns Zeitschrift für Versicherungswesen Nr. 20 vom 11. Mai 1938 (BAAbtP: 62 DAF 3, 19462, fol. 25); vgl. Zollitsch, Arbeiter, 1990, S. 131f.; Dussel/Frese, Vereinskultur, 1993, S. 96.

[9] BA: R 36, 455. Die NSBO fungierte in den ersten Jahren, als KdF noch nicht überall Betriebswarte einsetzen konnte, als KdF-Repräsentant.

KdF konnte sogar die Fixierung von Sonderurlaubsregelungen in Tarifordnungen erwirken. Einzelne Ordnungen enthielten Bestimmungen, nach denen »Gefolgschaftsmitgliedern, die sich nachweislich an einer Ferienfahrt der NS-Gemeinschaft ›Kraft durch Freude‹« beteiligen, »nach Möglichkeit ein erweiterter Urlaub zu gewähren« sei.[10] Ein Berichterstatter schilderte im November 1936 der ins Exil gegangenen SPD-Führung die Urlaubspraxis in einem mitteldeutschen Großbetrieb für Feinmechanik: »Im vorigen Jahr erhielten alle Leute, die mit ›Kraft durch Freude‹ wegfuhren, 14 Tage Urlaub. Wenn sie z. B. nur 8 Tage Anspruch hatten, erhielten sie weitere 8 Tage bezahlten Urlaub extra.«[11] Ausnahmeregelungen galten auch für den 1938 rechtlich fixierten Jugendurlaub: Die Zahl der Urlaubstage »erhöht sich auf achtzehn Werktage, wenn der Jugendliche mindestens zehn Tage an einem Lager oder einer Fahrt der Hitlerjugend teilnimmt.«[12] Und schließlich sahen zahlreiche Betriebsordnungen die Inanspruchnahme des Urlaubs in Form von Werksferien vor, die wiederum nicht selten mit der Teilnahme an einer KdF-Reise verbunden waren.

Auch wenn der Umfang derartiger Ausnahmebestimmungen nicht bekannt ist, folgten sie doch der Logik des Systems, und eine allgemeine reichsgesetzliche Urlaubsregelung kam während der NS- Zeit nicht zustande – ein angesichts der bis in die Gegenwart fortwirkenden Propaganda um die »touristische Emanzipation der Arbeiter« merkwürdiger Umstand. Auch das Gesetz zur Ordnung der nationalen Arbeit (AOG) enthielt keine konkreten Bestimmungen zum Urlaub, was ebenso für die Arbeitszeitverordnung galt.[13] Im Ruhrbergbau hatte sich nach der Weltwirtschaftskrise gerade erst

[10] Tarifordnung für das Fleischerhandwerk im Stadtkreis Trier und in den Landkreisen Trier, Saarburg, Wadern, in: Reichsarbeitsblatt NF 16, 1936, Teil 6, S. 908; vgl. ebd., S. 743 und 956.

[11] Sopade 3, 1936, S. 1500ff.

[12] RGBl. I, 1938, S. 437ff.

[13] Vgl. Rudolf Beyer (Hg.), Gesetz zur Ordnung der nationalen Arbeit vom 20. Januar 1934 und Gesetz zur Ordnung der Arbeit in öffentlichen Verwaltungen und Betrieben vom 23. März 1934 samt den zu beiden Gesetzen ergangenen Durchführungsverordnungen, 8. Aufl., Leipzig 1940; zur AZO vgl. RGBl. I, 1934, S. 803ff.; ebd. I, 1938, S. 446ff.

die volle Bezahlung des Urlaubs wieder durchgesetzt (1934/35).[14] Die Richtlinien der Treuhänder der Arbeit, die eine Vereinheitlichung der tariflichen, betrieblichen und einzelvertraglichen Urlaubsregelungen erwirken sollten, besaßen nur empfehlenden Charakter. Außerdem setzten sich viele Unternehmer auf der Basis des AOG im alltäglichen Betriebsablauf über Richtlinien und schriftlich fixierte Urlaubsabmachungen kurzerhand hinweg.[15] Und schließlich traten an die Stelle des Urlaubs als Entgelt für geleistete Arbeit die Fürsorgepflicht des Betriebsleiters und die Verpflichtung des einzelnen zur Wiederherstellung seiner Arbeitskraft im Interesse des »Volksganzen«. Ob bzw. in welchem Umfang dies notwendig war, bestimmten jedoch nicht allein die Beschäftigten. Mit Kriegsausbruch 1939 wurde eine Urlaubssperre verhängt, die auch nach ihrer Aufhebung im Januar 1940 auf die Urlaubspraxis fortwirkte.[16] Von einem Recht des Arbeiters auf Urlaub im Sinne frei verfügbarer Zeit kann für die NS-Zeit keine Rede sein. Strukturell glich die NS-Urlaubspolitik ihrer Lohnpolitik: Das Regime hatte keinerlei Interesse an einer geregelten Urlaubspraxis. Es ging vielmehr darum, einen Teil der Arbeiterinnen und Arbeiter aus ihrer sozialdemokratischen bzw. kommunistischen Bindung herauszulösen und für den NS-Staat zu gewinnen und sie aus rüstungswirtschaftlichen Gründen zu Arbeit und Leistung zu motivieren. Treuhändern, Betriebsleitern und der Deutschen Arbeitsfront (DAF) wurden daher sozialpolitische Handlungsspielräume eingeräumt, die aber bewußt dezentral angelegt waren, um bei Bedarf von Fall zu Fall rückgängig gemacht werden zu können.

Gemessen an der Praxis war der Arbeiterurlaub in der NS-Zeit eine sozialpolitische Manövriermasse, die sich im Vergleich mit der Weimarer Republik allerdings insgesamt leicht verbessert hatte (siehe Tabelle 1). Um allerdings analog zum Jahr 1928 den Anteil der Arbeiterinnen und Arbeiter zu bestimmen, die 1937 einen Höchsturlaub von mehr als zwölf

[14] Klaus Wisotzky, Ruhrbergbau im Dritten Reich, Düsseldorf 1983, S. 93.
[15] Sopade 5, 1938, S. 342f.
[16] Vgl. Friedhelm Vahsen, Freizeiterziehung im NS-Staat, in: Animation 8, 1987, S. 116–127, hier S. 121f.

Tagen beanspruchen konnten, fehlt das statistische Vergleichsmaterial. Robert Ley, Leiter der DAF, ließ immerhin Anfang 1937 eine alle Wirtschaftsgruppen umfassende Übersicht über die »Entwicklung des Urlaubsrechts in den Tarifordnungen und Richtlinien der Treuhänder der Arbeit« aufstellen, der zumindest Anhaltspunkte zu entnehmen sind.[17] In den dort aufgeführten 586 Tarifordnungen für Arbeiter (Stand: 5. Dezember 1936), lag die Mindesturlaubsgrenze weiterhin bei drei bis sechs Tagen, wobei drei Tage seltener als in den zwanziger Jahren vorkamen. Die Zahl der Tarifordnungen mit einem Höchsturlaub von mehr als zwölf Tagen war unterdessen weiterhin gering. Zwar gewährten 124 Tarifordnungen zwölf Urlaubstage, die hinter den Tarifordnungen stehende Zahl der Beschäftigten fehlt indessen. Die Zuordnung dieser Tarifordnungen zu den einzelnen Wirtschaftsgruppen deutet jedoch darauf hin, daß sich an der strukturellen Verteilung wenig geändert hatte, daß mithin auch die Zahl der Arbeiterinnen und Arbeiter, die nach 1933 einen längeren Urlaub beanspruchen konnten, keinesfalls deutlich gestiegen war. Wie schon in der Weimarer Republik konzentrierte sich der Höchsturlaub in den Bereichen Handel und Verkehr, darunter an erster Stelle Bahn und Post, sowie bei den Gemeinde- und Staatsarbeitern, im Gast- und Schankwirtschafts- und im Nahrungs- und Genußmittelgewerbe. Die zuletzt genannte Gruppe stellt innerhalb der nach wie vor benachteiligten Gruppen in Industrie und Handwerk die einzige positive Ausnahme dar. Ohne die Tarifordnungen des Nahrungs- und Genußmittelgewerbes zählte die Statistik in der Abteilung Industrie und Handwerk nur zwölf Tarifvereinbarungen, die einen Höchsturlaub von mehr als zwölf Tagen vorsahen. Nach einer Untersuchung des Arbeitswissenschaftlichen Instituts der DAF über die tatsächliche Urlaubslänge konnten in der metallverarbeitenden Industrie 1938 nur 7,5 Prozent der Arbeiter/innen über einen tatsächlichen Urlaub von mehr

[17] Robert Ley (Hg.), Die Entwicklung des Urlaubsrechts in den Tarifordnungen und Richtlinien der Treuhänder der Arbeit, Berlin Jan. 1937 (ms) (BAAbtP: 62 DAF 3, 3240).

als zwölf Tagen verfügen. 61,6 Prozent hatten sieben bis zwölf Tage Urlaub, weitere 25,8 Prozent sechs Tage, die restlichen 5,1 Prozent einen bis zu fünftägigen Urlaub.[18] Damit hatte sich die Urlaubssituation in der Metallindustrie zweifelsohne verbessert, aber »Metall« war gleichbedeutend mit »Rüstung«, und der Arbeitskräftemangel in diesem Sektor hatte eben dazu beigetragen, daß Arbeiterinnen und Arbeiter dem System nicht nur verbesserte Lohn-, sondern in den letzten Vorkriegsjahren auch verbesserte Urlaubskonditionen hatten abringen können. Zur Gruppe der Arbeiter, die in der Weimarer Republik die sozioökonomischen Zugewinne auf sich vereinigt hatten, stießen somit gegen Ende der dreißiger Jahre die vom Rüstungsboom profitierenden Beschäftigten. Die allgemeine Urlaubssituation skizzierte der Leiter des Amtes »Reisen, Wandern, Urlaub«, Bodo Lafferentz, im Oktober 1936 in einer vertraulichen Besprechung immer noch mit den Worten, daß es »nicht tragbar« sei, daß »in Deutschland Arbeiter mit besten Leistungen nur 3–5 Tage Urlaub« erhielten.[19]

Im Gegensatz zu den Spitzen von SPD und ADGB während der Weimarer Republik entfalteten die neuen Machthaber nach 1933 allerdings eine unermüdliche Propaganda um den Erholungsurlaub des Arbeiters. »Arbeiterferien« waren – ebenso wie Arbeit, Leistung und Freizeit im allgemeinen – in der »Werbung« durchweg positiv besetzt, was auf einen Teil der Arbeiter anziehend wirkte. Wie weit diese Beeinflussung ging, muß allerdings offen bleiben. Nach wie vor bevorzugte nämlich ein Teil der Arbeiter die Auszahlung des Urlaubs. In einem Bericht des Sicherheitsdienstes (SD) der SS hieß es 1940 im Zusammenhang mit kriegsbedingten Urlaubssperren und Urlaubsverkürzungen: »Die Entscheidung, ob Urlaub oder Abgeltung, dürfte auch in keinem Fall in das Ermessen des einzelnen Arbeiters gestellt werden, da dieselben vielfach den finanziellen Vorteilen gegenüber der gesundheitlichen Notwendigkeit den Vorzug geben wür-

[18] Zit. nach Hasso Spode, Arbeiterurlaub im Dritten Reich, in: Sachse u. a., Angst, 1982, S. 275–328, hier S. 282.

[19] Niederschrift über die 5. Sitzung des Reichsausschusses für Fremdenverkehr am 21. Oktober 1936 (BA: R 5, 3550, Bd. 3).

den.«[20] Hatte sich in der NS-Zeit bei der Mindesturlaubsgrenze eine leichte Verbesserung zugunsten der Arbeiter/innen ergeben, waren die Einstellungen zum »Ferien machen« weiterhin ambivalent.

3. Weiterentwicklung der massentouristischen Infrastruktur

Die touristischen Sektoren Transport, Beherbergung und Reiseveranstaltung entwickelten sich in der NS-Zeit insgesamt kontinuierlich weiter. Die Bettenkapazität im konzessionspflichtigen Beherbergungsgewerbe, das seit 1934 nicht mehr nur Hotels und Gasthäuser, sondern auch Fremdenheime und -pensionen einschloß, erfuhr nach einer Untersuchung über das Hotel- und Gaststättengewerbe von 1938 »keine großen Veränderungen«. Allerdings war die Zahl der Privatvermieter weiterhin steigend. Die Studie, die sich die Interessen der kommerziellen Hotel- und Gaststättenbesitzer zu eigen machte, zitierte – mangels umfassender Gesamterhebungen – eine Statistik für Bayern. Demnach lag der Anteil der Privatbetten an der Zahl der Betten insgesamt (Hotels, Gasthöfe, Fremdenheime und -pensionen, Private) am 1. August 1936 bei rund 130 000 von 281 000 Betten bzw. bei 46 Prozent[1], eine Erklärung für die fortgesetzten Beschwerden der gehobenen Hotellerie über die ungeliebte Billigkonkurrenz. Der Gau Pommern des Reichseinheitsverbandes des deutschen Gaststättengewerbes (REV), Abteilung Fremdenverkehr und Beherbergungsgewerbe, klagte in einer Denkschrift vom 2. Februar 1934:

[20] BA: R 58, 151, fol. 106; vgl. auf lokaler Ebene Dussel/Frese, Vereinskultur, 1993, S. 69.

[1] Friedrich K. Starke, Das deutsche Hotelgewerbe nach seinen wirtschaftlichen und steuerlichen Problemen, Leizpig 1938, S. 63; vgl. die Akte BHA: MWi, 2718; Trapp, Konstanz, 1990, S. 197.

> »In den letzten Jahren ist dem Fremdenbeherbergungsgewerbe unserer Provinz eine bedrohliche Konkurrenz entstanden, der durch geeignete, das heißt staatliche Maßnahmen mit allen Mitteln entgegengetreten werden muß. Privatleute, Beamte und andere, deren Existenzgrundlage allgemein gesichert ist, vermieten zum Zweck einer Nebenverdienstbeschaffung trotz beschränktester Raum- und unzulänglichster Bewirtschaftungsmöglichkeiten Zimmer mit Betten an Fremde, Kurgäste und Passanten, richten Privattische ein und geben Mahlzeiten und Getränke ab, ohne entweder eine Vermietungserlaubnis oder eine Halb- bzw. Vollkonzession zu besitzen. Diese wirtschaftsschädliche und wilde Konkurrenz hat sich, da sie bisher ungestört und auch Eingriffen von Seiten des Staates nicht ausgesetzt war, von Jahr zu Jahr in ständigem Anwachsen zu einer regelrechten schwarzen Fremdenindustrie entwickelt.«[2]

Kommerzielle Beherbergungsbetriebe klagten außerdem über Einbußen beim Tagungs- und Kongreßtourismus. Zu Recht, denn mit der Zerschlagung der Vereine und Verbände war ihm eine Kundengruppe verlorengegangen, für die die Massenveranstaltungen der NS-Organisationen offenbar keinen Ersatz boten. Der Gau Nordbayern des REV, Bezirksverwaltung Unterfranken, schrieb am 30. Januar 1935 an das bayerische Finanzministerium: »Wir haben hier in Würzburg fast alle Kongresse und Tagungen verloren, durch Gleichschaltung der Vereine und Verbände, was einen enormen Ausfall für die Hotels ausmacht.«[3]

Fortsetzung fand in der NS-Zeit auch die Konkurrenz im Transportgewerbe zwischen Eisenbahn und Omnibus. 1937 umfaßte das Omnibusliniennetz im Überlandverkehr bereits knapp 83 000 km (siehe Tabelle 11), wobei der Anstieg in der Hauptsache auf eine Zunahme der privaten Kraftverkehrsgesellschaften zurückging. Der Erweiterung des Überlandliniennetzes folgte indessen keine Steigerung bei der Zahl

[2] BHA: MWi, 3703.
[3] BHA: MWi, 2680.

der beförderten Personen. Hier stellte sich jetzt, ebenso wie bei der Bahn, ein leichter Rückgang ein, und zwar von 190 Millionen Passagieren im Jahr 1929 auf 177 Millionen im Jahr 1937 (bei der Eisenbahn von 2057 auf 1808 Millionen).[4]

Wenn die Reichsbahn 1935 davon ausging, daß das Defizit im Personenverkehr von nunmehr 300 bis 320 Millionen RM[5] (zum Vergleich 1929: 190 Millionen RM) auf der Abwanderung zum Kraftwagenverkehr beruhte, dann nannte sie damit sicherlich einen wichtigen Faktor. Der Einnahmeausfall hatte aber mit Sicherheit noch zwei andere Ursachen: Zum einen besaßen viele Menschen inzwischen ein Motorrad und die ersten auch einen Pkw, zum anderen aber wurde die Reichsbahn durch »Fahrten zu politischen Veranstaltungen« und die »umfangreiche Durchführung von KdF-Reisen« belastet. ›Der deutsche Volkswirt‹, die wichtigste Wirtschaftszeitschrift der NS-Zeit, klagte 1936, daß es sich hierbei für die Bahn »um ein Geschäft« handelte, »das zu Tarifen durchgeführt wird, die weit unter den Normalsätzen« lägen und »in vielen Fällen wohl nicht ganz die Kosten« deckten.[6] Der im Vergleich zu den zwanziger Jahren starke Anstieg im Verwaltungssonderzugverkehr zwischen 1932 und 1936 von 1,1 auf 7,4 Millionen Fahrgäste ist daher mit großer Wahrscheinlichkeit auf die Fahrten zu politischen Veranstaltungen, Jugendfahrten usw. zurückzuführen, während hinter dem Anstieg im Bereich der Gesellschaftssonderzüge – im gleichen Zeitraum von 1,1 auf 12 Millionen Fahrgäste – vornehmlich die Inanspruchnahme der Reichsbahn durch das KdF-Amt »Reisen, Wandern, Urlaub« im Ausflugs-, Wochenend- und Urlaubsverkehr stand.[7]

Im Gegensatz zu anderen volkswirtschaftlichen Sektoren konnte die Reichsbahn aus politischen Gründen nicht mit den nach 1933 einsetzenden Preissteigerungen mitziehen und mußte ihr im Zuge der Weltwirtschaftskrise ausgebautes

[4] Stat. Jb. Dt. Reich 51, 1932, S. 151; ebd. 57, 1938, S. 212 und 235.

[5] Zahl nach Alfred C. Mierzejewski, The German National Railway between the world wars, in: Journal of Transport History 11, 1990, S. 40–60, hier S. 54.

[6] Der deutsche Volkswirt 10, 1935/36, S. 2128.

[7] Zahlen nach Deutsche Verkehrsblätter Nr. 14 vom 6. April 1937 (ATB).

Ermäßigungssystem nach 1933 noch stärker ausweiten: So bot die Bahn ab dem 1. Mai 1934 die »Urlaubskarten« ganzjährig an (bei ihrer Einführung im Winter 1931/32 waren sie nur zu bestimmten Zeiten während der Sommer- bzw. Wintersaison gültig gewesen), und zwar statt mit 20 Prozent mit 20 bis 60 Prozent Rabatt. Am 1. April 1934 wurden Preisnachlässe für kinderreiche Familien eingeführt. Die Ermäßigung für Feriensonderzüge lag im Sommer 1936 nicht mehr bei nur 20, sondern bei 40 Prozent. Und seit 1934 mußten in allen Fällen Zusatzermäßigungen im Verkehr von und nach Ostpreußen gewährt werden.[8] Zu einer besonderen Steigerung der touristischen Mobilität kam es im Zuge dieser Maßnahmen allerdings nicht.

Die Reichsbahn war mit den Anforderungen der neuen Machthaber völlig überlastet. Bereits im Frühsommer 1935 sagte zum Beispiel das Mitteleuropäische Reisebüro einen Teil seiner angekündigten Pfingstreisen mit der Begründung ab, die Deutsche Reichsbahn hätte »wegen Mangel an Wagen« über die Pfingsttage eine Sperre für Sonderzüge und Gesellschaftsreisen verfügt.[9] Wenn sich seit 1937 die Klagen über veraltetes (4.-Klasse-)Wagenmaterial in KdF-Sonderzügen mehrten, so lag dies nicht an einem bewußt unseriösen Geschäftsgebaren von KdF, vielmehr war die Reichsbahn nicht mehr in der Lage, auf die ins Uferlose steigenden Ansprüche von KdF einzugehen und Passagiere zum Nulltarif oder Selbstkostenpreis zu befördern. Nach dem Einsatz der Reichsbahn bei der Annektion Österreichs spitzte sich die Situation zu. Auf einer Besprechung des Reichssicherheitshauptamtes vom 20. Juli 1938, zu der man den stellvertretenden Leiter des KdF-Amtes RWU, Stemmer, geladen hatte, wurde festgehalten,

> »daß er [Stemmer] sich in einer ungeheuer schwierigen Lage befände. ›Kraft durch Freude‹ hat für dieses Jahr annähernd 800 Urlauberzüge vorgesehen, die zu

[8] Ebd. Nr. 26 vom 27. Juni 1933; ebd. Nr. 18 vom 1. Mai 1934; ebd. Nr. 24 vom 16. Juni 1936 (ATB).

[9] Handzettel des MER »Pfingstreisen 1935« (ATB: Prospektsammlung, *D 060/33-45).

Abb. 27: Angebotsprospekt des Berliner Reisebüros Alpenland in die Allgäuer Alpen, 1935.

Verkehrs- u. Baumuseum

Vorschau über die MER Gesellschafts-Reisen 1936

MER

A. Deutsche Reiseziele

Reise 8
Rundreise durch Ostpreußen

Reisetermine: 20. Juni — 3. Juli, 4. Juli — 17. Juli, 25. Juli — 7. Aug., 8. Aug. — 21. Aug.

Reiseweg: Swinemünde—Pillau (Dampferfahrt) — Cranz (1 Woche Aufenthalt) — Königsberg (Stadtbesichtigung) — Angerburg (Stadtbesichtigung) — Dampferfahrt über die Masurischen Seen nach Rudczanny — Allenstein (Stadtbesichtigung) — Ausflug zum Tannenberg-National-Denkmal — Marienburg (Stadtbesichtigung) — Danzig (Stadtbesichtigung) — Zoppot (Stadtbesichtigung) — Dampferfahrt nach Swinemünde.

Gesamtpreis: einschließend Hin- und Rückfahrt, Bahn 3. Klasse, Schiff Einheitsklasse, Unterkunft, volle Verpflegung, Bedienungsgeld, Abgaben, Besichtigungen und Reiseleitung

ab und bis Swinemünde . . . . RM **142.–**

Reise 9
an die Ostsee nach Rügen

mit wahlweisem Aufenthalt in Binz, Sellin oder Göhren. Abfahrt jeden Sonntag ab 31. Mai bis 30. August, letzte Rückreise am 6. September.

Gesamtpreis: für 1 Woche einschließend Hin- und Rückfahrt 3. Klasse, Schiff Einheitsklasse, Unterkunft, volle Verpflegung, Bedienungsgeld, Kurtaxe, Abgaben, Dampferausflug nach Saßnitz und Reiseleitung

ab und bis Greifswald RM ab **53.–** · Berlin ab **66.–** · jede weitere Woche ab RM **43.–**

Reise 10
an die Nordsee nach Borkum

Reisetermine: 29. Mai — 12. Juni, 14. Juni — 28. Juni, 28. Juni — 12. Juli, 12. Juli — 26. Juli, 26. Juli — 9. Aug., 9. Aug. — 23. Aug., 30. Aug. — 13. Sept., 13. Sept. — 27. Sept.

Gesamtpreis: einschließend Hin- und Rückfahrt 3. Klasse, Schiff Einheitsklasse, Unterkunft, volle Verpflegung, Bedienungsgeld, Kurtaxe, Abgaben, Ausflug nach Helgoland und Reiseleitung

ab und bis Emden RM ab **89.–** · Münster ab **114.–** · Köln ab **124.–** · Berlin ab **129.–**

Reise 10a
an die Nordsee nach Spiekeroog

Reisetermine: 29. Mai — 12. Juni, 14. Juni — 28. Juni, 28. Juni — 12. Juli, 12. Juli — 26. Juli, 27. Juli — 10. Aug., 11. Aug. — 25. Aug., 26. Aug. — 9. Sept., 9. Sept. — 23. Sept.

Gesamtpreis: einschließend Hin- und Rückfahrt 3. Klasse, Schiff Einheitsklasse, Unterkunft, volle Verpflegung, Bedienungsgeld, Kurtaxe, Abgaben und Reiseleitung

ab und bis Bremen RM ab **102.–** · Münster ab **113.–** · Köln ab **122.–** · Berlin ab **122.–**

Reise 11
ins grüne Herz Deutschlands nach Thüringen

mit Aufenthalt in Bad Blankenburg. Abfahrt jeden Sonntag ab 17. Mai bis 4. Oktober, letzte Rückreise am 11. Oktober.

Gesamtpreis: für 1 Woche einschließend Hin- und Rückfahrt 3. Klasse, Unterkunft, volle Verpflegung, Bedienungsgeld, Kurtaxe, Abgaben, Ausflug zu den Saalfelder Feengrotten und Reiseleitung

ab und bis Erfurt RM **42.–** · Leipzig **50.–** · Berlin **60.–** · jede weitere Woche RM **32.–**

Tannenberg-National-Denkmal

Friesinnen von der Nordseeinsel Borkum

In Wind und Sonne am Ostseestrand

Auf weichem Dünensande

Steilküste auf Rügen

Baden im kräftigen Wellenschlag der Nordsee

Abb. 28: Angebotsprospekt des Mitteleuropäischen Reisebüros ›Vorschau über die MER-Gesellschaftsreisen 1936‹.

80 % von Urlaubern belegt und schon bereits bezahlt sind. 500 dieser Urlauberzüge will die Reichsbahn nun streichen, da sie wegen der Entwicklung an der Westgrenze [Westwallbau] 1. keine Wagen mehr zur Verfügung hat und 2. fast alle Strecken voll besetzt sind. Bis zum Sonnabend, den 23.7.1938, soll P[artei]g[enosse] Stemmer nun entscheiden, welche Züge er unbedingt fahren lassen muß. Diese Maßnahme wird unter den ›Kraft durch Freude‹-Urlaubern eine ungeheure Unruhe hervorbringen.«

Die »Lage«, so der abschließende Entscheid, solle »dem Führer« vorgetragen werden.[10] Als das ambitionierte Zukunftsprogramm der KdF-Funktionäre mit militärischen Interessen zu kollidieren drohte, mußte es zurückgefahren werden.

Das Reiseveranstaltergewerbe entwickelte sich ebenso wie das Transport- und Beherbergungsgewerbe zunächst ohne große Brüche. Einwöchige Pauschalreisen unter 100 RM wurden jetzt allerdings verstärkt angeboten. Das MER offerierte zu Pfingsten 1935 sechstägige Pauschalreisen von Berlin aus in zwölf Orte der bayerischen Alpen, die sich im Preis allesamt zwischen 59 und 81 RM bewegten; im Jahr 1937 kamen achttägige Gesellschaftsreisen hinzu, die von Frankfurt am Main nach Bensheim an der Bergstraße führten und nur 46 RM kosteten. Einwöchige Wintersportgesellschaftsreisen in die bayerischen Alpen bot das MER 1936/37 für Preise zwischen 63 und 79 RM an, ab/an Berlin alles inklusive. Auch beim Reisebüro Wolff in Leipzig kosteten sämtliche achttägigen Inlandsreisen zwischen 84 und 98 RM. Die »Deutsche-Afrika-Linien« warb in einem Sonderprospekt 1935 für »Billige Englandreisen« ab 155 RM. Das Reisebüro Alpenland griff, wie zahlreiche andere Veranstalter, seit 1929 auf das preiswerte Beförderungsmittel Omnibus zurück und stieß in Preisregionen um 50 RM und darunter vor. Sieben Tage Erzgebirge bzw. Harz mit dem Alpenland-»Luxusautobus« kosteten 1936/37 ab/an Berlin nur 43 bzw. 52 RM, 15

[10] BA: R 58, 944, fol. 171.

Tage Dolomiten waren 1937 zum Preis von 138 RM zu haben.[11]

Auch wenn quantitative Belege weitgehend fehlen, hatte sich das Angebot an Pauschalreisen in der zweiten Hälfte der dreißiger Jahre mit aller Wahrscheinlichkeit ausgeweitet. Die Zahl der im MER-Jahresprospekt angebotenen Reisen stieg zwischen 1929 und 1936 um 31 Prozent. Der Reisebüroinhaber und stellvertretende Leiter der Gruppe Reisevermittlung in der Reichsverkehrsgruppe Hilfsgewerbe des Verkehrs (RHV), Carl Degener, sprach Ende 1937 vor dem Hintergrund der Herausforderung durch den »Newcomer« KdF immerhin von einer »bescheidenen Umsatzsteigerung« im Gesellschaftsreiseverkehr.[12] Auch hatte sich die Zahl der Reisevermittler- und Reiseveranstalter in der NS-Zeit weiter vermehrt. Nach Angaben des RHV-Pressereferenten gab es in Deutschland 1937 »etwa 5000 Unternehmen«, die auf dem Gebiet der Reisevermittlung tätig seien, »und zwar 1000 Reisebüros und 4000 Reisemittler«. Obwohl nicht gesetzlich geschützt, subsumierte der Begriff »Reisebüro« zum einen Unternehmen, »die Reisen selbständig« veranstalteten und durchführten, zum anderen aber auch »hauptberuflich tätige Reisemittler«, »die sich auf die Vermittlung von Reisen und Beförderungsausweisen« beschränkten und die Bezeichnung »Reisebüro« führen durften. Zudem hatte die RHV nebenberufliche »Reisemittler« aufgenommen, zu denen auch Kundendienststellen der Reisebüros und sogar »Verkaufsstellen von Dauerkarten lokaler Straßenbahn- und Omnibuslinien«, von Privatbahnen, Kraftwagenliniendiensten und anderen zählten, die in der Weimarer Statistik nicht auftauchten.[13] Die der Statistik der Weimarer Republik vergleichbare Zahl der

[11] Handzettel des MER »Pfingstreisen 1935« (ATB: Prospektsammlung, *D 060/33–45); Deutsche Verkehrsblätter Nr. 15 vom 13. April 1937 (ATB); ebd. Nr. 49 vom 8. Dez. 1936; Angebotsprospekt »Wolff-Reisen 1935« (MVT: Prospektsammlung, 550); Angebotsprospekt »Billige Englandreisen 1935« (ebd., 1111); Angebotsprospekte des Reisebüros Alpenland in der Akte BA: R 58, 651.

[12] Carl Degener, Lebensfragen des deutschen Reisebürogewerbes, in: Fremdenverkehr [Nachfolger von »Verkehr und Bäder«] Nr. 50 vom 11. Dez. 1937 (BHA: MWi, 2754).

[13] Höchstetter, Die Fachgruppe Reisevermittlung in der Reichsgruppe Hilfsgewerbe des Verkehrs, in: Jahrbuch des Deutschen Fremdenverkehrs, 1939, S. 266–270, hier S. 267f.

Reiseveranstalter und Reisevermittler dürfte sich demnach auf die zitierte Zahl von rund 1000 »Reisebüros« beziffern. Daraus allerdings auf eine Verdoppelung der Reisevermittler und -veranstalter schließen zu wollen, wäre falsch. Denn während die Weimarer Statistik das neue Gewerbe nur unvollständig erfaßt hatte, neigten die NS-Dienststellen zur Totalerfassung.

Die Zahl der Reisevermittler und Reiseveranstalter dürfte sich somit lediglich leicht erhöht haben. Dafür spricht zum Beispiel, daß die Nachfolgeorganisation der Vereinigung Deutscher Reisebüros, die Nationale Vereinigung Deutscher Reisebüros, 1935 nur etwa 250 Mitglieder hatte[14] und sich damit in den Größenordnungen der zwanziger Jahre bewegte. Dafür spricht aber auch, daß sich auf dem Hintergrund der allgemeinen Vernachlässigung des Konsumgüterbereichs die allgemeinen Voraussetzungen für die Veranstaltung von Einzel- und Gruppenpauschalreisen extrem verschlechtert hatten. Die Ausweitung der in der Weltwirtschaftskrise verschärften Paß- und Devisenbestimmungen drosselten den lukrativen Auslandsreiseverkehr, wobei durch die »Tausend-Mark-Gebühr« für Österreichreisen eines der attraktivsten Reisegebiete von den neuen Machthabern zunächst einmal »dicht« gemacht wurde (1. Juni 1933 bis 27. August 1936).[15] Den Zahlungsverkehr mit dem Ausland regulierte seit dem sogenannten »Neuen Plan« des Reichsbankpräsidenten Hjalmar Schacht (1934) ein enges Netz von Kontrollen, so daß Klagen über Umfang und Art der Devisenzuteilung zur Tagesordnung gehörten: »Die bisherige Form der [Devisen-]Verteilung, Zuteilung auf Antrag des einzelnen Reiseinteressenten, macht Gesellschaftsreisen ins Ausland fast unmöglich,« lautete zum Beispiel Ende 1937 einer der Kritikpunkte der RHV.[16] Angesichts der Erfolge von KdF müssen zahlreiche Unternehmer allerdings einen neuen Bedarf erkannt und zumindest 1935 und 1936, also

[14] Der Angriff Nr. 221 vom 19. Sept. 1936 (BAAbtP: 61 Re 1, 108, fol. 92).

[15] RGBl. I, 1933, S. 311; ebd. I, 1936, S. 647f.; vgl. Gustav Otruba, A. Hitler's »Tausend-Mark-Sperre« und die Folgen für Österreichs Fremdenverkehr (1933–1938), Linz 1983.

[16] Degener, Lebensfragen, 1937.

noch vor Beginn des allgemeinen Preisstops im November 1936, in die Marktlücke investiert haben. Um aber mit KdF mithalten zu können, hatten sie ihre Gewinnspanne offenbar so knapp kalkuliert, daß zahlreiche Betriebe Ende 1936 Konkurs anmelden mußten.[17]

Bereits am 8. Januar 1936 hatte der Reichswirtschaftsminister ein generelles Verbot der Errichtung von Reisebüros erlassen. Die Anordnung sollte zunächst zwar nur bis zum 30. September des Jahres in Kraft bleiben, wurde dann aber bis zum 31. März 1937 verlängert.[18] Am 16. November 1936 bestimmte wiederum ein Erlaß des Reichsverkehrsministers, daß »die selbständige Veranstaltung von Gelegenheitsverkehr im eigenen Namen, für eigene Rechnung oder unter eigener Verantwortung i. S. des Personenbeförderungsgesetzes genehmigungspflichtig« sei, »gleichgültig, ob eigene oder fremde Kraftfahrzeuge verwendet« würden.[19] Die Verordnungen der NS-Regierung zum Reisebürogewerbe waren kaum mehr zu durchschauen.

Auch die Überbeanspruchung der Reichsbahn durch die neuen Machthaber bescherte den Reiseveranstaltern immer wieder unangenehme Überraschungen. Hatte die RHV zur Jahreswende 1937/38 mit Mühe und Not noch »die Festsetzung einer allgemeinen Sperre für Gesellschaftsfahrten« bei der Reichsbahn verhindern können, erging am 26. Juli 1938 im Auftrag des Reichsverkehrsministers und Generaldirektors der Reichsbahn eine Anordnung, die auf dem Hintergrund der Annektion Österreichs die Möglichkeiten zur Veranstaltung von Gesellschaftsreisen auf ein Minimum reduzierte.[20]

Während der NS-Zeit waren Reisevermittler und Reiseveranstalter einer Erlaß- und Gesetzgebungspolitik ausgesetzt, deren Entstehungsbedingungen und Funktionen – auch

17 Vgl. Starke, Hotelgewerbe, 1938, S. 56.

18 Abgedruckt in: Deutscher Reichsanzeiger Nr. 224 vom 25. Sept. 1936 (BHA: MWi, 2754).

19 Vgl. Schreiben des Reichsinnenministers an den Reichsverkehrsminister vom 4. März 1937 (BA: R 5, 3550, Bd. 3).

20 Degener, Lebensfragen, 1937; Anordnung abgedruckt in: Der Fremdenverkehr 31 vom 30. Juli 1938 (BHA: MWi, 2754).

im Zusammenhang mit KdF – im einzelnen noch nicht bekannt sind. In ihrer Wirkung beeinträchtigte sie jedoch vor allem die langfristige Planbarkeit, die eine unabdingbare Voraussetzung für das erfolgreiche Reiseveranstaltergeschäft ist.

Die Vertreter der in der RHV vereinigten Reisebüros richteten sich andererseits aber auch bequem in den Strukturen des neuen Systems ein. Um unliebsame Konkurrenten auszuschalten, traten sie zum Beispiel mit der Forderung nach »rücksichtsloser Reinigung des Gewerbes und Überwachung der Tätigkeit der Mitglieder« an die Öffentlichkeit.[21] Bei der Umsetzung in die Praxis ging die RHV allerdings so massiv zu Werke, daß ihre »Untersagungsanträge« zum Teil auf dem »Rechtsweg« wieder rückgängig gemacht wurden.[22] Das vor allem auf Untersagung ausgerichtete Reisebürogesetz vom 26. Januar 1937 wurde daher von der RVH auch als »die langersehnte Handhabe zur Ausmerzung unlauterer und fachlich unfähiger Elemente« begrüßt.[23] Die erste Durchführungsverordnung vom Februar 1937 gab ihnen schließlich einen »Gummi«-Paragraphen an die Hand, der ein Verbot der Gewerbeausübung auch dann vorsah, wenn der Gewerbetreibende »nicht die Vertrauenswürdigkeit besitzt, welche für die Ausübung des Reisevermittlungsgewerbes erforderlich« sei.[24] Ob und inwieweit man damit auch gegen jüdische Reisebüroinhaber vorging, ist im einzelnen nicht bekannt. Die zweite DVO zum Reisebürogesetz bestimmte jedenfalls Anfang 1939: »Juden ... ist vom 1. Juni 1939 ab die gewerbsmäßige Ausübung der Reisevermittlung untersagt.«[25]

[21] Degener, Lebensfragen, 1937.
[22] Der Fremdenverkehr Nr. 9 vom 4. März 1939 (BHA: MWi, 2754).
[23] Degener, Lebensfragen, 1937; vgl. RGBl. I, 1937, S. 31.
[24] Ebd., S. 336f.
[25] RGBl. I, 1939, S. 895.

4. Reisen mit »Kraft durch Freude«

Während kommerzielle Reisebüros mit einer Vielzahl von rechtlichen und wirtschaftlichen Problemen bei der Veranstaltung von Reisen zu kämpfen hatten, trat ihnen 1934 auf dem Markt ein Konkurrent entgegen, der von allen Unwägbarkeiten befreit schien, der dem Einfluß der RVH entzogen war und den man nicht so einfach mit »Untersagungsanträgen« ausschalten konnte: das Amt »Reisen, Wandern, Urlaub« (RWU) der am 27. November 1933 gegründeten Nationalsozialistischen Gemeinschaft »Kraft durch Freude« (NSG-KdF).[1]

Die erste Sommersaison mit KdF war 1934 kaum beendet, als der Bund Deutscher Verkehrsverbände und Bäder (BDVB) schon ein Rundschreiben an alle Landesverkehrsverbände sandte. Darin verkündete er, daß »demnächst in einer Besprechung mit Herrn Staatsrat Dr. [Robert] Ley im Kreise der Arbeitsfront die Erfahrungen mit den Sonderzügen des Amts für Reisen, Wandern und Urlaub zur Sprache gebracht werden sollten«. Außerdem wies der BDVB seine Mitglieder an, »sofort alle von Ihnen gemachten Erfahrungen und Beobachtungen, die sie mit den Urlaubssonderzügen gemacht« hätten, sowie »besondere Mißstände« mitzuteilen und »Vorschläge für die künftige Gestaltung« einzureichen.[2] Zwar versuchten in der Folgezeit zahlreiche Beherbergungsanbieter, gegen die Niedrigstpreispolitik von KdF anzugehen und die Organisation in die Privatzimmervermietung abzudrängen. Auch hätten die Vertreter der Fremdenverkehrsorte die KdF-Urlauberzüge gern aus den bekannten Ferienregionen in unbekannte und in Notstandsgebiete gelenkt und setzten sich gegen die von KdF oft kostenlos eingeforderten Dienstleistungen, darunter die in der Praxis gängige Befreiung der KdF-Urlauber von der

[1] Vgl. Wolfhard Buchholz, Die Nationalsozialistische Gemeinschaft »Kraft durch Freude«. Freizeitgestaltung und Arbeiterschaft im Dritten Reich, München 1976; Spode, Massentourismus, 1982; Frommann, Arbeiter-Reisen, 1993.

[2] Rundschreiben Nr. 175 des BDVB vom 1. Sept. 1934 (BHA: MWi, 2737).

Abb. 29: Angebotsprospekt der NS-Organisation »Kraft durch Freude«, Gau Württemberg-Hohenzollern, von 1935.

Abb. 30: Angebotsprospekt der NS-Organisation »Kraft durch Freude«, Gau Berlin, von 1937.

Abb. 31: Angebotsprospekt der NS-Organisation »Kraft durch Freude«, Gau Franken, von 1938.

Kurtaxe, zur Wehr.[3] All das konnte indes nichts daran ändern, daß KdF dem Unterkunftsgewerbe und den Zielorten die mit der Weltwirtschaftskrise ausgebliebenen Urlaubsreisenden zurückbrachte und erhebliche tourismuswirtschaftliche Leistungen vorweisen konnte, auch wenn die Einnahmen aus dem KdF-Tourismus geringer ausfielen als diejenigen aus dem »normalen« Urlaubsreiseverkehr. Daß sich das Presse- und Propagandaamt der DAF Anfang 1935 in einer Pressemitteilung ausdrücklich gegen die »mißbräuchliche Ausnutzung der ›Kraft durch Freude‹-Reisen« wandte und gleichzeitig betonte, »das Amt für Reisen, Wandern und Urlaub der NSG ›Kraft durch Freude‹« sei »kein Reisebüro für den allgemeinen Verkehr«, verweist auf seine tatsächliche Funktion.[4] Die meisten Anfragen an KdF, so der Pressedienst des BDVB 1935, richteten sich auf die klassischen Urlaubsgebiete, das heißt Nord- und Ostsee, Rhein, Oberbayern und die Seereisen, bei denen die Nachfrage das Angebot bei weitem überträfe.[5]

Bezifferte sich der Umsatz im Gesellschaftsreiseverkehr insgesamt (ohne KdF) 1937 auf 38,5 Millionen RM[6], konnte das Amt »Reisen, Wandern, Urlaub« im gleichen Jahr einen Gesamtumsatz (inkl. Wanderfahrten, Tagesausflüge usw.) von 81,2 Millionen RM vorweisen. Gemessen am Umsatz entwickelte sich das Amt RWU aus dem Stand zum zweitgrößten Reiseunternehmen nach dem Mitteleuropäischen Reisebüro (siehe Graphik 2) und stieg zur dominierenden Abteilung innerhalb von KdF auf. Der RWU-Anteil am Gesamtumsatz von KdF lag in allen Jahren zwischen 1935 und 1939 bei 74 bis 87 Prozent.[7] Der Anteil der KdF-Urlaubsreisenden an den Übernachtungsgästen insgesamt betrug 1937 5,6 Prozent.[8] Einzelne Landesfremdenverkehrsstatistiken

[3] Vgl. div. Dokumente in den Akten BHA: MWi, 2715, 2737, 2741 und 2784; BA: R 5, 3550, Bd. 3 und R 36, 2495; SH: Staatl. Pressestelle I-IV, 2069.

[4] Nachrichtendienst des BDVB 5, 1935, Nr. 2, S. 8f. (ATB); vgl. Dussel/Frese, Vereinskultur, 1993, S. 96.

[5] Nachrichtendienst des BDVB 5, 1935, Nr. 14, S. 4f. (ATB).

[6] Nationalsozialistische Parteikorrespondenz Nr. 138 vom 16. Juni 1938 (BAAbtP: 62 DAF 3, 13550, fol. 58).

[7] Buchholz, Kraft durch Freude,1976, S. 216.

[8] Eigene Berechnungen nach den Quellen in Tabelle 20 und 23.

wiesen sogar höhere Werte aus. In Baden lag der Anteil der KdF-Urlauber 1937 bei 7,2 Prozent und im Bereich des Landesfremdenverkehrsverbandes Nordmark im gleichen Jahr sogar bei 11,2 Prozent.[9] Gemessen an der Zahl der Übernachtungen fiel der KdF-Anteil noch stärker ins Gewicht. Zwischen 1935 und 1937 lag er im Deutschen Reich zwischen 8,7 und 10,2 Prozent[10], im Land Baden 1937 sogar bei 15,5 Prozent. Als die Gästezahlen 1938/39 in einigen Regionen zurückgingen, konnte KdF die Ausfälle nicht nur kompensieren, sondern die an sich rückläufige Tendenz statistisch sogar umkehren. Anders formuliert, erst durch die KdF-Urlauber konnten die Gästestatistiken der NS-Zeit Zahlen vorweisen, die ihr den Anschluß an den allgemeinen Trend der Zwischenkriegszeit ermöglichten. Gesamtwirtschaftlich betrachtet war der KdF-Urlaubsreiseverkehr also vornehmlich »Abwanderungsverkehr«, das heißt, wer mit KdF reiste, war vermutlich in den zwanziger Jahren schon mit anderen Veranstaltern oder individuell unterwegs gewesen.

Der Erfolg der KdF-Reisen, der das politische Gewicht und die Popularität der DAF ebenso wie deren Stellung auf dem Reisemarkt enorm vergrößerte, beruhte auf dem Zusammenspiel von drei außergewöhnlichen Faktoren. Erstens waren Urlaub und Geld nicht mehr unabdingbare Voraussetzungen für die Teilnahme an einer Ferienreise, sondern gehörten – umgekehrt – zu dem Dienstleistungsangebot, das der neue Reiseveranstalter vor allem männlichen Arbeitern zukommen ließ.

Zweitens konnte KdF mit einem Polizei- und Unterdrückungsapparat im Rücken in einem Tourismusgewerbe, das in der Folge der Weltwirtschaftskrise zum Handel mit Niedrigstpreisen gezwungen war, außergewöhnliche Dumpingpreise durchsetzen. Während die Angebote der Arbeiterreiseorganisationen in der Weimarer Republik um 100 RM

9 Eigene Berechnungen nach Stat. Jb. Baden 44, 1938, S. 138 und Landesfremdenverkehrsverband Nordmark, Geschäftsbericht für das Geschäftsjahr vom 1. April 1937 bis 31. März 1938, Hamburg 1938, S. 23ff. (SH: Staatsverwaltung, Allgemeine Abteilung, 10 VII 5).

10 Spode, Massentourismus, 1982, S. 300.

gelegen hatten, konnte KdF im Schnitt Reisen für weniger als 50 RM anbieten. Die Preisgestaltung darf allerdings nicht zu einseitig unter dem Aspekt des »Preisdiktats« betrachtet werden, vielmehr sind die Folgen der Weltwirtschaftskrise miteinzubeziehen. Wie offensichtlich bei kommerziellen Anbietern erst Ende 1935 bekannt, gewährte die Reichsbahn dem Amt »Reisen, Wandern, Urlaub« 75 Prozent Nachlaß auf alle Sonderzüge.[11] So außergewöhnlich war diese Reduktion allerdings nicht, sieht man sie vor dem Hintergrund der wirtschaftlichen Entwicklung der Jahre 1931/32. Zur Belebung des Sonderzugverkehrs hatte die Reichsbahn von sich aus zum 1. Mai 1931 die Ermäßigung bei Gesellschaftssonderzügen von 33,3 auf 40 Prozent erhöht und gewährte außerdem bei Abnahme von mehr als 600 Fahrkarten 3. Klasse (bzw. 400 Karten 2. Klasse oder 200 Karten 1. Klasse) sogar 50 Prozent Rabatt.[12] Der Schritt in Richtung 75 Prozent Rabatt war also nicht mehr weit, konnte jedoch nur mit entsprechender politischer Rückendeckung in der NS-Zeit umgesetzt werden. Bei den Kosten für Unterkunft und Verpflegung war die Situation vergleichbar. KdF zahlte 2,50 RM pro Tag und Teilnehmer, das heißt nur etwa die Hälfte des in der untersten Kategorie Ende der zwanziger Jahre gängigen Preises für Vollpension (4,50 RM). Doch bereits 1931 hatte die billigste Vollpension im kommerziellen Beherbergungsgewerbe nur noch 3,50 RM gekostet, in weniger frequentierten Fremdenverkehrsgebieten sogar nur 2,50 RM. Vor diesem Hintergrund war es für KdF ein Leichtes, eine achttägige Rheinreise ab Berlin für 39,50 RM anzubieten, während man Ende der zwanziger Jahre bei 4,50 RM für Vollpension und 33,3 Prozent Reichsbahnermäßigung rein rechnerisch 90,50 RM, das heißt mehr als das Doppelte, hätte bezahlen müssen, und das ABI-Leipzig offerierte 1928 eine neuntägige Reise an den Rhein für 120 RM. Für die ersten Urlauberzüge hatte die KdF-Leitung sogar einen Pensionsrichtpreis von nur 2 RM angeordnet. Und die Reichsbahn beförderte kostenlos. In

[11] Nachrichtendienst des RFV [Nachfolgeorganisation des BDVB] 5, 1935, Nr. 24, S. 4 (ATB).

[12] Deutsche Verkehrsblätter Nr. 14 vom 7. April 1931 (ATB).

einem Rundschreiben an die KdF-Gaureferenten vom 23. Januar 1934 hieß es dazu:

> »Die Verhandlungen mit der Reichsbahn über die Fahrverbilligung sind abgeschlossen. Mit Rücksicht auf den besonders propagandistischen Zweck, der mit den Urlauberfahrten im Monat Februar verbunden ist, hat sich die Reichsbahn bereit erklärt, unter der Voraussetzung, daß an der oben genannten Zahl der Urlauberzüge festgehalten wird, *kostenlose* Beförderung zu gewähren. Dies gilt innerhalb der 100-Kilometer-Grenze auch für den Zubringerdienst. Presseveröffentlichungen über diese Tatsache haben unter allen Umständen zu unterbleiben. Die gleichen Vergünstigungen gewährt die Reichspost für die etwa notwendig werdende Beförderung am Unterkunftsort zur Verteilung in die Quartiere und umliegenden Ortschaften mit Kraftomnibussen.«[13]

Dank eines umfangreichen hauptamtlichen Mitarbeiterstabes, vor allem aber mit Hilfe von rund 78 000 (1937) freiwilligen und unentgeltlich tätigen Betriebswarten, konnte KdF außerdem ein engmaschiges und effizientes Vertriebsnetz aufbauen.[14] In dieser Hinsicht hatte sich gegenüber der Weimarer Republik und den ersten Arbeiterreiseorganisationen in der Tat ein einschneidender Wandel vollzogen: Der Arbeiter mußte nicht mehr zum Anbieter gehen, sondern der Anbieter kam zu ihm. KdF war zudem jederzeit im Betrieb ansprechbar, informierte über Reiseangebote, verkaufte Reisesparmarken, drückte der Belegschaft die neuesten Prospekte in die Hand und konnte sogar Sonderurlaubsregelungen und Sonderzuschüsse erwirken. KdF offerierte Urlaubsreisen nicht nur zu Billigstpreisen, sondern präsentierte die Urlaubsreise auch auf dem »silbernen Tablett«.

Die herausragende Stellung des KdF-Amtes RWU sowohl innerhalb der DAF als auch auf dem Reisemarkt war indessen, allen propagandistischen Beteuerungen zum Trotz, kein

[13] BA: R 36, 455.
[14] Buchholz, KdF, 1976, S. 203.

Ergebnis systematischer Planung. Auf die umfassend ausgearbeiteten ›Richtlinien zur Gründung einer Reichsgesellschaft für Arbeiter- und Mittelstands-Ferienfahrten‹, verfaßt am 6. Oktober 1933 von einem nicht näher bekannten Wilhelm Kurrle, antwortete das Bayerische Wirtschaftsministerium mit Schreiben vom 7. November 1933, also zwei Wochen vor Gründung von KdF: »Dem Reichsministerium für Volksaufklärung und Propaganda liegen mehrere den Vorschlägen des Wilhelm Kurrle ähnliche Anregungen für die Durchführung von Ferienreisen der Arbeiter und des Mittelstandes vor, die im Reichsausschuß für Fremdenverkehr beraten werden sollen. Es läßt sich daher heute noch gar nicht der Zeitpunkt bestimmen, bis zu dem diese Pläne greifbare Gestalt annehmen.« Zum einen wurde damit deutlich, daß man im Propagandaministerium, das sich in der NS-Zeit neben dem Wirtschaftsministerium und der DAF gleichfalls anschickte, umfassende Kompetenzen in Sachen Fremdenverkehr an sich zu ziehen, ebenfalls »Reisepläne« hegte. Zum anderen zeigte sich, daß die Gründung von Volks- und Arbeiterreiseorganisationen nach 1933 ihre ungebrochene Fortsetzung fand und die Einrichtung des KdF-Amtes »Reisen, Wandern, Urlaub« schlicht im Trend der Zeit lag.[15] Und schließlich ist offenbar, daß die touristischen Pläne von KdF in der Ministerialbürokratie Anfang November 1933 immer noch nicht bekannt waren – und zwar einfach deshalb, weil konkrete Pläne vermutlich noch gar nicht existierten. Keine zwei Monate später hatte die DAF indes Fakten geschaffen. In einem neuerlichen Schreiben des Bayerischen Wirtschaftsministeriums an Kurrle hieß es nun, daß die ersten KdF-Züge bald starteten, und daß man das Schreiben Kurrles an die DAF weiterleiten würde.[16]

Daß die neuen Machthaber vor November 1933 noch keine genauen Pläne hinsichtlich der Freizeitgestaltung des Arbeiters ausgearbeitet hatten, zeigen auch die Akten des

[15] Vgl. Charles Dépasse/A. André, L'Organisation des Loisirs du Travailleur en Belgique et à l'Etranger, Paris 1931; Bureau International du Travail. Etudes et Documents. Série G, No 4: Les Loisirs du travailleur. Rapports présentés au Congrès international des loisirs du travailleur Bruxelles 1935, Genf 1935; ders. Série G, No 5: Les Moyens de faciliter aux travailleurs l'emploi de leurs congés payés, Genf 1939.

[16] Vgl. die Akte BHA: MWi, 2784.

Reichsinnenministeriums über den Touristenverein »Die Naturfreunde«. Die Reichsleitung des TVDN hatte am 22. März bzw. 18. April 1933 in zwei Eingaben gegen die »Durchsuchung« – sprich Verwüstung – zahlreicher TVDN-Häuser durch plündernde SA- und SS-Horden protestiert, gleichzeitig aber um Eingliederung der Freizeitorganisation in den NS-Staat nachgesucht. Am 9. Mai 1933, also eine Woche nach Zerschlagung der Gewerkschaften, sandte man eine weitere Denkschrift über die »Bedeutung der Naturfreunde-Bewegung und der Naturfreunde-Häuser für Volk, Staat und Nation« an das Reichsinnenministerium. Nachdem Innenminister Wilhelm Frick die beiden ersten Schreiben vom März und April zunächst nur zur Kenntnis genommen hatte, leitete er sie am 2. Mai 1933 an die Landesregierungen zur »Kenntnis und mit der Bitte« weiter, »die im einzelnen gegen den Verein getroffenen örtlichen Maßnahmen nachzuprüfen. Da sich die Reichsleitung des Vereins in Nürnberg befindet«, hieß es in dem Schreiben weiter, »bitte ich die Bayrische Staatsregierung, sich mit dem Verein wegen seiner Bitte, in die neue staatliche Ordnung eingegliedert zu werden, in Verbindung zu setzen«. Bei den zuständigen Stellen der Länder sorgte die Anordnung unterdessen für erhebliche Verwirrung, war man auf dieser Ebene doch bereits teilweise zum Verbot des TVDN geschritten und hatte die Liquidation des Vereinsvermögens in die Wege geleitet. Am 24. Juni 1933 ging beim Reichsinnenministerium der Beschluß des Bayerischen Staatsministeriums ein, daß man im Einvernehmen mit dem Bayerischen Kultusministerium »von dem Versuch einer Eingliederung des Vereins ›Die Naturfreunde‹ in die staatliche Ordnung abgesehen« hätte. »Verboten« wurde der TVDN als *Reichs*organisation daraufhin jedoch nicht. Es sei vielmehr beabsichtigt, hieß es in dem Schreiben aus Bayern weiter, »gegen den Touristenverein ›Die Naturfreunde‹ auf Grund der Gesetze über die Enteignung von zu antinationalen Zwecken verwendetem Gut vom 4. und vom 11. April 1933« vorzugehen. »Die zu enteignenden Unterkunftshäuser sollen den großen Verbänden wie Alpenverein und dgl. angeboten und damit der allgemeinen Benutzung wieder zugänglich gemacht werden. Die Erhebungen werden in Bälde abgeschlossen sein.« Aus dem Schreiben ging indes mit keinem Wort hervor, daß die Schaffung einer neuen Reiseorganisation bevorstand, der man die Häuser möglicherweise hätte übereignen können. Am 14. Juli 1933 fragte das Innenministerium von Mecklenburg-Schwerin »ergebenst« bei der bayerischen Regierung an, »ob und in welcher Weise eine Eingliederung des Touristenvereins ›Die Naturfreunde‹ durchgeführt worden ist bezw. noch in Erwägung gezogen wird«.[17] Und am 28. August des Jahres war die politische Einordnung des TVDN von der Geheimen Staatspolizei immer noch nicht endgültig entschieden. Vielmehr ersuchte die Gestapo Berlin in einem Telegramm an die Staatspolizeistellen um umgehenden Bericht, »ob die touristenvereinigung ›die naturfreunde‹ e.v. sitz wien und nürnberg in ihrer gegenwärtigen gestalt noch als marxistischer verein anzusehen« sei.[18] Auch wenn der Leiter der DAF, Robert Ley, schon 1929 auf Einladung des italienischen Finanzministeriums an einer Italienreise teilgenommen und im Dezember 1932 öffentlich empfohlen hatte, das italienische »Nach der Arbeit«-Programm in Deutschland zu übernehmen[19], mehr als einige vage Vorstellungen über die Freizeitgestaltung im »neuen Deutschland« waren bis Ende 1933 auch bei der DAF nicht vorhanden. Erst im Winter 1933/34 versuchte man über die große Siemens-Umfrage einen ungefähren Einblick in die bisherige Freizeitgestaltung der Arbeiter zu gewinnen.[20] Von der konsequenten Umsetzung des programmatischen Anspruchs, für den Arbeiter die Lanze bürgerlicher Privilegien zu brechen, konnte jedoch keine Rede sein. In den alles umspannenden gesellschaftspolitischen Plänen von Robert Ley waren Gründung und Erfolg des KdF-Amtes RWU eher ein Zufallstreffer, bei dem die Zahl der entnommenen Stichproben mit der Gesamtheit, das heißt mit allen Lebensbereichen des Freizeitsektors, übereinstimmte. Dabei entfaltete die Veranstaltung der Ferienreisen innerhalb kürzester Zeit

[17] Vgl. die Akte BHA: MA, 107384.
[18] BA: R 58, 782, fol. 93.
[19] Ronald Smelser, Robert Ley. Hitlers Mann an der »Arbeitsfront«. Eine Biographie, Paderborn 1989, S. 208.
[20] Vgl. Sachse, Freizeit, 1993, S. 317f.

eine Eigendynamik, von der man offensichtlich selbst überrascht war; sie ließ die Tätigkeit des Amtes RWU binnen kurzem zum Selbstzweck werden.

Eine rechtlich zwischen allen Stühlen des NS-Staates sitzende Institution wie die DAF – die für das Regime allerdings die wichtige Funktion der Arbeiterintegration zu erfüllen hatte – konnte diese Form der Aufwertung nur begrüßen, denn ihre Gründung war von Interessenkonflikten zwischen Reichsministerien, (Rüstungs-)Industrie und DAF in der Person Robert Leys bestimmt gewesen. Anfang 1934 waren »Ideologie und Organisation« der DAF noch ohne »irgendeinen greifbaren Inhalt« und ohne »klare Funktion«.[21] Die Industrie hatte dabei im November 1933 zunächst die sozialpolitischen Kompetenzen der DAF erfolgreich beschneiden können und mit der auf dem Fuße folgenden Gründung der nationalsozialistischen Gemeinschaft »Kraft durch Freude« lediglich ein Kompensationsangebot gemacht. Gleichwohl entfalteten die DAF-Funktionäre – motiviert durch überdurchschnittlich hohe Gehälter in einer materiell bestens ausgestatteten Einrichtung (geraubtes Gewerkschaftsvermögen, Beiträge usw.) – eine »organisatorische Virtuosität«, die sie für Behörden und Wirtschaftsverbände kaum überschaubar machte.[22] Wenn das Amt »Reisen, Wandern, Urlaub« in einem Rundschreiben an die Gauwarte anläßlich der Abfahrt der ersten Urlaubszüge vertraulich mitteilte, daß die Sonderzüge in erster Linie einem »besonders propagandistischen Zweck« dienten, so verfolgte diese »Werbung« nicht nur das Ziel, bei den Arbeitern Unterstützung für ein System zu erwirken, das die Brechung bürgerlicher Privilegien auf seine Fahnen geschrieben hatte, sondern sie zielte zugleich darauf ab, Macht und Besitzstand der DAF zu mehren und die eigene Hausmacht gegenüber anderen Interessengruppen aus Staat, Partei und Wirtschaft zu erweitern.

1938/39 suchte Robert Ley das aus dem Amt RWU geschlagene Kapital in politische Macht umzumünzen und staatliche Kompetenzen an sich zu ziehen. Alle mit dem

[21] Mason, Sozialpolitik, 1977, S. 176; vgl. Smelser, Ley, 1989, S. 217ff.
[22] Mason, Sozialpolitik, 1977, S. 175; vgl. Smelser, Ley, 1989, S. 161ff.

Fremdenverkehr verbundenen Unternehmen, so sein Anspruch, seien organisatorisch in der DAF zusammenzufassen. Mit Bezug auf die seit Ende 1938 anlaufenden Pläne des Reichswirtschaftsministeriums über die »Errichtung einer Reichsgruppe Fremdenverkehrsgewerbe in der Organisation der gewerblichen Wirtschaft« gab der Präsident des Reichsausschusses für Fremdenverkehr, Herrmann Esser, der zugleich Leys wichtigster Gegenspieler im internen Kampf um die Macht im Fremdenverkehr war, in einer Sitzungsniederschrift vom 11. Mai 1939 zu Protokoll: »Ley habe in der DAF ein Fachamt Fremdenverkehr eingerichtet, das die Betriebsführer und Gefolgschaften des Gaststätten- und Beherbergungsgewerbes, des Reisebürogewerbes und anderer Fremdenverkehrsbetriebe umfaßt und deshalb den Gedanken der Einheit des Fremdenverkehrs in weitergehendem Maße verwirklicht, als die Reichsgruppe Fremdenverkehr, deren Organisation erst im Werden begriffen ist.«[23] Das Kompetenzgerangel um den Tourismus konnte letztlich keine Seite zu ihren Gunsten entscheiden.

Die DAF stellte ihre Aktivitäten als Reiseveranstalter mit Kriegsbeginn ein. Die Investitionspläne, die den Bau von zehn Seebädern nach Art des 1936 begonnenen KdF-Bades auf Rügen vorsahen und den Bau von 60 KdF-Schiffen und 20 KdF-Hotels mit je 2400 Betten ins Auge faßten[24], sind jedoch als Ausdruck eines tatsächlich vorhandenen Bedarfs an preiswerten Angeboten für die Urlaubsreise zu interpretieren, der sich seit der Weimarer Republik kontinuierlich ausgedehnt hatte. In einer zwölfseitigen Denkschrift vom November 1943, die der Verkehrsdirektor von Heidelberg an den Deutschen Gemeindetag richtete, brachte der Schreiber mit Blick auf die »Nachkriegszeit« das zukünftige »starke Gewicht« des Fremdenverkehrs in der Kommunalwirtschaft vor allem mit den Erfahrungen des KdF-Tourismus in Zusammenhang:

[23] BA: R 5, 3550, Bd. 3.

[24] Buchholz, KdF, 1976, S. 350; Der Fremdenverkehr Nr. 27 vom 3. Juli 1937 (BHA: MWi, 2676).

»Der Fremdenverkehr wird in einem Deutschland nach dem siegreichen Ende des Krieges eine ganz außerordentlich große Rolle spielen. Das hängt nicht nur mit dem aufgespeicherten Reisebedürfnis, sondern auch mit der noch gar nicht abzugreifenden Ausdehnung des K.d.F.Reisens zusammen. Daß die Qualität des K.d.F.Reisens nach oben steigt, ist ebenso selbstverständlich. Wenn der Fremdenverkehr im Leben der deutschen Gemeinden und damit in ihrem Haushalt ein so starkes Gewicht erringen wird, erscheint es mir an der Zeit zu überlegen, ob dem deutschen Gemeindetag nicht ein eigenes Referat Fremdenverkehr angegliedert wird, welches sich ausschließlich mit diesen Dingen befaßt.«[25]

Im Gegensatz zum Ersten war im Zweiten Weltkrieg das Reisebedürfnis nicht mehr so einfach zu unterdrücken. Die bei Kriegsausbruch erlassene Urlaubssperre mußte nach nur wenigen Wochen wieder aufgehoben werden. Ein differenziertes Reise- und Gaststättenmarkensystem, das vor allem in den Jahren 1940/41 stark in Anspruch genommen wurde, regelte die Versorgung auf Reisen.[26] Und der Sicherheitsdienst der SS meldete im Juli 1941, wenige Tage nach dem Angriff auf die Sowjetunion, eine »außerordentlich starke Besetzung der Fremdenverkehrsgebiete in Bayern, der Ostmark, des Sudetenlandes und der Ostsee, nicht nur mit evakuierten Volksgenossen aus den luftgefährdeten Gebieten, sondern auch mit Erholungs- und Vergnügungsreisenden«.[27] Im Archiv für Tourismus dokumentiert das Fotoalbum eines Bäckermeisterehepaares von 1942 in Wort und Bild einen zweiwöchigen Sommerurlaub in Thüringen.[28]

25 BA: R 36, 2495.
26 Vgl. die Akten BA: R 36, 2672 und 2677.
27 BA: R 58, 162, fol. 270.
28 ATB (noch ohne Sign.).

5. Die »feinen Unterschiede« – Reisende im »Dritten Reich«

Über die soziale Zusammensetzung der Reisenden im »Dritten Reich« liegen so gut wie keine statistischen Untersuchungen vor. Die Daten aus Bad Schandau deuten allerdings darauf hin, daß sich die in der Weimarer Republik einsetzenden Verschiebungen in den dreißiger Jahren fortsetzten (siehe Tabelle 7). Zunehmend war weiterhin die Zahl der Angestellten und Beamten, wobei sich allerdings der Anstieg von 1775 auf 2797 Feriengäste zwischen 1929 und 1937 angesichts der stark gestiegenen Zahl »Unbekannter« in einem Rückgang des Angestellten-/Beamtenanteils von 32,3 auf 22,8 Prozent niederschlug. Die Zahl der Arbeiter kletterte, bedingt durch KdF, sogar von 195 auf 822 Personen; 1937 lag ihr Anteil bei 6,7 Prozent; (1929: 3,5 Prozent). In einzelnen Orten hatte KdF tatsächlich dazu beigetragen, daß mehr »Arbeiter« in den Gästelisten auftauchten. Die Interpretation der Zahlen muß allerdings die Maßstäbe der zwanziger Jahre zugrunde legen: Ungeachtet der Tatsache, daß der NS-Staat sich die Brechung bürgerlicher Privilegien auf die Fahnen schrieb, hatten Arbeiter das Reisen längst in ihre Lebensführung übernommen. Im Gegensatz zur NS-Propaganda thematisierte die fremdenverkehrswissenschaftliche Fachliteratur der dreißiger Jahre die soziale Zusammensetzung der Gäste nur noch am Rande. Die Umschichtungen wurden offenbar nicht mehr als so neu und erwähnenswert empfunden wie noch in der Weimarer Republik.

Ungebrochen war nach 1933 auch die Reisefreude der weiblichen Angestellten. Ausgeschlossen vom Fremdenverkehr wurden jüdische Bürgerinnen und Bürger. Diskriminierungen und Ausgrenzungen wurden vor allem seit Herbst 1934 massiver. So schrieb die ›Frankfurter Zeitung‹ am 22. September 1934: »Wie aus Heilbronn berichtet wird, gibt dort ein in dem neuen Städtischen Strandbad angebrachtes Plakat bekannt, daß Juden der Besuch des Bades untersagt sei.« Im folgenden Sommer häuften sich Meldungen wie die folgende:

> »Die Neustrelitzer Hoteliers und Gaststätteninhaber haben sich durch Vermittlung des Städtischen Verkehrsamtes zu einer Gemeinschaftsaktion vereinigt, wonach überall Schilder mit der Inschrift ›Der Zutritt von Juden ist unerwünscht‹ zum Aushang gebracht werden.«

Der Harzer Kurort Braunlage machte darauf aufmerksam, »daß Juden in Braunlage nicht erwünscht seien«, was gleichlautend auch aus dem Munde des Bürgermeisters von Westerland auf Sylt zu hören war. »Wie das ›Garmisch-Partenkirchener Tageblatt‹ berichtet, sind, ähnlich wie im übrigen bayerischen Hochland, nunmehr auch in den Kurparks und Kurhäusern von Garmisch-Partenkirchen Tafeln angebracht worden, die die Aufschrift tragen: ›Juden ist der Zutritt verboten!‹« Auch der Gebietsausschuß für die Sächsische Schweiz teilte drei Wochen vor dem Nürnberger Parteitag des Jahres 1935 mit: »In unserer herrlichen Sächsischen Schweiz ist kein Platz für Juden. Ihr Besuch ist uns unerwünscht.« Der Kölner Verkehrsverein ging im August des Jahres dazu über, »nichtarische Firmen« von der Mitgliedschaft auszuschließen.[1] Zur selben Zeit beglückwünschten sich die Kurorte Bad Tölz und Wörishofen öffentlich zu ihrer Entscheidung, keine Kurkarten mehr an Juden auszugeben.[2] Manche Historiker gingen bislang davon aus, daß Hotels und Pensionen erst nach den »Nürnberger Gesetzen« vom 15. September 1935 keine jüdischen Gäste mehr aufnahmen.[3] Die Ausgrenzung »von unten« hatte aber tatsächlich schon vorher eingesetzt, das heißt lange bevor am 24. Juli 1937 ein Runderlaß des Innenministers die Teilnahme jüdischer Mitbürger am Kur- und Badebetrieb stark einschränkte bzw. mit dem 16. Juni 1939 fast ganz unmöglich machte.[4]

Was die soziale Zusammensetzung des Publikums des

[1] Frankfurter Zeitung vom 22. Sept. 1934; ebd. vom 20. Juli 1935; ebd. vom 31. Juli 1935; ebd. vom 1. Aug. 1935; ebd. vom 20. Aug. 1935; ebd. vom 30. Aug. 1935; ebd. vom 19. Aug. 1935 (BHA: MWi, 2763).

[2] Völkischer Beobachter Nr. 221 vom 9. Aug. 1935; Münchener Neueste Nachrichten Nr. 217 vom 10. Aug. 1935 (BHA: MWi, 2763).

[3] Helmut Berding, Moderner Antisemitismus in Deutschland, Frankfurt am Main 1988, S. 234.

[4] BHA: MWi, 2763.

selbsternannten Arbeiterreiseveranstalters »Kraft durch Freude« betrifft, so sind die öffentlich bekanntgegebenen Zahlen der KdF-Funktionäre, auf die man nach der Vernichtung der Akten des KdF-Zentralbüros zurückgreifen könnte, wenig glaubwürdig, da hier zum Teil mit geschönten Angaben operiert wurde. Relativ zuverlässig sind hingegen die Angaben in den Spitzelberichten der SS und der Gestapo. Um seine Herrschaft über die »Volksgenossen« zu sichern und zu stabilisieren, war das NS-Regime auf ungeschminkte Angaben über deren Einstellungen und tatsächliche Verhaltensweisen angewiesen. Nach Buchholz, der 15 nach dem Zufallsprinzip ausgewählte Seereisen nach Italien aus der Zeit von November 1938 bis März 1939 untersucht hat, verteilten sich die insgesamt rund 14 000 Teilnehmer wie folgt (in Prozent): Arbeiter/innen: 17,3; Angestellte: 37,8; Beamte: 3,3; Handwerker: 10,8; Landwirtschaft: 1,5; freie Berufe: 7,1; Wehrmacht/SA/SS/HJ: 2,3; ohne Beruf/Ehefrauen: 19,9.[5] Die Angestellten bildeten somit unter den Seereisenden die dominierende Gruppe. Daten, die auf 50 Seereisen mit insgesamt 46 536 Teilnehmern basieren, untermauern diesen Befund (siehe Tabelle 21): Die Reisenden rekrutierten sich hier zu 40,1 Prozent aus Angestellten. Einzelne Zahlen zu den Landreisen weisen in dieselbe Richtung (siehe Tabelle 22): Mit 35 bis 49 Prozent waren die »neuen Mittelständler« im Vergleich zu ihrem Anteil an der Wohnbevölkerung um ein Vielfaches überrepräsentiert. Die KdF-Reisen waren insgesamt fest in Händen der Angestellten. Der Arbeiter/innenanteil hingegen lag nicht nur bei den Seereisen, sondern auch bei den preiswerteren Landreisen unter dem Durchschnitt. Nach offiziellen Angaben der Gauämter über die Berufsstruktur in einzelnen Urlauberzügen bezifferte sich ihr Anteil auf 23 bis 39 Prozent[6], nach einzelnen SD-Berichten im Höchstfall auf rund 26 Prozent (siehe Tabelle 22). Ebenso wie die Arbeiterreiseorganisationen der Weimarer Republik konnte KdF seine primäre Zielgruppe nicht erreichen. Beiden war gemeinsam, daß sie

[5] Buchholz, KdF, 1976, S. 366.
[6] Spode, Massentourismus, 1982, S. 302.

überdurchschnittlich viele Angestellte zu ihren Teilnehmern zählten, deren Anteil in der Öffentlichkeit jedoch immer wieder heruntergespielt werden mußte.

In der sozialen Zusammensetzung der KdF-Reisenden spiegelt sich der allgemeine touristische Trend der Zwischenkriegszeit ebenso wider wie in den Teilnehmerstatistiken der Weimarer Arbeiterreiseveranstalter. Dies gilt auch für den relativ hohen Frauenanteil. Allein die weiblichen Angestellten und die mitreisenden Ehefrauen stellten manchmal fast die Hälfte aller KdF-Landreisenden (siehe Tabelle 22). »Hoch zur See« bezifferte sich der Frauenanteil ebenfalls auf rund 44 Prozent (siehe Tabelle 21). Eine große Ausnahme bildeten allerdings die Arbeiterinnen. Sie blieben nicht nur weit hinter der durchschnittlichen Frauenquote zurück, sondern wurden auch wesentlich seltener als ihre Klassen-»Brüder« von den neuen Machthabern auf Reisen geschickt. Dies galt vor allem für die öffentlichkeitswirksamen Seereisen, auf denen sie nicht mehr als 3,2 Prozent der Teilnehmer insgesamt stellten (siehe Tabelle 21). Wenn die Nationalsozialisten Arbeiter für Urlaubsreisen auswählten, um öffentlich ihr sozialpolitisches Engagement zu demonstrieren und Systemloyalität zu schaffen, war damit selbstredend immer der männliche Arbeiter gemeint. Während man bei Männern Erholung mit dem Bedürfnis nach subjektiven Erlebniswelten verband und sie zu diesem Zweck auf Hochseefahrten schickte, kamen bei den Frauen nur kinderreiche Fabrikarbeiterinnen in den Genuß eines zusätzlichen, bezahlten Urlaubs, damit sie Erwerbs- und Familienpflichten »ohne allzu große Reibungsverluste« in Einklang bringen konnten.[7]

Zurück zu der Frage, ob und inwieweit die neuen Machthaber mit dem »Kraft-durch-Freude«-Reiseangebot die Übernahme des Reisens in die Lebensweise von Arbeitern tatsächlich gefördert haben, wäre es aus methodischen Gründen notwendig – analog zur Weimarer Republik –, die Zahl der Arbeiter zu ermitteln, die auch tatsächlich willens und in der Lage waren, eine signifikante Summe für Reisen und

7 Frevert, Frauen-Geschichte, 1986, S. 218.

Erholung aufzuwenden. Das Fehlen einer mit der Lebenshaltungserhebung von 1927/28 vergleichbaren Haushaltsstatistik läßt einen solchen Vergleich leider nicht zu. Für den Arbeiteranteil bei KdF konnten zudem nur Mindest- und Höchstangaben ermittelt werden, die obendrein relativ weit auseinanderliegen: 1937 rund 350 000 bis 575 000 Personen (siehe Tabelle 23). Geht man zugunsten von KdF davon aus, daß sich die Zahl der reisewilligen Arbeiter seit 1927/29 nicht verändert hatte und KdF sämtliche 575 000 Arbeiter erreichte, bleibt festzuhalten, daß die NS-Reiseorganisation immerhin rund zwanzigmal mehr Arbeiter mobilisierte als die Arbeiterreiseorganisationen der Weimarer Republik. Auf örtlicher Ebene, wie in dem Beispiel von Bad Schandau, machte sich dies durchaus bemerkbar. Gemessen an der Propaganda, den Dumpingpreisen, den Mobilisierungsmaßnahmen und den Sonderdienstleistungen bezüglich Urlaub und Einkommen wiederum fiel das Wachstum jedoch überraschend gering aus. Im Gegenteil: Auch der nationalsozialistische Arbeiterreiseveranstalter konnte letztlich das reisewillige Potential in der Arbeiterschaft nicht ausschöpfen. Ungeachtet einer bis heute nachwirkenden Propaganda hatte sich die touristische Mobilität der Arbeiter zwischen Weimarer Republik und NS-Zeit insgesamt nicht nennenswert verschoben, zeigten Arbeiter auch in der NS-Zeit noch wenig Affinität zum modernen Lebensstil.

Zudem ist fraglich, ob man aus der Zahl der mit KdF reisenden Arbeiter überhaupt auf eine Übernahme dieses Lebensstils in ihre alltägliche Lebensführung schließen kann. Nur in einer Akte des Bundesarchivs findet sich eine größere Menge von Sicherheitsdienstberichten über die preiswerten KdF-Reisen zu *Land* (1937–1939); zwölf Berichte äußern sich zur Beteiligung von Arbeitern. Dabei spielt kaum eine Rolle, daß nur ein einziger Berichterstatter zu Protokoll gab, »viele Arbeiter« seien mitgefahren, während andere wiederholt das Fehlen von Arbeitern und die Dominanz von Beamten, vor allem aber von Angestellten, konstatierten. Interessant ist vielmehr die Beobachtung, daß es sich in sämtlichen Fällen, in denen die Arbeiterrepräsentanz Erwähnung findet, um eine Betriebsfahrt, eine Werksferienfahrt, um Freifahrtscheine oder sonstige materielle Unterstützungen handelte.[8] Für die Art der Rekrutierung von Arbeitern behielten die frühesten Anweisungen des KdF-Zentralamts vom 23. Januar 1934 auch in den Folgejahren ihre Gültigkeit: »Als Grundsatz für die Auswahl gilt, daß für die Beteiligung an der Februarfahrt die fähigsten, würdigsten und bedürftigsten männlichen Arbeiter in Frage kommen. Hierbei ist besonders auf ältere erholungsbedürftige Arbeiter Bedacht zu nehmen.«[9] Die Erfahrungen, die Arbeiter mit KdF-Reisen machten, wurden daher aller Wahrscheinlichkeit nach überhaupt nicht als eine Veränderung, Verbesserung oder als ein Gewinn für die Freizeit wahrgenommen. Sondern man rezipierte sie auf der Ebene *betrieblicher* Erfahrungen und empfand sie vermutlich zuallererst als eine Verbesserung des *Arbeits*lebens. Daß der Arbeiter in der Regel ausgesucht und an einer KdF-Reise beteiligt *wurde*, während der Angestellte *sich* an der Reise beteiligte, macht einen kleinen, aber mit Blick auf den modernen Lebensstil »feinen Unterschied« aus. Wenn Spitzelberichte der Gestapo feststellten, daß sich Arbeiter eine Reise in die Sächsische Schweiz für 31 RM ab/an Berlin generell nicht »leisten« konnten, sagt das weniger über sozioökonomische Realitäten aus als über gängige Topoi und immer noch vorhandene Einstellungen in der Arbeiterschaft. Auf die Muster alltäglicher Lebensführung konnte das NS-Regime weit weniger einwirken, als es sich die Machthaber vorgenommen hatten. Auch das NS-System war letztlich eingebunden in säkulare Modernisierungstrends, die man wohl politisch durch Schaffung entsprechender Rahmenbedingungen fördernd oder hemmend beeinflussen konnte, die sich einer gesamtgesellschaftlichen Steuerung jedoch weitgehend entzogen.

Die latente Wirkung von Werbung und »Propaganda« auf das individuelle Selbstwertgefühl und auf die Wahrnehmung sozialer Realitäten darf allerdings nicht unterschätzt werden. Nach dem im folgenden wiedergegebenen Gestapo-Bericht

[8] BA: R 58, 609.
[9] BA: R 36, 455.

über eine KdF-Reise im Sommer 1937 bezeichneten Teilnehmerinnen und Teilnehmer die KdF-Veranstaltungen und -Reisen allgemein als anerkennenswerte Maßnahme »insbesondere für den Arbeiter«; dabei ließen sie sich aber kaum von der Tatsache leiten, daß nur sehr wenige Arbeiter mitgereist waren. Die Einschätzung des KdF-Tourismus speiste sich somit weniger aus »lebensweltlichen Primärerfahrungen«[10] als aus der Suggestionskraft der Propaganda.

6. »Innenansichten«

Mit »Kraft durch Freude« in der Sächsischen Schweiz (1937)

Der folgende Sicherheitsdienstbericht vermittelt »Innenansichten« aus dem KdF-Reisealltag. Beschrieben und »bespitzelt« wurde im Sommer 1937 eine einwöchige Landreise mit der Bahn, die im Gegensatz zu den Hochseereisen zu den typischen Reiseangeboten von KdF gehörte. Auch in seiner Diktion und in seinen Inhalten ist der Text durchaus typisch für die Berichte der V-Männer des SD, vor allem für ihre unpolitische Rezeption der Urlaubsreisen. Allerdings kam es im Gegensatz zu der hier beschriebenen Urlaubsfahrt hin und wieder zu Klagen über nicht zufriedenstellende Unterkünfte und zu einfache Verpflegung. Außerdem setzte die Reichsbahn bei KdF-Reisen manchmal veraltete 4.-Klasse-Wagen ein.

[10] Wolfgang Kaschuba, Kulturalismus: Kultur statt Gesellschaft?, in: GG 21, 1995, S. 80–95, hier S. 94.

»Stettin, den 2. Juli 1937
Geheime Staatspolizei. Staatspolizeileitstelle Stettin.
B.-Nr. IIa.
An die Geheime Staatspolizei. Geheimes Staatspolizeiamt
in Berlin – SW 11
[Eingangsstempel: 6. Juli 1937]
Betrifft: KdF.-Inlandsreise.
Vorgang: Erlass vom 1.6.1937 – B.Nr. 6480/37 g – II A – .
Anlagen: 1 Durchschlag.

In der Zeit vom 17. Juni bis zum 25. Juni 1937 wurde vom Gau Pommern eine KdF-Fahrt in die Sächsische Schweiz durchgeführt. An der Reise nahmen 622 Urlauber aus Pommern und 350 Urlauber aus Danzig teil. Der Urlauberzug wurde in Stettin zusammengestellt, wohin die Danziger geschlossen befördert worden waren. Der Preis für die Urlaubsreise betrug 31,– M. für den einzelnen Teilnehmer. Der zentrale Unterbringungsort in der Sächs. Schweiz war Bad Schandau, wo sich gleichzeitig die Reiseleitung befand. Weitere Unterbringungsorte waren Rathmannsdorf, Gohrisch, Kleinhennersdorf, Rosenthal, Waltersdorf, Weissig und Thürmsdorf.

Vor Beginn der Urlaubsfahrt wurden die Teilnehmerlisten mit den Urlaubern aus Pommern in bezug auf ihre politische Einstellung bei der Stapoleitstelle Stettin überprüft. Von den gemeldeten Teilnehmern hatte nur der Hilfsmonteur Karl *Namokel,* geb. 9.2.1900 zu Demmin, wohnhaft Demmin, Damaschkestr. 4, als ehemaliger Kommunist, Literaturobmann, Versammlungsleiter, KPD-Kreistagsabgeordneter und ehem. Schutzhäftling, Notierungen. Die Teilnehmer aus Danzig konnten nicht überprüft werden, weil die Teilnehmerliste hier nicht vorlag und auch nicht beschafft werden konnte. Ein maßgeblicher Amtswalter der NSDAP. aus Danzig erklärte jedoch, dass zu den KdF-Fahrten aus Danzig nur Parteigenossen bezw. unbedingt zuverlässige Volksgenossen zugelassen würden.

Von der Stapoleitstelle Stettin wurden zur Beobachtung der KdF-Fahrt zwei Beamte kommandiert. Die Beobachtung wurde nach den im Erlass des Geheimen Staatspolizeiamtes vom 1.6.1937 – B.Nr. 6480/37 g II A – angeführten Richtlinien durchgeführt. Insbesondere wurde der genannte Namokel eingehend beobachtet. N. hat sich während des Urlaubs in keiner Weise verdächtig gezeigt. Er war äußerst zurückhaltend, beteiligte sich an allen Veranstaltungen und hatte keinen besonderen Umgang mit Fahrtteilnehmern, bezw. ortsansässigen Personen. Aus seinen Äußerungen war nicht zu erkennen, dass er noch kommunistischen Bestrebungen nachgeht oder huldigt. Auch unter den übrigen Urlaubern wurden keine verdächtigen Personen, bezw. Gruppen festgestellt. Die gemeinsamen Wanderungen der Urlauber führten zwar zum Teil bis hart an die tschechoslowakische Grenze, das Ausland selbst wurde aber nicht betreten, zumal von der Reiseleitung ein Grenzübertrittsverbot erlassen worden war. Mit Ausländern sind die Urlauber nicht in Berührung gekommen. Die Reiseteilnehmer zeigten für die Tschechoslowakei kein sonderliches Interesse, lediglich die Grenze mit den Grenzsteinen und ein tschechoslowakischer Grenzposten wurden bestaunt, aber wohl nur aus dem Grunde, weil die Urlauber derartiges noch nicht gesehen hatten. Der erwähnte Grenzposten bei Schmilka stellte sich den Urlaubern bereitwilligst zum Fotografieren, zu irgendwelchen unliebsamen Zwischenfällen ist es dabei nicht gekommen. Es ist in keinem Falle beobachtet worden, dass die Urlauber in den Freizeiten versucht haben, nach der Tschechoslowakei zu gelangen. Auch wurde nicht bemerkt, dass Ausländer versuchten, mit den Urlaubern in Verbindung zu treten. Im übrigen kann gesagt werden, dass verdächtige politische Gespräche unter den Reiseteilnehmern nicht geführt worden sind, vielmehr bildeten weniger die Politik, als die Reiseerlebnisse und Reiseeindrücke den Unterhaltungsstoff.

Die Stimmung unter den Urlaubern war während der ganzen Zeit ausgezeichnet. Es herrschten offensichtlich Freude und Ausgelassenheit. Die Einrichtungen der KdF.-Veranstaltungen und -Reisen wurden allgemein als eine anerkennenswerte Massnahme insbesondere für den Arbeiter bezeichnet. Es ist leider bedauerlich, dass noch so wenig Arbeiter an den KdF-Reisen teilnehmen. Unter den Teilnehmern an dieser Fahrt befanden sich tatsächlich nur sehr wenig ausgesprochene Arbeiter, überwiegend setzten sich die Teilnehmer aus Angestellten, Büroarbeitern und Verkäufern zusammen. Davon wiederum waren die Mehrzahl Frauen. Der Arbeiter ist noch nicht in der Lage, die Kosten für die an sich schon billige Reise aufzubringen. Die vorhandenen Arbeiter waren entweder von ihren Betriebsführern geschickt worden oder es waren die Kosten aus den z.T. bestehenden Betriebsurlaubskassen entnommen worden. Nur vereinzelte Arbeiter, insbesondere ledige, hatten die Kosten für die Reise durch KdF-Urlaubssparmarken zusammengetragen. Alle Urlauber waren von der Naturschönheit der Sächsischen Schweiz sichtlich beeindruckt. Insbesondere wurde bedauert, dass noch so wenig Deutsche die Schönheit des Vaterlandes kennen. Zwischen den Urlaubern und der einheimischen Bevölkerung bestand ein gutes Einvernehmen. Klagen über die Verpflegung und Unterkunft waren nicht vorhanden. Von den Urlaubern wurde der Eindruck gewonnen, dass sie von dieser Reise ein bleibendes Erlebnis mitgenommen haben.

Zwischen den pommerschen und Danziger Urlaubern bestand ebenfalls ein gutes Verstehen und gute Kameradschaft. Nur der Reiseleiter aus Danzig zeigte ein unangebrachtes Verhalten. Er für seine Person hatte anscheinend ein besonderes Interesse daran, in Bad Schandau untergebracht zu werden, was sich während der Hinfahrt aus technischen Gründen nicht mehr ermöglichen liess. Wahrscheinlich aus Verärgerung hierüber hat er versucht, unter den Teilnehmern aus Danzig Stimmung für eine angeblich ungerechte Behandlung der Danziger zu machen. Er hat davon gesprochen, dass die Danziger anscheinend als Menschen zweiter Klasse behandelt würden. Bei den Danziger Urlaubern hatte er hiermit aber keinen Erfolg, denn es konnte festgestellt werden, dass jeder Urlauber seinen Urlaubsort als den besten bezeichnete.

Ein Durchschlag von diesem Bericht ist beigefügt.
In Vertretung: gez. Liphardt.[1]

[1] BA: R 58, 609, Fasc. 45f.

Die lange Mitte des 20. Jahrhunderts – Moderner Massentourismus nach 1945

1. Gästezahlen und Urlaubsreiseintensität in der Bundesrepublik

Wenn einige Interpreten meinen, daß die touristische Entwicklung in der Bundesrepublik Deutschland »zwischen 1945 und der Gegenwart als historische Einheit«[1] zu betrachten ist, gibt es hierfür plausible Gründe. Das Jahr 1945 markiert insoweit eine historische Zäsur, als das NS-Regime im Mai 1945 eine katastrophale Lebenssituation hinterließ, die jeden Gedanken an eine »Existenz jenseits der Sphäre des Notwendigen« verdrängte. Nach dem Ende der Kampfhandlungen gab es »zwar keine Bombenangriffe mehr, aber auch kein Essen«, erinnert sich eine Berlinerin.[2] Rund ein Viertel aller Wohnungen, in den Städten sogar mehr als die Hälfte, waren zerstört. Flucht, Vertreibungen und Umsiedlungen von über 10 Millionen Deutschen steigerten die Wohnungsnot. Reisen von Ort zu Ort galten der Suche nach vermißten Angehörigen und Freunden oder der Beschaffung von Lebensmitteln, die im Winter 1946/47 noch einmal besonders schwierig wurde. Erst mit dem Jahr 1948 besserte sich die existenzielle Lebenssituation, und nach der Währungsreform füllten sich die Schaufenster allmählich mit Konsumgütern. Große Schäden hatte der Krieg auch im Verkehrswesen und im Beherbergungsgewerbe hinterlassen. Hotels wurden von den Besatzungsmächten beschlagnahmt, um Flüchtlinge, Verwundete und das eigene Personal unterzubringen, und die

1 Hans Werner Prahl, Entwicklungsstadien des deutschen Tourismus seit 1945, in: Spode (Hg.), Beiträge, 1991, S. 95–108, hier S. 95; vgl. B. Dyck, Die Fremdenverkehrsentwicklung in Bayern von 1945–1985, in: Landesfremdenverkehrsverband Bayern (Hg.), Fremdenverkehr in Bayern 1986, Berchtesgaden o. J. [1986], S. 127–159.

2 Zit. nach Frevert, Frauen-Geschichte, 1986, S. 246; zur Nachkriegsgeschichte vgl. ebd., S. 244ff.; Dietrich Thränhard, Geschichte der Bundesrepublik Deutschland, Frankfurt am Main 1986, S. 13ff.; Josef Becker u. a. (Hg.), Vorgeschichte der Bundesrepublik Deutschland zwischen Kapitulation und Grundgesetz, München 1979.

Transportkapazität der Eisenbahn war durch Zerstörungen und Energieknappheit erheblich eingeschränkt. Geographische Mobilität war unter diesen Bedingungen erzwungene Mobilität.

Auch mit Blick auf die Entwicklung der Gästezahlen sprechen die historischen Fakten zunächst für einen bruchlosen, einzigartigen Anstieg seit Ende des zweiten Weltkriegs (siehe für Bad Reichenhall Tabelle 30). Wechselt man jedoch die Perspektive und interpretiert das Zahlenmaterial auf der Folie der Zwischenkriegszeit, lag die Zahl der Reisenden 1955 in einzelnen Orten immer noch auf der Wachstumsgerade der Jahre 1913 – 1929 – 1937. Überhaupt war damals nicht unbedingt vorauszusehen, daß der Tourismus einmal jene Entwicklung nehmen würde, die man heute retrospektiv überblicken und quantitativ erfassen kann. Richard Lambert, Autor einer in England publizierten populären Geschichte des Tourismus, bewertete die Voraussetzungen für einen touristischen Wiederaufschwung Ende der vierziger Jahre eher negativ:

> »Die Wiederaufnahme des Reisens nach dem Zweiten Weltkrieg ist wesentlich langsamer und unbestimmter vorangeschritten als nach dem Ersten Weltkrieg«, lautete seine Bilanz fünf Jahre nach Kriegsende. »Es hat bislang keine Anzeichen eines weltweiten Booms beim Vergnügungsreisen gegeben, wie es in den zwanziger Jahren der Fall gewesen war. Es gibt in der Tat einige Faktoren, die für ein Wiederaufleben des Reisens sprechen, aber leider überwiegen die ungünstigen Faktoren.«[3]

Erst in der zweiten Hälfte der fünfziger Jahre kam es zu signifikanten Veränderungen. Das Wachstum der Gästezahlen in zehn ausgewählten Fremdenverkehrsorten (siehe Tabelle 6) indiziert eine säkulare Trendverschiebung sogar erst für die Zeit um 1960: Während es in den Perioden 1937/55 bzw. 1937/58 bei 11 bzw. 27 Prozent lag und sich damit noch im

[3] Richard S. Lambert, The Fortunate Traveller. A short History of Tourism and Travel for Pleasure, London u.a. 1950, S. 220. Übers. d. Verf.

Abb. 32: Werbeplakat der Deutschen Zentrale für Fremdenverkehr von 1949. Entwurf: Ruppert.

Abb. 33: Werbeplakat der Deutschen Zentrale für Fremdenverkehr von 1959.

Rahmen der Zwischenkriegszeit bewegte, deutet erst der Zuwachs aus der Periode 1937/1961 mit 42 Prozent auf eine neue Dynamik hin. Auf breiterer Datenbasis (siehe Tabelle 24 für Bayern) setzte der Umschwung sogar erst Mitte der sechziger Jahre ein. Allerdings muß man bei diesem Vergleich erneut die Vermehrung der Berichtsgemeinden während der NS-Zeit bzw. deren erneute Reduzierung in der Bundesrepublik Deutschland in Rechnung stellen. Bei den Gästezahlen setzte die tatsächliche Verschiebung des Wachstumstrends schon früher ein, wahrscheinlich Ende der fünfziger Jahre. Hierfür sprechen nicht zuletzt die Zahlen zur Reiseintensität (siehe Tabelle 25), die schon für 1956 ein von den Werten der Zwischenkriegszeit abweichendes Wachstum von 47 Prozent ausweisen. Unübersehbar ist jedoch, daß die Urlaubsreiseintensität erst zwischen 1958 und 1965 eine solche Dynamik entfaltete, daß Mitte der sechziger Jahre erstmals knapp die Hälfte aller Bundesdeutschen die Urlaubsreise in ihre Lebensführung übernahm. Allein in diesen sieben Jahren stieg die Reiseintensität von 28 auf 44 Prozent. Für einen Sprung um 16 Prozentpunkte hatte es *vor* 1958 noch einer Zeitspanne von rund vierzig Jahren bedurft, und *nach* 1965 dauerte es wiederum zwanzig Jahre. Zusammenfassend läßt sich feststellen, daß erst Ende der fünfziger Jahre die »Aufbruch«-Phase des modernen Massentourismus zu Ende ging und eine neue Entwicklung einsetzte.

2. Sozioökonomische Entwicklungen

Nach dem ersten Wohnungsbaugesetz von 1950 wurden in der Bundesrepublik in nur sechs Jahren rund drei Millionen Wohnungen errichtet, wodurch das Wohnungsproblem in der ersten Hälfte der fünfziger Jahre entscheidend entschärft wurde. Die Massenkaufkraft lag allerdings noch im Trend der

Zwischenkriegszeit (siehe Tabelle 4). Erst Mitte der fünfziger Jahre gingen Arbeitslosigkeit und tägliche Arbeitszeit spürbar zurück, zeichneten sich nach 1954/55 auch beim privaten verfügbaren Einkommen und bei den Arbeiterlöhnen (siehe Tabelle 3) Dimensionen ab, die auf die moderne Wohlstandsgesellschaft verwiesen.[1] Die Schere zwischen Reisebedürfnis und Realisierungschance begann sich merklich zu schließen. Dennoch verteilte auch das Wirtschaftswunder die Einkommen erwerbstätiger Frauen und Männer ungleich. In den fünfziger Jahren erhielten Arbeiterinnen im Schnitt 45,7 Prozent, weibliche Angestellte 43,7 Prozent weniger Lohn und Gehalt als ihre männlichen Kollegen. Und noch 1981 lagen die durchschnittlichen Bruttowochenlöhne vollzeitbeschäftigter Industriearbeiterinnen und die Gehälter weiblicher Angestellter in Industrie und Handel wie in der Zwischenkriegszeit um rund ein Drittel unter den Verdiensten der Männer.[2]

Im Gegensatz zur Einkommensentwicklung hatte sich die praktische und rechtliche Urlaubssituation für Arbeiter/innen (siehe Tabelle 1) bereits Anfang der fünfziger Jahre insoweit geändert, als einer einwöchigen Urlaubsreise nichts mehr im Wege stand. Zwischen 1946 und 1952 erließen alle Bundesländer Urlaubsgesetze, die einen Mindesturlaub von 12 Arbeits- bzw. Werktagen festlegten. Das Bundesurlaubsgesetz folgte erst mit erheblicher zeitlicher Verzögerung und verfügte zum 1. Januar 1963 für alle Arbeitnehmer einen Mindesturlaub von 15 Tagen. Es blieb damit jedoch in weiten Teilen hinter der tatsächlichen Entwicklung zurück.[3] Der durchschnittliche Jahresurlaub für Industriearbeiter lag 1960 bereits bei rund 17 Tagen und stieg bis Mitte der achtziger Jahre kontinuierlich auf rund 30 Tage an.[4] Abgeleitet wurde der Urlaubsanspruch in der Bundesrepublik – wie in der NS-

[1] Vgl. Toni Pierenkemper, The Standard of Living and Employment in Germany, 1850–1980: An Overview, in: The Journal of European Economic History 16, 1987, S. 51–73; Mooser, Arbeiterleben, 1984, S. 73ff.

[2] Frevert, Frauen-Geschichte, 1986, S. 264.

[3] Vgl. Ihmels, Urlaub, 1981, S. 57ff.

[4] Spiegel-Dokumentation, Daten, Fakten und Trends 1947–1987, Hamburg 1987, S. 216.

Zeit – aus der Fürsorgepflicht des Unternehmers. Hinzu kamen allgemeine Prinzipien des sozialen Rechtsstaats und ein bislang außerhalb jeder Diskussion stehender Zweck: Das Bundesarbeitsgericht ordnete dem Urlaub neben der Regenerationsfunktion auch die Aufgabe zu, »dem Arbeitnehmer eine Sphäre der Selbstbestimmung und der persönlichen Freiheit zu sichern«.[5] Damit war ein neuer, von der Arbeit erstmals unabhängiger Vergleichsmaßstab geschaffen und Freizeit auch rechtlich zu einem eigenständigen Lebensbereich geworden.

3. Transport und Beherbergung

Wie schon in der Zwischenkriegszeit blieb die Eisenbahn auch in den fünfziger Jahren das wichtigste Transportmittel im Reiseverkehr, obwohl ihr Anteil an den Verkehrsmitteln, die für die Haupturlaubsreise genutzt wurden, zwischen 1954 und 1960 bereits leicht rückläufig war (von 56 auf 42 Prozent).[1] Erst in den sechziger Jahren trat die Bahn ihre »Talfahrt« an. Inzwischen wird die Eisenbahn für die Haupturlaubsreise in den alten Bundesländern nur noch von 7,2 Prozent, in der Bundesrepublik insgesamt nur noch von 7 Prozent (1992) der Reisenden genutzt. Der Pkw-Anteil stieg zwar im Zeitraum 1954/1960 umgekehrt proportional zur Eisenbahn, zum wichtigsten Transportmittel für die Urlaubsreise wurde das Auto jedoch erst seit Anfang der sechziger Jahre. In den siebziger und achtziger Jahren lag der Pkw-Anteil bei 60 Prozent, seit Anfang der neunziger Jahre geht er infolge der enorm gestiegenen Verkehrsdichte leicht, aber ste-

[5] Ihmels, Urlaub, 1981, S. 58.

[1] Diese und folgende Zahlen nach Franz Dundler, Urlaubsreisen 1954–1987, Starnberg 1988, Tab. 7 und Studienkreis für Tourismus (Hg.), Reiseanalyse 1992. Erste Ergebnisse, Starnberg 1993, S. 6f.

tig zurück. 1992 setzten sich in den westlichen Bundesländern »nur« noch 53,1 Prozent, in allen Bundesländern 54,7 Prozent der Deutschen beim Start in den Jahresurlaub in ihr Auto. Behauptete der Omnibus als Transportmittel für die Haupturlaubsreise in allen Jahren zwischen 1954 und 1960 noch einen Anteil von 16 bis 17 Prozent, mußte auch er Anfang der sechziger Jahre Punkte an den Pkw abgeben und behauptet seither einen Marktanteil von rund 10 Prozent. Daß sich der Aufbruch in den modernen Massentourismus auch im Transportwesen noch bis gegen Ende der fünfziger Jahre hinzog, zeigt sich nicht zuletzt bei der Herausbildung des Zwei-Klassensystems der Eisenbahn: Nach der Abschaffung der vierten Klasse 1928 folgte die Aufgabe der dritten Wagenklasse erst zum Jahr 1956.[2]

Das Flugzeug war für den Tourismus der fünfziger Jahre, ungeachtet des durch den Krieg ausgelösten technologischen Entwicklungsschubs, noch kaum von Bedeutung. Nach Wiedererlangung der vollen Souveränität der Bundesrepublik Deutschland einschließlich der Lufthoheit boten die ersten Reiseveranstalter ab 1955 auch Flugpauschalreisen an, aber ohne großen Erfolg. Wie schon in der Zwischenkriegszeit war auch in den fünfziger Jahren Flugreisen unbequem und nicht so exakt planbar, wie es der moderne Massentourismus voraussetzte. Anders als bei der Eisenbahn war im Flugzeug die Unterscheidung in zwei Klassen unüblich.[3] Die Flugreise blieb ein teures »First-class«-Unternehmen mit Abenteuercharakter. Der einfache Flug bei einer 17tägigen Tenneriffareise zum Preis von über 1000 DM dauerte 1956 noch nicht, wie heute, vier Stunden, sondern 44: Erst nach sechsmaliger Zwischenlandung erreichte die 36sitzige Kleinraummaschine ihr Ziel.[4] Zusammenbrüche deutscher Charterfluggesellschaften, deren Gäste im Ausland vergeblich auf ihren Rückflug warteten, hatten zudem für Schlagzeilen gesorgt und diese Art des Flugverkehrs 1958/59 zunächst in Verruf

[2] Alfons Thoma (Hg.), Die Fahrkarte. Symbol der Überwindung von Raum und Grenzen, Ausstellungskatalog, Darmstadt 1985, S. 17.

[3] Vgl. Roger E. Bilstein, Travel by Air: The American Context, in: AfS 33, 1993, S. 275–288.

[4] Prahl, Entwicklungsstadien, 1991, S. 100.

gebracht.[5] 1960 stieg nur ein Prozent aller Reisenden für die Haupturlaubsreise in ein Flugzeug. Erst zwischen 1968 und 1972 konnte der Charterflugtourismus seinen Anteil von 5 auf 13 Prozent nennenswert erhöhen und sich mit niedrigen Preisen allmählich auf dem Reisemarkt etablieren. Für ihre Haupturlaubsreise setzen sich in der Bundesrepublik Deutschland inzwischen 26,2 Prozent aller Reisenden in ein Flugzeug, in den westlichen Bundesländern ist es mit 30,3 Prozent sogar fast ein Drittel (1992).[6]

Eines der Hauptprobleme beim touristischen Wiederaufbau der Nachkriegszeit war die Schaffung von Unterkünften. In Bayern standen 1946 nur ca. zehn Prozent der Vorkriegskapazitäten für touristische Zwecke zur Verfügung (siehe Tabelle 26). Der Rest war zerstört, beschädigt oder beschlagnahmt, und noch bis zum November 1951 mußte die Hotellerie unter den Maßgaben des Preisstopps vom November 1936 wirtschaften.[7] Erst 1958/59 erreichte Bayern wieder seine Vorkriegskapazität von rund 290 000 Gästebetten.[8]

Der Anteil der Privatbetten hatte sich in Bayern bis 1980 auf dem Niveau der Zwischenkriegszeit gehalten und lag in allen Jahren bei 35 bis 40 Prozent (siehe Tabelle 26). Ungeachtet einer breiten Ausdifferenzierung in Randbereichen, beim Camping oder bei Ferienwohnungen, hatte sich damit seit Beginn des modernen Massentourismus an der Struktur des Beherbergungsangebots wenig geändert. Bundesweit stieg allerdings in den siebziger und achtziger Jahren die Zahl der Hotels und Gasthöfe, während die Kategorien, die während der Aufbruchphase des modernen Massentourismus die Szene beherrscht hatten, also Private, Pensionen und Fremdenheime, zurückgingen.[9]

[5] Günter Euler, Der Strukturwandel aus der Sicht eines deutschen Reiseveranstalters, in: Jost Krippendorf (Hg.), Fremdenverkehr im Wandel, Bern u. a. 1974, S. 110–119, hier S. 111.

[6] Zahlen nach Dundler, Urlaubsreisen, 1988, Tab. 7; Studienkreis für Tourismus (Hg.), Ergebnisse, 1993, S. 7.

[7] Vgl. Lissok, Hotelpreise, 1964, S. 121; Dyck, Bayern, 1986, S. 128.

[8] Geringe Kapazitätserweiterung allerdings durch die steigende Zahl der Campingplätze.

[9] Prahl, Entwicklungsstadien, 1991, 103.

War Anfang der sechziger Jahre eine Hotelstudie noch zu dem Ergebnis gelangt, daß in den Perioden 1925/39 und 1949/58 »die Ausstattung größengleicher Untersuchungsbetriebe«, soweit sie in den Angaben der Hotelführer zum Ausdruck kam, »kaum Unterschiede« aufweise[10], wurde in den sechziger Jahren wieder modernisiert. Die bayerische Regierung beispielsweise legte 1960 das Schwergewicht der öffentlichen Investitionsförderung erstmals auf eine Modernisierung und Rationalisierung der Beherbergungsbetriebe.[11]

4. Kontinuität und Wandel auf dem bundesdeutschen Veranstaltermarkt

Auch im Reisevermittler- und Reiseveranstaltergewerbe verweisen mehrere Indikatoren auf die späten fünfziger Jahre als Endpunkt des Aufbruchs in den modernen Massentourismus. Die Ermittlung volkswirtschaftlicher oder gar sozialhistorischer Eckdaten, die über langfristige Verschiebungen in der Bundesrepublik Auskunft geben könnten, ist bis in die Gegenwart hinein ein problematisches Unterfangen. 1981 gab es schätzungsweise 8000 »Voll-Reisebüros« in Westdeutschland. Diese Unternehmen verfügten über mindestens eine Verkaufslizenz für Touristikprodukte sowie über je eine Lizenz zum Vertrieb von Bundesbahn- (DER-Lizenz; vor 1945 MER-Lizenz) und Flugtickets (IATA-Lizenz). Die Zahl der »Reisevermittlungsstellen«, die die »Voll-Reisebüros« einschließt, war und ist jedoch wesentlich größer und beläuft sich auf rund 12 000. Vermutlich handelt es sich jedoch bei etwa drei Vierteln um Nebenerwerbsbetriebe, so

[10] Lissok, Hotelpreise, 1964, S. 112.
[11] Dyck, Bayern, 1986, S. 132.

daß sich eine mit den zwanziger und dreißiger Jahren vergleichbare Zahl von etwa 4000 Reisevermittlern und Reiseveranstaltern Anfang der achtziger Jahre ergibt. Im Vergleich zum Deutschen Reich existierten 1981 in der wesentlich kleineren Bundesrepublik also mindestens viermal so viele Reisevermittler und Reiseveranstalter als in der Zwischenkriegszeit.[1]

Leider können aus der punktuellen Bestandsaufnahme keine Befunde über Verschiebungen oder Wandlungen abgeleitet werden. Die Umsatzentwicklung des Mitteleuropäischen Reisebüros (MER) bzw. des bundesdeutschen Nachfolgers Deutsches Reisebüro (DER) zeigt allerdings, daß sich die Umsätze bis Ende der fünfziger Jahre noch in den Größenordnungen der Jahre 1929 bzw. 1937 bewegten (siehe Tabelle 27). Erst um 1960 kam es hier wie in anderen Bereichen des Tourismus zu signifikanten Trendverschiebungen. Auch die Ortsprospekte erinnern Anfang der fünfziger Jahre in ihrer Aufmachung noch weitgehend an die Prospekte der endzwanziger und dreißiger Jahre; die Übersicht über die Zugverbindungen war jedenfalls nach wie vor obligatorisch.[2]

Nachdem die Währungsreform 1948 in den Westzonen die nötigen Rahmenbedingungen für die Planbarkeit von Pauschalreisen geschaffen und die Bundesrepublik Deutschland mit dem Beitritt zum GATT-Abkommen im Oktober 1951 zoll- und handelspolitische Souveränität erlangt hatte, drängten zunächst die Pauschalreiseanbieter der zwanziger und dreißiger Jahre wieder auf den Markt. Die selbsternannten »Männer der ersten Stunde« wähnten sich im »Dritten Reich« eines Gutteils ihrer potentiellen Kundschaft beraubt, weil der Konsumgüterbereich unter dem Primat der Rüstungsindustrie massiv vernachlässigt worden war und das KdF-Amt RWU mit enormen Wettbewerbsvorteilen die Mehrheit der eigenen Klientel hatte abwerben können. Unmittelbar nach Kriegsende setzte der gebeutelte unternehme-

[1] Vgl. Werner Sülberg, Aufgabe und Leistungen von Reisebüros, in: Günther Haedrich u. a. (Hg.), Tourismus-Management, Tourismus-Marketing und Fremdenverkehrsplanung, Berlin 1983, S. 95–114, hier S. 105; Stat. Bundesamt (Hg.), Tourismus in Zahlen 1990, Stuttgart 1991, S. 85.

[2] Schildt, Freie Zeit, 1993, S. 397ff.

rische Ehrgeiz deshalb alles daran, die Kundschaft für sich zu gewinnen und zu zeigen, daß es auch ohne »Kraft durch Freude« ging. Die Zusammensetzung der 1948 gegründeten Arbeitsgemeinschaft DER-Gesellschaftsreisen, die sich zum Ziel gesetzt hatte, allen Bevölkerungsschichten preiswerte Erholungsreisen anzubieten, war vor diesem Hintergrund kein Zufallsprodukt. Beteiligt waren neben dem MER-Nachfolger DER das Amtliche Bayerische Reisebüro (ABR) und die Hapag-Lloyd-Reisebüro-Organisation, die beide vor und nach dem Krieg eng mit dem MER/DER verbunden waren; schließlich als Initiator der Reisebüroinhaber Carl Degener.[3] Wie viele andere hatte sich auch Degener seit Ende der Weimarer Republik auf die Veranstaltung von Billigst-Pauschalreisen konzentriert, deren Klientel indessen spätestens seit 1935 von KdF öffentlichkeitswirksam bedient wurde. Versuche, als stellvertretender bzw. seit 1939 geschäftsführender Leiter der NS-Wirtschaftsorganisation Reichsverkehrsgruppe Hilfsgewerbe des Verkehrs die Rahmenbedingungen von Pauschalreisen, nicht zuletzt im eigenen Interesse, zu verbessern, hatten ebenfalls keinen Erfolg.[4] Noch einmal wollte sich der ehrgeizige Geschäftsmann nicht vom Markt drängen lassen und lud daher keine drei Jahre nach Kriegsende in »seinem« alten Zielort Ruhpolding zur Gründung der DER-Gesellschaftsreisen ein.

Zu den drei Marktführern im Pauschaltourismus der fünfziger Jahre gehörten die Touropa (in der die DER-Gesellschaftsreisen 1951 aufgegangen waren), Hummel-Reisen und die Scharnow-Reisen GmbH. Die Veranstaltung preiswerter Urlaubsreisen lag damit weiterhin in den Händen von Unternehmern, die ihre »touristische Sozialisation« in der Zwischenkriegszeit erfahren hatten. Walter Kahn war seit 1936 im Geschäft, Carl Degener seit 1932, Willy Scharnow seit 1925, und Heinrich Bangemann zählte sogar noch

[3] Vgl. Friedrich A. Wagner, Die Urlaubswelt von morgen. Erfahrungen und Prognosen, Düsseldorf u.a. 1970, S. 85 ff.; Sülberg, Aufgaben, 1983, S. 99; Horst E. Scholz, Tausend Türen in die weite Welt. Beiträge zur Geschichte der Deutschen Reisebüros, Frankfurt am Main 1984, S. 192ff.

[4] Vgl. Der Fremdenverkehr Nr. 50 vom 11. Dez. 1937 und ebd. Nr. 6 vom 11. Febr. 1939 (BHA: MWi, 2754).

zu den »Newcomern« der Weimarer Inflationszeit.[5] Auf den Erfahrungen der zwanziger und dreißiger Jahre aufbauend, setzten sie in den fünfziger Jahren weiterhin auf turnusmäßige Bahnpauschalreisen sowie auf den klassischen Vertriebsweg Reisebüro und waren damit zunächst erfolgreich: Die Zahl der im organisierten Bahntourismus beförderten Personen stieg zwischen 1950 und 1962 kontinuierlich von 146 000 auf 835 000 Personen jährlich.[6] Die Größenordnungen der Zwischenkriegszeit hatte man damit allerdings noch nicht übertroffen. Bereits 1929 hatte die Deutsche Reichsbahn knapp eine Million Menschen mit Gesellschafts- und Verwaltungssonderzügen in den Urlaub gefahren, und KdF konnte später Zahlen vorweisen, die sogar noch darüber lagen.

1963 gingen die Teilnehmerzahlen der selbsternannten Pioniere des Pauschaltourismus zurück. Und wie in der Weimarer Republik kündigte sich erneut ein Strukturwandel an.[7] Diesmal waren die »Newcomer« die Versandhäuser, beispielsweise der Quelle-Reisedienst (seit 1962), Neckermann mit NUR-Reisen (seit 1963) oder die Kaufhof AG, die 1970 mit dem ITS-International Tourist Services folgte. Anstoß erregten diese Neuen nicht so sehr, weil sie mit besonders billigen Angeboten auf den Markt stießen. Viel wichtiger war, daß sie konsequent den traditionellen Vertriebspfad »Reisebüro« verließen, um ihre Produkte auf eigenen Wegen an die Frau und an den Mann zu bringen. Das alte Fachgeschäft »Reisebüro« und die aus ihm hervorgegangenen Reiseveranstalter durchlebten daher in den sechziger Jahren eine zweite schwere Anpassungskrise – und beschworen erneut die Vorteile des Konzessionszwanges. Da die »Newcomer« mit Auslastquoten von 90 Prozent und mehr kalkulierten, konnten sie auch Flugpauschalreisen erstmals zu extrem

5 Vgl. Fuß, Reisebüro, 1960, S. 108, 114 und 108.

6 Dietsche, Reisebüro, 1985, S. 756; die Zahlen berücksichtigen die Bahnpauschalreisenden der größten Veranstalter Touropa, Scharnow, Hummel und Alpen-See-Expreß.

7 Vgl. besonders Euler, Strukturwandel, 1974; Wagner, Urlaubswelt, 1970, S. 86f.; Sülberg, Aufgaben, 1983, S. 99f.; Bernd Loppow, Kampf um den Platz an der Sonne, in: Die Zeit Nr. 23 vom 3. Juni 1994.

Abb. 34: Gemeinsamer Angebotsprospekt von Touropa, Scharnow, Hummel von 1958.

niedrigen Preisen anbieten. Erneut purzelten die Preise, und die großen »Alten« der Reiseveranstalterbranche mußten umdenken und handeln. In Reaktion auf diese Verschiebungen schlossen sich die älteren Veranstalter Touropa, Hummel, Scharnow und Dr.-Tigges-Fahrten (auch Tigges war ein Veranstalter der zwanziger Jahre) 1968 zur Touristik Union International (TUI) zusammen und leiteten damit noch in den sechziger Jahren einen Konzentrationsprozeß ein, der sich ungeachtet einer breiten Ausdifferenzierung im Spezialveranstalterbereich bis in die Gegenwart hinein fortsetzt. Allein TUI, NUR, LTU, DER und ITS verfügen heute in Deutschland über einen Marktanteil von 51,1 Prozent (1993/94).[8]

5. Sozialtourismus nach dem Zweiten Weltkrieg

Bei der Veranstaltung von Reisen für weniger wohlhabende Schichten, insbesondere für Arbeiter, fiel das Angebot gemeinnütziger Träger nach dem Ende des Zweiten Weltkriegs nach wie vor wenig ins Gewicht. Noch bevor sich in der zweiten Hälfte der fünfziger Jahre das historisch einmalige Wachstum der Massenkaufkraft abzeichnete, hatten kommerzielle Veranstalter bereits auf die Erfahrungen aus der Zwischenkriegszeit zurückgegriffen und mit Erfolg auf diese Kraft gesetzt. Interessant ist jedoch, daß auch die Nachkriegsgesellschaft auf sozialtouristische Einrichtungen[1] nicht verzichten wollte. In der Bundesrepublik Deutschland

[8] Ders., Machtkampf um den Platz an der Sonne, in: Ebd. Nr. 15 vom 6. Jan. 1995.

[1] Zum Begriff »Sozialtourismus« vgl. Europäische Gemeinschaften, Wirtschafts- und Sozialausschuß, Fremdenverkehr und regionale Entwicklung. Initiativstellungnahme und Bericht des Wirtschafts- und Sozialausschusses, Brüssel 1990, S. 11: »Sozialtourismus wird von gemeinnützigen Organisationen mit dem Ziel betrieben, die wirtschaftlich schlechter gestellten Bevölkerungsgruppen in den Genuß eines qualitativ und preislich angemessenen Fremdenverkehrs kommen zu lassen.«

zählten neben den Naturfreundegruppen vor allem die Gewerkschaften zu den Trägern, die auf Bundes- und auf regionaler Ebene Reiseeinrichtungen gründeten.[2]

Um zu verstehen, warum die deutsche Arbeiterbewegung nach 1945 erneut sozialtouristische Institutionen aufbaute, ist ein Blick über die Grenzen notwendig. Der Vergleich mit anderen europäischen Ländern zeigt, daß, wie schon in der Zwischenkriegszeit, die Schaffung sozialtouristischer Einrichtungen auch nach 1945 allenthalben als politische Notwendigkeit erachtet wurde.[3] Nach einer Übersicht des Vorsitzenden der Kommission für Sozialtourismus bei der *Union Internationale des Organes Officiels de Tourisme,* Arthur Haulot, existierten 1948 in Österreich, Belgien, Dänemark, Frankreich, Finnland, Großbritannien, Griechenland, Island, Italien, Jugoslawien, Luxemburg, Monaco, Norwegen, den Niederlanden, in Polen, Schweden, der Schweiz und in der Tschechoslowakei Reiseeinrichtungen, die meist von den Gewerkschaften getragen wurden. 1956, 1959 und 1962 fanden unter Beteiligung staatlicher, kommerzieller und gemeinnütziger Institutionen, wie schon in den zwanziger Jahren, internationale Konferenzen zum Sozialtourismus statt, aus denen im Juni 1963 das Internationale Büro für Sozialtourismus (BITS) mit Sitz in Brüssel hervorging. Mit leicht veränderter Zielrichtung wirkt es bis in die Gegenwart hinein als internationales Forum für Sozialtourismus. Auch wenn der quantitative Umfang dieser Einrichtungen gemessen am touristischen Gesamtaufkommen minimal ist, gilt zumindest für die fünfziger Jahre die Einschätzung Walter Hunzigers: »Die sozialtouristische Bewegung befindet sich in voller Entwick-

[2] Vgl. Achim von Loesch, Die gemeinwirtschaftlichen Unternehmungen der deutschen Gewerkschaften, Köln 1973, S. 257ff.; Thomas Buchsteiner, Arbeiter und Tourismus, Tübingen 1984, S. 167ff.; Wagner, Urlaubswelt, 1970, S. 27ff.; zu Reiseangeboten des TVDN vgl. die Vereins-Zeitschrift Wandern und Bergsteigen 1, 1949 bis 21, 1969.

[3] Vgl. Arthur Haulot, Tourisme social en Belgique et dans le monde, Brüssel 1949; Walter Hunziger, Le tourisme social. Caractères et problèmes, Bern 1951; Fischer, Sozialtourismus, 1958; Robert Lanquar/Ives Raynouard, Le tourisme social, Paris 1978; Arthur Haulot, International Bureau of Social Tourism, in: Annals of Tourism Research 10, 1983, S. 558–560; Dina Rinaldi, Il turismo nella storia del movimento cooperativo internazionale, in: Rassegna di studi turistici, 19, 1984, Nr. 3/4, S. 187–242; Europäische Gemeinschaften, Fremdenverkehr, 1990, S. 24.

lung.«[4] Das dichotomische Schema – auf der einen Seite die gemeinnützigen Organisationen, auf der anderen der Kommerz – griff indes nicht mehr. In der Praxis gab es vielfältige Überschneidungen. Ausdifferenziert hatte sich dieser Sektor nicht zuletzt auch dadurch, daß ursprünglich gemeinnützige Veranstalter ins kommerzielle Lager gewechselt waren, beispielsweise die 1920 in London gegründete *Workers Travel Association*, die 1960 zum zweitgrößten englischen Reiseveranstalter aufstieg, oder der französische *Club Méditerranée*, der noch bis 1958 als »association sans but lucratif« gearbeitet hatte.[5]

Keineswegs verzichteten in der Vor- und Frühphase der Bundesrepublik die Arbeitnehmerorganisationen bewußt auf die Gründung eigener Urlaubsreiseveranstalter. Zwar wollten die Gewerkschaften nicht noch einmal eine »kulturelle Gegenheimat« errichten[6], von einer expliziten »Verzichts«-Erklärung auf dem Gebiet des Tourismus war jedoch nie die Rede. In Deutschland kam es lediglich zu einer – im europäischen Kontext – relativen Verspätung. Die Zerschlagung und zwölfjährige Unterdrückung der Gewerkschaften durch die Nationalsozialisten hatte alle direkten Verbindungslinien zu den Arbeiterorganisationen der Weimarer Republik zerstört. Da dem Deutschen Gewerkschaftsbund (DGB) auch das umfangreiche Ferienheimnetz als touristisches Grundkapital zunächst nicht zur Verfügung stand, war die finanzielle Ausgangsposition für ein gewerkschaftliches Engagement auf dem Reisemarkt denkbar ungünstig. Hinzu kam, daß bereits Ende 1948, wenige Monate nach der Währungsreform, die DER-Gesellschaftsreisen die ersten Billigreisen durchführten.[7] Damit wurden zu einem sehr frühen Zeitpunkt Fakten geschaffen, die den Gewerkschaften als potentiellen Trägern sozialtouristischer Einrichtungen nur wenig Handlungs-

[4] Hunziger, Tourisme social, 1951, S. 57. Übers. d. Verf.

[5] Zur WTA vgl. Williams, Journey, 1960, S. 169; zum Club Méditerranée vgl. Marc Boyer, Le tourisme, Paris 1972, S. 90f.

[6] Klaus Tenfelde, Vom Ende und Erbe der Arbeiterkultur, in: Susanne Miller/Malte Ristau (Hg.), Gesellschaftlicher Wandel – Soziale Demokratie. 125 Jahre SPD, Köln 1988, S. 155–172, hier S. 171.

[7] Zu sozialtouristischen Ansprüchen der DER-Gesellschaftsreisen vgl. Buchsteiner, Arbeiter, 1984, S. 184 mit Anm. 2 und 3.

spielraum ließen. Erst als die Geschäfte von Touropa und anderen kommerziellen Veranstaltern Mitte der fünfziger Jahre florierten, betrachteten die großen »Alten« der Branche ein mögliches Engagement der Gewerkschaften nicht mehr unbedingt als Konkurrenz. Nun begann auch die Erinnerung an den »Kraft durch Freude«-Tourismus als handlungsleitende Negativerfahrung allmählich zu verblassen. Und das touristische Engagement wie noch in den zwanziger Jahren, mit ideellen Zielsetzungen bemänteln zu müssen war nicht mehr notwendig. Denn Freizeit war inzwischen ein selbständiger Lebensbereich geworden, dessen Ausgestaltung keiner besonderen Begründung mehr bedurfte.

Als DGB, Konsumgenossenschaften und der Touristenverein »Die Naturfreunde« 1951 die Deutsche Feriengemeinschaft GmbH (DFG) gründen wollten, waren indes noch »Absprachen« mit den großen kommerziellen Reiseveranstaltern notwendig. Dabei hatten letztere offenbar erreichen können, daß die Feriengemeinschaft nicht als Veranstalter, sondern lediglich als eine Art Spezialsparkasse auftrat. Das Konzept basierte auf dem Verkauf von Reisesparmarken, die der Inhaber beim Erwerb einer auf dem kommerziellen Markt angebotenen Reise mit 5 bis 7 Prozent Rabatt einlösen konnte.[8] Eine Woche Allgäu beispielsweise kostete den Reisesparer in der ersten Hälfte der fünfziger Jahre ab Frankfurt am Main 68 DM, eine Harzreise ab Hamburg 60 DM. Der Prospekt ›In Urlaub fahren durch Reisesparen‹ enthielt ausnahmslos Pauschalangebote für einwöchige Reisen, deren Preise sich zwischen 47,30 DM und 71 DM bewegten.[9] Die DFG arbeitete eng mit dem Angestellten-Pendant zur DFG, der Gemeinschaft für Sozialtouristik und Reisesparen e.V. (Gesorei) zusammen. Ein für die Sommersaison 1952 gemeinsam von DFG, Gesorei und dem Deutschen Hotel- und Gaststättenverband (Dehoga) publizierter »Reisespar«-Prospekt enthielt 198 Angebote für einwöchige Pauschalaufenthalte

[8] Vgl. Loesch, Unternehmungen, 1973, S. 258; DGB-Reisen GmbH, Pressematerialien, 1991 (ms; die DGB-Reisen hat der Verf. diese Materialien freundlicherweise mit Schreiben vom 19. März 1991 zur Verfügung gestellt).

[9] Angebotsprospekt »In Urlaub fahren durch Reisesparen«, o.O. o.J. [wahrscheinlich 1952] (ATB: Prospektsammlung).

(ohne An- und Abreise), die je nach Saison und Hotelkategorie zwischen 32,50 DM und 92,40 DM kosteten; die Bundesbahn gewährte – je nach Entfernung – 10 bis 30 Prozent Nachlaß.[10] Doch schon Mitte der fünfziger Jahre ging die Nachfrage nach Reisesparmarken rapide zurück, da die in den zwanziger Jahren eingeführten Reisesparsysteme offensichtlich nicht mehr dem Konsumverhalten entsprachen. Der DGB stellte die Arbeit der DFG ein. Das Haus Hallthurn, das man als Ferienzentrum mit 115 Betten auf der Paßhöhe Hallthurn bei Bad Reichenhall betrieben hatte, wurde verkauft.

Einige Jahre später, als die tourismuspolitischen Spannungen der Nachkriegszeit zugunsten der Marktführer beigelegt waren, begann der DGB selbst mit der Veranstaltung von Ferienreisen.[11] Der Anstoß kam diesmal aus dem Ausland, und zwar von der *International Federation of Workers Travel Associations (IFWZA).* Dieser internationale Zusammenschluß sozialtouristischer Organisationen hatte sich zum Ziel gesetzt, nach dem Vorbild anderer europäischer Länder auch in Deutschland eine gewerkschaftliche Reiseorganisation aufzubauen. Gemeinsam mit dem Reiseunternehmen der Schweizer Gewerkschaften, Popularis Tours, und fünf großen deutschen Gewerkschaften (Eisenbahner, Bau-Steine-Erden, Metall, Bergbau, Chemie-Papier-Keramik) gründete man 1958 die Popularis-Reisen GmbH. Von Anfang an zu klein konzipiert, erreichte sie jedoch in den zehn Jahren ihres Bestehens nie die Gewinnzone und wurde 1968 wieder aufgelöst.

Die Stimmen, die in Kreisen der Gewerkschaften auf die Gründung eines größeren gemeinwirtschaftlichen Reiseunternehmens drängten, verstummten damit jedoch nicht. Im Gegenteil, der mit der TUI-Gründung einsetzenden Konzentration auf dem kommerziellen Markt wollten die Gewerkschaften bewußt entgegenwirken. Da die regionalen Freizeitwerke nicht die notwendige Größe und Finanzkraft hatten, mußte man, um den »Großen« Einhalt gebieten zu

[10] ATB: Prospektsammlung.

[11] Zur Popularis vgl. Loesch, Unternehmungen, S. 258ff.; Fuß, Reisebüros, 1960, S. 275ff.; DGB-Reisen, Pressematerialien, 1991.

Abb. 35: Angebotsprospekt der Gemeinschaft für Sozialtouristik und Reisesparen, um 1950.

können, eine neue Einrichtung schaffen. Überdies hatten die Themen Urlaub und Urlaubsgestaltung nach fünf Jahrzehnten tariflicher Urlaubspraxis erstmals das ungeteilte Interesse der Gewerkschaften gefunden, die dem Arbeiterurlaub nun oberste Priorität bei Tarifverhandlungen einräumten. Im November 1965 führte man gemeinsam mit dem Studienkreis für Tourismus eine erste Arbeitstagung zum Thema »Urlaubsberatung und Urlaubsgestaltung« durch, weil »nach allem, was man in einem halben Jahrhundert erreicht hatte, nun die Verantwortung für die richtige Verwendung dieser Mußezeit erkannt werden« müsse. Man nannte »Erholung, Lebensfreude und Bildung« als wesentliche Ziele des Urlaubs, stellte jedoch auch fest, »daß es noch vieler gewerkschaftlicher Aufklärungen in dieser Hinsicht« bedürfe.[12] 1969 wurde die GUT-Reisen GmbH & Co. KG gegründet, getragen je zur Hälfte von der Bank für Gemeinwirtschaft und der IG-Metall.[13] Einige leistungsfähige »Freizeitwerke« beteiligten sich ebenfalls, schieden jedoch schon bald wieder aus, da die GUT die »Kleinen« zur Aufgabe ihrer Tätigkeit bewegen wollte. Großzügig mit Kapital ausgestattet, stieg GUT-Reisen aus dem Stand zum viertgrößten Reiseveranstalter auf und verzeichnete 1969 bereits 125 000 Buchungen. Die steigenden Urlauberzahlen (1971: 200 000; 1976: 260 000) dürfen jedoch nicht darüber hinwegtäuschen, daß GUT-Reisen ebenso wie Popularis permanent in den roten Zahlen steckte. Die Krise war zum Teil »hausgemacht«, wie das vertriebliche Hin und Her zwischen gewerkschaftseigenen Einrichtungen und freien Reisebüros problematisch war aber auch die Forderung aus Gewerkschaftskreisen, Mitgliedern besondere Rabatte zu gewähren, was die Konkurrenzfähigkeit beeinträchtigte. Auch in den sechziger Jahren saßen die Gewerkschaften noch in der Zwickmühle zwischen gemeinwirtschaftlichen Idealen und betriebswirtschaftlichen Notwendigkeiten. Andererseits waren die Ursachen aber auch auf dem kommerziellen

[12] Wagner, Urlaubswelt, 1970, S. 32f.

[13] Zu GUT-Reisen vgl. Loesch, Unternehmungen, 1973, S. 260ff. (dort auch die folgenden Zahlenangaben); Buchsteiner, Arbeiter, 1984, S. 192 mit Anm. 1; DGB-Reisen, Pressematerialien, 1991.

Reisemarkt zu suchen. So hatte die TUI die privaten Reisebüros zu Ausschließlichkeitsverträgen gedrängt und GUT-Reisen damit genötigt, nach neuen Vertriebswegen zu suchen (zum Beispiel über die Bank für Gemeinwirtschaft oder andere gemeinwirtschaftliche Unternehmen wie den Autoclub Europa [ACE], die Büchergilde Gutenberg, die Volksfürsorge oder Coop). Eine Steigerung der Umsätze, die eine adäquate Auslastung des notwendigen Verwaltungsapparates und der neuanzuschaffenden Technik garantiert hätte, gelang jedoch nicht, so daß man sich 1977 beim DGB darauf einigte, ganz auf die Veranstaltung eigener Ferienreisen zu verzichten und GUT-Reisen an Neckermann-NUR zu verkaufen.

Seit Mitte der fünfziger Jahre hatte sich der DGB nicht nur auf zentraler Ebene, sondern auch regional mit der Veranstaltung von Ferienreisen beschäftigt und so die Nachkriegszeit auf eigentümliche Weise wieder an die Weimarer Republik herangerückt. Innerhalb der IG Metall beispielsweise waren über Jahre hinweg sogenannte »Reisedienste« tätig.[14] Die Industriegewerkschaft Bau-Steine-Erden wiederum gründete im Oktober 1963 ein Gemeinnütziges Hilfswerk e.V., dessen Ziel es war, »Erholungsmöglichkeiten zur Erhaltung und Förderung der Gesundheit der Arbeitnehmer des Baugewerbes und ihrer Familien« zu schaffen. Erreicht werden sollte das Ziel »insbesondere durch den Erwerb, die Errichtung, die Unterhaltung und den hierfür notwendigen Betrieb von Erholungsheimen auf gemeinnütziger Basis«. Gebaut wurde mit Beteiligung von Unternehmerverbänden allerdings nur das Ende März 1967 eröffnete Ferienzentrum in der Bucht von St. Tropez an der französischen Riviera.[15] Das Ferienwerk der Arbeitskammer des Saarlandes, das als einzige gewerkschaftliche Reiseeinrichtung bereits Anfang der fünfziger Jahre gegründet worden war, hielt als eines der wenigen seine Tätigkeit bis 1978 aufrecht; seither fungiert es gemäß einer Kammergesetzänderung nur noch als Verwaltungsinstitution für die eigenen

[14] Buchsteiner, Arbeiter, 1984, S. 169 und 191.
[15] Wagner, Urlaubswelt, 1970, S. 32.

Familienferiendörfer in Scheidegg im Allgäu und in Marina di Campo auf Elba.[16]

Neben diesen Einzelinstitutionen ruhte die regionale Veranstaltung gewerkschaftlicher Ferienreisen vornehmlich auf den Schultern der »Freizeitwerke«[17], wie sie in Bielefeld, Gelsenkirchen, Oberhausen, Bottrop, Münster, in mehreren Städten Niedersachsens sowie in Stuttgart und Berlin existierten. Während die meisten Vereine ihre Tätigkeit im Laufe der siebziger Jahre allerdings wieder aufgaben, hielt sich der 1954 gegründete Hamburger Verein für Freizeitgestaltung »Nach Feierabend« noch bis 1981. Neben der Ferienreiseveranstaltung gehörte auch die Durchführung von Tagesausflügen, »Sonder- und Studienfahrten« sowie Betriebsausflügen zum Aufgabenkreis der Hamburger Einrichtung. Dabei entsprachen Angebot und Art der Vermarktung noch in vielem der Praxis der zwanziger Jahre. 1981 übernahm der Reisedienst des ACE den Hamburger Verein, der allerdings in seinem Namen »Nach Feierabend« nicht die Tradition des »Gemeinnützigen Verkehrs- und Reisevereins Groß-Hamburg« fortgeführt hatte, sondern mit Anklängen an die Freizeitorganisation der italienischen Faschisten, »Dopolavoro«, an die Öffentlichkeit getreten war.

In den siebziger Jahren ging das Interesse der Gewerkschaften an der Veranstaltung von Ferienreisen endgültig zurück. Bis heute gehalten hat sich lediglich ein regionaler Veranstalter, dessen Wurzeln in die Gründerjahre der Freizeitwerke zurückreichen: das 1960 eingerichtete DGB-Freizeitwerk e.V. in Dortmund.[18] Ihre Reiseabteilung gliederten die Dortmunder im Herbst 1990 als DGB-Reisen GmbH aus dem Freizeitwerk aus und führen sie seither als selbständiges Unternehmen. Von Bedeutung ist die Reiseabteilung des Freizeitwerks vor allem für das Ruhrgebiet, wo die Reisen in

[16] Buchsteiner, Arbeiter, 1984, S. 196.

[17] Zu den Freizeitwerken vgl. Loesch, Unternehmungen, 1973, S. 258; Buchsteiner, Arbeiter, 1984, S. 169 mit Anm. 1; DGB-Reisen, Pressematerialien, 1991; zur Tätigkeit der Hamburger Organisation »Nach Feierabend« vgl. die gleichnamige Zeitschrift 1, 1954 bis 11, 1964 (SH).

[18] Vgl. zur DGB-Reisen die Pressematerialien, 1991 und die Angebotsprospekte vom Sommer 1990 und 1991, die der Verf. freundlicherweise vom Veranstalter überlassen wurden.

Abb. 36: Titelseite der Gewerkschaftszeitschrift ›Nach Feierabend‹ vom Juni 1958. Die Zeitschrift war zugleich Angebotskatalog des gleichnamigen gewerkschaftlichen Reiseveranstalters aus Hamburg.

Abb. 37: Angebotsprospekt der DGB-Reisen GmbH, Dortmund, von 1991.

Abb. 38: Angebotsprospekt des SPD-Reiseservices, Bonn, von 1991.

Dortmund, Bochum, Bottrop, Essen, Gelsenkirchen, Hagen, Herne, Oberhausen und Recklinghausen verkauft werden. Der Vertrieb läuft, wie schon in der Weimarer Republik, über eigene Büros oder Sprechstunden in den Häusern des DGB. Wie damals ist allerdings auch heute die Teilnehmerzahl gering – 1961: 2000, 1969: 15 000, 1970: 20 000 und 1990: 30 000 Personen –, obwohl Städte- und Erlebnisreisen, Ferienwohnungen, Bus-Bahn-Pkw-Reisen, Flugreisen und Winterreisen alle touristischen Bereiche abdecken; 1990 wurden sogar – einmalig – Reisen in die DDR angeboten. Wie alle anderen gewerkschaftlichen Reiseveranstalter der Nachkriegszeit knüpfte auch das Freizeitwerk nicht mehr an die Tradition der Weimarer Arbeiterkultur an. Hier wie andernorts wollte man sich nicht mehr in die »Klassenfurche« zwängen lassen und schlug den Godesberger Weg eines auf die Gesamtgesellschaft bezogenen »Kulturpluralismus« ein.[19] Das erklärte Ziel lautete daher ganz pragmatisch, »Urlaubsreisen, Studienfahrten und Ausflüge gut und preisgünstig zu veranstalten«.

In einer modernen Industriegesellschaft bedarf die Freizeitgestaltung keiner besonderen Legitimation mehr. Der Freizeitbereich hat sich als autonomer Lebensbereich dergestalt verselbständigt, daß normative Vorgaben aus anderen Lebensbereichen wie der Bildung oder der Politik nicht mehr geduldet werden – es sei denn, deren Ziele entsprechen dem jeweiligen Lebensstil. So der Fall beim 1985 gegründeten SPD-Reiseservice[20], der seine »Reiseidee« wieder mit einem ausgesprochen »politischen Anspruch« verbindet. Um den »anspruchsvollen Reisemarkt« zu bereichern, sollen auf Reisen »Informationen über die Entwicklung der demokratischen Grundwerte in der Welt, über die Situation der Menschenrechte und die sozialen Probleme anderer Völker« vermittelt werden. Wie schon beim Reichsausschuß für sozialistische Bildungsarbeit führen die Reisen unter diesem Vorzeichen wieder vornehmlich ins Ausland – 1991 in die USA, nach Mexiko, Malta, Costa Rica, in den Kaukasus, nach

[19] Tenfelde, Arbeiterkultur, 1988, S. 169 und 172.

[20] Vgl. den Angebotsprospekt von 1991; für weitere Informationen dankt die Verf. dem Geschäftsführer des SPD-Reiseservices.

Schottland, Island, Irland, Israel, Jordanien, Ägypten, Korsika, Litauen, Finnland, in die Türkei und nach Brasilien. Erneut werden auf den Reisen Vorträge und Informationsgespräche mit »Genossen« arrangiert, wobei die Preise mit bis zu 4700 DM für zwei Wochen Brasilien relativ hoch sind. Selbst das Motto des Prospekts für das Jahr 1991 knüpfte nahtlos an die »Reise unter Gesinnungsgenossen« an, mit der schon die Weimarer Reiseveranstalter ihre Klientel umworben hatten: »Die Gewißheit, mit Freunden eine andere Reise zu erleben!« Allen gesellschaftlichen Veränderungen zum Trotz hat die sozialistische Variante des modernen Lebensstils offenbar für eine kleine Insidergruppe ihre Attraktivität bewahrt.

6. Tendenzen im Reiseverhalten nach 1945

Nach einer Repräsentativumfrage des Allensbacher Instituts galt die Urlaubsreise 1955 für 83 Prozent der Bundesbürger nicht mehr als »Luxusware«. Für zeitgenössische Soziologen war sie inzwischen allgemeine »soziale Norm«.[1] Das tatsächliche Reiseverhalten hinkte in den fünfziger Jahren diesen Einstellungen allerdings noch weit hinterher. Dies belegen nicht nur die Befunde zur Reiseintensität, sondern auch die Zahlen zum Ausgabeverhalten (siehe Tabelle 28). Nach den Verbrauchsstichproben des Statistischen Bundesamts bezifferte sich noch 1962/63 der Anteil der Ausgaben für Urlaubsreisen am monatlichen Privatverbrauch im Durchschnitt aller Haushalte auf nur 1,1 Prozent und lag damit immer noch sehr nah an jenen 1,3 Prozent, die in der zweiten Hälfte der zwanziger Jahre im Schnitt für Reisen und Erholung aufgewendet wur-

[1] Zit. nach Schildt, Freie Zeit, 1993, S. 397; vgl. Hans-Joachim Knebel, Soziologische Strukturwandlungen im modernen Tourismus, Stuttgart 1960; Erwin K. Scheuch, Ferien und Tourismus als neue Formen der Freizeit, in: Ders./R. Meyersohn (Hg.), Soziologie der Freizeit, Köln 1972, S. 304–317.

den.[2] Auch wenn die Lebenshaltungserhebung von 1927/28 die finanzstarke Gruppe der Selbständigen und freien Berufe ausklammerte und ausschließlich Arbeiter-, Angestellten- und Beamtenhaushalte in Mittel- und Großstädten berücksichtigte, hatte sich, gemessen am Leitbild Reisen, das Konsumverhalten um 1960 noch nicht allzuweit von der Zwischenkriegszeit entfernt. Erst fünf Jahre später deutete ein Anteil von 3,4 Prozent auf ein klares Abrücken von diesem Trend. In den siebziger und achtziger Jahren stieg der Anteil weiter; 1983 lag er bei 5 Prozent, mit einem allerdings etwas verlangsamten Wachstum. Die alltägliche Lebensführung erlebte nach dem strukturellen Einschnitt der zwanziger Jahre erst wieder in den sechziger Jahren einen tiefergehenden Wandel, als der moderne Lebensstil zu einer von der Mehrzahl der Bevölkerung auch tatsächlich praktizierten Lebensweise wurde.

In den fünfziger Jahren hingegen war es vielerorts noch »normal«, den Urlaub zu Hause zu verbringen, allerdings weniger aus ökonomischen Gründen, sondern weil die Konsumpräferenzen vor allem auf dem Land und in kleineren Orten eindeutig beim Eigenheimerwerb lagen. In einem Korrespondenzbericht der Gesellschaft für Konsumforschung heißt es dazu 1962:

> »Im Ort (in den umliegenden Orten ist es ähnlich) gilt nur der etwas, der ein eigenes Haus besitzt. Wer schon einige Jahre verheiratet ist und noch kein eigenes Wohnhaus besitzt, verliert an Achtung. Da man allgemein sehr früh heiratet, fängt man noch früher zu sparen an, baut ein Haus mit viel Eigenleistung und schuftet dann, um den aufgenommenen Kredit zurückzuzahlen. Eine Urlaubsreise wäre da ›Luxus‹ ... Fast alle Befragten waren in den letzten Jahren nicht in Urlaub gefahren, viele noch nie im Leben. Die jüngeren Leute erklärten meistens: In einigen Jahren wollen wir unsere Schulden bezahlt haben und dann werden wir uns einen Urlaub leisten.«[3]

[2] Durchschnittswert ermittelt auf der Basis einer gewichteten Umrechnung der jeweiligen Ausgabenanteile für Reisen und Erholung in Arbeiter-, Angestellten- und Beamtenhaushalten nach Stat. Reichsamt (Bearb.), Lebenshaltung, 1932.

[3] Zit. nach Schildt, Freie Zeit, 1993, S. 398.

Viele Interpreten des Massentourismus sprechen angesichts der sozialen Zusammensetzung der Reisenden seit 1945 von einer allgemeinen Nivellierung. Doch auch wenn allein die Auslandsreisenden weltweit inzwischen (1994) 528 Millionen Personen umfassen (1970: 166 Millionen), die rund 321 Milliarden Dollar[4] ausgeben und damit sozusagen den gesamten Jahreshaushalt der Bundesrepublik Deutschland im Urlaub »verjubeln«, trägt die Lust zu reisen dennoch weiterhin schichtspezifische Züge. Bei der Reiseintensität gibt es bis heute signifikante Unterschiede zwischen den einzelnen Berufsgruppen. Während in der Regel 65 bis 80 Prozent aller Angestellten und Beamten jährlich eine Urlaubsreise unternehmen, sind es bei den Arbeitern nur 40 bis 60 Prozent (siehe Tabelle 29). Angestellte und Beamte lagen in allen Jahren über dem Durchschnitt, während die Reiseintensität bei Arbeitern immer unterdurchschnittlich blieb. Facharbeiter allerdings entsprachen wesentlich stärker dem allgemeinen Urlaubsreiseverhalten als sonstige Arbeiter. Bei den leitenden Angestellten und Beamten lag die Reiseintensität 1987 bei 84 Prozent, unter den sonstigen Beamten und Angestellten betrug sie 76 Prozent, bei Facharbeitern immerhin 67 Prozent, bei »sonstigen Arbeitern« nur 51 Prozent. Während sich die Urlaubsreise im Durchschnitt der Bevölkerung bereits Mitte der sechziger Jahre fast mehrheitlich durchgesetzt hatte (44 Prozent), wurde dieser Wert in der Arbeiterschaft erst zehn Jahre später erreicht.

Für den Einwand, daß Arbeiter bis in die Gegenwart hinein weniger verdienen als Angestellte und Beamte, bietet der Mikrozensus des statistischen Bundesamtes indessen keine Anhaltspunkte (siehe Tabelle 28). Zwar erhöhte sich der Anteil der Ausgaben für Urlaubsreisen in Arbeiterhaushalten zwischen 1969 und 1983 ständig, aber der Vergleich bei konstantem Einkommen zeigt hier, wie schon in den zwanziger Jahren, daß Arbeiterhaushalte signifikant weniger für Reisen ausgeben als Angestellte und Beamte. Nach wie vor führend sind hier die mittleren und unteren Angestelltengruppen.

4 Zahlen nach Globus-Kartendienst vom 21. Nov.1994, Wb-2314; ebd. vom 30. Jan. 1995, Wb-2457.

Seit das Reisen zum Vergnügen, zur Erholung und zur persönlichen Bildung als schichtübergreifendes Verhalten historisch faßbar ist, reisten vornehmlich Angestellte, während Arbeiter große Zurückhaltung zeigten – und zwar aus anderen als ökonomischen Gründen. Daran konnten auch die »Arbeiter«-Reiseeinrichtungen der Nachkriegszeit nichts ändern. Zwar existieren für die Gewerkschafts- und Naturfreunde-Ferienreisen keine genauen Sozialstatistiken, die Zahlen sozialtouristischer Beherbergungseinrichtungen aus anderen europäischen Ländern sprechen jedoch durchgängig für eine starke Unterrepräsentanz bei Arbeiter/innen und eine entsprechende Überrepräsentanz bei Angestellten.[5] Auch auf dem 1949 in Italien veranstalteten *Congresso nazionale per il turismo dei lavoratori* konstatierten einige Teilnehmer, daß »viele Arbeiter noch heute ihre Ferien an ihrem gewöhnlichen Wohnort« verbringen und aus »Desinteresse« keinen »Nutzen aus all jenen Möglichkeiten« zögen, die der Tourismus böte.[6] Auch das Ferienwerk der Arbeitskammer des Saarlandes gab 1965 seine Strategie, speziell Arbeiter zu umwerben, auf und richtete sein Interesse nun primär auf die Angestellten.[7] Daß Arbeiter weniger als andere gesellschaftliche Schichten reisen, wurde Ende der achtziger Jahre auch in Frankreich konzediert.[8] Sozialtouristische Einrichtungen konnten ihre erklärte Zielgruppe, die Arbeiterschaft, nie in dem Maße erreichen, wie es sich die Veranstalter erhofft hatten.

Eine Ausnahme bildet jedoch weiterhin die Ein-Kind-Familie mit mittlerem Einkommen, die sich dem Durchschnitt aller Drei-Personen-Haushalte anpaßt.[9] Seit den

[5] Fischer, Sozialtourismus, 1958, S. 132, 135 und 148.

[6] Camera di commercio, industria e agricoltura, Genova, Atti ufficiali del primo congresso nazionale per il turismo dei lavoratori. Nervi 1950, Genua 1950, S. 13. Übers. d. Verf.

[7] Buchsteiner, Arbeiter, 1984, S. 196.

[8] Joffre Dumazedier, Révolution culturelle du temps libre 1968–1988, Paris 1988, S. 37.

[9] Ausgaben für Urlaubsreisen in dreiköpfigen Arbeiterhaushalten in Prozent (in Klammern dahinter durchschnittliche Ausgaben dreiköpfiger Haushalte) 1973: 1,7 (1,7); 1978: 2,8 (2,8); die Verbrauchsstichproben von 1969 und 1983 lassen diesen Vergleich leider nicht zu; Quellennachweise vgl. Tabelle 28.

zwanziger Jahren gibt es offenbar innerhalb der Arbeiterschaft eine Gruppe, die ihre alltägliche Lebensweise am modernen Lebensstil ausrichtet. Zumindest in Westdeutschland scheint diese Gruppe auch zu wachsen. Nach soziologischen Milieustudien im vereinigten Deutschland waren in den alten Bundesländern 37 Prozent der Erwerbstätigen in Arbeiterberufen tätig, aber nur 22 Prozent aller Erwerbstätigen zeigten auch die für Arbeiter einst typische Lebensweise und Mentalität.[10]

Fragt man abschließend nach dem Merkmalsträger, der unter den Faktoren Berufsstellung, Einkommen, Bildung und Wohnortgröße die größte Signifikanz für Urlaubsreisen besitzt, so kristallisiert sich bis in die Gegenwart »Bildung« als der Faktor heraus, der die Reiseentscheidung offenbar am stärksten beeinflußt. Mit 76 Prozent bildete die Gruppe der »Facharbeiter« schon in den zwanziger Jahren den signifikantesten Merkmalsträger reisender Arbeiter. »Je höher der Bildungsstand, desto ausgeprägter die Reiseintensität, daran hat sich auch 1984 nichts geändert«, lautete das Fazit der bundesdeutschen Reiseanalyse.[11] Untergliedert man die Gruppe der »Noch-nie-Gereisten« in soziodemographische Teilgruppen, sticht in allen Jahren mit einem Anteil von† über 90 Prozent die Gruppe der Hauptschüler hervor; bei allen anderen soziodemographischen Teilgruppen machen die »Noch-nie-Gereisten« nie mehr als 40 Prozent aus. Selbst in der Gruppe mit einem Haushaltseinkommen von weniger als 1500 DM monatlich waren 1985 und 1986 nur 32 bzw. 28 Prozent noch nie gereist, zwei Drittel hatten schon einmal eine Urlaubsreise unternommen.[12] Hinter dem Faktor Bildung rangiert an zweiter Stelle die Wohnortgröße. Der moderne Massentourismus war stets ein städtisches Phänomen, und das moderne Reisen entfal-

[10] Michael Vester, Deutschlands feine Unterschiede. Mentalitäten und Modernisierung in Ost- und Westdeutschland, in: Aus Politik und Zeitgeschichte 1995, B 20, S. 16–30, hier S. 20.

[11] Studienkreis für Tourismus (Hg.), Reiseanalyse 1984, Starnberg 1985, S. 35.

[12] Ders., Reiseanalyse 1985, Starnberg, 1986, S. 19; Ders., Reiseanalyse 1986, Starnberg 1987, S. 19.

tete sich in enger Anlehnung an eine urbanisierte Lebensweise.[13]

Als Fazit bleibt, daß die in der Weimarer Republik einsetzende Phase des Aufbruchs in den modernen Massentourismus erst um 1960 zu Ende ging[14], als sich eine qualitativ neue Richtung abzeichnete und der moderne Massentourismus in die Phase seiner Ausgestaltung und Krise eintrat. Während auf der einen Seite das Reisen erst in dieser Zeit für die Mehrheit der Bevölkerung zum konstitutiven Bestandteil der alltäglichen Lebensführung wurde, setzte zugleich ein öffentlicher Bewußtseinswandel ein, der auf die Zerstörung der für den Tourismus unverzichtbaren natürlichen Umwelt reagierte. »Die Landschaftsfresser« nannte Jost Krippendorf 1975 seine kritische Tourismusstudie. Mit der plakativen Frage im Untertitel »Verderben oder Segen?«[15] traf er den Nerv des Publikums. Nur wenige Jahre später erschienen die ersten sogenannten »Alternativ«-Reiseveranstalter auf dem Markt, mit dem Ziel, das Konzept eines »sanften Tourismus« in die Tat umzusetzen. Auch wenn sich ihr Anspruch, »anders zu reisen«, in der Praxis in Grenzen hielt, trugen sie doch mit dazu bei, daß die Tourismusbranche insgesamt das Problem der Umweltverträglichkeit ihres Wirtschaftens nicht mehr länger beiseite schieben konnte.

[13] Zum Reisen als Phänomen urbaner Gesellschaften vgl. die Ergebnisse der Reiseanalysen des Studienkreises für Tourismus 1970 bis 1991, Starnberg 1971 bis 1992 und für die Frühe Neuzeit Reinhold P. Kunert, Urbanität auf dem Lande. Badereisen nach Pyrmont im 18. Jahrhundert, Göttingen 1984.

[14] Ähnlich Schildt, Freie Zeit, 1993, S. 401, der den Beginn des »massentouristischen Booms« in das letzte Drittel der fünfziger Jahre datiert.

[15] Jost Krippendorf, Die Landschaftsfresser. Tourismus und Erholungslandschaft – Verderben oder Segen?, Bonn u. a. 1975.

7. »Innenansichten«

Ein Berliner Bäckermeisterehepaar im sonnigen Süden (1964)

Zu den kulturellen Begleiterscheinungen des modernen Massentourismus gehört das Verschwinden des Reiseberichts.[1] Dies gilt nicht nur für das literarische Zeugnis, sondern auch für die alltägliche Niederschrift. »Innenansichten« gelangen über Meinungsumfragen oder Tiefeninterviews an die Öffentlichkeit, kaum aber als Schilderung persönlicher Erlebnisse. Lassen sich schon für die Weimarer Republik kaum mehr »private« Reiseaufzeichnungen finden, verlagerte sich die Vermittlung seither immer stärker auf Postkartengrüße, Urlaubsfotos, »Super-8«- und später Videofilme.

Sprachliche Zeugnisse von Massentouristen aus der Endphase des »Aufbruchs«, also aus den fünfziger Jahren, zu finden war daher nicht ganz einfach.

Im Berliner Archiv für Tourismus existiert indessen eine historisch einmalige Sammlung von 45 Fotoalben, die die Urlaubsreisen eines Berliner Bäckermeisterehepaares, Herbert und Herta S., in Wort und Bild dokumentieren. Die Alben stammen aus den Jahren 1942 bis 1982 und wurden vermutlich von der Ehefrau angelegt. Aus ihrer Feder stammen mit Sicherheit auch die tagebuchartigen Skizzen, die, mit Schreibmaschine auf dünnes Papier geschrieben, auf die schützenden Pergamentseiten der Alben geklebt wurden. Die Fotoalben enthalten nicht nur private Urlaubsfotos, sondern auch Postkarten und Hotelrechnungen, Speisekarten und Servietten, Fahrscheine und Prospekte, Landkarten und Zeitungsartikel, gepreßte Blumen und winzige Nationalflaggen. Der erste dokumentierte Urlaub führte im Juni 1942 für zwei Wochen nach Thüringen. Nach Kriegsende

[1] Zur Geschichte des Reiseberichts vgl. den Sammelband von Peter J. Brenner (Hg.), Der Reisebericht. Die Entwicklung einer Gattung in der deutschen Literatur, Frankfurt am Main 1989.

dominierten neben deutschen Regionen Reiseziele in Südeuropa, in Italien, Jugoslawien, Österreich und in der Schweiz, vor allem seit den sechziger und siebziger Jahren. Die Dauer der Reisen erhöhte sich im Laufe der Jahre von zwei auf vier Wochen und erreichte Ende der siebziger Jahre, als die beiden vermutlich in Rente gingen, manchmal sogar sechs Wochen. Ende der sechziger Jahre gab es einige Kuraufenthalte, und seit Mitte der siebziger Jahre verreiste man auch zu Ostern und/oder im Herbst. Statt im eigenen Pkw reiste man nun erstmals auch mit dem Flugzeug (nach Rumänien). Obwohl die Eheleute finanziell nicht schlechtgestellt waren, zeugen eingeklebte Hotelrechnungen, explizite Hinweise auf teure Hotels bzw. sonstige Preisangaben davon, daß die Reisen bewußt »kalkuliert« wurden.

Die folgenden Tagebuchaufzeichnungen beziehen sich auf eine dreieinhalbwöchige Rundreise mit dem eigenen Pkw, die vom 13. Juni bis 6. Juli 1964 von Berlin aus über Westdeutschland nach Österreich, Jugoslawien, Italien, in die Schweiz und den Schwarzwald führte.[2] In der folgenden Abschrift wurden Orthographie und Interpunktion nur an wenigen Stellen korrigiert; kursive Schreibweise verweist auf Unterstreichungen im Original:

»Sonnabend, der 13. Juni 1964 !!!!
Leute, es ist soweit !!!!! Der Urlaub ist da !!!
Abfahrt bei klm.-Stand 36 774

Bei Edelheim's vorgefahren: 6.05, alles verladen und 6.20 waren wir startfertig zur grossen Fahrt!

Eine Stunde Formalitäten und 7.35 war es soweit. 1/2 Std. Töpen, ohne aussteigen, 11.35 wieder mal freie Fahrt!

3.15 – Holledau in Sicht! Pixie verstopft ihren Vergaser, wir machen Kaffeepause mit Sahne u. Erdbeeren um wieder fit zu werden, nach einer Stunde ist alles wieder in Ordnung.

18.00, wir fahren in München, Winterthuer Str. 5 bei Frl. Seifert vor, grosser Bahnhof! Sehr lieber Empfang, schöne Aussicht über München.

[2] ATB (Album Nr. 9; noch ohne Sign.).

20.30 Olympia-Hotel, hübsche Zimmer, noch im Garten gegessen – es ist sehr schön – aber recht warm und Herbert recht müde!

Sonntag, 14. Juni

7.00 aufgestanden – Himmel wolkig – sehr schwül, im Freien gefrühstückt, Frl. Seifert kam auch, Abschied von München 10.30 es geht weiter über Holzkirchen – Tegernsee – Rottach-Egern zum Übergang Glashütte-Achenpass, an: 11.30!

Schön wie immer: T I R O L !

Im Achenwald Thymus gefunden – und dann der wunderschöne Achensee im Sonnenschein! Über Jenbach-Strass – Brixlegg – Rattenberg nach Kramsach zum Mittagessen, in alter Güte im Gasthof Eiche! Innsbruck – Brenner – Europabrücke, *einmalig.* Schluss in Matrei im Wipptaler Hof bei Käsekuchen mit Nüssen – Abendspaziergang – wieder ein schöner Tag!!!!

Montag, 15. Juni

4.30 wach geworden – es regnet Strippen! 6.30 – aufgestanden – Frühstück – es regnet noch immer, 9.00 – Abfahrt in Richtung Italien! Vor Sterzing links ab, Franzensfeste – Dolomiten – Missurina-Pass – Cortina d'Ampezzo – *Vito di Cadore*. Bandnudeln m/Tomatensoße in *hellgrün!!!!* hat aber sehr gut geschmeckt! Die Sonne kommt durch, wir kommen ins Piave-Tal, hinter Piave *Passo della Mauria*, Rast a. d. Passhöhe, vor uns der Cridola mit dem Fenster. Nach wenigen Minuten am »Berghotel« *Albergo Cridola!* Wir bleiben!! Herrliche Gegend, Spaziergang – Forni di Sopra – bei Carnia, Bambino Marino ist süss!! Auf der Terrasse bei ›*Muscato spumante*‹ von Cinzano gesessen, schmeckte wundervoll!! für 970 Lire. Ein Feiertag.

Dienstag, 16. Juni

6.30 aufgestanden. Himmel bedeckt. 9.00 geht's weiter! Ampezzo – Tolmezzo – Udine zum ACI – 13.30 Gorizia, Mittagessen – durch Triest und 16.00 = *Grenze Jugoslawien.*

In Savudrija alles besetzt! Umag-Punta hat noch zwei Zimmer frei in der Dependace »Marina«, 50 mtr. knapp von der Adria!! Zwischen Zypressen und Föhren und Feigenbäumen. Ein grosser natürlicher Kurgarten und in der Mitte der Glaspalast!!! Abends auf der Terrasse gesessen, alles sehr voll, dank Scharnow, Hummel u. and. Reisebüros. Sehr müde.

Mittwoch, 17. Juni

Alle gut geschlafen – nach dem Frühstück im Glaspalast, Strandbesichtigung – leider Sonnenbrille verloren – es ist aber sonst sehr schön – der Oleander blüht auch hier! Der Strand ist so weit u. gross, dass von der Fülle nichts mehr zu merken ist!

Am Haus die »Bude« mit Tischen und Stühlen und diversen herrlichen Getränken und wundervoller Aussicht auf die weite schöne, bald dunkelblaue Adria!!

Wir haben einen Steinsteg ins Wasser und treten auf herrlichen Sand. Das Wasser ist wundervoll klar und warm. (An dieser Küste auf 1 ltr. Wasser = 39 gr. Salz, daher die herrliche Bläue) Nachmittags haben wir Flut, wir machen Bauchmassage!!! Mir ist sauwohl und den anderen auch! Danach den wundervollen Sherrywein. Wir haben alles, was wir brauchen!!!

Donnerstag, 18. Juni

Ein faules Leben hat bei uns begonnen! Vormittags gebadet. Gegen Mittag Wolken von Italien, Donner u. etwas Regen. Nach dem Essen spazieren gegangen, süsser kleiner Hund, wollte durchaus mitkommen. – Am Haus gesessen, Sherry schmeckt immer noch gut, – Sonnenuntergang mit den schönsten Farben. Ein herrliches Schauspiel! Die Tanzkapelle am Glaspalast gibt sich die grösste Mühe jeden Abend. Schön und auch sehr laut.

Freitag, 19. Juni

Viel Sonne!!! In der Rezeption im Hotel »Zagreb« die ›*Fahrt ins Blaue*‹ und eine Schiffsreise nach Triest angemeldet. Lange gebadet, danach gesonnt, Mittagessen und wieder geschlafen.

Nachmittags gebadet, spazieren gegangen, zum Abendessen und wieder gelaufen. Im Lokal an der Rezeption gesessen, Wetterleuchten von Italien – um 22.00 zu Hause, ein sehr schweres Gewitter kommt herauf. Zwischen 23.00 u. 24.00 war es *richtig* da.

Ich bin nahe am aufstehen. Es war alles drin.

Sonnabend, 20. Juni

Herbert um 5.00 an den Strand gegangen, sucht Strandgut, um 6.00 war ich auch da! Vom Hauptsteg – Mole – viele Fische gesehen – warm u. strahlende Sonne! gefrühstückt und nach Umag gefahren – gebadet – Mittagessen – Erholungspause mit Slivovitz und Sherrywein.

Nachmittags gebadet, Wasser sehr gestiegen – am Stegende bis am Hals – Fritz hat sich den grossen Zeh gestossen am Stein, tut ihm sehr weh. Karten für Folklore am Montag geholt, zur Nacht nochmal 2 grosse Slivovitze, und dann ....

Sonntag, 21. Juni

Bis 8.00 gut geschlafen, nachts den Regen nicht gehört – heute reger Betrieb am Wasser – ich kann richtig auf dem Rücken schwimmen und komme wieder auf den Boden!!!!!!!!!!!!!!!!!!

Das Wasser trägt herrlich. – Nachmittags wieder gebadet – abends am Glaspavillon gesessen – etwas Regen –

Montag, 22. Juni

Himmel bedeckt – schwül – Herbert hat wieder »was Neues« – gebadet. Herbert wieder mal als Fotograf! Mittagessen und schon wieder müde!!! Sherrywein und Slivovitz schmecken noch immer!!!

Abends nach Umag gefahren, im »Kulturpalast« gab's eine Folklore-Schau, *war sehr gut*! 23.00 zu Hause mit Maraska-Kirschwein. Alle müde – – –

Dienstag, 23. Juni

Bis 1/2 8.00 geschlafen. Gegen 11.00 gebadet – Heute *mit* Herbert, war prima! Mittags Gewitter im Vorübergehen – Der Regen ging nach Italien. Mittagessen mit *Frutta Biser* – Blaubeersaft, aber ... auch heute schmecken Maraska und Slivovitz!

Abendstimmung an der »Bude« mit Sonnenuntergang! Es geht uns sooo gut!!!!

Mittwoch, 24. Juni

Tagesablauf wie üblich – Wasser und Wellen prima – um 17.00 = die Busfahrt »ins Blaue« nach dem jugosl. *St. Marino,* = Motovun, das Städtchen auf dem Berg. Eine steile Strasse mit vielen Kurven führt nach oben! Der Bus muss Millimeter-Arbeit leisten! Man ist im Mittelalter! Geld in den Brunnen geworfen!!! Alte Tore – Eselreiten – ein netter Abend mit dalmat. Rotwein und Schinken – an langen Tafeln auf der Strasse – Musik & Tanz, der Polizist war auch da! Schöner Ausblick von Oben! Heimfahrt um 3/4 10.00 –
»Langspaghetti«! geholt für morgen – – –

Donnerstag, 25. Juni

Früh, 4.40 = Abfahrt von der Rezeption mit dem Bus nach Umag. Pünktlich 5.00 Abfahrt mit Schiff »Trogir« bei heftigem Wind in Richtung Koper. Die Wellen spritzen über das Oberdeck, wir gehen lieber nach unten. Frau Eva kommt in Portoroc an Bord und nimmt uns unter ihre Fittiche. Sie ist rührend besorgt. In Koper steigen wir um in den Bus und fahren über die Grenze nach Triest. Die »Bora« wehte tüchtig über die ganze Stadt. Pfirsiche vom Markt – Aquarium – Eis essen – zum Hafen und 13.00 wieder Abfahrt von *Stazione Communale* – dem Hauptbahnhof, zum Essen, Herbert mit Tintenfisch, sah gut aus und schmeckte auch gut – und dann kam Garten und Schloss Miramare – *einmalig schön!!*

Leider nur zu kurz – die Cathedrale von San Giusto u. das Forum und der kleine Pinguin im Aquarium und der Tintenfisch = *Calamari* hatten zu viel Zeit verbraucht.

Bei Abfahrt Unterhaltung mit Parisern, sprachen gut deutsch. Prospekte gegeben. Frau Eva bedankte sich sehr nett.

In Koper lieber mit dem Bus zurückgefahren über Portoroc und Piran, hat sich auch sehr zum Vorteil verändert. Überall wird viel gebaut ... Wir waren zwei Stunden früher zu Hause!!!

Freitag, 26. Juni

Unser letzter Tag in Umag-Punta. Noch einmal spazieren gegangen – gepackt – geschlafen – und noch einmal gebadet. Wasser abwechselnd warm und kalt. Die Flut war im Kommen. Herbert betätigt sich als Unterwasserjäger und sucht Muscheln und Raritäten, noch einmal richtig geschwommen, Gerti und Fritz machen Bauchmassage! Gewitter über Italien, aber bei uns ist Sonne!!!

Abends noch einmal am Kiosk gesessen und Abschied gefeiert!!!! Auf Wiedersehen Umag-Punta ....

Sonnabend, 27. Juni

6.30: unsere Koffer sind schon verladen, ehe der Badebetrieb beginnt! Auf Wiedersehen, Umag-Punta, mit deinen schönen Badetagen! Schon sind wir wieder auf der Lollobrigida-Strasse mit ihren vielen Kurven, vorbei an unserem Zypressen-Friedhof, an der Kampanile! Von weitem sehen wir Motovun, das Bergstädtchen.

Der Limski-Kanal, mit seinen hohen grünen Bergen, tief unten die hübschen Pfahlbauten am tiefblauen Wasser, daher auch derName, Limski-Fjord!

Wir biegen von der Strasse ab und sind um 8.30 in Rovinj! Ein hübsches kleines Fischerstädtchen. Gefrühstückt wird auf der Strasse mit sehr gutem Kuchen bei regem Betrieb!!!

9.30, weiter geht's, eine Stunde später sind wir in Pula! Eine kurze Stadtbesichtigung, über die Felsenstrasse der Kwarner Bucht sind wir um 12.30 wieder mal in Medweja!! Diesesmal ohne meine Kirschenfrauen, leider!! Bei Herbert gab's eine »Gemischte Fischplatte« und bei mir »Dluwetsh orientale«. Mittlerweile wird's ein richtiger

Donnerstag, 2. Juli

9.20 – Abfahrt in Richtung Lausanne. Viel Betrieb durch die Ausstellung, Durchfahrt mit Umleitungen, ohne Aufenthalt weiter nach Neuchâtel! Aber erst hinter Echallens ein Oelwechsel. Der Chef ein netter älterer Herr, meine Tasche wurde auch gleich repariert, alles weiter, 11.15, Gerty u. Fritz waren inzwischen zur Beerdigung.

Mittags in Neuchâtel, hübsche kleine Stadt, sehr viel Schwäne. Langgestreckter See und weiterhin, der Bieler See mit *Neuveville*. Im Garten »gespeist« im vornehmsten Hotel! Deutscher Ober, sehr nett, dem Grossvater gehörte das Grundstück mit der Schwedenkirche, 14.10 Aufbruch. Bei *Le Fuet* durch tiefe Schlucht gefahren, wunderschön!!!

16.30, Rast in Laufen, kurz vor Basel, netter, sauberer Gasthof, schmackhaftes Brot gegessen, hat ganz herrlich geschmeckt! Nettes Pariser Ehepaar, Verständigung leider etwas schwierig.

Freitag, den 3. Juli

8.15 – gen Basel oder Bâle, über Aesch und Burg Angenstein.

8.40 – Basel und 9.15 schon über die Grenze in Lörrach. Übergang kurz und schmerzlos, *nur deutsche* Beamte!!!

Um 11.30 in Todtmoos, an Walter und Gertrud geschrieben, netter kleiner Urlaubsort. Der Schwarzwald ist sehr schön. Weiter nach St. Blasien, viele Gaststätten freitags geschlossen. Tannenzapfen und kleine Tannen gesucht, im Hotel Alptalblick am Alptalsee zu Mittag gegessen, wunderschöne Aussicht.

Hinter Hornberg Digitalis gefunden.

16.00, unten im Tal liegt Triberg, es geht in Kurven nach unten, viel Kurgäste. Bei uns gibt's Kaffee und Schwarzwälder Kirschtorte!!!!

Schramberg hat grosses Sängerfest ist alles voll. 17.15 Rast in Hinterlehengericht mit Rauschebach!!

Sonnabend, den 4. Juli

Abfahrt 9.30 – über Uhrenstadt Alpirsbach nach Freudenstadt (9.25) von Schwerdtner's keinen getroffen, Klosterreichenbach – Hilpertsau – Gaggenau – hinter Michelbach Duschpause und Himbeerpflücken –

13.00 – Mittag in Bruchsal (auch kein Personal). 14.15 in Alt-Heidelberg, im Heidelberger Schloss gewesen, Kaffee getrunken, ab 15.30 über Bergstrasse – Weinheim – Heppenheim – Bensheim – und auf Nibelungenstrasse, abgebogen nach Knoden i/Odenwald, im Berghotel übernachtet, herrliche Ruhe auf dem Berg!!!

Sonntag, den 5. Juli

9.00 – Abfahrt von Knoden – Schnellzugstation Bensheim – Vollpens. 12.-/13.- Dm.

11.00 – auf Autobahn Frankf./M.-Kassel über Alsfeld. 13.30 Rasthaus a/d. Autobahn = *Rimberg* – Mittagessen, in Kassel, Hochbetrieb, Hessentag!!!

Durch den Reinhardtswald – Sababurg – 16.30 in Karlshafen »Zur Linde«, nur wegen der »alten Aale« 2 Zimmer bekommen! Aal blau gegessen 5.–, (gebacken schmecken sie besser!) Karpfen gefüttert 21.00 – im Bett!!!

Montag, 6. Juli

8.30 – gefrühstückt und nun beginnt die Heimreise endgültig – über Beverungen – Amelith – Uslar – Söse-Talsperre – Altenau – auf der Harzhochstrasse um 12.00 i/Torfhaus gelandet. Klare Brockensicht, ganz nahe! 13.05 weiter über Bad Harzburg – Vienenburg – Braunschweig – Königslutter durch den Elm, Helmstedt, 3.15 in Marienborn u. 3.45 geht's der Heimat zu! Pünktlich 5.45 = Drewitz – 6.00 = alles erledigt, wir dürfen!

Ohne Beulen und Schrammen zurück!! Und der Traum vom neuen Urlaub beginnt!!!!!!!!!!!!!!!«

Schluß

Die Geschichte des modernen Massentourismus ist eine Geschichte des 20. Jahrhunderts, zumindest in Deutschland. In einem mehrere Jahrzehnte umfassenden historischen Prozeß formierte er sich in der langen Mitte zwischen Weimarer Republik und Ära Adenauer, um in den sechziger Jahren in die Phase seiner Ausgestaltung und Krise überzugehen. Im säkularen Trend der vergangenen zwei Jahrhunderte hatte es bereits im Kaiserreich einen dauerhaften Anstieg der Gästezahlen gegeben. Die Reiseintensität hatte nach begründeten Schätzungen schon 1913 erstmals eine signifikante Größe von gut zehn Prozent erreicht. Dennoch lassen sich erst mit den zwanziger Jahren alle für den modernen Massentourismus relevanten Bedingungsfaktoren nachweisen; erst jetzt treten sie in ein gegenseitiges Wechselverhältnis: die Reise als modernes, das heißt planbares und erschwingliches Massenkonsumgut; eine auf Massenreisen eingestellte touristische Infrastruktur; der Urlaub insbesondere für Arbeiter/innen; schichtübergreifendes Reisen; und nicht zuletzt ein gesellschaftliches Wert- und Normsystem, das individuelle Lebensgestaltung zuläßt.

Der gesellschaftliche Stellenwert des touristischen Reisens, das heißt des Reisens als Selbstzweck, hatte sich nach dem Ersten Weltkrieg grundlegend gewandelt. Vormals Mittel zur Befriedigung eines »Luxusbedürfnisses«, wurde das Reisen nun als Bedürfnis aller betrachtet und der Fremdenverkehr zugleich als »volkswirtschaftliche Notwendigkeit« eingestuft. Wohl hatte sich dieser Wandel schon wenige Jahre vor Ausbruch des Ersten Weltkriegs angekündigt, doch erst Krieg, Reparationszahlungen und Inflation, wirtschaftliche Umstrukturierungen, die Verbreitung des Omnibusses und der Abschied des alten zahlungskräftigen Reisepublikums der besitzenden Mittel- und Oberschichten führten in der Tourismusbranche zu einem bis dahin unbekannten Anpassungsdruck, der Transportunternehmen, Beherbergungsanbieter, Reisevermittler und Reiseveranstalter zu neuen Wegen der Absatzförderung zwang sowie Reich und Kommunen zu einer umfassenden Neubewertung des Fremdenverkehrs herausforderte. Auf Reichsebene war die volkswirtschaftliche »Entdeckung« des Fremdenverkehrs an fünf zentralen Ereignissen ablesbar: an der öffentlichen Diskussion über die Funktion des Fremdenverkehrs als Faktor der Zahlungsbilanz; am Aufbau des Mitteleuropäischen Reisebüros (MER) und der Reichsbahnzentrale für den Deutschen Reiseverkehr (RDV); an der Gründung des Reichs- bzw. Hauptausschusses für Fremdenverkehr; sowie an der vorübergehenden Einführung von Auslandsreisegebühren in den Jahren 1924 und 1931. Auf kommunaler Ebene zeigte sich der Strukturwandel in der schwindenden Bedeutung der Industrie und dem Vordringen des Fremdenverkehrs als Maßstab für Raumnutzung und regionale Planung. Immer mehr Gemeinden suchten ihre schlechte Wirtschaftslage mit Hilfe des Fremdenverkehrs aufzubessern. Im Wettbewerb um die Gunst des Gastes begannen sich die Unterschiede zwischen Kurorten und Seebädern, Städten und Sommerfrischen unter dem neuen Sammelbegriff »Fremdenverkehrsort« einzuebnen.

Durch den Ausbau des Omnibus-Überlandverkehrs, dessen Liniennetz bereits 1930, nach nur wenigen Jahren, der Länge des in Jahrzehnten gewachsenen Eisenbahnnetzes entsprach, verdoppelte sich in kürzester Zeit die Verkehrsnetzdichte. Mit dem Omnibus gelangte der Reisende schnell und preiswert auch in die entlegensten Regionen, während die Verwaltungen verkehrsungünstig gelegener Orte ihrerseits dazu übergehen konnten, den Fremdenverkehr als kommunalen Wirtschaftsfaktor planmäßig auszubauen. Im Bereich des Beherbergungswesens entzog die Nachfrage nach billigen und einfachen Unterkünften der traditionellen Hotellerie die Kundschaft, während zugleich Anbieter auf dem Markt erschienen, die im Gegensatz zum Kaiserreich nur geringe Investitionen tätigen mußten. So erweiterte sich die Zahl der Betten in der unteren Kategorie, während dic Kapazitäten in der Luxus- und Mittelklassehotellerie – bei aller Unzuverlässigkeit der amtlichen Statistiken – erheblich schrumpften. Die Suche nach neuen Wegen der Absatzförderung, durch Pauschalangebote, Belebung der Vor- und Nachsaison und Ausbau des Winterhalbjahres zur zweiten Saison, trug zu einer Differenzierung der Angebotsstruktur bei, die erstmals auch weniger begüterte Kreise zum Reisen animierte.

Im Reisevermittler- und Reiseveranstaltergewerbe vollzogen sich ähnliche Entwicklungen. So drängten insbesondere Anbieter auf den Markt, die sich mit billigen Gruppenpauschalreisen im Inland erstmals an alle Schichten wandten. In der zweiten Hälfte der zwanziger Jahre entstand in Anpassung an die gesunkene Kaufkraft die einwöchige, preiswerte (Einzel- und Gruppen-)Pauschalreise (100 RM und weniger). Im Kaiserreich waren die Reisen zu teuer, zu lang und wegen zahlreicher Nebenkosten selbst als Pauschalangebote nur schwer kalkulierbar gewesen. Erst in der Weimarer Republik wurde die Reise zeitlich und finanziell planbar und dadurch breiteren Schichten zugänglich – erst jetzt wurde die Reise »genormt«, »montiert« und »in Serie gefertigt«[1]. In diesem Kontext etablierten sich die ersten Arbeiterreiseorganisationen. Sie gingen vor allem aus der sozialdemokratischen Arbeiterbewegung hervor und agierten auf dem Markt als milieugebundene Einrichtungen für »Arbeiter, Angestellte und Beamte«. Wie eng der Aufbau touristischer Einrichtungen mit dem touristischen Strukturwandel verbunden war, zeigt die Untersuchung der Motive und Ziele: Die unmittelbaren Anlässe für die Veranstaltung der Ferienreisen waren wesentlich pragmatischer, teilweise ortsgebundener und auch häufiger auf die neue Urlaubslage zurückzuführen, als es die meist erst später formulierten und programmatisch überhöhten Zielvorstellungen der »Arbeiterreisebewegung« glauben machen wollten. Zudem war der tatsächliche Urlaubsablauf meist sehr viel prosaischer, als von den Veranstaltern verkündet. Obwohl Aussagen über den Vergnügungs-, Erholungs- und persönlichen Bildungswert des Reisens kaum überliefert sind, zeigte sich: Wo die Veranstalter von »veredeln« und »bilden« sprachen, dominierte bei den Reisenden oftmals nur der Wunsch, sich von den Anstrengungen des Arbeitsalltags zu erholen oder sich neue, durch die Massenmedien verbreitete Erlebniswelten zu erschließen. Trotz anfänglicher Orien-

1 Enzensberger, Theorie, 1958, S. 173.

tierung an den Traditionen der Arbeiterbildungsbewegung des Kaiserreichs zeigten sich einige Veranstalter in der Lage, sich an die Bedürfnisse einer gewandelten Gesellschaft anzupassen. Der »Nachkriegsgeneration« unter den Arbeiterreiseorganisationen gelang dies besser und früher als dem in Deutschland schon seit 1905 tätigen Freizeit- und Wanderverein TVDN. Die Weltwirtschaftskrise verhinderte jedoch eine weitergehende Umsetzung, unter anderem die Ende 1929 geplante Errichtung einer zentralen Arbeiterreiseorganisation.

Der scharfe Wind der Konkurrenz, der nach dem Ersten Weltkrieg in der Fremdenverkehrsbranche wehte, sorgte dafür, daß sich die Tourismuswerbung enorm ausweitete. Dabei bediente sich die »Fremdenpropaganda« auch der neuen Massenmedien Rundfunk und Film und bewirkte auf diese Weise einen grundlegenden Wandel in den Wahrnehmungen und Einstellungen zum Reisen. Im Zusammenspiel mit einem durch den Weltkrieg ohnehin gesteigerten Erholungsbedürfnis griff auch die Reiselust schichtübergreifend um sich, während die Verbilligung und Neustrukturierung der Angebote dafür sorgte, daß das finanziell Machbare subjektiv neu bemessen wurde. Dies erklärt, warum breitere Bevölkerungskreise auf Kosten der übrigen Lebenshaltung erstmals größere Einkommensanteile für touristische Zwecke aufwandten, obwohl die Massenkaufkraft zwischen 1913 und 1929 in ihrem groben Trend stagnierte. Die neuen Reisenden rekrutierten sich aus dem neuen Mittelstand der Beamten und Angestellten sowie aus einer kleinen Gruppe von Arbeiter/innen, die in einer Größenordnung von bis zu zehn Prozent der Gäste als neue soziale Schicht in den Fremdenverkehrsorten auftauchten. Ausgehend von der Zahl der Arbeiterhaushalte, die einen Betrag von 100 RM und mehr pro Jahr für Reisen und Erholung aufwandten – ebensoviel wie im Durchschnitt die Angestellten –, waren mit Sicherheit vier Prozent aller Arbeiter/innen willens und in der Lage, auf Reisen zu gehen. Eine zeitgenössische Umfrage bei Siemens ergab, daß rund 20 Prozent der Siemens-Arbeiter schon vor 1933 einmal in den Urlaub gefahren waren. Für einen Teil der Menschen ging damit die veränderte *Bedürfnis*lage auch mit einer tatsächlichen Veränderung in der *realen Lebensführung* einher. Legt man die Reiseintensität als Maßstab zugrunde, waren dies 1929 schätzungsweise 15 Prozent der Bevölkerung des Deutschen Reiches.

Die Arbeiter fungierten allerdings nicht als Träger des einsetzenden modernen Massentourismus. Ungeachtet der Einführung des Urlaubs für 90 Prozent aller Arbeiter, der für gut 10 Prozent einen »reiserelevanten« Höchsturlaub von mehr als zwölf Tagen bedeutete, blieben Arbeiter in den Sozialstatistiken der Fremdenverkehrsorte ebenso wie bei den »Arbeiterreiseveranstaltern« unterrepräsentiert. Im Vergleich zu Angestellten und Beamten gaben Arbeiter bei gleichem Einkommen und gleicher Kinderzahl signifikant weniger für Reisen und Erholung aus als Angestellte und Beamte. Der vornehmliche Adressatenkreis »proletarischer« Reiseeinrichtungen stellte höchstens, und in den seltensten Fällen, 40 Prozent aller Teilnehmer und blieb damit unter dem Arbeiteranteil an der Wohnbevölkerung von 47 Prozent. Eine Ausnahme bildete allerdings die dreiköpfige Facharbeiterfamilie mit mittlerem bis gutem (aber nicht sehr gutem) Einkommen, die gewerkschaftlich organisiert war und in Mittel- oder Großstädten lebte. Sie glich sich in ihrem Verhalten der Trägergruppe des Massenreisens, dem neuen Mittelstand der Angestellten und Beamten, an. Vor allem untere und mittlere Angestellte, darunter sehr viele Frauen, zeigten sich ungeachtet einer im Vergleich zur Vorkriegszeit stagnierenden Massenkaufkraft willens und imstande, eine größere Summe ihres Haushaltsbudgets für Reisen und Erholung auszugeben. Sie nahmen sowohl die Angebote der »Arbeiter«-Reiseorganisationen als auch die Angebote einer erstmals auf Massenreisen eingestellten und die Masse umwerbenden Tourismusindustrie überproportional häufig in Anspruch.

Die Schere zwischen Massenkaufkraft und Gästezahlen gehört zu den herausragenden Merkmalen der Formierungsphase des modernen Massentourismus in der langen Mitte des 20. Jahrhunderts. In der gesamten Periode zwischen den zwanziger und fünfziger Jahren entwickelte sich der Wachstumstrend bei den Gästezahlen nach oben, während er bei der Massenkaufkraft *grosso modo* stagnierte. Dies gilt auch für die

NS-Zeit. Anders als die NS-Propaganda vom »reisenden Arbeiter« glauben machen wollte, entfernte sich der moderne Massentourismus im »Dritten Reich« nicht wesentlich von seinem in der Weimarer Republik eingeschlagenen Entwicklungspfad. Einschneidend war die politische Zäsur des Jahres 1933 vor allem für jüdische Gäste, die schon mit dem Jahr 1934 systematisch aus den Fremdenverkehrsorten verdrängt und von der Benutzung von Hotels und Kureinrichtungen ausgeschlossen wurden. Aber sowohl die touristische Infrastruktur als auch das Reiseverhalten, insbesondere der Arbeiter, standen weiterhin im Zeichen des »Aufbruchs«. Nach einem weiteren Absinken der Preise in der Weltwirtschaftskrise hielt der Trend zum Billigangebot auch in den dreißiger Jahren an. Einwöchige Pauschalreisen wurden nun für weniger als 100 RM angeboten. Neben der Eisenbahn etablierte sich der Omnibus als Massentransportmittel im Pauschalreisesektor. Ihre ungebrochene Fortsetzung fand die Abwanderung der Gäste in die preiswerten Unterkunftskategorien. Die von den nationalsozialistischen Machthabern propagierten Verbesserungen beim Arbeiterurlaub blieben sektoral begrenzt, wenngleich sich Urlaub und Einkommen als Voraussetzungen des Reisens insoweit wandelten, als die NS-Organisation »Kraft durch Freude« Urlaub und finanzielle Zuschüsse als zusätzliche Dienstleistungen offerierte, die vor allem ausgesuchten männlichen Arbeitern zugute kamen. So konnte das ansonsten im Stil kommerzieller Veranstalter agierende KdF-Amt »Reisen, Wandern, Urlaub« auf einigen Fahrten relativ viele Arbeiter »vorzeigen« und in einer Öffentlichkeit, in der das Männliche das Allgemeine repräsentiert, das bis heute nachwirkende Bild von einer »Popularisierung« des Tourismus in der Arbeiterschaft verbreiten. Was in einigen Orten den statistischen Anteil der untersten sozialen Schicht an den Übernachtungsgästen tatsächlich merklich anhob, wurde auf individueller Ebene, also von den Arbeitern selbst, eher als *betriebliche* Erfahrung verbucht und weniger als Verbesserung der *alltäglichen Lebensführung* empfunden. Jene kleine Gruppe unter den Arbeiter/innen, die schon Ende der zwanziger Jahre willens und in der Lage war, eine relativ große Summe für Reisen aufzuwenden, hatte der nationalsozialistische Arbeiterreiseveranstalter ebensowenig erreichen und vergrößern können wie seine demokratischen Vorgänger. Tatsächlich rekrutierte sich der KdF-Urlaubsreiseverkehr, abgesehen von einigen »Neuzugängen«, in seiner überwiegenden Mehrheit aus »nicht-proletarischen« Kreisen, die schon in der Weimarer Republik individuell, mit kommerziellen Veranstaltern, Vereinen oder Verbänden unterwegs gewesen waren und die nun bereitwillig die Dumpingangebote von KdF in Anspruch nahmen. Der Urlaubsreiseverkehr der NS-Gemeinschaft »Kraft durch Freude« war im wesentlichen Abwanderungsverkehr. Im Vergleich zum Zeitraum 1913/ 1929 hatte sich der Wachstumstrend bei der Reiseintensität sogar weiter abgeschwächt. Zwischen 1929 und 1937 stieg die Reiseintensität nach begründeten Schätzungen nur von ca. 15 auf 18 Prozent. Und selbst dieses Wachstum, das sich im wesentlichen an den amtlichen Gästestatistiken ablesen läßt, dürfte überhöht sein, denn der Kreis der Berichtsgemeinden war seit 1936 erheblich erweitert und das Meldekontrollverfahren verschärft worden. Die Übernahme der Urlaubsreise in die alltägliche Lebensführung der Bevölkerungsmehrheit lag jedenfalls auch in der NS-Zeit noch in weiter Ferne.

Dies gilt auch für die fünfziger Jahre, die tourismushistorisch eine weitgehende Kontinuität zur Zwischenkriegszeit aufweisen. Die Reiseintensität war noch weit von der 50-Prozent-Marke entfernt, und der Trend in der Gästezahlentwicklung entfaltete erst um 1960 eine neue Dynamik. Die Masse verreiste weiterhin mit Omnibus und Eisenbahn und übernachtete – wenn nicht auf dem Campingplatz – wie früher in Privatquartieren. Das Reisen mit dem Flugzeug, ob individuell oder pauschal, war nach wie vor unbequem und blieb die Ausnahme. Erst mit den sechziger Jahren begann der langsame Aufstieg der Flugreisen, während der Pkw in rasantem Tempo Eisenbahn und Omnibus, die klassischen Verkehrsmittel der Formierungsphase, verdrängte. In den fünfziger Jahren waren auch zunächst wieder sozialtouristische Einrichtungen auf dem Markt erschienen. Erst im nächsten Jahrzehnt verlor der Gedanke, weniger begüterten Schichten den Zugang zum Tourismus zu erleichtern, seine politische Relevanz. Leichte Abweichungen von der tourismushistorischen Entwicklung der Vorkriegszeit gab es lediglich bei den sozioökonomischen Voraussetzungen. So galt bereits Anfang der fünfziger Jahre in der Regel für alle Arbeitnehmer ein Mindesturlaub von zwölf Tagen.

Während manche Historiker im Gefolge von Hans Magnus Enzensberger den Tourismus letztlich als politische Verhaltensweise begreifen, während andere sich ihm aus volkskundlicher Perspektive »nicht streng systematisch«, sondern in »prägnanten Einzelbildern« nähern[2], verbindet die vorliegende Studie die Geschichte des modernen Massentourismus methodisch-theoretisch mit der Lebensstilanalyse.[3] Nur so war es möglich, die in allen Phasen des modernen Massentourismus auftretenden schichtspezifischen Einstellungen und Verhaltensweisen zum Reisen herauszuarbeiten und zu erklären. Lebensstile wurden definiert als Muster von Lebensführung, die von sozioökonomischen und infrastrukturellen Voraussetzungen, allgemeinen Wert- und Normsystemen sowie persönlichen Werthaltungen abhängen. Sie balancieren die vielfältigen Anforderungen des Alltagslebens moderner Industriegesellschaften aus und äußern sich in bestimmten Formen der Ernährung, des Wohnens, der Kleidung und der Freizeitgestaltung. Das Reisen nimmt einen herausragenden Stellenwert ein, weil es als Leitbild des modernen Lebensstils fungiert. Daß Arbeiter stets seltener verreisen als Beamte und insbesondere Angestellte, gehört zu den Charakteristika des modernen Massentourismus. Das Reisen hat sich im 20. Jahrhundert in dem Maße und in dem Tempo ausgebreitet und gewandelt, wie sich auch der Anteil der Angestellten (und Beamten) an der erwerbstätigen Bevölkerung vermehrte. So wie es in der Weimarer Republik einen engen Zusammenhang zwischen dem touristischen Strukturwandel und der Vermehrung der Angestelltenberufe gab, vollzog sich auch der touristische Wandel der sechziger Jahre wiederum parallel zu einem raschen Wachstum eben dieser Erwerbstätigengruppe bzw. zu

[2] Hermann Bausinger u. a., Vorbemerkung, in: dies. (Hg.), Reisekultur. Vor der Pilgerfahrt zum modernen Tourismus, München 1991, S. 9.

[3] Vgl. Werner Georg, Lebensstile in der Freizeitforschung – ein theoretischer Bezugsrahmen, in: Christiane Cantauw (Hg.), Arbeit, Freizeit, Reisen. Die feinen Unterschiede im Alltag, Münster u. a. 1995, S. 13–20.

einer Abnahme arbeitertypischer Berufe. Keinesfalls jedoch war die ökonomische Lage der »neuen Mittelständler« der für die Herausbildung und Verbreitung des modernen Massentourismus konstitutive Faktor. Entscheidend war vielmehr deren Habitus, also jene Verhaltensdisposition, in die auch persönliche Werthaltungen, und damit weit mehr als nur marktspezifische Faktoren wie Einkommen und Berufsstellung, einfließen. Im Zusammenhang mit der Herausbildung des modernen Massentourismus kann man daher auch nicht von einer Nivellierung des Reisens sprechen. Ebenso greift die These von der Verbürgerlichung der Arbeiterschaft zu kurz, lenkt man den Blick auf das Reiseverhalten der Mehrheit dieser untersten und in der langen Mitte des 20. Jahrhunderts auch größten sozialen Schicht.

Schichtspezifische Verhaltensweisen sind allerdings nicht mit totaler Determination zu verwechseln. Innerhalb der sozialen Schichten, und dies trifft nachweislich auch auf die Arbeiterschaft zu, blieb Raum für soziale Differenzierungen. Eine den Wertmustern und dem Lebensstil von Angestellten vergleichbare Sozialgruppe gab es auch innerhalb dieser Schicht. Die dreiköpfige Facharbeiterfamilie mit einem mittleren bis guten (aber nicht sehr guten) Familieneinkommen, gewerkschaftlich organisiert und in Mittel- und Großstädten lebend, war exakt jener soziale Familientyp innerhalb der Arbeiterschaft, der bis in die Gegenwart besondere Affinitäten zu jenem modernen Lebensstil zeigt, wie ihn das Leitbild Reisen demonstriert. Diese soziale Gruppe, die in den zwanziger Jahren wohl schätzungsweise 10 Prozent der gesamten Arbeiterschaft umfaßte und sich seither stetig vermehrt hat, darf jedoch nicht mit der ökonomisch gutgestellten und politisch aktiven »Arbeiteraristokratie« verwechselt werden. Denn für die an einem modernen Lebensstil orientierten, gleichwohl mit einem politischen Bekenntnis verbundenen Kulturangebote der Arbeiterbewegung zeigten sie kein Interesse. Fixiert auf die rasche soziale Verbesserung des Hier und Jetzt, war die sozialistische Variante des modernen Lebensstils für sie unattraktiv. Diese »kulturellen Orientierungen«[4]

[4] Becher, Lebensstil, 1990, S. 12.

überlagerten die scharfen politischen Zäsuren der Aufbruchphase des modernen Massentourismus, was auch für die NS-Zeit gilt. Tourimushistorisch war diese Phase in langfristige, mit den zwanziger Jahren einsetzende Transformationsprozesse eingebunden, auf die die Politik nicht bzw. kaum einwirken konnte: In der langen Mitte des 20. Jahrhunderts vollzog sich mit dem Aufbruch in den modernen Massentourismus zugleich der Übergang von der Klassen- zur *Lifestyle*-Gesellschaft, in der Lebensstile nach und nach zu wichtigen Merkmalen sozialer Gruppen werden.

Bewußt ausgeklammert wurde in dieser Studie die im Verhältnis zum modernen Massentourismus wesentlich ältere Geschichte des modernen Tourismus. Dessen Wurzeln, zum Beispiel die ersten Reisebüros, reichen in die erste Hälfte des 19. Jahrhunderts zurück, andere, wie Formen kommerzieller Gastlichkeit, sogar bis ins Mittelalter. Nach wie vor fehlt auch eine alle Epochen umfassende Geschichte touristischen Verhaltens. Für beide Vorhaben fehlen zur Zeit noch die Grundlagenforschung, die interdisziplinäre Einbindung von Soziologen, Ethnologen, Anthropologen, Geographen und Volkskundlern sowie die fächerübergreifende Zusammenarbeit von Neuzeithistorikern, Mediävisten und Althistorikern. Darüber hinaus sprachen zwei weitere Argumente für eine Beschränkung auf den modernen Massentourismus. Der Begriff beschreibt erstens den Tourismus unserer Tage. Wann, warum und in welcher Form er sich herausbildete, daran besteht seit einigen Jahren ein vor allem außerwissenschaftliches, eher neugieriges Interesse. Populäre Gesamtdarstellungen, reich bebilderte Festschriften und vielbesuchte Ausstellungen zur Geschichte des Reisens sind Zeugnisse dieses Trends. Die Beantwortung dieser Fragen erfordert zweitens eine genaue Abgrenzung und Klärung der Begriffe und theoretischen Vorannahmen. Fragen der Datierung und Periodisierung erhielten insofern ein besonderes Gewicht, als sich an ihnen die Tragfähigkeit des Modells und der Argumente im einzelnen bewähren mußte. So zeigte sich zum Beispiel, daß die Vermehrung der Reisebüros bereits einige Jahre vor Ausbruch des Ersten Weltkriegs eingesetzt hatte, daß die Weltwirtschaftskrise Anfang der dreißiger Jahre einen weiteren Preisverfall im Pauschalreisesektor bewirkte und daß erst in den sechziger Jahren knapp die Hälfte aller Bundesbürger einmal im Jahr eine Urlaubsreise unternahm.

Die sechziger Jahre markieren in der Geschichte des modernen Massentourismus nicht nur den Übergang zur Phase seiner Ausgestaltung und Krise. Hervorgerufen durch die wachsende Sensibilität für die Umweltverträglichkeit menschlichen Handelns, veränderten sich auch die Rahmenbedingungen des tourismustheoretischen Diskurses. War dieser Diskurs bis dahin immer mit einer mehr oder weniger elitären Kritik am Massentourismus einhergegangen, stellte die umweltpolitische Diskussion die Wirkungsmächtigkeit abstrakter gesellschaftlicher Strukturen in Frage und rückte die persönlichen Einstellungen und Verhaltensweisen jedes einzelnen stärker ins Zentrum des Interesses und der Kritik. Unterlag das individuelle Verhalten im öffentlichen Diskurs lange Zeit informellen Ausschlußmechanismen, darf man inzwischen ohne Polemik behaupten, daß die Schar der ambitionierten Tourismuskritiker selbst ja wohl recht häufig und mit Lust in die Ferne flüchtet. Damit war der Weg frei für einen pragmatischen Blick auf das Reisen, der das, was alle offenbar mit großer Freude tun, zunächst als Bedürfnis anerkennt. Der Tourist ist nicht der andere – eine noch ausstehende Theorie des Tourismus wird ihre Schlüssigkeit gerade an diesem Punkt erweisen müssen.

Anhang

Tabellen und Graphiken

Tabelle 1: Urlaubsentwicklung in der Lederindustrie in Baden und bei den Carl-Freudenberg-Werken in Weinheim 1919–1960 (in Tagen)

Dauer der Betriebszugehörigkeit	Urlaubsdauer in Tagen 1919	1927	1932[1]	1935[1]	1937/39	1948	1960
	(1)	(2)	(3)	(4)	(5)	(6)	(7)
vor 1 Jahr	–	–	–	–	–	–	12
nach 1 Jahr	3	3	2	6	6	12	15
nach 2 Jahren	3	4	3	6	6	12	15
nach 3 Jahren	3	5	4	6	6	12	15
nach 4 Jahren	3	6	5	6	6	12	15
nach 5 Jahren	6	6	5	8	8	13	16
nach 6 Jahren	6	7	6	8	8	13	16
nach 7 Jahren	6	7	6	8	8	14	16
nach 8 Jahren	6	8	6	8	10	14	17
nach 9 Jahren	6	9	7	8	10	15	17
nach 10 Jahren	10	10	8	10	12	15	18
nach 15 Jahren	10	10	8	10	12	15	18
nach 17 Jahren	10	10	8	10	12	16	19
nach 19 Jahren	10	10	8	10	12	16	19
nach 25 Jahren	10	10	8	10	12	18	21

[1] Urlaubsregelung bei der Carl Freudenberg GmbH.
Quelle: Dussel/Frese, Vereinskultur, 1993, S. 70.

Tabelle 2: Tariflicher Urlaub der Arbeiter und Angestellten im Deutschen Reich 1928

Urlaubsdauer	Tarifvertraglicher Urlaub			
	Arbeiter		Angestellte	
	nominal	in %	nominal	in %
	(1)	(2)	(3)	(4)
MINDESTURLAUB				
bis 3 Arbeitstage	6 703 469	66,2	88 657	5,5
über 3–6 Arbeitstage	3 305 719	32,7	1 308 695	81,9
über 6 Arbeitstage	107 971	1,1	201 624	12,6
Summe[1]	10 117 159	100,0	1 598 976	100,0
HÖCHSTURLAUB				
bis 6 Arbeitstage	3 983 790	39,4	1 191	0,1
über 6–12 Arbeitstage	4 876 784	48,2	199 167	12,5
über 12–18 Arbeitstage	1 060 185	10,5	952 918	59,7
über 18 Arbeitstage	191 899	1,9	441 796	27,7
Summe[2]	10 112 658	100,0	1 595 072	100,0

[1] Zahl der tarifvertraglich erfaßten Personen, für die eine Mindesturlaubsgrenze festgelegt war.

[2] Zahl der tarifvertraglich erfaßten Personen, für die eine Höchsturlaubsgrenze festgelegt war.

Quelle: Reichsarbeitsblatt, Sonderheft 47, Die Tarifverträge im Deutschen Reiche am 1. Januar 1928, Berlin 1929, S. 26ff.

Tabelle 3: Nettoreallöhne und Arbeitszeit der Industriearbeiter 1913–1954

Jahr	Reallohnindex (1928 = 100)	durchschn. wöchtl. Arbeitszeit (in Stunden)
	(1)	(2)
1913/14	97	57
1925	81	50,5
1926	81	50,5
1927	91	50
1928	100	49
1929	102	46
1930	96	44
1931	91	42,5
1932	86	41,5
1933	89	43
1934	94	44,5
1935	92	44,5
1936	95	46,5
1937	98	47,5
1938	105	48
1939	110	48,5
1946	65	39,5
1947	61	39
1948	72	42,5
1949	89	46,5
1950	112	48
1951	115	47,5
1952	122	47,5
1953	131	48
1954	134	48,5

Quellen: Löhne nach Menges/Kolbeck, Löhne, 1958, S. 31; Arbeitszeit nach Hoffmann u. a., Wachstum, 1965, S. 214.

Tabelle 4: Index des privaten verfügbaren Einkommens im Deutschen Reich und in der Bundesrepublik 1880–1959 (1913 = 100)

Jahr	Einkommen	Jahr	Einkommen
1880	39		
1885	46	1933	85
1890	54	1934	90
1895	63	1935	100
1900	71		
1905	84	1950	77
1910	91	1951	81
1913	100	1952	85
		1953	91
1925	87	1954	100
1926	86	1955	109
1927	97	1956	117
1928	99	1957	121
1929	95	1958	124
1930	91	1959	132
1931	79		
1932	75		

Quelle: Umgerechnet nach den Angaben bei v. Knorring, Strukturwandlungen, 1971, S. 177.

Tabelle 5: Urlaub, Arbeitseinkommen und Beschäftigungskontinuität von Arbeitern im Deutschen Reich in der zweiten Hälfte der zwanziger Jahre nach Wirtschaftsgruppen

Wirtschaftsgruppen u. Wirtschaftszweige	Urlaub	Arbeitseinkommen	Beschäftigungskontinuität
	Wirtschaftsgruppen u. -zweige, in denen der Anteil der Arbeiter mit tarifl. festg. Höchsturlaub von von mehr als 12 Tagen bei über 50% lag (1928)	Wirtschaftsgruppen u. -zweige, in denen das durchschn. Jahresarbeitseinkommen aller abhäng. Beschä. bei über 2500 RM lag (1928)	Wirtschaftsgruppen u. -zweige, in denen die Arbeitslosigkeit im Durchschn. d. Jahre 1926–28 7% nicht überschritt
	(1)	(2)	(3)
Wasser-, Gas- u. Elektr. gew. u. -versorg.	+	+	+[3]
Druckgewerbe	(+)[2]	+	+
Eisenbahnarbeiter	+	+	+[4]
Reichspostarbeiter	+	+	+[4]
Gesundh. u. hygien. Gew.	+	+	+[5]
Reichs-, Staats- u. Gemeindearbeiter[1]	+	+	+
Gast- u. Schankw.gew.	+	–	–[6]
Bergbau u. Salinen	–	+	+
Metallerzeugung	–	+	–
Baugew.	–	+	–

+ : Merkmal ausgeprägt.
– : Merkmal nicht ausgeprägt.

[1] Ohne Eisenbahn- und Reichspostarbeiter und Arbeiter aus der Gruppe Gesundheit/Hygiene.

[2] Zum Buchdruckerurlaub vgl. Korrespondent für Deutschlands Buchdrucker und Schriftsetzer 67, 1929, S. 435f.; Mewes, Jugend, 1929.

[3] Geschätzt nach den Angaben bei Woytinski für Maschinisten und Heizer.

[4] Die im Verkehrsbund organisierten Arbeiter.

[5] Geschätzt nach den Angaben bei Woytinski für Friseure.

[6] Geschätzt aufgrund der Tatsache, daß es sich um ein typisches Saisongewerbe handelt.

Quellen: Urlaub nach Reichsarbeitsblatt, Sonderheft 47: Die Tarifverträge im Deutschen Reiche am 1. Januar 1928, Berlin 1929, S. 26ff.; Arbeitseinkommen nach Hoffmann u. a., Wachstum, 1965, S. 461ff. (Da Hoffmann nicht für alle Wirtschaftsgruppen Zahlen über *Arbeiter*einkommen bereithält, werden an dieser Stelle die *Arbeits*einkommen zugrunde gelegt, was sich mit der Annahme verbindet, daß in besser bezahlten Wirtschaftsgruppen und -zweigen auch die Arbeiterlöhne höher waren); Beschäftigungskontinuität nach Woytinski, Arbeitsmarkt, 1930, S. 47f.

Tabelle 6: Übernachtungsgäste in zehn deutschen Fremdenverkehrsorten 1901–1961

Ort	Übernachtungsgäste (in Personen)						
	1901[1]	1913[2]	1929[3]	1937[4]	1955	1958	1961
	(1)	(2)	(3)	(4)	(5)	(6)	(7)
Hamburg	333 960	626 613	685 627	803 606[5]	1 055 091	1 153 270	1 280 311
München	306 114	571 902	856 479	1 164 908	1 138 353	1 338 985	1 543 199
Koblenz	99 856	150 889	236 823	158 773	138 786	160 334	178 711
Heidelberg	168 254	167 919	209 000	224 000	228 377	277 550	298 365
St. Peter-Ording	638	4 695	12 714	11 689	24 563	39 900	47 074
Dahme	2 900	5 700	9 600	5 565	11 420	14 832	21 121
Oberstdorf	7 427	18 869	32 711	84 829	86 374	114 308	123 285
Berchtesgaden (Markt u. Land)	29 193	40 409	103 515	237 000	(198 131)[6]	(228 188)[6]	(252 143)[6]
Baden-Baden	72 299	76 493	95 664	115 942	168 250	185 549	189 174
Wiesbaden	131 521	192 108	151 800	154 621	248 821	243 580	280 124
Summe	1 152 162	1 855 597	2 393 933	2 960 833	3 298 166	3 756 496	4 213 507

[1] Koblenz: 1905; Dahme: 1900.
[2] Koblenz und Dahme: 1912.
[3] Dahme: 1930.
[4] Dahme: 1938.
[5] Die Orte Altona, Harburg, Wandsbek und Bergedorf, die die Statistik in der NS-Zeit einbezogen hatte, wurden hier wieder herausgerechnet.
[6] Berechnet nach den Angaben der Übernachtungen und der durchschnittlichen Aufenthaltsdauer.

Ort	Übernachtungsgäste – Zuwachsraten (in Prozent)					
	1901 bis 1913	1913 bis 1929	1929 bis 1937	1937 bis 1955	1937 bis 1958	1937 bis 1961
	(1)	(2)	(3)	(4)	(5)	(6)
Hamburg	+ 88	+ 9	+ 17	+ 31	+ 44	+ 59
München	+ 87	+ 50	+ 36	– 2	+ 15	+ 33
Koblenz	+ 51	+ 57	– 33	– 13	+ 1	+ 13
Heidelberg	– 0,2	+ 25	+ 7	+ 2	+ 24	+ 33
St. Peter-Ording	+ 636	+ 171	– 8	+ 110	+ 241	+ 303
Dahme	+ 97	+ 68	– 42	+ 105	+ 167	+ 280
Oberstdorf	+ 154	+ 73	+ 159	+ 2	+ 35	+ 6
Berchtesgaden (Markt u. Land)	+ 38	+ 156	+ 129	– 16	– 4	+ 45
Baden-Baden	+ 6	+ 25	+ 21	+ 45	+ 60	+ 63
Wiesbaden	+ 46	– 21	+ 2	+ 61	+ 58	+ 81

Quellen: – Stat. Jb. Dt. Reich 50, 1931, S. 49; ebd. 52, 1933, S. 52; ebd. 56, 1937, S. 71ff.; ebd. 57, 1938, S. 77ff.; Wirtschaft und Statistik 11, 1931, S. 395; Stat. Bundesamt (Hg.), Der Fremdenverkehr 1951–1957, Stuttgart 1960, S. 36ff.; Stat. Jb. Hamburg 1931/32, S. 36; ebd. 1937/38, S. 32; ebd. 1958, S. 194; ebd. 1960, S. 236; ebd. 1962, S. 193; Stat. Jb. Bayern 19, 1930, S. 168; Stat. Hb. München 1, 1928, S. 108; ebd. 2, 1938, S. 126; ebd. 1954, S. 136; ebd. 1964, S. 172f.; Stat. Jb. Baden 41, 1914/15, S. 340; Badisches Stat. Landesamt (Hg.), Fremdenverkehr, 1938, S. 2f.; Heidelberger Statistik 2. Jg., Nr. 1, 1. Viertelj. 1949, S. 1; Stat. Jb. Heidelberg 1957–1965, S. 67; Stat. Landesamt Schleswig-Holstein (Hg.), Beiträge, 1967, S. 154; Stat. Hb. für den Hamburgischen Staat, Ausgabe 1920, S. 73.

– Verein zur Förderung des Fremdenverkehrs in München und im bayerischen Hochland, Geschäftsbericht für das Jahr 1907/08, München 1908, S. 22f. (ATB); Hauschild, Koblenz, 1931, S. 23 und Anhang; Luthringhausen, Heidelberg, 1926, S. 39f.; Kast, Oberstdorf, 1924, Anhang; Schöner, Berchtesgaden, 1971, S. 34ff.; ders., Berchtesgaden, 1974, S. 5ff.; Rompel, Wiesbaden, 1909, S. 79.

– Schreiben an die Verf.: Stadtverwaltung Koblenz, Amt für Statistik, vom 23. Jan. 1992; Arbeitsgemeinschaft Orts-Chronik St. Peter-Ording vom 13. Febr. 1991; Kurverwaltung St. Peter-Ording vom 19. Febr. 1991; Kurverwaltung Dahme vom 5. März 1991; Kurverwaltung Oberstdorf vom Dez. 1990; Fremdenverkehrsverband des Berchtesgadener Landes vom 12. Nov. 1991; Bäder- und Kurverwaltung Baden-Baden vom 7. Jan. 1991; Statistisches Amt der Stadt Wiedsbaden vom 8. März 1991.

Tabelle 7: Soziale Zusammensetzung der Übernachtungsgäste (mehr als drei Übernachtungen) in Bad Schandau 1882–1937

	in Personen							in Prozent						
	1882	1895	1912	1918	1923	1929	1937	1882	1895	1912	1918	1923	1929	1937
Adel, Offiziere, Großgrundbesitzer	429	484	675	309	158	71	223	16,8	12,9	9,4	8,9	2,9	1,3	1,8
Akademiker	438	559	1 290	411	567	555	1 198	17,1	14,9	18,1	11,9	10,5	10,1	9,6
Kaufleute, Bankiers	556	837	1 450	885	1 366	925	2 162	21,8	22,3	20,3	25,6	25,3	16,9	17,6
Fabrikanten	113	276	700	322	228	118	373	4,4	7,3	9,8	9,3	4,2	2,2	3,1
Beamte, Angestellte	226	395	1 100	448	1 166	1 775	2 797	8,9	10,5	15,4	13,2	21,6	32,3	22,8
Arbeiter	3	2	48	15	29	194	822	0,1	0,1	0,7	0,4	0,5	3,5	6,7
Handwerker	11	35	75	45	71	167	511	0,4	0,9	1,0	1,3	1,4	3,0	0,4
Bauern	1	-	7	9	18	12	55	0,0	–	0,1	0,3	0,3	0,2	4,2
Rentiers, Privatiers	515	659	745	246	169	70	203	20,2	17,6	10,4	7,1	3,1	1,3	1,7
freie Berufe	25	76	120	148	311	255	540	1,0	2,0	1,7	4,3	5,8	4,6	4,5
unbekannt	236	431	935	612	1 319	1 349	3 385	9,3	11,5	13,1	17,7	24,4	24,6	27,6
insgesamt	2 553	3 754	7 145	3 450	5 402	5 491	12 275	100,0	100,0	100,0	100,0	100,0	100,0	100,0

Quelle: Hartsch, Sächsische Schweiz, 1963, S. 416.

Tabelle 8: Verteilung der im Fernverkehr der deutschen Staatsbahnen und der Deutschen Reichsbahn beförderten Personen 1913–1928 (in Prozent)

Wagenklasse / Jahr	1. Kl.	2. Kl.	3. Kl.	4. Kl.	
	(1)	(2)	(3)	(4)	(5)
1913	0,15	4,28	36,12	59,45	100
1925	0,04	1,61	17,99	80,36	100
1926	0,05	1,38	16,88	81,69	100
1927	0,05	1,24	15,29	83,42	100
1928[1]	0,04	1,16	14,90	83,90	100

[1] Bis Oktober 1928.
Quelle: Knebel, Reichsbahn-Personentarife, 1931, S. 171f.

Tabelle 9: MER/DER-Reisebüros und -Vertretungen 1924–1967

Jahr	Inland	Ausland
1924	187	354
1928	217	612
1930	270	782
1937	274	893
1953	384	239
1967	565	600

Quellen: ZVDEV 68, 1928, S. 100f.; Knebel, Reichsbahn-Personentarife, 1931, S. 196; Fuß, Reisebüros, 1960, S. 95ff.; Touristik und Verkehr 1987, Heft 1, S.39ff.

Tabelle 10: Fremdenverkehrsförderung, Wirtschaftsförderung und Finanzbedarf der Gemeinden und Gemeindeverbände im Deutschen Reich 1913–1928

Jahr[1]	Unmittelbare Aufwendungen d. Stadt München f. Fremdenverkehr		Finanzbedarf der Gemeinden u. Gem.verbände im Dt. Reich f. Wirtschaftsförderung (einsch. Verkehrsfö.)		Anteil der Wirtschaftsfö. in % der Verwaltungszweige insg.	Finanzbedarf der Gemeinden u. Gem.verbände im Dt. Reich insgesamt		Preisindex 1913 = 100
	laufende Preise in M/RM	1913=100	laufende Preise in Mio. M/RM	1913=100		laufende Preise in Mio. M/RM	1913=100	
	(1)	(2)	(3)	(4)	(5)	(6)	(7)	(8)
1913[2]	6 000	100	79,0	100	2,8	2 785,9	100	100
1925	49 200	820	79,8	101	1,5	5 324,8	191	142
1926	49 000	817	110,8	140	1,7	6 437,4	231	142
1927	65 000	1 083	118,8	150	1,7	7 106,1	255	148
1928	83 000	1 383	133,8	169	1,7	7 620,0	274	152

[1] Für den Finanzbedarf der Gemeinden jeweils das Rechnungsjahr.
[2] Preisindex: 1913/14.

Quellen: MVFMH 3, 1908, Nr. 8/9, S. 27f. (ATB); Münchener Wirtschafts- und Verwaltungs-Blatt 4, 1929, S. 105ff.; Stat. Reichsamt (Bearb.), Finanzausgleich, 1931, S. 69ff.; Stat. Bundesamt (Hg.), Bevölkerung, 1972, S. 250.

Tabelle 11: Omnibuslinien- und Eisenbahnnetz im Deutschen Reich 1870–1937 (in km)

Jahr	Omnibuslinien[1]			Eisenbahn[3]
	Reichspost	Private Kraftverkehrsgesellschaften[2]	Summe	
	(1)	(2)	(3)	(4)
1870	-	–	–	19 051
1913	3 248	*	3 248	63 378
1921	5 985	*	5 985	57 652
1926	28 600	5 418	34 018	57 864
1929	43 815	12 260	56 075	58 183
1937	48 813	33 735	82 548	58 821[4]

* keine Angaben vorhanden

[1] Überlandverkehr.

[2] Linien der »Kraftverkehr Deutschland« und des »Verbandes Deutscher Kraftverkehrsgesellschaften«, einschließlich der kommunalen und gemischtwirtschaftlichen Betriebe.

[3] Voll- und Schmalspurbahnen der deutschen Staatsbahnen/DR und der Privatbahnen, ohne nebenbahnähnliche Kleinbahnen.

[4] 1936.

Quellen: Stat. Jb. Dt. Reich 1, 1880, S. 100; ebd. 44, 1924/25, S. 106ff.; ebd. 48, 1929, S. 150ff.; ebd. 49, 1930, S. 160ff.; ebd. 50, 1931, S. 149ff.; ebd. 57, 1938, S. 210ff.

Tabelle 12: Beherbergungsbetriebe im Deutschen Reich und in der Bundesrepublik Deutschland (alte Bundesländer) 1882–1990 nach den amtlichen Statistiken (Hotels, Gasthöfe, Pensionen, Fremdenheime)

Jahr	Zahl der Betriebe[1]	Jahr	Zahl der Betriebe[1]
1882	133 889	1964	40 133
1895	150 636	1968	42 819
1907	125 079	1972	37 007
		1976	40 721
1925	85 658	1980	43 091
		1984	40 172
1933	48 923	1988	37 873
		1990	37 362
1952	27 114		
1956	33 618		
1960	37 031		

[1] Zur Problematik der amtlichen Beherbergungsstatistik für die Jahre 1882 bis 1933 vgl. im ersten Kapitel Abschnitt 3; ab 1984: nur Betriebe mit 9 und mehr Betten, einschließlich Jugendherbergen, Kinderheime, ohne Campingplätze.

Quellen: – Stat. des Dt. Reichs Bd. 220/221, S. 19*; ebd. Bd. 213, S. 27; ebd. Bd. 413/1, S. 352; ebd. Bd. 462/2, S. 98.

– Stat. Jb. BRD 1953, S. 393; ebd. 1957, S. 366; ebd. 1962, S. 303; ebd. 1966, S. 310; ebd. 1970, S. 252; ebd. 1974, S. 280; ebd. 1978, S. 230; ebd. 1982, S. 240; ebd. 1986, S. 241; ebd. 1990, S. 244; ebd. 1992, S. 280.

Tabelle 13: Bettenkapazität in Ruhpolding 1911/12–1930 (in Zahl der Betten)

Jahr	Insgesamt	Hotels u. Gasthöfe	Fremdenheime	Kur- u. Genesungsheime	Privatquartiere
	(1)	(2)	(3)	(4)	(5)
1911/12	550	*	*	*	*
1920	300	142	39	45	74
1930	1 199	142	82	75	900

* keine Angaben vorhanden
Quelle: Ludwig, Ruhpolding, 1958, S. 29 und 46.

Tabelle 14: Ferien- und Erholungsheime im Deutschen Reich 1932

[1] Zahlen für 1929; ohne Kinderheime.

	Ferien- u. Erholungsheime insgesamt	Ferien- u. Erholungsheime ohne Arbeiterferienheime[1]	Arbeiterferienheime		Hotels, Gasthöfe, Fremden heime, Pensionen[3]	Arbeiterferienheime in % von Spalte 5
			nominal	in % von Spalte 1		
	(1)	(2)	(3)	(4)	(5)	(6)
Zahl der Häuser	292	210	82	28	*[4]	*
Zahl der Betten	ca. 25 400	ca. 20 000	ca. 5 400[2]	21	5–600 000	1

[2] Die Zahl der Betten bezieht sich auf alle Betten, die in den 82 Arbeiterferienheimen zur Verfügung standen, nicht nur auf Betten in Ein- bis Sechs-Bett-Zimmern.
[3] Zahl für 1929.
[4] Da die amtlichen Statistiken erhebliche Erfassungsmängel aufweisen, ist ein genauer Wert nicht bekannt.
Quellen: Ferien- und Erholungsheime nach Schuhwerk, Stellung, 1927; ders., Erholungsheime, 1929; Arbeiterferienheime nach Keitz, Arbeiterreisen, 1992, Anhang; Hotels etc. nach Bormann, Lehre, 1931, S. 125.

Tabelle 15: Verteilung der Gesamtaufwendungen für Fremdenverkehrswerbemittel in 60 Orten des bayerischen Hochlands 1908 (in Mark und Prozent)

Werbemittel	Aufwendungen	
	in Mark	in %
	(1)	(2)
Annoncen	44 000	33
Plakate	22 200	17
Prospekte	60 000	46
Postkarten	4 900	4
Gesamtaufwendungen	131 100	100
Aufwendungen pro Ort	2 185	–

Quelle: Schwenninger, Propaganda, 1909, S. 20f.

Tabelle 16: Verteilung der Gesamtaufwendungen für Fremdenverkehrswerbemittel in 197 mittleren und kleineren Städten Deutschlands 1930 (in Reichsmark und Prozent)

Werbemittel	Aufwendungen	
	in RM	in %
	(1)	(2)
Annoncen	(2 026 620)	54
Plakate	(187 650)	5
Prospekte	(825 660)	22
Sonstige	(713 070)	19
Gesamtaufwendungen	3 753 000	100
Aufwendungen pro Ort	19 051	–

[1] Zahlen in Klammern umgerechnet auf der Basis der Prozentangaben und der Gesamtsumme.
Quelle: Klafkowski, Fremdenverkehrswerbung, 1933, S. 14.

Tabelle 17: Jährliche Ausgaben für Reisen und Erholung in Arbeiter-, Angestellten- und Beamtenhaushalten 1927/28 (Durchschnittliche Ausgaben je Einkommensklasse)

Einkommensklasse in RM	Arbeiter		Angestellte		Beamte	
	in RM	in % der Gesamtausgaben	in RM	in % der Gesamtausgaben	in RM	in % der Gesamtausgaben
	(1)	(2)	(3)	(4)	(5)	(6)
unter 2 500	14,32	0,6	–	–	–	–
2 500–unter 3 000[1]	26,01	0,9	35,61	1,4	32,17	1,2
3 000–unter 3 600	34,28	1,1	52,41	1,6	46,80	1,4
3 600–unter 4 300	50,17	1,3	77,53	2,0	61,04	1,5
4 300–unter 5 100[2]	73,86	1,5	92,33	2,0	94,57	2,0
5 100–unter 6 100	–	–	141,00	2,5	126,42	2,3
6 100–unter 7 300[3]	–	–	230,26	3,0	192,87	2,9
7 300–unter 10 000	–	–	–	–	299,00	3,6
10 000 und mehr	–	–	–	–	504,45	4,2
Durchschnitt aller Einkommensklassen	36,88	1,1	105,23	2,2	135,84	2,5

[1] Angestellte und Beamte: unter 3000 RM.
[2] Arbeiter: 4300 RM und mehr.
[3] Angestellte: 6100 RM und mehr.
Quelle: Stat. Reichsamt (Bearb.), Lebenshaltung 1927/28, Teil 1, 1932, S. 88 und 134f.

Tabelle 18: Jährliche Ausgaben für Reisen und Erholung in Arbeiter-, Angestellten- und Beamtenhaushalten 1927/28 (Durchschnittliche Ausgaben bei einem Einkommen von weniger als 3600 RM pro Jahr in Abhängigkeit von der Kinderzahl)

Zahl der Kinder[1]	Arbeiter[2]		Angestellte		Beamte	
	in RM	in % der Gesamtausgaben	in RM	in % der Gesamtausgaben	in RM	in % der Gesamtausgaben
	(1)	(2)	(3)	(4)	(5)	(6)
0	27,84	0,8	72,54	2,4	69,14	2,3
1	57,47	1,8	48,24	1,6	53,92	1,7
2	32,17	1,0	39,22	1,2	26,05	0,8
3[3]	27,11	0,8	20,37	0,7	23,55	0,7
4 und mehr	19,48	0,6	–	–	–	–

1 Kinder unter 15 Jahren.
2 Arbeiter: 3000 bis unter 3600 RM.
3 Angestellte und Beamte: 3 und mehr Kinder.
Quelle: Stat. Reichsamt (Bearb.), Lebenshaltung 1927/28, Teil 1, S. 102, 153 und 185.

Tabelle 19: Berufliche Zusammensetzung der Reiseteilnehmer des Reichsausschusses für sozialistische Bildungsarbeit 1928 und 1929 (in Prozent)[1]

Jahr	Handarbeiter	Kopfarbeiter	Angestellte d. Arbeiterbewegung	Summe Spalte 2 und 3	Sonst. Berufe	Summe in %	Summe nominal
	(1)	(2)	(3)	(4)	(5)	(6)	(7)
1928	31,1	52,0	3,1	55,1	13,8	100	929
1929	26,5	52,1	7,4	59,5	14,0	100	1 525
Anteil an der Wohnbevölk.	46,8[2]	–	–	18,0[3]	35,2[4]	100	–

[1] Die Kategorie »Ehefrauen«, die die Jahrbücher gesondert ausweisen, wurde an dieser Stelle anteilmäßig auf die vier Berufsgruppen umgelegt.

[2] Arbeiter.

[3] Angestellte und Beamte.

[4] Selbständige, Mithelfende Familienangehörige, Hausangestellte; die Gruppe »ohne Beruf« wurde anteilmäßig verteilt.

Quellen: Jahrbuch der deutschen Sozialdemokratie für das Jahr 1928, Berlin 1929, S. 168; ebd. 1929, Berlin 1930, S. 207; Stat. Jb. Dt. Reich 47, 1928, S. 26 f.

Tabelle 20: Übernachtungsgäste und Zahl der Berichtsgemeinden im Deutschen Reich 1929 und 1937[1]

Jahr	Gäste insgesamt (in Mio.)	davon (in Mio.)		Zahl der Berichtsgemeinden
		Inländer	Ausländer	
	(1)	(2)	(3)	(4)
1929	ca. 20–21	ca. 18,2–19,1	ca. 1,8–1,9	rd. 2 000
1937[2]	27,2	24,8	2,4	WH 36/37: 3 155 SH 37: 4 650
Zuwachs (in %)	+ 33 %	+ 33 %	+ 30 %	–

[1] Unentgeltliche Unterkünfte bei Verwandten und Bekannten oder in Massenquartieren (zum Beispiel Jugendherbergen, Zeltlager) sind weder 1929 noch 1937 enthalten.

[2] 1. Okt. 1936 bis 30. Sept. 1937.

Quellen: Wirtschaft und Statistik 11, 1931, S. 550; ebd. 18, 1938, S. 208ff.

Tabelle 21: Anteil der Arbeiter und Angestellten an »Kraft-durch-Freude«-Seereisen 1938/39 nach Geschlecht (in Personen und Prozent)[1]

Reisen	Arbeiter		Angestellte		Teilnehmer insgesamt	
	m	w	m	w	m	w
	(1)	(2)	(3)	(4)	(5)	(6)
4 Ostseereisen						
in % aller Teiln.	10,0	2,0	16,1	15,3	54,5	45,5
in Personen	238	48	385	367	1 304	1 089
5 Norwegenreisen						
in % aller Teiln.	15,0	7,0	20,0	19,3	50,1	49,9
in Personen	734	318	937	930	2 414	2 401
41 Mittelmeerreisen						
in % aller Teiln.	11,0	3,0	25,0	16,1	56,4	43,6
in Personen	4 442	1 129	9 704	6 338	22 183	17 145
50 Seereisen insges.						
in % aller Teiln.	11,6	3,2	23,7	16,4	55,7	44,3
in Personen	5 414	1 495	11 026	7 635	25 901	20 635

[1] Die Gruppe »ohne Beruf/Ehefrauen« wird in dieser Aufstellung nicht berücksichtigt.

Quelle: Eigene Berechnungen nach den Angaben in den Sicherheitsdienstberichten BA: R 58, 947, 948 und 950.

Tabelle 22: Soziale Zusammensetzung der Teilnehmer an drei zweiwöchigen »Kraft-durch-Freude«-Landreisen im Sommer 1939 nach Beruf und Geschlecht (in Prozent)

Beruf	Steiermark (806 Teiln.)			Schwarzwald (777 Teiln.)			Wachau (185 Teiln.)		
	m	w	insges.	m	w	insges.	m	w	insges.
	(1)	(2)	(3)	(4)	(5)	(6)	(7)	(8)	(9)
Arbeiter	19,4	6,9	26,3	9,3	7,0	16,3	7,0	2,2	9,2
Handwerker	–	–	–	12,6	3,1	15,7	–	–	–
Angestellte	20,7	14,3	35,0	8,3	33,1	41,4	29,7	19,5	49,2
Beamte	3,4	0,9	4,3	2,2	0,3	2,5	7,6	–	7,6
Freie Berufe/ Selbständige Gew.	2,1	1,2	3,3	3,4	3,0	6,4	3,7	4,9	8,6
Rentner									
Wehrmacht/	0,8	0,8	1,6	–	–	–	2,2	1,6	3,8
Arbeitsdienst/ SA/SS	0,1	–	0,1	2,1	–	2,1	1,1	–	1,1
Ehefrauen/ ohne Beruf	–	29,4	29,4	1,2	14,4	15,6	–	20,5	20,5
Teiln. insges.	46,5	53,5	100,0	39,1	60,9	100,0	51,3	48,7	100,0

Quelle: Eigene Berechnungen nach den Angaben in den Sicherheitsdienstberichten BA: R 58, 947, Fasc. 145, 188 und 211.

Tabelle 24: Übernachtungsgäste Bayern 1929–1964

Jahr	Übernachtungsgäste		Zahl der Berichtsgemeinden
	nominal	Zuwachs jeweils gegenüber 1937 (in %)	
	(1)	(2)	(3)
1929	4 253 482	–	894
1937	5 610 646	+ 32[1]	1 129
1955	5 698 770	+ 2	624
1958	6 665 358	+ 19	664
1961	7 285 514	+ 30	563
1964	8 056 781	+ 44	563

[1] Zuwachs gegenüber 1929.
Quelle: Alberstötter, Fremdenverkehrsstatistik, 1973, S. 10.

Tabelle 23: Reisende Arbeiter 1927/29 und 1937[1]

1927/29				1937									
Reisende Arbeiter insges.[2]	Sozialdemokratische Arbeiterreiseorganisationen[3]			Reisende Arbeiter insges.	KdF-Amt »Reisen, Wandern, Urlaub«[4]								
	Teilnehmer insges.	davon Arbeiter			Teilnehmer insgesamt[5]			davon Arbeiter					
		nominal	in %					nominal			in %		
					Landreisen	Seereisen	Summe	Landreisen	Seereisen	Summe	Landreisen	Seereisen	Summe
(1)	(2)	(3)	(4)	(5)	(6)	(7)	(8)	(9)	(10)	(11)	(12)	(13)	(14)
930 000	67 300	27 200	40,4	*	1 400 000	130 000	1 530 000	a)[6] 448 000 b)[7] 322 000–546 000	28 080[8]	a) 476 080 b) 350 080–574 000	a)[6] 32,0 b)[7] 23–39	21,6[8]	a) 31,1 b) 22,9–37,5

* keine Angaben vorhanden

1 Alle Angaben stellen begründete Schätzungen dar.

2 1927/28. Zur Ermittlung dieser Zahl vgl. im ersten Kapitel Abschnitt 5.

3 1929. Zur Ermittlung dieser Zahlen vgl. im ersten Kapitel Abschnitt 5.

4 Nur Teilnehmer an mindestens dreitägigen Urlaubsreisen zu Land und zur See, das heißt keine Tagesausflüge und Wochenendfahrten mit einer Übernachtung.

5 Nach begründeten Schätzungen von Spode, Massentourismus, 1980, S. 295.

6 Die unter a) ermittelten nominalen Werte wurden von mir auf der Basis von Spode, ebd., und Buchholz, KdF, 1976, S. 370 errechnet. Buchholz gibt allerdings einen Anteil von 23,1 Prozent an, ohne den in der Tabelle extra ausgewiesenen sehr hohen Anteil »Ehefrauen« (27,8 Prozent) zu berücksichtigen. Die Gruppe der »Ehefrauen« wurde hier anteilmäßig auf alle Berufsgruppen verteilt.

7 Die unter b) ermittelten nominalen Werte wurden hier nach den Angaben bei Spode und den dort zitierten Ergebnissen von Befragungen in KdF-Urlauberzügen errechnet.

8 Der für die Seereisen ermittelte nominale Wert wurde hier auf der Basis von Spode und Buchholz errechnet; Buchholz berücksichtigt nicht die Gruppe »ohne Berufe/Ehefrauen«, die auch hier anteilmäßig verteilt wurde.

Tabelle 25: Urlaubsreiseintensität im Deutschen Reich und in der Bundesrepublik Deutschland 1913–1992 (in Prozent)

Jahr	1913	1929	1937	1949	1954	1955	1956	1957	1958	1959
Urlaubsreiseintensität[1]	ca. 11	ca. 15	ca. 18	21,0	24,0	24,0	26,0	27,0	28,0	30,0

Jahr	1960	1961	1962	1963	1964	1965	1966	1967	1968	1969
Urlaubsreiseintensität[1]	28,0	31,0	32,0	35,0	39,0	44,0	42,0	39,0	39,0	40,0

Jahr	1970	1971	1972	1973	1974	1975	1976	1977	1978	1979
Urlaubsreiseintensität[1]	41,6	47,2	49,0	50,1	52,5	55,9	53,0	53,7	56,2	57,0

Jahr	1980	1981	1982	1983	1984	1985	1986	1987	1988	1989
Urlaubsreiseintensität[1]	57,7	55,9	55,0	54,4	55,3	57,1	57,0	64,6	64,9	66,8

Jahr	1990			1991			1992		
Urlaubsreiseintensität[1]	alle BL	neue BL	alte BL	alle BL	neue BL	alte BL	alle BL	neue BL	alte BL
	69,2	73,2	68,2	66,8	69,7	66,1	71,1	72,1	70,8

[1] 1913–1937: begründete Schätzungen (vgl. im ersten Kapitel Abschnitt 2 und im zweiten Kapitel Abschnitt 1).

1954–1968: Dezimalstellen nicht ausgewiesen.

1981–1986: Wegen leicht veränderter Fragestellung bei der Durchführung der Reiseanalyse fallen die Werte in diesen Jahren etwas niedriger aus.

1987: Der überdimensionale Anstieg dieses Jahres ergibt sich zum Teil aus dem Wechsel des mit der Durchführung der Reiseanalyse beauftragten Marktforschungsinstituts; in diesem Jahr wurde auch wieder die Fragestellung der Jahre vor 1981 angewandt.

Quellen: Allensbacher Berichte 1986, Nr. 7 (Zahlen dort nach einer Allensbach-Erhebung vom Januar 1950); DIVO, Urlaubsreisen, 1969, S. 3; Studienkreis für Tourismus (Hg.), Reiseanalyse 1970 bis 1987; ders. (Hg.), Erste Ergebnisse 1989; ders. (Hg.), Erste Ergebnisse 1992.

Tabelle 26: Bettenkapazität in Bayern 1936–1980 (Zahl der Betten)

Jahr	Betten insgesamt	gewerblich	privat	
			nominal	in % der Betten insgesamt
	(1)	(2)	(3)	(4)
1936	290 000	152 000	138 000	48
1946	30 000	28 000	2 000	7
1947	40 105	36 539	3 466	9
1948	57 313	52 164	5 164	9
1949	80 691	65 945	14 746	18
1950	97 390	78 237	19 153	20
1951	126 000	95 300	30 800	24
1952	153 100	109 000	44 100	29
1953	178 700	120 400	58 400	33
1954	206 200	133 700	72 600	35
1955	229 300	145 500	83 800	37
1956	250 000	156 100	93 800	38
1957	273 700	168 300	105 400	39
1958	291 200	176 500	114 600	39
1959	300 600	180 300	120 300	40
1960	318 600	194 800	123 800	39
1961	327 800	199 900	127 900	39
1962	336 300	206 200	130 100	39
1963	345 200	210 500	134 700	39
1964	354 200	213 000	141 000	40
1965	360 400	218 700	141 700	39
1966	383 000	233 500	149 500	39
1967	398 700	247 500	151 200	38
1968	406 000	253 000	153 000	38
1969	414 000	258 700	155 300	38
1970	425 700	256 800	159 800	38
1971	429 000	256 200	164 700	38
1972	476 400	288 700	187 700	39
1973	493 000	302 600	192 400	38
1974	519 400	322 500	196 900	38
1975	529 400	330 000	199 400	38
1976	539 200	339 300	199 900	37
1977	548 100	348 600	199 500	36
1978	571 400	370 500	200 900	35
1979	583 900	379 700	204 200	35
1980	592 800	391 100	201 700	34

Quelle: Dyck, Bayern, 1986, S. 128ff.

Tabelle 27: Umsätze des MER/DER 1924–1971 (in Mio. RM/DM) – Preisindex für die Lebenshaltung 1924–1971 (1938 = 100)

Jahr	Umsatz (in Mio. RM/DM)	Preisindex 1938 = 100[1]
	(1)	(2)
1924	106	104
1925	136	113
1926	135	113
1927	162	118
1928	182	121
1929	194	123
1930	202	118
1931	164	108
1932	142	96
1933	161	94
1934	183	96
1935	200	98
1936	202	99
1937	226	100
1938	250	100
1939	245	101
1950	112	156
1951	*	168
1952	184	172
1953	*	168
1954	230	169
1955	*	172
1956	300	176
1957	*	180
1958	369	183
1959	*	185
1960	418	188
1961	*	192
1962	528	198
1963	*	204
1964	610	209
1965	*	216
1966	704	223
1967	*	227
1968	701	230
1969	784	236
1970	857	245
1971	950	258

* keine Angaben vorhanden

[1] 1924–1939: Deutsches Reich; 1950–1959: Bundesgebiet ohne Saarland und Berlin; 1960–1961: Bundesgebiet ohne Berlin.

Quellen: Umsätze nach Knuth, Reisebüro, 1941, S. 518; Deutsches Reisebüro (Hg.), Dokumentation, 1982 (ATB); Deutsches Reisebüro (Hg.), 70 Jahre, 1987. Preisindex nach Stat. Bundesamt (Hg.), Bevölkerung, 1972, S. 250.

Tabelle 28: Anteil der Ausgaben für Urlaubsreisen am monatlichen Privatverbrauch in Arbeiter-, Angestellten- und Beamtenhaushalten in Abhängigkeit vom Haushaltseinkommen 1969–1983 (in Prozent)

1969

Monatliches Haushaltseinkommen (in DM)	Berufsgruppen insgesamt[1]	darunter		
		Beamte	Angestellte	Arbeiter
	(1)	(2)	(3)	(4)
800–unter 1 200	*	2,8	3,8	2,4
1 200–unter 1 500	2,9	3,1	3,6	2,4
1 500–unter 1 800	3,2	3,4	3,8	2,5
1 800–unter 2 500	3,5	4,0	4,1	2,7
2 500–unter 10 000	4,8	5,3	5,3	3,3
Einkommensklassen insgesamt[2]	3,4	4,0	4,1	2,5

1973

Monatliches Haushaltseinkommen (in DM)	Berufsgruppen insgesamt[1]	darunter		
		Beamte	Angestellte	Arbeiter
	(1)	(2)	(3)	(4)
1 000–unter 1 200	3,3	*	3,4	2,3
1 200–unter 1 500	3,4	3,4	3,9	2,5
1 500–unter 1 800	2,9	3,1	3,5	2,2
1 800–unter 2 500	3,0	3,3	3,3	2,5
2 500–unter 5 000	3,6	3,8	3,9	2,5
Einkommensklassen insgesamt[2]	3,5	3,7	3,9	2,4

1978

Monatliches Haushaltseinkommen (in DM)	Berufsgruppen insgesamt[1]	darunter		
		Beamte	Angestellte	Arbeiter
	(1)	(2)	(3)	(4)
2 000–unter 2 200	3,8	3,4	4,1	2,8
2 200–unter 2 500	3,4	3,4	3,9	2,6
2 500–unter 3 000	3,5	3,4	3,8	2,9
3 000–unter 3 500	3,6	3,4	3,8	3,1
3 500–unter 4 000	3,8	4,1	4,1	3,0
4 000–unter 4 500[3]	4,0	4,3	4,4	2,9
4 500–unter 5 000	4,1	4,1	4,2	–
5 000–unter 10 000	4,5	4,7	4,6	2,5
Einkommensklassen insgesamt[2]	3,9	4,0	4,3	2,9

1983

Monatliches Haushaltseinkommen (in DM)	Berufsgruppen insgesamt[1]	darunter		
		Beamte	Angestellte	Arbeiter
	(1)	(2)	(3)	(4)
unter 2 000[4]	4,6	6,2	5,0	3,7
2 000–unter 2 200	4,9	5,0	5,6	3,8
2 200–unter 2 500	4,9	4,8	5,2	3,8
2 500–unter 3 000	4,6	4,2	5,4	3,2
3 000–unter 3 500	4,6	5,0	4,9	3,4
3 500–unter 4 000	4,5	4,3	5,0	3,8
4 000–unter 4 500	4,6	4,7	4,9	3,8
4 500–unter 5 000	4,7	5,0	5,1	3,8
5 000–unter 25 000[5]	5,5	5,7	6,0	3,6
Einkommensklassen insgesamt[2]	5,0	5,1	5,4	3,5

* keine Angaben vorhanden

[1] Inklusive der hier nicht ausgewiesenen Selbständigen und anderer; Wert gewichtet.

[2] Inklusive der hier nicht ausgewiesenen aus den unteren und oberen Randbereichen; Wert gewichtet.

[3] Arbeiter: 4000 bis unter 5000 DM.

[4] Berufsgruppen insgesamt: 1800 bis unter 2000 RM.

[5] Berufsgruppen insgesamt: 5000 bis unter 10 000 RM.

Quellen: Eigene Berechnungen nach den Einkommens- und Verbrauchsstichproben des Stat. Bundesamts für die Jahre 1962/63, 1973, 1978 und 1983. Der sogenannte »Mikrozensus« weist zwar keinen geschlossenen Ausgabenposten »Urlaubsreisen« aus, aber der Betrag kann aus fünf einzelnen Merkmalsträgern zu einer Rubrik »Ausgaben für Urlaubsreisen« aufaddiert werden.

Tabelle 29: Urlaubsreiseintensität in der Bundesrepublik Deutschland (alte Bundesländer) 1970–1990 nach Berufsgruppen (in % der jeweiligen Berufsgruppe)

Jahr[1]	Selbständige und freie Berufe (ohne Landw.)	leitende Beamte und Angest.	sonst. Beamte und Angest.	Arbeiter			Urlaubsreiseintensität insges.[3]
				Facharbeiter	sonst. Arbeit.	Durchschnitt Spalte 4 und 5[2]	
	(1)	(2)	(3)	(4)	(5)	(6)	(7)
1970	38	*	*	40	29	35	42
1971	45	76	64	44	33	39	47
1972	49	81	65	47	36	42	49
1973	55	68	65	52	40	46	50
1974	54	87	68	49	33	41	53
1975	55	82	70	54	44	49	56
1976	*	74	67	*	*	*	53
1977	*	80	*	*	*	*	54
1978	*	*	*	*	*	*	56
1979	52	68	54	42	31	37	57
1980	58	75	57	48	36	42	58
1981	64	79	66	56	46	51	56
1982	*	*	*	*	*	*	55
1983	*	*	*	*	*	*	54
1984	63	76	68	49	33	41	55
1985	64	78	68	50	36	43	57
1986	65	81	66	52	42	47	57
1987	70	84	76	67	51	59	65
1988	75	91	77	64	52	58	65
1989	73	85	80	65	50	58	67
1990	75	85	80	69	55	62	68

* keine Angaben vorhanden

1 Für die Jahre 1976 bis 1978 werfen die Berichtsbände der Reiseanalyse den Anteil der Berufsgruppen leider nicht in Tabellenform aus. Die Daten sind, soweit angegeben, dem erläuternden Textteil entnommen.

2 Die Durchschnittswerte berücksichtigen die erste Dezimalstelle; Werte nicht gewichtet.

3 Vgl. Anmerkungen zu Tabelle 25.

Quellen: Studienkreis für Tourismus (Hg.), Reiseanalysen 1970 bis 1990.

Tabelle 30: Übernachtungsgäste in Bad-Reichenhall 1854 bis 1990 (Anzahl der Personen mit mehr als drei Übernachtungen)[1]

Jahr	Übernachtungsgäste	Jahr	Übernachtungsgäste	Jahr	Übernachtungsgäste	Jahr	Übernachtungsgäste
1854	670	1886	5 910	1922	21 031	1959	52 153
1855	830	1887	5 790	1923	21 553	1960	52 329
1856	1 180	1888	6 280	1924	20 065	1961	54 680
1857	950	1889	6 230	1925	22 461	1962	59 709
1858	1 170	1890	6 890	1926	23 641	1963	60 265
1859	790	1891	6 620	1927	24 001	1964	61 848
1860	1 630	1892	6 840	1928	26 409	1965	62 183
1861	2 380	1893	7 680	1929	25 849	1966	63 814
1862	2 180	1894	7 860	1930	22 887	1967	61 461
1863	2 620	1895	9 080	1931	17 626	1968	60 506
1864	2 600	1896	8 790	1932	15 767	1969	63 483
1865	2 770	1897	9 530	1933	15 773	1970	67 366
1866	1 260	1898	10 210	1934	19 997	1971	67 654
1867	3 720	1899	10 890	1935	21 982	1972	65 410
1868	3 380	1900	11 320	1936	24 654	1973	68 403
1869	4 650	1901	11 210	1937	28 314	1974	71 299
1870	2 870	1902	11 750	1938	26 647	1975	75 287
1871	5 040	1903	12 680	1939	26 880	1976	67 991
1872	5 110	1904	12 760			1977	67 213
1873	4 890	1905	13 390	1946	3 868	1978	72 664
1874	4 210	1906	14 020	1947	10 218	1979	77 052
1875	4 080	1907	14 540	1948	9 619	1980	77 195
1876	3 760	1908	13 730	1949	14 270	1981	77 556
1877	3 620	1909	14 550	1950	17 248	1982	80 808
1878	3 850			1951	19 748	1983	93 302
1879	4 310	1911	16 480	1952	24 287	1984	100 941
1880	4 640	1912	15 930	1953	26 449	1985	99 740
1881	4 580	1913	15 410	1954	29 720	1986	98 629
1882	4 560			1955	34 010	1987	100 712
1883	4 690	1919	8 965	1956	38 075	1988	105 674
1884	4 820	1920	13 675	1957	43 558	1989	97 245
1885	5 100	1921	17 374	1958	47 243	1990	98 619

[1] Zahl der Übernachtungen der erfaßten Personen vor 1945 unsicher; 1946–1983 Gäste mit mehr als fünf Übernachtungen; ab 1984 Gäste mit mehr als drei Übernachtungen; ab 1982 inklusive Betriebe mit weniger als neun Betten.

Quelle: Zahlen nach der Statistik der Kurverwaltung Bad Reichenhall, die der Verf. mit Schreiben vom 30. Okt. 1991 freundlicherweise zur Verfügung gestellt worden sind.

Graphik 1: Verteilung der Übernachtungsgäste in Nürnberg auf die verschiedenen Beherbergungskategorien 1924–1931

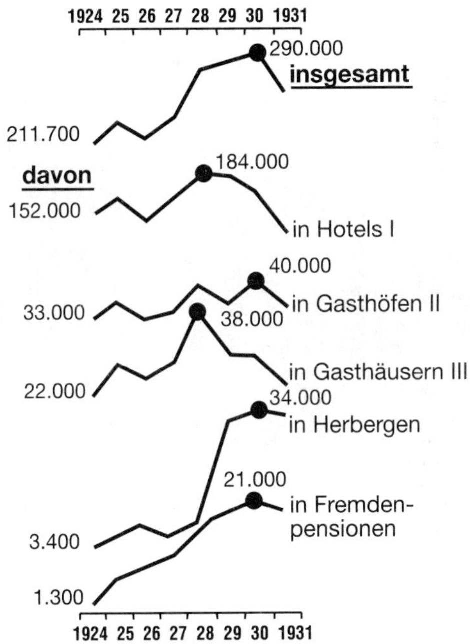

Quelle: Bormann, Abwanderung, 1932.

Graphik 2: Gesamtumsatzbewegung des MER 1924–1939 – Geplanter Umsatz der Reisespar GmbH 1931 – Umsätze Amt »Reisen, Wandern, Urlaub« der NSG »Kraft durch Freude« 1935–1939 (in Mio. RM)

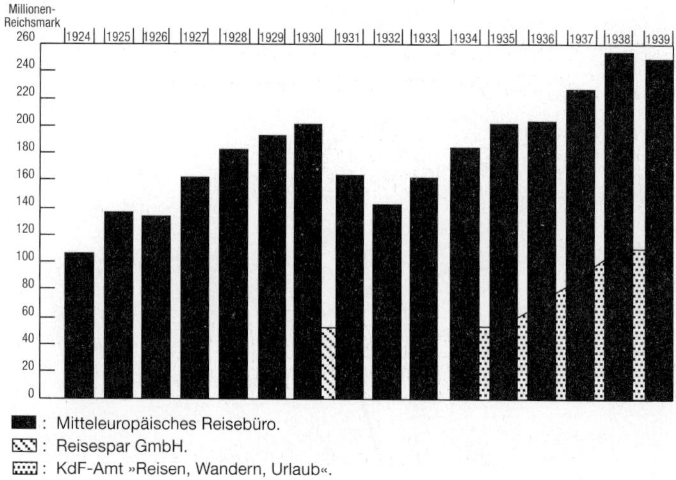

Quellen: Knuth, Reisebüro, 1941, S. 518; Deutsche Hotel-Nachrichten Nr. 30 vom 15. April 1931; Buchholz, KdF, 1976, S. 216.

Abkürzungen

ABI	Arbeiter-Bildungs-Institut Leipzig
ABR	Amtliches Bayerisches Reisebüro
ACE	Autoclub Europa
ADGB	Allgemeiner Deutscher Gewerkschaftsbund
ADB	Archiv der sozialen Demokratie Bonn (Friedrich-Ebert-Stiftung)
AfdF	Archiv für den Fremdenverkehr
AfS	Archiv für Sozialgeschichte
ATB	Archiv für Tourismus des Instituts für Tourismus der FU Berlin
ARÖK	Archiv für Arbeiterkultur und Ökologie Baunatal
BAAbtP	Bundesarchiv – Abteilungen Potsdam
BA	Bundesarchiv Koblenz
BBB	Bergbauarchiv beim Deutschen Bergbau-Museum Bochum
BDV	Bund Deutscher Verkehrsvereine (ab Juni 1930: Bund Deutscher Verkehrsverbände; ab 1933: BDVB)
BDVB	Bund Deutscher Verkehrsverbände und Bäder (ab 1936: RFV)
BGBl.	Bundesgesetzblatt
BHA	Bayrisches Hauptstaatsarchiv München
DAG	Deutsche Angestelltengewerkschaft, Hauptverwaltung Hamburg, Bibliothek und Archiv
DER	Deutsches Reisebüro
DFV	Deutscher Fremdenverkehrsverband
DGB	Deutscher Gewerkschaftsbund
DIHT	Deutscher Industrie- und Handelstag
DVO	Durchführungsverordnung
DZT	Deutsche Zentrale für Tourismus (bis Juni 1972: Deutsche Zentrale für Fremdenverkehr; Abkürzung 1948–1966: ZFV, 1966–1972: DZF)
FGNF	Ferienheimgenossenschaft »Naturfreunde«

Gesorei	Gemeinschaft für Sozialtouristik und Reisesparen
GG	Geschichte und Gesellschaft
HiKo	Historische Kommission zu Berlin
IATA	International Air Transport Association
LB	Landesarchiv Berlin
MER	Mitteleuropäisches Reisebüro (nach 1945: DER)
MVFMH	Mitteilungen des Vereins zur Förderung des Fremdenverkehrs in München und im bayrischen Hochland
MVT	Museum für Verkehr und Technik Berlin
RDV	Reichsbahnzentrale für den Deutschen Reiseverkehr (bis Februar 1928: Reichszentrale für Deutsche Verkehrswerbung; nach 1945: DZT)
RFV	Reichsfremdenverkehrsverband (nach 1945: DFV)
RGBl.	Reichsgesetzblatt
RHV	Reichsverkehrsgruppe Hilfsgewerbe des Verkehrs
RWU	Amt »Reisen, Wandern, Urlaub« der NS-Gemeinschaft »KdF«
SB	Staatsbibliothek Preußischer Kulturbesitz Berlin
Sopade	Deutschlandberichte der Exil-SPD
SH	Staatsarchiv Hamburg
TVDN	Touristenverein »Die Naturfreunde«
VDR	Vereinigung Deutscher Reisebüros
WTA	Workers Travel Association, London
ZAG	Zentralarbeitsgemeinschaft
ZVDEV	Zeitung des Vereins Deutscher Eisenbahnverwaltungen

Literatur

Das folgende Literaturverzeichnis umfaßt die im Text und in den Tabellen zitierten Aufsätze und Monographien. Da bei einem Teil der in Archiven gefundenen Literatur nicht sicher ist, ob diese noch über öffentliche Bibliotheken zugänglich ist, wurde in einigen Fällen der Standort in Klammern angefügt.

Aichholz, A., Hamburgs Fremdenverkehr. Die Zahlen dieses Jahres, in: Hamburgischer Correspondent Nr. 519 vom 4. Nov. 1928 (SH: Staatl. Pressestelle I-IV, Z III C a 4, fol. 1).

Alberstötter, Hans, 50 Jahre Fremdenverkehrsstatistik in Bayern, in: Zeitschrift des Bayerischen Stat. Landesamts 105, 1973, S. 2–15.

Amtliches Bayerisches Reisebüro (Hg.), 75 Jahre abr. Rückschau und Ausblick, Dachau 1985.

Aßhauser, Rudolf, Der rheinische Fremdenverkehr, Düren 1934.

Ausschuß zur Untersuchung der Erzeugungs- und Absatzbedingungen der deutschen Wirtschaft, Die deutsche Zahlungsbilanz, Berlin 1930.

Badisches Stat. Landesamt (Hg.), Der Fremdenverkehr in Baden im Jahr 1930, Karlsruhe 1931.

Bausinger, Herrmann u. a. (Hg.), Reisekultur. Von der Pilgerfahrt zum modernen Tourismus, München 1991.

Becher, Ursula A. J., Geschichte des modernen Lebensstils, München 1990.

Beck, Ulrich, Jenseits von Stand und Klasse? Soziale Ungleichheiten, gesellschaftliche Individualisierungsprozesse und die Entstehung neuer sozialer Formationen und Identitäten, in: Reinhard Kreckel (Hg.), Soziale Ungleichheiten, Göttingen 1983, S. 35–74.

Becker, Josef u. a. (Hg.), Vorgeschichte der Bundesrepublik Deutschland zwischen Kapitulation und Grundgesetz, München 1979.

Benk, Franz, Die Geschichte des Skilaufs und seine wirtschaftliche Bedeutung, o. O. o. J. [1956].
Berding, Helmut, Moderner Antisemitismus in Deutschland, Frankfurt am Main 1988.
Bernard, Paul P., Rush to the Alps. The Evolution of Vacationing in Switzerland, New York 1978.
Beyer, Rudolf (Hg.), Gesetz zur Ordnung der nationalen Arbeit vom 20. Januar 1934 und Gesetz zur Ordnung der Arbeit in öffentlichen Verwaltungen und Betrieben vom 23. März 1934 samt den zu beiden Gesetzen ergangenen Durchführungsverordnungen, 8. Aufl., Leipzig 1940.
Beyrer, Klaus, Die Postkutschenreise, Tübingen 1985.
Bilstein, Roger E., Travel by Air: The American Context, in: AfS 33, 1993, S. 275–288.
Birkert, Emil, Von der Idee zur Tat. Aus der Geschichte der Naturfreundebewegung, Heilbronn o. J. [1970].
Blänkner, Sonntagssonderzüge und Wochenendzüge, in: Verkehr und Bäder Nr. 35 vom 1. Sept. 1926.
–, Die Sonderfahrten der Deutschen Reichsbahn, in: ZVDEV 67, 1927, S. 1341–1349.
Blattl, J., Sport und Erholung im Winter, in: Verkehr und Bäder Nr. 51 vom 19. Dez. 1928.
Blume, Margarete, Die Notlage des deutschen Fremdenheimgewerbes, in: Verkehr und Bäder Nr. 48 vom 28. Nov. 1928.
Bormann, Artur, Die Lehre vom Fremdenverkehr, Berlin 1931.
–, Die Abwanderung der Hotelgäste in Beherbergungsstätten niederen Ranges, in: Deutsche Hotel-Nachrichten Nr. 24 vom 23. März 1932.
–, Die Fremdenverkehrsbilanzen Deutschlands und anderer wichtiger Reiseländer, in: ZVDEV 74, 1934, S. 611–614.
Born, H., Fremdenverkehrswerbung unserer Konkurrenzgebiete, Interlaken o. J. [1933].
Bourdieu, Pierre, Die feinen Unterschiede, 4. Aufl., Frankfurt am Main 1991.
Boyer, Marc, Le Tourisme, Paris 1972.
Bräuer, Martin, Abschied vom Ferienheim Stutenhaus, in:

Das Volk vom 29. Juni 1927 (HiKo: ADGB-Restakten, 456a, fol. 75).
Brenner, Peter J. (Hg.), Der Reisebericht. Die Entwicklung einer Gattung in der deutschen Literatur, Frankfurt am Main 1989.
Brumme, Wolfgang, Untersuchungen zur Kulturarbeit der freien Gewerkschaften Deutschlands in der Zeit der relativen Stabilisierung des Kapitalismus (1924–1928), Leipzig 1972 (ms).
Brunner, Pierre, Les chemins de fer aux prises avec la nature alpestre, Grenoble 1935.
Buchholz, Wolfhard, Die Nationalsozialistische Gemeinschaft »Kraft durch Freude«. Freizeitgestaltung und Arbeiterschaft im Dritten Reich, München 1976.
Buchsteiner, Thomas, Arbeiter und Tourismus, Tübingen 1984.
Bulan, W., Die Notwendigkeit der Naturfreundeferienheime, in: Der Wanderer. Zeitschrift des Touristenvereins »Die Naturfreunde«, Reichsgruppe Deutschland 1, 1930, Nr. 1, S. 5–7.
Bureau International du Travail, Etudes et Documents. Série G, No 4: Les Loisirs du travailleur. Rapports présentés au Congrès international des loisirs du travailleur. Brüssel 1935, Genf 1935.
–, Série G, No 5: Les Moyens de faciliter aux travailleurs l'emploi de leurs congés payés, Genf 1939.
Burhenne, Karl, Was treiben unsere Siemens-Kameraden in ihrer Freizeit?, in: Siemens-Mitteilungen Nr. 131, Juli 1934.
Camera di commercio, industria e agricoltura, Genova, Atti ufficiali del primo congresso nazionale per il turismo dei lavoratori. Nervi 1950, Genua 1950.
Carmine, Mario, Le problème du tourisme social en Italie, Bern 1956.
Conradt, Kurt, Aufgaben und Formen der deutschen Verkehrswerbung, Gießen 1924 (ms).
Coyner, Sandra J., Class Consciousness and Consumption: The New Middle Class During the Weimar Republic, in: Social History 10, 1976/77, S. 310–331.

De Santis, Hugh, The Democratization of Travel: The Travel Agent in American History, in: Journal of American Culture 1, 1978, S. 1–17.
Degener, Carl, Lebensfragen des deutschen Reisebürogewerbes, in: Fremdenverkehr Nr. 50 vom 11. Dez. 1937 (BH: MWi, 2754).
Deinlein, Erwin, Die Organisation der offiziellen Fremdenverkehrspropaganda in Europa, in: ZVDEV 67, 1927, S. 597–599.
–, VI. Internationaler Propagandakongreß für Fremdenverkehr, in: ZVDEV 70, 1930, S. 1207f.
Dépasse, Charles/André, A., L'Organisation des loisirs du travailleur en Belgique et à l'étranger, Paris 1931.
Deutsches Reisebüro (Hg.), DER. Deutsches Reisebüro. Dokumentation, Frankfurt am Main 1982 (ATB).
–, 70 Jahre Deutsches Reisebüro, Darmstadt 1987.
Dietsche, Klaus, Reisebüro und Bahnreise, in: Zug der Zeit, Bd. 2, 1985, S. 753–756.
Distel, Herrmann, Ausstellungs- und Kongreßhallen in Deutschland, Hamburg 1929.
Dittebrand, Karl H., Eisenbahn und Kraftwagen in Deutschland, Göttingen 1933.
DIVO-Institut, Urlaubsreisen 1968. Reiseintensität, Reisegewohnheiten der westdeutschen Bevölkerung im Zeitvergleich 1954 bis 1968, Frankfurt am Main 1969.
Dressler-Andress, Horst, Freizeitgestaltung in Deutschland, Karlsruhe 1936.
Drohsihn, Friedrich, Das Reisebüro im Rahmen der Wirtschaftsrechnung, Tübingen 1934.
Dumazedier, Joffre, Révolution culturelle du temps libre 1968–1988, Paris 1988.
Dundler, Franz, Urlaubsreisen 1954–1987, Starnberg 1988.
Dussel, Konrad/Frese, Matthias, Von traditioneller Vereinskultur zu moderner Massenkultur? Vereins- und Freizeitangebote in einer südwestdeutschen Kleinstadt 1920–1960, in: AfS 33, 1993, S. 59–105.
Dyck, B., Die Fremdenverkehrsentwicklung in Bayern von 1945–1985, in: LFV Bayern (Hg.), Fremdenverkehr in Bayern 1986, Berchtesgaden o. J. [1986], S. 127–159.

Eckemann, Kurt, Die Betriebswirtschaft eines Reisebüros, Frankfurt am Main o. J. [1931].
Eisenberg, Christiane, Massensport in der Weimarer Republik. Ein statistischer Überblick, in: AfS 33, 1993, S. 137–177.
Elsas, Fritz, Deutsche Verkehrswerbung in den Vereinigten Staaten von Amerika, in: Zeitschrift für Kommunalwirtschaft 17, 1927, Sp. 1353–1356.
Engelhardt, Viktor, Eine Studienreise nach Italien, in: Reiseblätter 2, 1928, Nr. 2, S. 6f.
Enzensberger, Hans Magnus, Vergebliche Brandung der Ferne. Eine Theorie des Tourismus, in: Merkur 12, 1958, S. 701–720.
Erdmann, Wulf/Lorenz, Klaus-Peter, Baumeister der neuen Zeit – Das Naturfreunde-Häuserwerk entsteht, in: Zimmer (Hg.), Naturfreunde, 1984, S. 141–183.
Erhard, Rudolf, Zur gegenwärtigen Lage der deutschen Fremdenverkehrsstatistik, in: Deutsches Statistisches Zentralblatt 29, 1937, Sp. 129–140.
Erichson, T., Reform der Prospektwerbung, in: Verkehr und Bäder Nr. 6 vom 6. Febr. 1929.
Euler, Günter, Der Strukturwandel aus der Sicht eines deutschen Reiseveranstalters, in: Jost Krippendorf (Hg.), Fremdenverkehr im Wandel, Bern u. a. 1974, S. 110–119.
Europäische Gemeinschaften, Wirtschafts- und Sozialausschuß, Fremdenverkehr und regionale Entwicklung. Initiativstellungnahme und Bericht des Wirtschafts- und Sozialausschusses, Brüssel 1990.
Falter, Jürgen W., War die NSDAP die erste deutsche Volkspartei?, in: Michael Prinz/Rainer Zitelmann (Hg.), Nationalsozialismus und Modernisierung, Darmstadt 1991, S. 21–47.
Feldmann, Gerald D., Welcome to Germany? The »Fremdenplage« in the Weimar Inflation, in: Wilhelm Treue (Hg.), Geschichte als Aufgabe. Festschrift für Otto Büsch, Berlin 1988, S. 629-649.
Fisch, Ludwig, Wie Ruhpolding den Pauschaltourismus erfand, in: Süddeutsche Zeitung Nr. 99 vom 30. April/1. Mai 1983.

Fischer, Hans W., Das Recht auf Freizeit, in: Frauenwelt 6, 1929, S. 267.
Fischer, Paul, Der Sozialtourismus als Schöpfer neuer Beherbergungsformen. Eine Untersuchung über deren Aufbau, Organisation und Betrieb in einigen westeuropäischen Ländern, Bern 1958.
Fischer, Wolfram, Deutsche Wirtschaftspolitik 1918–1945, 3. Aufl., Opladen 1968.
Frevert, Ute, Frauen-Geschichte, Frankfurt am Main 1986.
Frister, Herbert, Sozialistische Studienreisen. Eine kritische Betrachtung, in: Urania 2, 1925/26, S. 241–245.
Frommann, Bruno, Reisen im Dienste politischer Zielsetzungen. Arbeiter-Reisen und »Kraft durch Freude«-Fahrten, Stuttgart 1993 (ms).
Fuß, Karl, Geschichte der Reisebüros, Darmstadt 1960.
Gabler, Fritz, Berufspolitische Forderungen des Hotelgewerbes, in: Südwestdeutscher Handelskammerausschuß für Hotelgewerbe (Hg.), Bericht, 1931, S. 4–6 (LB: St.B 1414).
Georg, Werner, Lebensstile in der Freizeitforschung – ein theoretischer Bezugsrahmen, in: Christiane Cantauw (Hg.), Arbeit, Freizeit, Reisen. Die feinen Unterschiede im Alltag, Münster u. a. 1995, S. 13–20.
Gerlach, Otto, Reisen und Reisebüros. Ihre volkswirtschaftliche Bedeutung mit besonderer Berücksichtigung Deutschlands (Mitteleuropäisches Reisebüro GmbH), Würzburg 1923 (ms).
Geßner, Hans, Warum Fremdenverkehrswerbung der Gemeinden?, in: Kommunalpolitische Blätter 20, 1929, S. 293f.
Giese, E., Internationale Reisebüros, in: IHK zu Berlin (Hg.), Fremdenverkehr, 1929, S. 521–553.
Giesecke, Hermann, Vom Wandervogel zur Hitlerjugend. Jugendarbeit zwischen Politik und Pädagogik, München 1981.
Gluchowski, Peter, Lebensstil und Wandel der Wählerschaft in der Bundesrepublik Deutschland, in: Aus Politik und Zeitgeschichte 37, 1987, Nr. 12, S. 18–32.
Glücksmann, Robert, Wirtschaftliche Wirkungen des episodischen Fremdenverkehrs, in: AfdF 2, 1931/32, S. 71–76 und 97–102.

Glücksmann, Robert, Allgemeine Fremdenverkehrskunde, Bern 1935.
Goetz, Karl, 50 Jahre Jugendwandern und Jugendherbergen 1909–1959, Detmold 1959.
Gölden, Hubert, Strukturwandlungen des schweizerischen Fremdenverkehrs zwischen 1890 und 1935, Zürich, 1939.
Gorz, André, Der Abschied vom Proletariat, Hamburg 1983.
Günther, Wolfgang, Geschichte der Bildungsreise, in: Ders. (Hg.), Handbuch für Studienreiseleiter, Starnberg 1982, S. 7–27.
Hachtmann, Rüdiger, Lebenshaltungskosten und Reallöhne während des »Dritten Reiches«, in: Vierteljahrschrift für Sozial- und Wirtschaftsgeschichte 75, 1988, S. 32–73.
Hanhart, Dieter, Das Freizeitverhalten von Arbeitern, in: Erwin K. Scheuch/Rolf Meyersohn (Hg.), Soziologie der Freizeit, Köln 1972, S. 230–242.
Hanisch, Ernst, Wirtschaftswachstum ohne Industrialisierung: Fremdenverkehr und sozialer Wandel in Salzburg 1918–1938, in: Mitteilungen der Gesellschaft für Salzburger Landeskunde 125, 1985, S. 817–835.
Hansmeyer, Karl-Heinrich (Hg.), Kommunale Finanzpolitik in der Weimarer Republik, Stuttgart u. a. 1973.
Hartig, Margarete, Tunesische Eindrücke, in: Reiseblätter 3, 1929, Nr. 3, S. 3f.
Hartig, Valtin, 3 Jahre ABI, in: Kulturwille 5, 1928, S. 73.
Hartsch, Erwin, Der Fremdenverkehr in der Sächsischen Schweiz, in: Wissenschaftliche Veröffentlichungen des Deutschen Instituts für Länderkunde NF 19/20, 1963, S. 343–490.
Haulot, Arthur, Tourisme social en Belgique et dans le monde, Brüssel 1949.
–, International Bureau of Social Tourism, in: Annals of Tourism Research 10, 1983, S. 558–560.
Hauschild, Walter, Der Fremdenverkehr der Stadt Koblenz und seine wirtschaftlichen Auswirkungen, Berlin 1931.
Hauth, W., Mit dem Reichsausschuß in die Welt, in: Reiseblätter 3, 1929, Nr. 1, S. 2.
Heichen, Arthur, Deutschlands Zahlungsbilanz 1925, Leipzig 1926.

Heimann, O., Messe- und Ausstellungswesen, in: IHK zu Berlin (Hg.), Fremdenverkehr, 1929, S. 244–253.
Hellwag, Fritz, Die Werbung für Bäder, Kurorte und Sommerfrischen, in: Gebrauchsgraphik 3, 1926, Nr. 9, S. 39–42.
Helly, Louis, Cent ans de ski français, Grenoble 1968.
Hennig, Christoph, Die Lust der Lemminge, in: Die Zeit Nr. 26 vom 23. Juni 1995.
Herbert, Ulrich, Arbeiterschaft im ›Dritten Reich‹, in: GG 15, 1989, S. 320–360.
Hermanns, Arnold, Sozialisation durch Werbung. Sozialisationswirkung von Werbeaussagen in Massenmedien, Düsseldorf 1972.
Hobusch, Erich, Proletarische Gesellschaftsreisen mit dem Motorkabinenschiff »Baldur« um 1930, in: Spode (Hg.), Beiträge, 1991, S. 71–77.
Höchstetter, Die Fachgruppe Reisevermittlung in der Reichsgruppe Hilfsgewerbe des Verkehrs, in: Jahrbuch des Deutschen Fremdenverkehrs, 1939, S. 266–270.
Hoffmann, Moritz, Beherbergungsraum im großdeutschen Fremdenverkehr, in: Der deutsche Volkswirt 15, 1940/41, S. 1707f.
Hoffmann, Walter G. u. a., Das Wachstum der deutschen Wirtschaft seit der Mitte des 19. Jahrhunderts, Berlin 1965.
Hömberg, Erentraud, Reisen – zwischen Kritik und Analyse, in: Zeitschrift für Kulturaustausch 28, 1978, Nr. 3, S. 36–41.
Hühnermann, W., Der Touristenverein »Die Naturfreunde« in Wirken und Ziel, in: Die Gemeinwirtschaft 9, 1929, S. 301–304.
Hunziker, Walter, Le tourisme social. Caractères et problèmes, Berlin 1951.
Huscher, Reinhold, Der Besuch der deutschen, niederländischen und belgischen Nordseebäder aus den westlichen Teilen Deutschlands im Jahre 1929, in: AfdF 2, 1931/32, S. 16–21.
–, Die Strukturwandlungen der deutschen Hotel-Aktiengesellschaften in den Jahren 1914 und 1924–1930, in: AfdF 3, 1932/33, Nr. 3, S. 87–95.

Ihmels, Karl, Das Recht auf Urlaub. Sozialgeschichte, Rechtsdogmatik, Gesetzgebung, Königstein/Taunus 1981.
Ilgner, Felix, Bericht von der Ferienfahrt des ABI nach der Wasserkante, in: Kulturwille 3, 1926, S. 207.
–, Warum Gesellschaftsreisen?, in: Reisen. Schauen, Reisebeilage zu Kulturwille 5, 1928, März-Heft.
Industrie- und Handelskammer zu Berlin (Hg.), Fremdenverkehr, Berlin 1929.
Inglehart, Robert, Kultureller Umbruch. Wertwandel in der westlichen Welt, Frankfurt am Main u.a. 1989.
Institut für Kommunikationsgeschichte und angewandte Kulturwissenschaften der FU Berlin (Hg.), Berlin wirbt! Metropolenwerbung zwischen Verkehrsreklame und Stadtmarketing 1920–1995, Ausstellungskatalog, Berlin 1995.
Juma, Jean, Der Fremdenverkehr in der deutschen Zahlungsbilanz für 1928, in: Verkehr und Bäder Nr. 25 vom 19. Juni 1929.
Kaschuba, Wolfgang, Kulturalismus: Kultur statt Gesellschaft?, in: GG 21, 1995, S. 80–95.
Kast, Matthäus, Der Fremdenverkehr in Oberstdorf und Sonthofen, München 1924.
Keitz, Christine, Organisierte Arbeiterreisen und Tourismus in der Weimarer Republik, Berlin 1992 (ms).
Klafkowski, Maximilian, Methoden einer Fremdenverkehrsanalyse. Erläutert am Beispiel Clausthal-Zellerfeld, Berlin 1931.
–, Die äußere Fremdenverkehrswerbung mittlerer und kleinerer Städte Deutschlands, Berlin 1933.
–, Fremdenmeldewesen und Fremdenverkehrsstatistik in Deutschland, Berlin 1933.
Knebel, Hans-Joachim, Soziologische Strukturwandlungen im modernen Tourismus, Stuttgart 1960.
Knebel, Oskar, Die Reichsbahn-Personentarife und ihre wirtschaftliche Bedeutung, 2. Aufl., Berlin 1931.
von Knorring, Ekkehard, Strukturwandlungen des privaten Konsums im Wachstumsprozeß der deutschen Wirtschaft seit der Mitte des 19. Jahrhunderts, in: Walter G. Hoffmann (Hg.), Untersuchungen zum Wirtschafts-

wachstum der deutschen Wirtschaft, Tübingen 1971, S. 167–191.
Knuth, Arthur, Vom deutschen zum großdeutschen Reisebüro, in: Großdeutscher Verkehr 35, 1941, S. 515–520.
Koch, W., Im Südwesten Europas. Eindrücke von einer Fahrt des Reichsbildungsausschusses, in: Vorwärts Nr. 326 vom 12. Juli 1928.
Kocka, Jürgen, Die Angestellten in der deutschen Geschichte 1850–1980, Göttingen 1981.
Kolanowski, Sylvester, Das Reisebürowesen, in: Das Reisebüro 7, 1927, Sonderbeilage zu Nr. 4, S. 8–10.
Kolb, Eberhard, Die Weimarer Republik, 3. Aufl., München 1993.
Siegfried Kracauer, Die Angestellten (1930), Frankfurt am Main 1971.
Kramer, Dieter, Aspekte der Kulturgeschichte des Tourismus, in: Zeitschrift für Volkskunde, 78, 1982, S. 1–12.
–, Arbeiter als Touristen: Ein Privileg wird gebrochen, in: Zimmer (Hg.), Naturfreunde, 1984, S. 31–65.
Krauß, Maximilian, Die zukünftigen Aufgaben der deutschen Verkehrswerbung im In- und Ausland, Berlin 1921.
–, Deutsche Verkehrswerbung, in: ZVDEV 67, 1927, S. 69–73.
–, Die Grundlagen des Fremdenverkehrs in München und im Bayerischen Hochland (1917), 2. Aufl., in: ders., Fünfundzwanzig Jahre Fremdenverkehr. Werkstatterinnerungen und Grundlagen, München 1929, S. 63–129.
Kriedemann, Herbert, Reisevorbereitungen, in: Reiseblätter 4, 1930, Nr. 2, S. 1f.
–, Wirtschaftliche Voraussetzungen der Ferienkultur, in: Reiseblätter 4, 1930, Nr. 3, S. 4f.
Krippendorf, Jost, Die Landschaftsfresser. Tourismus und Erholungslandschaft – Verderben oder Segen?, Bern u. a. 1975.
Kudera, Werner, Lebensführung als individuelle Aufgabe, in: Gegenwartskunde 44, 1995, S. 155–166.
Kunert, Reinhold P., Urbanität auf dem Lande. Badereisen nach Pyrmont im 18. Jahrhundert, Göttingen 1984.
Küster, Christian L., Mit der Bahn an die See, in: Saison am

Strand. Badeleben an Nord- und Ostsee. 200 Jahre, Ausstellungskatalog, hg. vom Altonaer Museum in Hamburg und dem Norddeutschen Landesmuseum, Herford 1986, S. 32f.
Lambert, Richard S., The Fortunate Traveller. A short History of Tourism and Travel for Pleasure, London u. a. 1950.
Lang, Otmar, Die Eisenbahn in der Weimarer Zeit, in: Zug der Zeit, Bd. 2, 1985, S. 654–661.
Langewiesche, Dieter, Zur Freizeit des Arbeiters. Bildungsbestrebungen und Freizeitgestaltung österreichischer Arbeiter im Kaiserreich und in der ersten Republik, Stuttgart 1979.
–, Politik – Gesellschaft – Kultur. Zur Problematik von Arbeiterkultur und kulturellen Arbeiterorganisationen in Deutschland nach dem 1. Weltkrieg, in: AfS 22, 1982, S. 359–402.
–, Die Arbeitswelt in den Kulturentwürfen des Weimarer Kultursozialismus, in: Lehmann (Hg.), Studien, 1984, S. 41–58.
Lanquar, Robert/Raynouard, Ives, Le tourisme social, Paris 1978.
Leed, Eric J., Die Erfahrung der Ferne. Reisen von Gilgamesch bis zum Tourismus unserer Tage, Frankfurt am Main u. a. 1993.
Lehmann, Albrecht (Hg.), Studien zur Arbeiterkultur, Münster 1984.
Leipart, Theodor, Die Kulturaufgaben der Gewerkschaften, Berlin 1932.
Leiske, Erwin, Leipziger Fremdenverkehrspolitik 1927. Vortrag, Leipzig 1926.
Lerner, Daniel, Die Modernisierung des Lebensstils: eine Theorie, in: Wolfgang Zapf (Hg.), Theorien des sozialen Wandels, 2. Aufl., Köln u. a. 1970, S. 362–381.
Ley, Robert (Hg.), Die Entwicklung des Urlaubsrechts in den Tarifordnungen und Richtlinien der Treuhänder der Arbeit, Berlin Jan. 1937 (ms) (BAAbtP: 62 DAF 3, 3240).
von Loesch, Achim, Die gemeinwirtschaftlichen Unternehmungen der deutschen Gewerkschaften, Köln 1973.

Loppow, Bernd, Kampf um den Platz an der Sonne, in: Die Zeit Nr. 23 vom 3. Juni 1994.
–, Machtkampf um den Platz an der Sonne, in: Die Zeit Nr. 15 vom 6. Jan. 1995.
Lösche, Peter/Walter, Franz, Auf dem Weg zur Volkspartei? Die Weimarer Sozialdemokratie, in: AfS 29, 1989, S. 75–136.
–, Zur Organisationskultur der sozialdemokratischen Arbeiterbewegung in der Weimarer Republik. Niedergang der Klassenkultur oder solidargemeinschaftlicher Höhepunkt?, in: GG 15, 1989, S. 511–536.
Löwer, Kurt, Die volkswirtschaftliche Bedeutung des Fremdenverkehrs, in: Verkehr und Bäder Nr. 19 vom 8. Mai 1929.
Ludwig, Erna, Die Entwicklung des Raumes von Ruhpolding zum Fremdenverkehrsgebiet, Frankfurt am Main 1958.
Lüdtke, Alf, »Ehre der Arbeit«: Industriearbeiter und Macht der Symbole. Zur Reichweite symbolischer Orientierungen im Nationalsozialismus, in: Klaus Tenfelde (Hg.), Arbeiter im 20. Jahrhundert, Stuttgart 1991, S. 343–392.
Luthringhausen, Karl, Der Fremdenverkehr von Heidelberg und seine wirtschaftliche Bedeutung, Kaiserslautern 1926.
Mason, Timothy W., Sozialpolitik im Dritten Reich. Arbeiterklasse und Volksgemeinschaft, Opladen 1977.
McInnes, Agnus, The Emergence of a Leisure Town. Shrewsbury, 1660–1760, in: Past and Present, Bd. 120, 1988, S. 53–87.
McIntyre, Sylvia, Bath: The Rise of a Resort Town, 1660–1800, in: Peter Clark (Hg.), Country Towns in preindustrial England, Leicester 1981, S. 197–249.
Menges, Günter/Kolbeck, Heinrich, Löhne und Gehälter nach den beiden Weltkriegen, Meisenheim/Glan 1958.
Meunier, Ernst, Fremdenverkehr und Presse. Wege und Ziele der Reisebeilagen, in: Verkehr und Bäder Nr. 5 vom 29. Jan. 1930.
Mewes, Bernhard, Die erwerbstätige Jugend, Berlin u. a. 1929.
Meyer, Maximilian, Genügt unsere Fremdenverkehrsstatistik

den Anforderungen, die man an sie zu stellen hat?, in: AfdF 2, 1931/32, S. 33–37.
Michelson, S., Das Ausstellungs-, Messe- und Fremdenverkehrsamt der Stadt Berlin, in: Die Gemeinwirtschaft 9, 1929, S. 177–184.
Mierzejewski, Alfred C., The German National Railway between the World Wars, in: Journal of Transport History 11, 1990, S. 40–60.
Mittelstädt, Fritz-Gerd, Der Badeort Norderney im 19. Jahrhundert als gesellschaftliche Fiktion der Oberschicht, in: Beiträge zur deutschen Landeskunde 59, 1985, S. 461–493.
Modlinger, J., Dienst an Frankfurt am Main. Ein Arbeitsbericht der Messe- und Ausstellungsgesellschaft über das Jahr 1928, Frankfurt am Main 1929 (SH: Staatl. Pressestelle I-IV, 7772).
Möller, Horst, Weimar. Die unvollendete Demokratie, 5. Aufl., München 1994.
Monaco, Paul M., Cinema and Society in France and Germany 1919–1929, Ann Arbor/Michigan 1974.
Moser, Josef, Arbeiterleben in Deutschland 1900–1970, Frankfurt am Main 1984.
Müllenmeister, Horst Martin, Lust auf Reisen. Anmerkungen zu Theorien des Tourismus, in: Xenia von Ertzdorff/Dieter Neukirch (Hg.), Reisen und Reiseliteratur im Mittelalter und in der Frühen Neuzeit, Amsterdam u. a. 1992, S. 5–28.
Müller, G., Nochmals Auskunftsstellen, in: Nachrichtenblätter für die deutschen Gau- und Ortsgruppenleitungen des TVDN, hg. von der TVDN-Reichsleitung in Nürnberg 6, 1927, Okt.-Heft, S. 13–15.
Müller, Hans-Peter, Sozialstruktur und Lebensstile. Der neuere theoretische Diskurs über soziale Ungleichheit, Frankfurt am Main 1992.
Nahrstedt, Wolfgang, Die Entstehung der Freizeit. Dargestellt am Beispiel Hamburgs, Göttingen 1972.
Nave, Georg, Fremdenverkehrswerbung in Notzeiten, in: AfdF 3, 1932/33, S. 12–15.
Newig, Jürgen, Die Entwicklung von Fremdenverkehr und

Freizeitwohnwesen in ihren Auswirkungen auf Bad und Stadt Westerland auf Sylt, Kiel 1974.
Nörpel, C., Gesetzlicher Urlaub für Arbeiter, in: Gewerkschafts-Zeitung 41, 1931, S. 788–790.
Otruba, Gustav, A. Hitler's »Tausend-Mark-Sperre« und die Folgen für Österreichs Fremdenverkehr (1933–1938), Linz 1983.
Persius, L., Die Kunst zu reisen, in: Frauenwelt 6, 1929, S. 250f.
Petzina, Dietmar u. a., Sozialgeschichtliches Arbeitsbuch, Bd. 3, München 1978.
Petzold, Artur, Das Ostsee-Ferienheim der Ferienheimstätten-Genossenschaft »Gutenberg«, Berlin, in: Die Gemeinwirtschaft 9, 1929, S. 294–296.
Peukert, Detlev J. K., Die Weimarer Republik, Frankfurt am Main 1987.
Pierenkemper, Toni, The Standard of Living and Employment in Germany, 1850–1980: An Overview, in: The Journal of European Economic History 16, 1987, S. 51–73.
Planitz, Hans, Wirtschaftsreklame – Fremdenverkehrsreklame, in: Verkehr und Bäder Nr. 28 vom 9. Juli 1930.
Prahl, Hans Werner, Entwicklungsstadien des deutschen Tourismus seit 1945, in: Spode (Hg.), Beiträge, 1991, S. 95–108.
Prinz, Detlef/Rexin, Manfred (Hg.), Gewerkschaftsjugend im Weimarer Staat, Köln 1983.
Rathmann, August, Die Krise im deutschen Sozialismus und ihre Überwindung. Vertrauliche Denkschrift vom Oktober 1927, in: Martin Martiny, Die Entstehung und politische Bedeutung der ›Neuen Blätter für den Sozialismus‹ und ihres Freundeskreises, in: Vierteljahrshefte für Zeitgeschichte 25, 1977, S. 396–402.
Reichsarbeitsblatt, Sonderheft 47: Die Tarifverträge im Deutschen Reiche am 1. Januar 1928, Berlin 1929.
Reichszentrale für Deutsche Verkehrswerbung (Hg.), Werbe-Spiegel, 2. Aufl., Berlin o. J. [1928].
Reulecke, Jürgen, Vom blauen Montag zum Arbeiterurlaub. Vorgeschichte und Entstehung des Erholungsurlaubs für

Arbeiter vor dem Ersten Weltkrieg, in: AfS 16, 1976, S. 205–248.
Reulecke, Jürgen, Geschichte der Urbanisierung in Deutschland, Frankfurt am Main 1985.
Rinaldi, Dina, Il turismo nella storia del movimento cooperativo internazionale, in: Rassegna di studi turistici, 19, 1984, Nr. 3/4, S. 187–242.
Ripp, Fritz, Urlaubstage auf dem Mannheimer Naturfreundehaus, in: Der Naturfreund (Wien) 27, 1923, S. 101.
Rompel, Peter J., Die wirtschaftliche und finanzielle Entwicklung Wiesbadens als Fremdenstadt seit Beginn der preußischen Herrschaft von 1867 bis 1907, Wiesbaden 1909.
Rummelspacher, Gesellschafts- und Pauschalreisen, in: Verkehr und Bäder Nr. 5 vom 3. Febr. 1926 und ebd. Nr. 6 vom 10. Febr. 1926.
Sachse, Carola, Freizeit zwischen Betrieb und Volksgemeinschaft. Betriebliche Freizeitpolitik im Nationalsozialismus, in: AfS 33, 1993, S. 305–328.
–, u. a., Angst, Belohnung, Zucht und Ordnung. Herrschaftsmechanismen im Nationalsozialismus, Opladen 1982.
Sarter, Adolf, Verkehrswerbung bei den Eisenbahnen, Berlin 1927.
Schaper, Henry, Genesungs-, Ferien-, Erholungsheime?, in: Wir reisen 2, 1926, Nr. 3, S. 21f.
Schelsky, Helmut, Gesellschaftlicher Wandel, in: Ders., Auf der Suche nach der Wirklichkeit. Gesammelte Aufsätze, Düsseldorf u. a. 1965, S. 337–351.
Scheuch, Erwin K., Ferien und Tourismus als neue Formen der Freizeit, in: ders./Meyersohn, R. (Hg.), Soziologie der Freizeit, Köln 1972, S. 304–317.
Schildt, Axel, »Mach mal Pause!« Freie Zeit, Freizeitverhalten und Freizeit-Diskurse in der westdeutschen Wiederaufbau-Gesellschaft der 1950er Jahre, in: AfS 33, 1993, S. 357–406.
Schlüter, Herbert/Wallichs, Hans Herbert, Deutsches Urlaubsrecht. Ausländisches Urlaubsrecht, Mannheim u. a. 1930.

Schmidt, Die Wahl des Reiseaufenthaltes, in: Wir reisen 1, 1925, Nr. 2, S. 9f.
Schmidt, Carl. E., Verkehrswerbung, in: IHK zu Berlin, Fremdenverkehr, 1929, S. 484–520.
Schmitt, Michael, Palast-Hotels. Architektur und Anpruch eines Bautyps. 1870–1920, Berlin 1982.
Schneekloth, Herbert, Das sächsische Hotel- und Gastwirtschaftsgewerbe, Leipzig 1930.
Scholz, Horst E., Tausend Türen in die weite Welt. Beiträge zur Geschichte der Deutschen Reisebüros, Frankfurt am Main 1984.
Schöner, Hellmut, Berchtesgadener Fremdenverkehrschronik 1871–1922, Berchtesgaden 1971.
–, Berchtesgadener Fremdenverkehrschronik 1923–1945, Berchtesgaden 1974.
Schönhoven, Klaus, Reformismus und Radikalismus. Gespaltene Arbeiterbewegung im Weimarer Sozialstaat, München 1989.
Schuhwerk, Franz, Die Stellung der Erholungsheime im Fremdengewerbe, in: Verkehr und Bäder Nr. 46 vom 16. Nov. 1927.
–, Die Stellung der Erholungsheime im Fremdengewerbe, in: Verkehr und Bäder Nr. 21 vom 22. Mai 1929.
–, Kraftwagen und Fremdenverkehr, in: AfdF 5, 1934/35, S. 75-87.
Schulze, Gerhard, Die Erlebnisgesellschaft. Kultursoziologie der Gegenwart, 5. Aufl., Frankfurt am Main u. a. 1995.
Schumacher, Josef, Bundesarbeit und Verkehrswerbung im Kriegsjahr; ihre Ausgestaltung nach dem Kriege. Vortrag, Leipzig 1915.
–, Verkehrswerbung, in: Das Reisebüro 2, 1922, Nr. 5, S. 1f.
Schütte, Hotelwerbung und Reklame-Etat, in: Deutsche Hotel-Nachrichten 34, 1930, Nr. 3 vom 8. Jan. 1930.
Schwarz, Salomon, Handbuch der deutschen Gewerkschaftskongresse, Berlin 1930.
Schwarzenstein, Franz F., Ausstellungsstadt Berlin, in: Das Reisebüro 7, 1927, Nr. 3, S. 8f.

Schwarzenstein, Franz F., Berliner Reichsbahnsonderfahrt an den Rhein, in: Verkehr und Bäder Nr. 26 vom 27. Juni 1928.
Schwenninger, Karl, Statistik der Propaganda und Reklame im bayer. Hochland, in: MVFMH 4, 1909, Nr. 10/11, S. 11–22 (ATB).
Siemsen, Anna, Erziehung im Gemeinschaftsgeist, Stuttgart 1921.
–, Daheim in Europa, Jena 1928.
–, Proletarische Lebensführung, in: Urania 6, 1929/30, S. 5–8 (Teil 1) und S. 46–52 (Teil 2).
Smelser, Ronald, Robert Ley. Hitlers Mann an der »Arbeitsfront«. Eine Biographie, Paderborn 1989.
Sombart, Werner, Das Bäderproblem im Lichte der Nationalökonomie, in: Verkehr und Bäder Nr. 38 vom 22. Nov. 1926.
Spode, Hasso, »Der deutsche Arbeiter reist«. Massentourismus im Dritten Reich, in: Gerhard Huck (Hg.), Sozialgeschichte der Freizeit, Wuppertal 1980, S. 281–306.
–, Arbeiterurlaub im Dritten Reich, in: Sachse u. a., Angst, 1982, S. 275–328.
– (Hg.), Zur Sonne, zur Freiheit! – Beiträge zur Tourismusgeschichte, Berlin 1991.
Spiegel-Dokumentation, Daten, Fakten und Trends 1947–1987, Hamburg 1987.
Spree, Reinhard, Angestellte als Modernisierungsagenten, in: Jürgen Kocka (Hg.), Angestellte im europäischen Vergleich, Göttingen 1981, S. 279–308.
–, Modernisierung des Konsumverhaltens deutscher Mittel- und Unterschichten während der Zwischenkriegszeit, in: Zeitschrift für Soziologie 14, 1985, S. 400–410.
Stadelmayer, Heutige Probleme der Verkehrswerbung, München 1929.
Stadler, Fremdenverkehr, in: Zeitschrift für Kommunalwirtschaft 18, 1928, Sp. 1835–1842.
Stankiewitz, Karl, 50 Jahre Pauschaltourismus. Ruhpolding kabelt 1933: »... einverstanden«, in: Fremdenverkehrswirtschaft Nr. 8 von 1983.
Starke, Friedrich K., Das deutsche Hotelgewerbe nach seinen wirtschaftlichen und steuerlichen Problemen, Leipzig 1938.

Stat. Bundesamt (Hg.), Der Fremdenverkehr 1951–1957, Stuttgart 1960.
–, Bevölkerung und Wirtschaft 1872–1972, Wiesbaden 1972.
–, Tourismus in Zahlen 1990, Stuttgart 1991.
Stat. Landesamt Schleswig-Holstein (Hg.), Beiträge zur historischen Statistik Schleswig-Holsteins, Kiel 1967.
Stat. Reichsamt (Bearb.), Die deutsche Zahlungsbilanz seit der Stabilisierung, in: Vierteljahreshefte zur Konjunkturforschung 1, 1926, Ergänzungsheft 2, S. 3–14.
–, Finanzausgleich im Deutschen Reich, Teil 2, Berlin 1931.
–, Die Lebenshaltung von 2000 Arbeiter-, Angestellten und Beamtenhaushaltungen. Erhebungen von Wirtschaftsrechnungen im Deutschen Reich 1927/28, 2 Teile, Berlin 1932.
Steinbauer, Walter, München und Berlin als Standorte des Fremdenverkehrs, München 1931.
Steinbüchel, Die Arbeit kleinerer Städte. Verkehrsamt, in: Zeitschrift für Kommunalwirtschaft 17, 1927, Sp. 1273f.
–, Die Arbeit kleinerer Städte. Verkehrsvereine, in: Zeitschrift für Kommunalwirtschaft 19, 1929, Sp. 890.
Stradner, Josef, Der Fremdenverkehr (1905), 2. Aufl., Graz 1917.
Studienkreis für Tourismus (Hg.), Reiseanalyse 1970 bis 1990, Starnberg 1971 bis 1991.
–, Erste Ergebnisse der Reiseanalyse 1989, Starnberg 1990 (ms).
–, Reiseanalyse 1992. Erste Ergebnisse, Starnberg 1993 (ms).
Südwestdeutscher Handelskammerausschuß für Hotelgewerbe (Hg.), Bericht über die Tagung des Südwestdeutschen Handelskammerausschusses für Hotelgewerbe und Fremdenverkehr in Wiesbaden am 30. Januar 1931, o. O. o. J. [Karlsruhe 1931] (LB: St.B 1414).
Sülberg, Werner, Aufgabe und Leistungen von Reisebüros, in: Günther Haedrich u. a. (Hg.), Tourismus-Management, Tourismus-Marketing und Fremdenverkehrsplanung, Berlin 1983, S. 95–114.
Sywottek, Arnold, Freizeit und Freizeitgestaltung – ein Problem der Gesellschaftsgeschichte, in: AfS 33, 1993, S. 1–19.
Tenfelde, Klaus, Vom Ende und Erbe der Arbeiterkultur, in:

Susanne Miller/Malte Ristau (Hg.), Gesellschaftlicher Wandel – Soziale Demokratie. 125 Jahre SPD, Köln 1988, S. 155–172.
Thier, Erich, Gestaltwandel des Arbeiters im Spiegel seiner Lektüre, Leipzig 1939.
Thiess, Karl, Zahlungsbilanz und Fremdenverkehr, Düsseldorf 1928.
Thoma, Alfons (Hg.), Die Fahrkarte. Symbol der Überwindung von Raum und Grenzen, Ausstellungskatalog, Darmstadt 1985.
Thränhard, Dietrich, Geschichte der Bundesrepublik Deutschland, Frankfurt am Main 1986.
Trapp, Werner, Konstanz in den Jahren von 1924 bis 1933. Politik und Gesellschaft im Konstanz der »goldenen 20er Jahre«, in: Lothar Burchardt u. a., Geschichte der Stadt Konstanz, Bd. 5, Konstanz 1990, S. 145–220.
Uebler, Georg L. E., Die Fremdenverkehrsorganisationen in Deutschland, München 1933.
Ullrich, Volker, Kriegsalltag. Zur inneren Revolutionierung der Wilhelminischen Gesellschaft, in: Wolfgang Michalka (Hg.), Der Erste Weltkrieg, München u. a. 1994.
Ulmer, Bruno, Un siècle d'illumination et de publicité lumineuse, in: Art & Publicité 1890–1990, Ausstellungskatalog hg. vom Centre Georges Pompidou, Paris 1990, S. 408–423.
Union Internationale des Organes Officiels de Propagande Touristique, The Need of International Collaboration in Favour of Tourism. Result of Twelve Years Work 1925–1937, o. O. o. J. [1937].
Uttitz, Pavel, Freizeitverhalten im Wandel, Erkrath 1985.
Verkehrsdezernat der Stadt Mainz, Verkehrs- und Propagandawesen. Bericht des städtischen Verkehrsdezernats über das Kalenderjahr 1927, Mainz o. J. [1928] (SH: Senat, Cl. VII Lit Kª Nº 11 Vol. 115 Fasc. 9).
Vester, Michael, Deutschlands feine Unterschiede. Mentalitäten und Modernisierung in Ost- und Westdeutschland, in: Aus Politik und Zeitgeschichte 1995, B 20, S. 16–30.

Villepontoux, Eric J. M., Tourism an Social Change in a French Alpine Community, Massachusetts 1981 (ms).
Vogt, J., Eisenbahn und Fremdenverkehr, in: IHK zu Berlin (Hg.), Fremdenverkehr, 1929, S. 82–126.
Voigt, Fritz, Verkehr, Bd. 2, Teil 1, Berlin 1965.
Wagner, Friedrich A., Die Urlaubswelt von morgen. Erfahrungen und Prognosen, Düsseldorf u. a. 1970.
Wagner, Otto, Deutsche Jugendherbergen und Gastwirtsgewerbe, in: AfdF 3, 1932/33, S. 95f.
Walvin, James, Beside the Seaside: A Social History of the Popular Seaside Holiday, London 1978.
Warnecke, Hans, Der Fremdenverkehr, seine volkswirtschaftliche Bedeutung und Regelung, Halle 1921.
Weber, Egon, Die Entwicklung des Ostseebades Saßnitz bis zum Ersten Weltkrieg, in: Greifswald-Stralsunder Jahrbuch 4, 1964, S. 117–180 (Teil 1) und 5, 1965, S. 45–92 (Teil 2).
Weber, Max, Wirtschaft und Gesellschaft, 5. Aufl., hg. von Johannes Winkelmann, Tübingen 1976.
Weimann, Richard, Arbeiterferien- und Studienreisen, in: Die Gemeinwirtschaft 9, 1929, S. 306–309.
–, Fortschritte der Arbeiterreisebewegung, in: Sozialistische Bildung 2, 1930, S. 183f.
Weiß, Hermann, Ideologie der Freizeit im Dritten Reich. Die NS-Gemeinschaft »Kraft durch Freude«, in: AfS 33, 1993, S. 289–303.
Wendt, J., Ausflugsfahrscheinhefte. Ein Beitrag zur Bekämpfung des Kraftwagenwettbewerbs in: ZVDEV 71, 1931, S.325–331.
Winkler, Heinrich August, Von der Revolution zur Stabilisierung. Arbeiter und Arbeiterbewegung in der Weimarer Republik 1918 bis 1924, Berlin u. a. 1984.
–, Der Schein der Normalität. Arbeiter und Arbeiterbewegung in der Weimarer Republik 1924 bis 1930, Berlin 1985.
–, Der Weg in die Katastrophe. Arbeiter und Arbeiterbewegung in der Weimarer Republik 1930 bis 1933, Berlin u. a. 1987.
Wisotzky, Klaus, Ruhrbergbau im Dritten Reich, Düsseldorf 1983.

Friedhelm Vahsen, Freizeiterziehung im NS-Staat, in: Animation 8, 1987, S. 116–127.
Woytinski, Wladimir, Der deutsche Arbeitsmarkt. Ergebnisse der gewerkschaftlichen Arbeitslosenstatistik 1919–1929, Teil I: Texte und statistische Unterlagen, Berlin 1930.
Wunderer, Hartmann, Der Touristenverein »Die Naturfreunde« – Eine sozialdemokratische Arbeiterkulturorganisation (1895–1933), in: Internationale Korrespondenz zur Geschichte der deutschen Arbeiterbewegung 13, 1977, S. 506–520.
Wündrich, Hans, Der Prospekt als geschäftliches Werbemittel, Wien u. a. 1927 (ATB).
Zauke, Ernst, Genossenschaftliche Ferienheime, in: Die Gemeinwirtschaft 4, 1924, S. 205f.
–, Die Ferienheimgenossenschaft, in: Die Gemeinwirtschaft 7, 1927, S. 181–183.
–, Adefe und Ferienheimgenossenschaft, in: Die Gemeinwirtschaft 9, 1929, S. 290–292.
Zimmer, Jochen, Vom Walzen zum Sozialen Wandern, in: Lehmann (Hg.), Studien, 1984, S. 141–173.
– (Hg.), Mit uns zieht die neue Zeit. Die Naturfreunde. Zur Geschichte eines alternativen Verbandes in der Arbeiterkulturbewegung, Köln 1984.
Zibura, Gilbert, Weltwirtschaft und Weltpolitik 1922/24–1931, Frankfurt am Main 1984.
Zollitsch, Wolfgang, Arbeiter zwischen Weltwirtschaftskrise und Nationalsozialismus. Ein Beitrag zur Sozialgeschichte der Jahre 1928 bis 1936, Göttingen 1990.
Zug der Zeit – Zeit der Züge: Deutsche Eisenbahnen 1835–1985, 2 Bände, hg. von der Eisenbahnjahr Ausstellungsgesellschaft Nürnberg, Berlin 1985.

Bildnachweis

Abb. 1: Zeitung der Deutschen Eisenbahnverwaltungen (ZDEV) 68, 1928, S. 1055. Museum für Verkehr und Technik Berlin.
Abb. 2: ZDEV 67, 1927, Nr. 2, S. 53. Museum für Verkehr und Technik Berlin.
Abb. 3: Verkehr und Bäder, Jg. 1927, Nr. 43. Institut für Tourismus Berlin.
Abb. 5: Deutsches Historisches Museum Berlin.
Abb. 6: Deutsches Historisches Museum Berlin.
Abb. 7: Verkehr und Bäder, Jg. 1926, Nr. 48. Staatsbibliothek Berlin.
Abb. 8: Sammlung Hans-Werner Klünner, Berlin.
Abb. 9: Hamburger Anzeiger Nr. 125, 1.6.1929. Staatsarchiv Hamburg.
Abb. 10: Verkehr und Bäder, Nr. 5, 1930. Institut für Tourismus Berlin.
Abb. 11: Institut für Tourismus Berlin.
Abb. 12: Friedrich-Ebert-Stiftung Bonn.
Abb. 13: Staatsbibliothek Berlin.
Abb. 14: Staatsbibliothek Berlin.
Abb. 15: Reiseblätter des Reichsausschusses für Sozialist. Bildungsarbeit Berlin, Jg. 3, Nr. 4, 1929. Staatsbibliothek Berlin.
Abb. 16: Reiseblätter des Reichsausschusses für Sozialist. Bildungsarbeit Berlin, Jg. 4, Nr. 3, 1930. Staatsbibliothek Berlin.
Abb. 17: Kulturwille, Jg. 8, 1931, Nr. 1. Staats- und Universitätsbibliothek Bremen.
Abb. 18: Kulturwille, Jg. 5, 1928, Nr. 2. Staatsbibliothek Berlin.
Abb. 19: Archiv
Abb. 20: Archiv
Abb. 21: Archiv für Arbeiter-Kultur und Ökologie, Baunatal.

Abb. 22: Archiv für Arbeiter-Kultur und Ökologie, Baunatal.
Abb.23: Archiv für Arbeiter-Kultur und Ökologie, Baunatal.
Abb. 24: Korrespondent für Deutschlands Buchdrucker und Schriftgießer, Jg. 68, 1930, Nr. 28. Staatsbibliothek Berlin.
Abb. 26: Bildarchiv Preußischer Kulturbesitz Berlin.
Abb. 27: Bundesarchiv Koblenz.
Abb. 28: Museum für Verkehr und Technik Berlin.
Abb. 29: Institut für Tourismus Berlin.
Abb. 30: Institut für Tourismus Berlin.
Abb. 31: Institut für Tourismus Berlin.
Abb. 32: Institut für Tourismus Berlin.
Abb. 33: Deutsche Zentrale für Tourismus, Frankfurt.
Abb. 35: Institut für Tourismus Berlin.
Abb. 36: Staatsarchiv Hamburg.
Abb. 37: DGB-Reisen, Dortmund
Abb. 38: SPD-Reiseservice, Bonn.

Klassische Reisebücher im dtv

»Der echte Reisende beginnt früh wie das Genie...«
Alfons Paquet

Johann Gottfried Seume
Spaziergang nach Syrakus
Vollständige Ausgabe
Herausgegeben und mit einem Anhang versehen von Albert Meier
Originalausgabe
dtv 2149

George Sand
Ein Winter auf Mallorca
Herausgegeben und übertragen von Ulrich C. A. Krebs
Mit zahlreichen Illustrationen
dtv 2157

Johann Wolfgang Goethe
Italienische Reise
(Hamburger Ausgabe)
Herausgegeben von Herbert von Einem
Mit 40 Illustrationen nach zeitgenössischen Vorlagen
dtv 2200

Théophile Gautier
Reise in Andalusien
Mit 28 Holzstichen von Gustave Doré
Herausgegeben und übersetzt von Ulrich C. A. Krebs
dtv 2333

Vom Glück des Reisens zu Lande, zu Wasser und in der Luft
Herausgegeben von Ulf Diederichs
Mit Illustrationen von Lucia Probst
Originalausgabe
dtv 11802

Die Kunst des Wanderns
Ein literarisches Lesebuch
Herausgegeben von Alexander Knecht und Günter Stolzenberger
Originalausgabe
dtv 20030

dtv

Naturwissenschaft im dtv

John D. Barrow
Warum die Welt mathematisch ist
dtv 30570

Jack Cohen, Ian Stewart
Chaos und Antichaos
Ein Ausblick auf die Wissenschaft des 21. Jahrhunderts · dtv 33003

Richard E. Cytowic
Farben hören, Töne schmecken
Die bizarre Welt der Sinne
dtv 30578

Antonio R. Damasio
Descartes' Irrtum
Fühlen, Denken und das menschliche Gehirn
dtv 30587

Paul Davies, Julian R. Brown
Superstrings
Eine Allumfassende Theorie der Natur in der Diskussion
dtv 30035

Paul Davies, John Gribbin
Auf dem Weg zur Weltformel
Superstrings, Chaos, Komplexität
Über den neuesten Stand der Physik · dtv 30506

Richard Dawkins
Der blinde Uhrmacher
Ein neues Plädoyer für den Darwinismus · dtv 30558

Hoimar von Ditfurth
Die Wirklichkeit des Homo sapiens
Naturwissenschaft und menschliches Bewußtsein
dtv 33000

Ivar Ekeland
Zufall, Glück und Chaos
Mathematische Expeditionen
dtv 30543

Timothy Ferris
Das intelligente Universum
Ein Blick zurück auf die Erde
dtv 30479

Harald Fritzsch
Vom Urknall zum Zerfall
Die Welt zwischen Anfang und Ende
dtv 30395

Don Glass
What's what?
Naturwissenschaftliche Plaudereien · dtv 30511

Karl Grammer
Signale der Liebe
Die biologischen Gesetze der Partnerschaft
dtv 30498

Jean Guitton, Grichka und Igor Bogdanov
Gott und die Wissenschaft
Auf dem Weg zum Meta-Realismus · dtv 30516

Naturwissenschaft im dtv

Gerald Hühner
»Zwei mal zwei ist vier?«
Mutmaßungen über Selbstverständliches · dtv 33004

Philip Johnson-Laird
Der Computer im Kopf
Formen und Verfahren der Erkenntnis · dtv 30499

Lynn Margulis,
Dorion Sagan
Geheimnis und Ritual
Die Evolution der menschlichen Sexualität
dtv 30557

Josef H. Reichholf
Comeback der Biber
Ökologische Überraschungen · dtv 30537

Josef H. Reichholf
Das Rätsel der Menschwerdung
Die Entstehung des Menschen im Wechselspiel mit der Natur · dtv 33006

Mark Ridley
Darwin lesen
Eine Auswahl aus seinem Werk · dtv 30519

Jeanne Rubner
Was Frauen und Männer so im Kopf haben
dtv 30524

Nancy M. Tanner
Der Anteil der Frau an der Entstehung des Menschen
Eine neue Theorie zur Evolution
dtv 30591

Rudolf Treumann
Die Elemente
Feuer, Erde, Luft und Wasser in Mythos und Wissenschaft
dtv 30583

Frederic Vester
Denken, Lernen, Vergessen
Was geht in unserem Kopf vor?
dtv 30395

Frederic Vester
Neuland des Denkens
Vom technokratischen zum kybernetischen Zeitalter
dtv 33001

Kurt Weis
Was ist Zeit?
Zeit und Verantwortung in Wissenschaft, Technik und Religion
dtv 30525

Berthold Wiedersich
Das Wetter
Entstehung, Entwicklung, Vorhersage
dtv 30552

Fred Alan Wolf
Die Physik der Träume
Von den Traumpfaden der Aboriginies bis ins Herz der Materie
dtv 33005